Hamburger Edition
Institut für Sozialforschung

Wolfgang Kraushaar **1968 als**

Mythos, Chiffre und Zäsur

Hamburger Edition

Hamburger Edition HIS Verlagsges. mbH
Mittelweg 36
20148 Hamburg

Umschlaggestaltung: Wilfried Gandras
Umschlagfoto: Mihaly Uoldvay
Herstellung: Jan Enns
Satz: Stempel Garamond
von Utesch GmbH, Hamburg
Druck und Bindung: Clausen & Bosse, Leck
Printed in Germany
ISBN 3-930908-59-x
1. Auflage Oktober 2000

Die Deutsche Bibliothek – CIP-Einheitsaufnahme
Ein Titelsatz für diese Publikation ist bei
der Deutschen Bibliothek erhältlich.

Inhalt

Einleitung: Wie über 1968 schreiben?	7
Die erste globale Rebellion	19
Die transatlantische Protestkultur	53
Der lange Marsch durch die Institutionen	81
Rudi Dutschke und die Wiedervereinigung	89
Die 68er-Linke und das Geld	130
SED, Stasi und Studentenbewegung	139
Phantomschmerz RAF	163
Die neue Unbefangenheit	172
Symbolzertrümmerung	196
Finalisierung des Protests	210
Die Anti-Elite als Avantgarde	223
Der Zeitzeuge als Feind des Historikers? Ein Literaturüberblick zur 68er-Bewegung	253
Literaturverzeichnis	348
Drucknachweise	369

Einleitung
Wie über 1968 schreiben?

Im Vorwort zu einem bekannten Bildband heißt es in ebenso unterkühlter wie provokanter Manier: »1968 ist inzwischen ein fernes Zeitalter. Seine Besichtigung ist strukturell kaum anders als die Führung durch einen antiken Tempelbezirk oder eine mittelalterliche Burg.« Im ersten Moment dachte ich, das ist nicht ganz verkehrt, auf jeden Fall aber überpointiert. Inzwischen, nachdem ich mir auch die Photos des Bandes, der den ultimativen Titel »1968 – Ein Zeitalter wird besichtigt« trägt,[1] angesehen habe, bin ich anderer Meinung.

Die endgültige Historisierung der Studentenbewegung ist dreißig Jahre danach, zu einem Zeitpunkt, zu dem die meisten der Beteiligten selbst noch von dem, was sie erlebt haben, Zeugnis abliefern können, nicht oder noch nicht möglich. Insofern ist das, was aus dieser Bewegung auf die Gesellschaft eingewirkt hat, unabhängig davon, ob es – gemessen an den Motiven ihrer Akteure – als geglückt oder als gescheitert zu bewerten ist, auch nicht wirklich abgeschlossen und mit derselben Distanz zu betrachten wie ein historisches Kapitel, von dem keine Zeitzeugen mehr existieren.

1968 mag für viele Jüngere in mancherlei Hinsicht unverständlich sein, vielleicht auch ärgerlich oder nur einfach uninteressant, auf jeden Fall aber ist 1968 kein fernes Zeitalter. Dafür ist zuviel von dem lebendig, was eine junge Generation vor drei Jahrzehnten auf die Straßen getrieben hat. 1968 ist ebenso nah wie fern. Das ist es, warum das Jahr den einen als so ominös, den anderen als so magisch erscheint.

---

1 Michael Ruetz, 1968 – Ein Zeitalter wird besichtigt, Frankfurt am Main 1998; das Zitat stammt aus der Einleitung von Rolf Sachsse.

Dieses eine Jahr in der Geschichte der alten Bundesrepublik dauerte, jedem der damaligen Aktivisten dürfte das eine Selbstverständlichkeit sein, genaugenommen drei Jahre. 1968 begann 1967 und reichte bis 1969. Der erste, der das erkannt hatte, war Sebastian Haffner. Als nach den Bundestagswahlen 1969 die SPD mit der FDP eine Regierungskoalition bildete, schrieb der liberal-konservative Journalist in einem seiner *Stern*-Kommentare, nun sei die Zeit der Außerparlamentarischen Opposition vorbei. Sie habe drei Jahre gedauert und sei rein zeitlich betrachtet eine Parallelerscheinung zur Großen Koalition gewesen. Dieses Urteil hat heute noch Bestand.

Deshalb ist es auch legitim, im Zusammenhang mit 1968 ein Ereignis herauszugreifen, das sich im nachfolgenden Jahr abgespielt hat. Es war der 30. Januar 1969. Die Frankfurter Innenstadt glich einem riesigen Heerlager. Wie ich später den Zeitungen entnehmen konnte, war es das größte Polizeiaufgebot, das dort in der Nachkriegszeit zum Einsatz kam. Rund 3000 Polizeibeamte waren aufgeboten worden, um das Establishment, wie es damals hieß, vor militanten Protestaktionen zu schützen. Der Versandhauschef Josef Neckermann hatte die Spitzen von Politik, Wirtschaft, Banken, Medien, Kultur und Sport zu einem Benefizkonzert Herbert von Karajans zugunsten der Sportförderung ins Frankfurter Schauspielhaus eingeladen. Zu den prominentesten Gästen zählten Bundeskanzler Kurt Georg Kiesinger (CDU) und Bundesinnenminister Ernst Benda (CDU), die gerade aus Bonn kamen, wo sie zusammen mit den Ministerpräsidenten der Länder über Maßnahmen zur Eindämmung der APO-Demonstrationen beraten hatten. Der SDS wollte mit allen Mitteln verhindern, daß dieses Stelldichein der Mächtigen und Prominenten reibungslos über die Bühne gehen würde. Seine Mitglieder hatten ein Flugblatt verteilt, das die Überschrift »Ohrfeigt Kiesinger« trug. Es zitierte die spektakuläre Aktion, mit der einige Wochen zuvor Beate Klarsfeld auf dem CDU-Parteitag in Berlin dem Bundeskanzler eine Ohrfeige gegeben hatte, um damit gegen dessen NS-Vergangenheit als stellvertretender Abteilungsleiter im Reichspropagandaministerium zu protestieren. Am späten Nachmittag setzte sich ein Zug von 1000 Studenten vom Universitätsgelände aus in Bewegung. Er wurde auf seinem Weg in die Innenstadt von Polizeiketten eskortiert. Das Gelände rings um das Schauspielhaus war weiträumig mit Stacheldrahtrollen abgesperrt. Man wollte auf jeden Fall verhindern, daß die Demonstranten direkt mit den Konzertbesuchern in Kontakt kommen könnten.

Dennoch spitzte sich die Situation bereits vor Beginn des Konzertes erstmals zu. Mehrere dunkle Limousinen versuchten vergeblich, sich den Weg durch die Menschenmenge zu bahnen. Es waren Mercedes-Pkws aus Bonn, die steckenblieben. Jedes einzelne der Fahrzeuge war umringt von Demonstranten. »Sieg Heil«-Parolen wurden gerufen, Eier geworfen und die Arme in Nazimanier gereckt – schließlich war es der Jahrestag der nationalsozialistischen Machtergreifung. Brenzlig wurde es, als einer der Chauffeure offenbar in Panik geriet und mit aller Macht versuchte, sich eine Schneise zu bahnen, um aus der bedrängten Situation wieder herauszukommen. Dabei setzte sich die Karosse in Bewegung, stieß mehrmals ruckartig vor und zurück. Offenbar war es die Absicht des Fahrers, durch das wiederholte Anfahren und Abbremsen die auf der Kaiserstraße stehenden Demonstranten zu zwingen, auseinanderzulaufen und auf diese Weise eine Gasse freizumachen. Ich hatte zunächst in einiger Distanz seitlich zu dem Dienstwagen gestanden. Durch die immer unkontrollierter werdende Bewegung des Wagens geriet ich jedoch mehr und mehr in dessen Radius hinein. Wegzulaufen war in der Menge nicht mehr möglich, jeder versperrte dem anderen den Weg. So geschah, was absehbar war. Nach einer weiteren Drehung hielt der Mercedes direkt auf mich zu und erwischte mich mit seiner Schnauze. Bevor ich richtig realisierte, was geschah, landete ich mit einem dumpfen Schlag auf der Kühlerhaube. Instinktiv hielt ich mich an einem der beiden Scheibenwischer fest. Ich blickte direkt ins Gesicht des Fahrgastes. Es war das des ehemaligen Bundeskanzlers Ludwig Erhard. Wie zu einer Salzsäule erstarrt war er auf den Beifahrersitz gebannt, stoisch, bleich und ohne die für ihn ansonsten obligatorische Zigarre im

Mund. Er geriet nicht in Panik. Dafür aber sein Chauffeur. Der gab Gas und versuchte mich mit quietschenden Reifen ab- oder, genauer gesagt, herunterzuschütteln. Mit halbem Auge sah ich, daß direkt neben mir ein zweiter Demonstrant auf der Fahrzeughaube gelandet war. Bereits nach wenige Metern rutschte er seitlich wieder hinunter. Der Mercedes gewann in Sekundenbruchteilen an Fahrt, durchbrach die Menschentraube und raste in Richtung Hauptbahnhof weiter. Da ich befürchtete, mich um so mehr zu gefährden, je höher die Geschwindigkeit des Mercedes wurde, ließ ich los. Ich achtete darauf, nicht nach vorne, sondern möglichst zur Seite hinunterzurutschen, um ja nicht unter die Räder zu geraten. Und so geschah es auch. Unsanft landete ich am Rand des Bürgersteigs. Obwohl mir nichts passiert war, taten mir alle Knochen weh. Benommen richtete ich mich auf, schüttelte mir den Staub von den Kleidern und kehrte zu den anderen zurück. Da ich eine Wildlederjacke und Jeans trug, war mir kaum anzumerken, in welch mißlicher Situation ich mich noch wenige Augenblicke zuvor befunden hatte. Das alles war noch vor Beginn des Benefizkonzertes am frühen Abend geschehen. Zu Zusammenstößen mit der Polizei sollte es erst nach dessen Beendigung kommen, als Demonstranten in der Weißfrauenstraße wiederholt versuchten, Konzertbesuchern den Weg zum Frankfurter Hof zu versperren, in dem noch ein Galadinner stattfinden sollte.

Als ich zwei Tage später einen der Berichte in der Zeitung las, staunte ich nicht schlecht. »Schwer in Bedrängnis«, schrieb zum Beispiel die *Abendpost Nachtausgabe*, die mit ihrem Aufmacher »Chinesen greifen an!« offenbar das Interesse ihres Publikums besonders herauskitzeln wollte, »war Alt-Bundeskanzler Ludwig Erhard gekommen. Auf seinen Wagen wurde eine regelrechte Treibjagd veranstaltet. Um sich aus der Meute zu befreien, mußte der Fahrer mehrfach vorwärts und rückwärts fahren. Zwei Männer hatten sich auf die Kühlerhaube geworfen und versucht, die Scheiben einzuschlagen. Antenne, Spiegel und Scheibenwischer wurden abgebrochen. Die Karosserie durch zahlreiche Hiebe und Tritte verbeult. Der Ex-Kanzler konnte sein Auto für die Rückfahrt nach Bonn nicht mehr benutzen. In aller Eile beschaffte die Polizei ein Ersatzfahrzeug.«[2]

Zum ersten Mal erlebte ich, wovon im Zusammenhang mit Demonstrationen und Protestaktionen immer schon zu hören gewesen war – eine verzerrende und entstellende Berichterstattung, die in ihrer Absicht, zu skandalisieren, auch nicht vor einer Verdrehung der Abläufe haltmachte. Die Diskrepanz zwischen meiner Augenzeugenschaft und der Pressedarstellung, deren Quellen ich nicht überprüfen konnte, empörte mich. Dennoch gab es natürlich keine Möglichkeit, das von Journalisten gelieferte Bild, ein gewaltbereiter »Mob« habe Altkanzler Erhard, die Verkörperung des deutschen Wirtschaftswunders, attackieren wollen, zu korrigieren.

Als ich mich knapp dreißig Jahre später im Rahmen meiner Publikation »Frankfurter Schule und Studentenbewegung« noch einmal mit dem Zwischenfall beschäftigte,[3] stand ich vor der Frage, ob ich von meiner Rolle als freiwillig-unfreiwilliger Beteiligter bei der Darstellung des Ablaufs Gebrauch machen sollte. Ich entschied mich, der Maxime Walter Benjamins eingedenk, daß das Ich des Erzählers dessen »eiserne Ration« bilde und deshalb nur im Notfall darauf zurückgegriffen werden solle, meine Erfahrung lediglich indirekt zu nutzen und eine von der Presseberichterstattung abweichende Darstellung zu liefern. Schließlich handelte es sich beim ersten der drei dokumentarisch angelegten Bände nicht um eine Autobiographie, sondern um eine Chronik. Um meiner Rolle als Chronist gerecht zu werden, galt es, möglichst sparsam und zurückhaltend mit eigenen Erlebnissen im Zusammenhang der damaligen Geschehnisse umzugehen. Das Kriterium für die Aufnahme persönlicher Erlebnisse in die Darstellung bestand, ihre objektive Relevanz einmal vorausgesetzt, darin, daß sie eine Ergänzungs- oder Korrektivfunktion gegenüber anderen Quellen spielen konnten. In keinem

---

2 *Abendpost Nachtausgabe* vom 1. Februar 1969.

3 Wolfgang Kraushaar (Hg.), Frankfurter Schule und Studentenbewegung – Von der Flaschenpost zum Molotowcocktail 1946–1995, Bd. I–III, Hamburg 1998.

einzigen Fall bin ich von diesem Vorsatz abgewichen und habe einen Sachverhalt allein auf der Basis eigener Erinnerungen geschildert. Das hängt nicht nur damit zusammen, daß Erinnerungen bekanntlich auch trügen können, sondern in noch stärkerem Maße damit, daß der Leser keine Möglichkeit hätte, die Stichhaltigkeit der Darstellung durch einen Rekurs auf die Quellen selbst zu überprüfen.

Beim Thema »1968« wird, wie bei jedem anderen historischen Ereignis auch, die Frage nach der Erzählerrolle, ihrer Angemessenheit oder auch Unangemessenheit, aufgeworfen. Geschichte schreiben heißt, ungeachtet aller legitimen Kritik an der bloß narrativ ausgerichteten Optik vieler Historiker, vor allem zu erzählen. Insofern besteht die vorentscheidende Frage darin, welche Rolle ein Autor als Erzähler einnimmt und welche Qualität ihr im Hinblick auf die Erzählkunst beigemessen werden kann.

Es ist bezeichnend, daß mit Peter Kuckuk ein Autor, der zugleich Historiker ist, die Irritation, die von dieser Frage ausgeht, artikuliert und damit auch das Feld der damit einhergehenden Möglichkeiten ausgelotet und thematisiert hat. Am Eingang eines Textes wirft er, als wolle er seine Vorgehensweise, die Wahl einer bestimmten Darstellungsform, legitimieren, eine ganze Serie von Fragen auf: »Wie soll ich nun vorgehen? Chronologisch? Systematisch? Oder kombiniert chronologisch-systematisch? Mit welchem Handwerkszeug? Als Historiker, wie gehabt? Als sich selbst überschätzender geschwätziger Memoiren-Schreiber, der sich selbst ständig auf die Schulter klopft? Als Vorbild, als Mißverstandener, als resignierender Weiser, als Zyniker? Als winner? Als loser? [...] Was habe ich über 1968 zu sagen, wovon ist zu berichten? Erinnerungen, Erfahrungen, gar Lehren aus 68?«[4] Es ist naheliegend, daß die meisten der Varianten nur deshalb erwähnt werden, um sie zugleich wieder zu verwerfen. Sie werden benannt, um deutlich zu machen, was ihm alles als unvertretbar erscheint und deshalb nicht von ihm zu erwarten ist. Damit wird gleich-

4 Peter Kuckuk, Annäherungen an 1968 – Eine persönliche Bilanz, in: Olaf Dinné / Jochen Grünwaldt / Peter Kuckuk (Hg.), anno dunnemals: 68 in Bremen, Bremen 1998, S. 149–157.

zeitig der Kreis möglicher Variationen so weit eingeschränkt, daß sich eine bestimmte Konfiguration der Erzählerrolle herausschält.

Grundsätzlich existiert ein ganzes Spektrum möglicher Rollen, aus dem heraus eine Wahl getroffen werden kann. Sie reichen vom Autobiographen, Biographen, Ex-Aktivisten, Noch-immer-Aktivisten, Teilnehmer, Zeitzeugen, Chronisten, Historiker, Journalisten, Literaten, Politologen, Soziologen und Psychologen bis zum Ethnologen. Auch wenn hier keineswegs alle möglichen Varianten und Rollenkombinationen erwähnt sind, so ist doch klar, daß es bei jeder einzelnen Konfiguration um das jeweils unterschiedliche Mischungsverhältnis von Subjektivität und Objektivität, von eigener Erfahrung und aus anderen Quellen aufgenommenen Wissens, geht.

Im Grunde genommen gibt es zwei Extrempositionen, die die Grenzen markieren, zwischen denen sich die unterschiedlichen Typen herausbilden. Die eine besteht darin, zu behaupten, nur wer 1968 miterlebt habe, der könne auch angemessen über die 68er-Geschichte schreiben. Mit dieser Haltung wird unterstellt, daß es in der damaligen Bewegung Implikationen gegeben habe, die von Außenstehenden entweder nicht gewußt oder nicht erkannt werden können. Um dieses Wissen oder diese Erfahrungen zum Ausdruck bringen zu können, wird stillschweigend argumentiert, bedürfe es einer unmittelbaren Zeugenschaft, einer Qualität, Zeugnis zu liefern, die nur von einem oder einer unmittelbar Beteiligten aufzubringen sei. Die andere Position lautet, nur wer über keinerlei persönliche Beziehungen zur 68er-Bewegung verfüge, habe auch genügend Abstand, um über deren Geschichte schreiben zu können. Mit anderen Worten, nur ein ausreichendes Maß an Distanz garantiere auch eine Erkenntnisqualität, die Objektivierungskriterien standzuhalten in der Lage sei. Damit wird unterstellt, daß eine eigene Beteiligung an den damaligen Mobilisierungs- und Aktionsformen das Erkennen der Logik von Handlungsabläufen, Rollenmustern, Kontexten usw. maßgeblich erschwere oder gar regelrecht für die Durchschauung von Zusammenhängen blind mache.

Es geht um die Erfüllung des Objektivitätsanspruches, das Verhältnis von Erkenntnis und Interesse, Parteilichkeit, Werturteilsgebundenheit, den ganzen klassischen Katalog an normativen Standards. Das alles sind methodische Fragen, deren Klärung zu den üblichen Aufgaben jeder Geistes- und Sozialwissenschaft gehört, interessanterweise aber auch im Zentrum jener Wissenschaftskritik standen, die 1968 von den politisierten Studenten gegen das gesellschaftspolitisch unreflektierte Selbstverständnis vieler Disziplinen ins Feld geführt und an die Adresse ihrer professoralen Repräsentanten gerichtet worden war.

Nun sollte die Ausschließlichkeit, mit der die beiden Extrempositionen vertreten werden, nicht dazu führen, sich eine voreilige Wahl aufzwingen zu lassen. Schließlich können Darstellungen in den unterschiedlichsten Formen glücken – oder eben auch scheitern. Wie wenig man sich auf eine einzige Rolle festlegen sollte, wenn es darum geht, zeitgeschichtlich prägnant zu schreiben, läßt sich am Beispiel eines Außenseiters erkennen, der lange Zeit im Schatten der akademischen Forschung stand, inzwischen aber zum dominanten Historiker, in gewisser Weise sogar zum Doyen einer ganzen Disziplin geworden ist.

Gemeint ist der Kölner Journalist Karl Wilhelm Fricke, der es zunächst äußerst schwer hatte, sich gegenüber den Vertretern der Historikerzunft zu behaupten, inzwischen aber als allgemein anerkannter Experte der DDR-Forschung, um die es in seinem Falle geht, anerkannt ist. Fricke hatte sich über zwei Jahrzehnte an Themen und Fragestellungen abgearbeitet, die im Rahmen der akademisch etablierten DDR-Forschung nur als Marginalien galten. Wer sich vor 1990 über die politische Justiz in der DDR, die Opposition zur SED-Herrschaft, die Struktur und Arbeitsweise des Ministeriums für Staatssicherheit informieren wollte, der kam an seinen richtungweisenden Studien und Monographien nicht vorbei.[5] Das meiste von

5 Zu nennen sind vor allem: Warten auf Gerechtigkeit – Kommunistische Säuberungen und Rehabilitierungen, Köln 1971; Politik und Justiz in der DDR – Zur Geschichte der politischen Verfolgung 1945–1968, Köln 1979; Opposition und Widerstand in der DDR, Köln 1984; Zur Menschen- und Grundrechtssituation politischer Gefangener in der DDR, Köln 1986.

dem, was nach dem Ende der DDR an Informationen über die dort praktizierten Herrschaftstechniken in der Öffentlichkeit als neuartig, überraschend und zum Teil spektakulär aufgenommen wurde, konnte man bereits in den siebziger und achtziger Jahren in seinen Büchern, Abhandlungen und Aufsätzen lesen. Er hatte sich ebenso eindringlich wie unerschütterbar um Themenstellungen gekümmert, die in der DDR-Forschung, wenn überhaupt, nur am Rande auftauchten. Daß dies so war, hatte seine Gründe, um nicht zu sagen, seine lebensgeschichtlich außerordentlichen Umstände.

Fricke, der selbst aus der DDR stammte, Anfang der fünfziger Jahre in den Westen geflohen war und als Korrespondent für den *Rheinischen Merkur* arbeitete, war 1955 von Stasi-Agenten betäubt und nach Ost-Berlin entführt worden. In einem Geheimprozeß hatte ihn das Oberste Gericht der DDR ein Jahr darauf wegen »Boykotthetze« zu einer Zuchthausstrafe von vier Jahren verurteilt. Nach seiner Freilassung ging er 1959 in den Westen zurück und publizierte als erstes eine Broschüre mit dem Titel »Menschenraub in Berlin«, in der er seinen Fall in allen Einzelheiten schilderte.[6] Diese Erfahrung, selbst Opfer einer Entführungsaktion geworden zu sein, hat sich so tief in seine Erinnerung gebrannt, daß sie seine journalistische und zeitgeschichtliche Arbeit bis auf den heutigen Tag geprägt hat. In seiner letzten Buchpublikation hat er noch einmal seinen Fall von 1955 aufgerollt, diesmal nach Auswertung von Akten der Gauck-Behörde.[7] Sein außerordentlich starkes biographisches Motiv war der Garant dafür, an seinem Thema – Menschenrechtsverletzungen in der DDR – unabhängig von kulturellen und politischen Konjunkturen festzuhalten. Das hat ihn zu einem Pionier der DDR-Forschung gemacht. Erst nach dem Fall der Mauer hat die Öffentlichkeit seine publizistischen Arbeiten zu würdigen gelernt.

Frickes Biographie ist ganz sicher kein Modellfall. In ihr reflek-

---

6 Rheinischer Merkur (Hg.), Menschenraub in Berlin – Karl Wilhelm Fricke über seine Erlebnisse, Koblenz / Köln 1960.

7 Karl Wilhelm Fricke, Akten-Einsicht – Rekonstruktion einer politischen Verfolgung, Berlin 1995.

tieren sich einige Elemente kommunistischer Unterdrückung und einige Kapitel aus der Zeit des Kalten Krieges. Sein Fall ist in seiner Ausgangskonstellation zunächst einmal das Resultat bestimmter Verhältnisse und alles andere als Ausdruck einer freien Wahl. Exemplarisch daran ist allerdings, in welcher Weise Fricke an seiner individuellen Erfahrung festgehalten und sie zum Maßstab seiner späteren Arbeit gemacht hat. Er hat sich die Optik für die politischen Verhältnisse in der DDR einerseits vorgeben, dann andererseits aber auch nicht mehr nehmen lassen. Das hat, obwohl er mit den konventionellen Mitteln eines Journalisten und Zeithistorikers arbeitet, seinen Blick so unverwechselbar gemacht.

Ganz anders ist ein Mann mit seiner Geschichte, einer Bewegungsgeschichte, umgegangen, die hierzulande nahezu unbekannt ist. Es handelt sich um Paco Ignacio Taibo II und dessen Erinnnerungen an die 68er-Bewegung in Mexiko. Das mittelamerikanische Land wird üblicherweise nur mit der damaligen Sommerolympiade in Verbindung gebracht, wenn von 1968 die Rede ist. Zu Unrecht. Denn das, was sich zwischen dem 26. Juli und dem 4. Dezember 1968, in jenen 123 Tagen, vor allem in Mexico City abgespielt hat, stellt alles in den Schatten, was sonst irgendwo auf der Welt unter der schillernden Jahreszahl rubriziert wird. In keinem anderen Land, in keiner anderen Stadt hat die Staatsführung mit einer solchen Brutalität auf eine Studentenbewegung reagiert wie in Mexiko und seiner gleichnamigen Hauptstadt. Das Blutbad, das Armee und Polizei am 2. Oktober 1968 auf dem Platz der drei Kulturen in Mexico City verübt haben, dieses Massaker, das nach dem Stadtteil, in dem es geschah, das Tlatelolco-Massaker genannt wird, ist nur vergleichbar mit jenem der chinesischen Armee auf dem Tiananmen-Platz in Peking vom 4. Juni 1989. Doch im Unterschied zu diesem Terrorakt, der sich unter den Augen des Fernsehens und der Weltpresse abgespielt hat, wollte 1968 wenige Tage vor Eröffnung der Olympischen Spiele offenbar kaum jemand etwas von der Ermordung Hunderter von Demonstranten, deren Leichen nie aufgefunden worden sind, erfahren. Lediglich die durch ihre Berichterstattung über den Vietnamkrieg international bekannt gewordene italienische Journalistin Oriana Fallaci, die zufällig Augenzeugin des offenbar planmäßig vorbereiteten Hinterhalts geworden war und die Mordaktion schwerverletzt überlebte, hat später in einem erschütternden Text in aller Ausführlichkeit davon Zeugnis abgelegt.[8]

Taibo II, der sich durch eine ebenso detailbesessene wie voluminöse Biographie über Che Guevara einen Namen gemacht hat,[9] war erst 19 Jahre alt, als dies geschah. Unmittelbar nachdem die Studenten ihre landesweiten Streiks abgeblasen hatten und klar war, daß sie mit ihrer Demokratisierungsbewegung gescheitert waren, hatte er aus der Angst heraus, daß das Erinnerte unwiederbringlich verlorengehen könne, damit begonnen, Notizen vom Ablauf der 123 Tage zu machen. 1969 war er soweit, drei dicke Notizbücher beiseite legen zu können. Er deponierte sie für den Fall, daß ihm etwas zustoßen könnte, an einem nur schwer zugänglichen Ort. Die Aufzeichnungen sollten das Rohmaterial für einen später zu schreibenden Roman abgeben. Dieser Roman ist jedoch, wie Taibo II heute eingesteht, nie geschrieben worden. Statt dessen hat er nun unter dem Titel »1968 – Gerufene Helden – Ein Handbuch zur Eroberung der Macht« einen Band vorgelegt, der beides ist: Spiegel der Erinnerung wie Roman, historisch-deskriptiv und phantasievoll-fiktiv zugleich.[10] Er changiert zwischen beiden Genres, ganz so, als könne er sich immer noch nicht zwischen beiden Rollen entscheiden oder als sei ihm die des Chronisten einfach zu eng.

»Heiliger Franz von Assisi unserer Zweifel«, heißt es in seiner Einleitung, »Sankt Che Guevara unserer Gefühle, Sankt Philip Marlowe unserer Recherchen, heilige Jane Fonda unserer Sehnsüchte. Das Jahr 68 scheint sich nicht nur in der Nostalgiefabrik eingenistet zu haben, die in unseren Köpfen arbeitet und sich mit Leonard Cohen und den Gedichten von Blas de Otero Ort und Tonlage teilt,

---

8 Oriana Fallaci, Nichts und Amen, Köln 1991, S. 317–332.

9 Paco Ignacio Taibo II, Che – Die Biographie des Ernesto Guevara, Hamburg 1997.

10 Paco Ignacio Taibo II, 1968 – Gerufene Helden – Ein Handbuch zur Eroberung der Macht, Hamburg / Berlin 1997.

sondern hat auch den epischen Treibstoff produziert, um zwanzig Jahre Widerstand zu nähren. Es hat uns in einem Land der Unterwerfung stur bleiben lassen, es hat uns das ›Nein, scheißegal was passiert‹ in den Mund gelegt, Hunderte von Malen. Es hat uns über Jahrzehnte der Arbeitslosigkeit hinweggeholfen und uns durch die Welt ziehen lassen, wobei wir neben unserer Arbeitskraft sowenig wie möglich von unseren Seelen verkauften. Es hat uns vor den Versuchungen der Macht geschützt und uns von dem vergifteten Kuß des mexikanischen Staates ferngehalten.«[11] Das Pathos, das hier ungebremst zum Ausdruck kommt, fehlt deutschen Autoren, wenn sie, wie Friedrich Christian Delius in seinem Roman »Amerikahaus und der Tanz um die Frauen« etwa,[12] über die Studentenbewegung schreiben, fast vollständig. Vermutlich befürchten sie, sie könnten sich in einer postmodern vielfach gebrochenen Kultur lächerlich machen, wenn sie auch nach drei Jahrzehnten immer noch undistanziert und unironisch von den damaligen Ereignissen berichten. Oder ist es doch vielleicht mehr, was sich in der Diktion eines Taibo Bahn bricht, vielleicht eine Haltung, eine Resistenz, die hierzulande wohl vergeblich ihresgleichen suchen würde?

Sicherlich wird es keinen Modellfall dafür geben können, wie mit selbsterfahrener Geschichte umzugehen ist. Insbesondere dann nicht, wenn es sich dabei um einen historisch solch umstrittenen Fall wie die 68er-Geschichte handelt. Für sie alle jedoch gilt, was Gracián bereits vor 350 Jahren in seinem »Handorakel« festgehalten hat: »Versuche in allen Dingen, die Zeit auf Deine Seite zu bringen.«

---

11 Paco Ignacio Taibo II, ebenda, S. 9.

12 Friedrich Christian Delius, Amerikahaus und der Tanz um die Frauen, Reinbek 1997.

Die erste globale Rebellion

Wenn in Deutschland von *der* Studentenbewegung die Rede ist, dann reicht es bekanntlich aus, eine bloße Jahreszahl zu nennen und in der knappsten nur denkbaren Form von 68 zu sprechen. Im Nachbarland Frankreich, in dem die zur gleichen Zeit in Gang gekommene Bewegung freilich eine ungleich höhere Brisanz entfaltet hatte, reicht es völlig, vom »Mai« zu reden, um zu wissen, was gemeint ist. Ein Monat und ein Jahr stehen so als Kürzel für komplexe Ereigniszusammenhänge, deren Erforschung, aller Vertrautheit zum Trotz, erst in den Anfängen steckt. Die nackten Daten sind kalendarische Etiketten geworden, multifunktionale Embleme, Wiedererkennungsmarken im Gemischtwarenmarkt der massenmedial konditionierten Wahrnehmungen.

Der mythenumrankte Mai 68 war zweifelsohne in beiden Ländern Höhepunkt der Oppositionsbewegung, ihre Klimax, Zeit der Entscheidung und das Eingeständnis der Niederlage zugleich. So unterschiedlich die Entwicklungskurven beider Rebellionen diesseits und jenseits des Rheins auch gewesen sein mögen, sie synchronisierten sich in ihrer Dramatik, wie von einer Zauberhand geführt, in jenen Tagen. Die Koinzidenz der Ereignisse ist überaus frappierend. Dabei sticht ein Datum besonders hervor: der 11. Mai.

In Paris, wo es bereits eine Woche lang wegen der Schließung der Universität, zunächst der im Vorort Nanterre, dann auch der Sorbonne, zu Straßenschlachten zwischen Studenten und der Polizei gekommen war, spitzte sich die Situation nach Mitternacht gefährlich zu.[1] Rund 30 000 Demonstranten, vor allem Studenten, die im

1 Zum historischen Ablauf vgl.: Ingrid Gilcher-Holtey, Die Nacht der Barrikaden – Eine Fallstudie zur Dynamik sozialen Protests, in: Friedhelm Neidhardt (Hg.), Öffentlichkeit, öffentliche Meinung, soziale Be-

Laufe des Abends im Quartier Latin ohne einen erkennbaren strategischen Grund, ganz so als wollten sie lediglich die Commune und andere Straßenrevolten des 19. Jahrhunderts zitieren, sechzig bis zu drei Meter hohe Barrikaden errichtet hatten, warteten gespannt darauf, mit welchem Ergebnis eine von dem Soziologen Alain Touraine und dem Studenten Daniel Cohn-Bendit angeführte Delegation von einer Unterredung mit dem stellvertretenden Rektor der Sorbonne zurückkehren würde. Kurz vor zwei Uhr war es soweit. Im gleißenden Scheinwerferlicht erklärte Cohn-Bendit den übernächtigten Reportern, was in dieser Nacht geschehe, sei die »Absage einer Jugend an eine bestimmte Gesellschaftsordnung«. Kurz darauf erfolgte der Einsatzbefehl der Polizei. Rund 10 000 Uniformierte, darunter Truppen der besonders gefürchteten CRS, begannen unter dem Einsatz von Tränengasgranaten und Brandbomben eine Barrikade nach der anderen zu erstürmen. Es dauerte über dreieinhalb Stunden, bis das letzte Hindernis eingenommen war und Staatspräsident Charles de Gaulle von Innenminister Christian Fouchet und Verteidigungsminister Pierre Messmer Vollzugsmeldung erstattet werden konnte. Im Laufe der Kämpfe waren 367 der Beteiligten, darunter 251 Polizisten, verletzt, 460 Widerstand leistende Demonstranten festgenommen worden und 70 Autos ausgebrannt.

Während am frühen Morgen die Bewohner des Quartier Latin ungläubig die Spuren der nächtlichen Kämpfe – Barrikadenreste, Eisengitter, Fahrzeugwracks, völlig verwüstete Straßenzüge – betrachteten, waren auf bundesdeutschen Verkehrswegen Zehntausende von Notstandsgegnern in Pkws, Bussen und Sonderzügen in die Bundeshauptstadt unterwegs. Das Kuratorium »Notstand der Demokratie« hatte zu einem Sternmarsch auf Bonn aufgerufen, um mit einer solchen Zentralveranstaltung noch einmal nachdrücklich vor der Verabschiedung der Notstandsgesetze zu warnen.[2] Mit dem

---

wegungen, Sonderheft der *Kölner Zeitschrift für Soziologie und Sozialpsychologie*, Nr. 34, 1994, S. 375–392.

2 Zum Ablauf vgl.: Wolfgang Kraushaar, 1968 – Das Jahr, das alles verändert hat, München / Zürich 1998, S. 146–148.

gegen den Bundesinnenminister gerichteten Schlachtruf »Benda, wir kommen!« zogen sie vom späten Vormittag an zu Tausenden durch die fast menschenleeren Bonner Straßen. Die Stimmung war lustig, fast übermütig. Viele trugen Bauarbeiterhelme auf ihren Köpfen und führten Transparente und rote Fahnen mit sich. Die Polizei war lediglich damit beschäftigt, den Verkehr umzuleiten. Auf der Schlußkundgebung im Hofgarten versammelten sich dann am Nachmittag 60000 Teilnehmer. Obwohl mit Werner Vitt und Georg Benz auch zwei Gewerkschaftler das Wort ergriffen, blieb der vom SDS an den DGB gerichtete Appell, wegen der mit der Gesetzesnovelle drohenden Gefahr für die Demokratie zu einem Generalstreik aufzurufen, ungehört. Nach einer weiteren Kundgebung in der Beethovenhalle zogen noch mehrere hundert Demonstranten nach Bad Godesberg, um vor der französischen Botschaft gegen die Unterdrückung der Studentenbewegung in Paris zu protestieren. Ein Teil von ihnen verlief sich jedoch, und die anderen kehrten wieder um, als sie in der Nähe des Gebäudes Polizeiketten erspähten.

Die Folgen beider Ereignisse hätten kaum unterschiedlicher sein können. Während in Frankreich die drei größten Gewerkschaften zu einem 24stündigen Generalstreik aufriefen, um sich mit den Studenten zu solidarisieren, achtete der DGB nur zu genau darauf, daß es zu keinem Aktionsbündnis der Arbeiterschaft mit der Studentenbewegung und den Gruppen der Außerparlamentarischen Opposition (APO) kommen würde. Zur gleichen Zeit als sich die Notstandsgegner in Bonn versammelt hatten, kanalisierte der DGB den durchaus auch unter Gewerkschaftlern existierenden Protest, indem er in der Dortmunder Westfalenhalle eine mit Blasmusik intonierte geschlossene Kundgebung mit 15000 Teilnehmern durchführen ließ. Mit anderen Worten: Während es in Frankreich zu einer spektakulären Fusion zwischen Arbeiter- und Studentenbewegung kam, wurde in der Bundesrepublik die ohnehin existierende Kluft durch die Veranstaltungspolitik der Gewerkschaften zementiert.

Die politische Entscheidung fiel in beiden Ländern am Ende des Monats. Es war, eine weitere Koinzidenz der Ereignisse, der Nachmittag des 30. Mai. Während im Bundestag die Abgeordneten gerade dabei waren, namentlich über die Annahme der Notstandsgesetze abzustimmen, wandte sich Staatspräsident de Gaulle in einer dramatischen Ansprache an die französische Bevölkerung. Da dem staatlichen Fernsehsender der Strom abgeschaltet war, konnte die Rede nur vom Rundfunk übertragen werden. De Gaulle, der am Tag zuvor bereits innerlich kapituliert zu haben schien und sich mit einem Hubschrauber nach Baden-Baden hatte fliegen lassen, war zurückgekommen, um das Ruder im letzten Moment noch einmal herumzureißen. Er werde, erklärte er mit zurückgewonnener Überzeugungskraft, nicht zurücktreten, die Nationalversammlung auflösen und Neuwahlen ausschreiben. Zugleich warnte er vor einer Diktatur und einem Sieg des Kommunismus. Den Streikenden drohte er unverhohlen mit dem Einsatz von Gewaltmitteln. Kaum daß die nur wenige Minuten dauernde Ansprache verklungen war, zogen Zehntausende von Franzosen zur Place de la Concorde. Und während die Menschenmenge dort immer weiter anwuchs und schließlich mit nationalistischen Parolen über die Champs-Élysées in einem endlos anmutenden, über eine Million Teilnehmer zählenden Zug zum Arc de Triomphe strömte, verkündete Bundestagspräsident Eugen Gerstenmaier im Bonner Bundestag das Abstimmungsergebnis. Mit 384:100 Stimmen erklärte er die Notstandsverfassung und die Notstandsgesetze für angenommen. Während es in Bonn völlig ruhig blieb, demonstrierten in zahlreichen Städten, wie in den Wochen zuvor, immer noch Tausende gegen die nun auf legalem Wege möglich gewordenen Einschränkungen der Legislative. In Konstanz zogen 300 Studenten und Schüler gar über die Grenze ins Nachbarland Schweiz, um mit diesem »symbolischen Emigrationszug« deutlich zu machen, daß sie kein Vertrauen mehr in die veränderte Legalität ihres Heimatlandes hätten.

Die zeitlichen Parallelen und Koinzidenzien, die es im Mai zwischen Frankreich und der Bundesrepublik gab, sind 1968 keineswegs einzigartig gewesen. In jenem Jahr, dessen historischer Abstand von heute aus betrachtet bereits größer als jener ist, der für die damaligen Akteure gegenüber dem Ende des Zweiten Weltkrieges existierte, liefen verschiedene Konfliktstoffe als Ereignisströme zusammen. Sie verdichteten sich und nahmen in der Intensität ihrer massenmedial aufbereiteten Bilder Züge einer weltweiten Explosion an. Die Offensive der Vietcong-Truppen zu Beginn des buddhistischen Neujahrsfestes Tet in Südvietnam, die sogenannte Tet-Offensive, drückte dem Jahr vielleicht den stärksten Stempel auf. Wie sich später herausstellte, war das der Wendepunkt in dem von den Vereinigten Staaten entfesselten Vietnamkrieg. Der selbstmörderische Vorstoß von Vietcong auf die US-Botschaft in Saigon, der Rücktritt Robert McNamaras als Verteidigungsminister und die Ankündigung Lyndon B. Johnsons, kein weiteres Mal mehr für das Amt des US-Präsidenten kandidieren zu wollen, zeigten unmißverständlich, daß die Führungsspitze der US-Regierung zwar nicht kapituliert, so doch resigniert hatte. Der Pariser Mai, dessen Euphorie wie ein romantisches Traumgebilde ebenso rasch wieder in sich zusammenfiel, wie es sich herausgebildet hatte, der Prager Frühling, der in seiner Bedeutung erst richtig erkannt worden ist, als er von den sowjetischen Panzern bereits niedergewalzt wurde, der Aufstand der Schwarzen in den USA, deren nach Waffen rufenden Protagonisten sich vor allem nach der Ermordung Martin Luther Kings bestätigt fühlten, die Proteste der mexikanischen Studenten gegen die korrupte Staatspartei, die im Oktober kurz vor Eröffnung der Olympischen Spiele auf so brutale Weise von Militärs und Sondereinheiten der Polizei erstickt wurden, aber auch der Internationale Vietnam-Kongreß in West-Berlin, die zahlreichen Demonstrationen in Amsterdam, Ankara, Athen, Belgrad, Berkeley, Brüssel, Chicago, Dakar, Istanbul, Kopenhagen, Lissabon, London, Madrid, Mailand, Manila, New York, Rio, Rom, Sydney, Tokio, Venedig, Warschau, Washington, Zürich – das alles hat aus der Welt jenes »global village« gemacht, von dem der kanadische Medientheoretiker Marshall McLuhan schon damals gesprochen hat.[3]

---

3 »Die neue elektronische Interdependenz formt die Welt zu einem elektronischen Dorf um.« Marshall McLuhan / Quentin Fiore, Das Medium ist Massage, Frankfurt am Main / West-Berlin 1969, S. 67.

Die meisten dieser Aufstände, Konflikte und Rebellionen spielten sich anscheinend zufällig zur gleichen Zeit ab, manche waren lose miteinander verknüpft, andere hingegen lediglich in der Phantasie als Teile eines weltweiten Ganzen existent und auf eine geradezu megautopische Weise aufgeladen. Ohne eigentliche Netzwerke, lediglich auf der Basis einiger lockerer Kontakte kamen Aktionstage, Konferenzen und Kampagnen zustande, die zentral gesteuerte oder sorgfältig geplante Unternehmungen wie die kommunistische Weltfriedensbewegung oder die Ostermarschbewegung nicht nur an Vitalität, sondern auch an Wirkung weitaus in den Schatten zu stellen vermochten.

Diese internationale Synchronisierung wäre kaum möglich gewesen ohne die Herausforderung der Vereinigten Staaten als Hegemonialmacht. Insbesondere durch die katalysatorische Wirkung des von den USA entfachten Vietnamkrieges wurden Elemente miteinander verzahnt, die unter anderen Umständen beziehungslos nebeneinanderher gelaufen wären. Bei allem, was in jenen Monaten an Demonstrationen, Happenings, Aktionen und Interventionen durchgeführt wurde, lag so etwas wie ein imaginärer Geschützdonner in der Luft. Das Verbrechen, das die Großmacht USA in Südvietnam angeblich im Namen der Freiheit beging, war mehr als nur eine Tausende von Kilometern entfernte Hintergrundkulisse – es war in den Köpfen der meisten Akteure allgegenwärtig.

Vorentscheidend für diesen Verknüpfungs-, Kumulierungs- und Potenzierungseffekt war allerdings die Tatsache, daß die nationalen Protestbewegungen mit der Thematisierung des Antikolonialismus bzw. Antiimperialismus und der Befreiungsbewegungen in der sogenannten Dritten Welt selbst eine Öffnung nach außen, in den internationalen Raum hinein, hergestellt hatten.

Das Bewußtsein von der Internationalität kam nicht nur bei Großveranstaltungen wie einem Kulturkongreß in Havanna und dem Vietnam-Kongreß in West-Berlin zum Ausdruck, sondern auch bei einer TV-Diskussion am 13. Juni in einem BBC-Studio in London. Was der staatliche Fernsehsender kurz nach dem Pariser Mai unter dem Titel »Studenten im Aufstand« auszustrahlen bereit war, ist ein einzigartiges Dokument über den Globalismus des studentischen Protests.[4] Die Teilnehmer, darunter Daniel Cohn-Bendit, Ekkehart Krippendorff und Karl Dietrich Wolff, kamen neben der Bundesrepublik aus Belgien, Frankreich, Japan, Jugoslawien, Pakistan, Spanien, der Tschechoslowakei und den Vereinigten Staaten. So unterschiedlich ihre geographische und politische Herkunft auch war, die meisten der Studentenvertreter diskutierten im Bewußtsein einer internationalen Avantgardefunktion und gaben sich der Hoffnung hin, man könne gemeinsam über praktische Perspektiven sprechen. Diese Illusion schlug sich in der Konkretheit solcher Anlässe oder Manifestationen nieder.

Im Hinblick auf die gesellschaftliche und geopolitische Unterschiedlichkeit der einzelnen Länder ist es richtig, von einer Konvergenz ganz unterschiedlicher soziokultureller Prozesse zu sprechen, die zu diesen eruptionsartig ausgebrochenen Bewegungen geführt haben. Es waren allesamt Jugendbewegungen mit Studentengruppen als ihrem Nukleus, die 1968 zu jenem schillernden Phänomen gemacht haben, das von vielen Teilnehmern im nachhinein zum »magic moment« verklärt worden ist. Der Einsatz, die Intensität und die Dauer der Wellenbewegungen ist dabei höchst unterschiedlich gewesen. Während die Bewegungswelle in den USA von 1964 bis 1970 anhielt und insofern sehr lange dauerte, begann sie in der Bundesrepublik erst 1967 und dauerte nur bis 1969. In Frankreich, wo die Dynamik unbestreitbar ihren Spitzenwert erreichte, fiel die Wellenbewegung am extremsten aus. Sie dauerte im Grunde nur einen Monat lang, türmte sich dafür aber zu dem im Vergleich höchsten Wellenberg auf.

Obwohl es reiner Zufall war, daß die wichtigste amerikanische Studentenorganisation dasselbe Kürzel wie die bedeutendste bundesdeutsche besaß, gab es frappierende Ähnlichkeiten zwischen ihren radikaldemokratischen Absichten und dem historischen Ver-

---

4 Auszüge sind unter dem Titel »Diskussion im BBC: Ursachen der Studentenbewegung« abgedruckt in: *Berliner Extra-Dienst* vom 10. Juli 1968, 2. Jg., S. 7–10, und vom 13. Juli 1968, S. 10–12.

lauf beider Organisationsgeschichten.[5] Was die Students for a Democratic Society (SDS) und die Mitglieder des Sozialistischen Deutschen Studentenbunds (SDS) in den sechziger Jahren an Aktivitäten entfalteten, stellte alles in den Schatten, was von vergleichbaren Hochschulgruppen beider Länder angestoßen und ausgelöst wurde. Wer lediglich mit dem Kürzel SDS konfrontiert war, konnte leicht dem Mißverständnis aufsitzen, daß es sich dabei um nationale Gruppierungen ein und derselben Organisation handelte.

Die Parallelität ihrer Entwicklungsverläufe begann damit, daß sie beide 1961 aus ihrer jeweiligen Mutterpartei, der SPD und der LID, wie die Abkürzung für die League for a Industrial Democracy lautete, ausgeschlossen wurden. Beide begriffen sich von ihrem Selbstverständnis her als Organisationen der New Left bzw. Neuen Linken. Ihre Mitglieder waren überzeugte Linke, sahen aber sowohl im Sowjetkommunismus wie in der Sozialdemokratie Fehlentwicklungen, denen sie durch die Propagierung eines dritten Weges entgehen wollten. Für sie waren Soziologen wie etwa C. Wright Mills und E. P. Thompson sowie die Theoretiker der Frankfurter Schule, unter ihnen insbesondere Herbert Marcuse, maßgebliche Autoritäten. Es ist insofern auch nicht überraschend, daß es bereits vor Ausbruch der Revolte zu persönlichen Kontakten von Mitgliedern beider Gruppierungen gekommen ist.

Aber auch Diskussions- und Aktionsformen sowie die Idee, Gegeninstitutionen wie etwa die Kritische Universität entwickeln zu

---

5 Vgl. Ingo Juchler, Die Studentenbewegung in den Vereinigten Staaten und der Bundesrepublik Deutschland in den sechziger Jahren – Eine Untersuchung hinsichtlich ihrer Beeinflussung durch Befreiungsbewegungen und -theorien aus der Dritten Welt, Berlin 1996, und Michael A. Schmidtke, Reform, Revolte oder Revolution? Der Sozialistische Deutsche Studentenbund (SDS) 1960–1970, in: Ingrid Gilcher-Holtey (Hg.), 1968 – Vom Ereignis zum Gegenstand der Geschichtswissenschaft, *Geschichte und Gesellschaft – Zeitschrift für Historische Sozialwissenschaften*, Sonderheft 17, Göttingen 1998, S. 188–206.

müssen, um der Selbstlähmung solch bürokratisierter Großeinrichtungen wie den Universitäten entgehen zu können, fanden etwa zur selben Zeit Verbreitung. Am erstaunlichsten ist es aber, zu sehen, in welch enger Parallelführung sich die zunehmende Radikalisierung bis hin zur innerorganisatorischen Paralyse und zum Zerfall abspielte. Was der amerikanische SDS im August 1968 während des Parteikonvents der Demokraten als Errungenschaft der Militanz feierte, das vollzog der SDS in West-Berlin im November mit der sogenannten Schlacht am Tegeler Weg – eine Gewaltoffensive gegen die Polizei. Und auch die Abspaltung eines bewaffneten Flügels, der in den USA zu den Weathermen und in der Bundesrepublik zur Gründung der RAF führte, ging im Grunde Hand in Hand.

Obwohl diese Prozesse inzwischen historisch relativ genau untersucht sind, kann bislang kaum jemand zwingend erklären, warum es eine derartig ähnliche Entwicklung zweier linker Hochschulgruppierungen in unterschiedlichen Staaten, auf verschiedenen Kontinenten, über Tausende von Kilometern hinweg, gegeben hat.

So bedeutsam der bundesdeutsche SDS als Motor der außerparlamentarischen Bewegung auch gewesen sein mag, er hätte ganz sicher keine so starke Wirkung entfalten können ohne die subkulturelle Gruppierung Kommune I. Gegründet um die Jahreswende 1966/67 in West-Berlin, war sie das Produkt einer kleinen Strömung westeuropäischer Künstler und Intellektueller, die in der Tradition von Dadaisten und Surrealisten standen und sich als Situationisten bezeichneten.[6] Ihr Zentrum lag im Pariser Quartier Latin, ihre Wortführer waren der Franzose Guy Debord und der Däne Asger Jorn. Die deutsche Sektion der »Situationistischen Internationale«,[7] zu der

---

6 Zur Geschichte der Situationisten: Roberto Ohrt, Phantom Avantgarde – Eine Geschichte der Situationistischen Internationale und der modernen Kunst, Hamburg 1990.

7 Vgl. Situationistische Internationale 1958–1969 – Gesammelte Ausgaben des Organs der Situationistischen Internationale, Bd. 1 und 2, bearbeitet von Hanna Mittelstädt, Hamburg 1976/77.

sich die Aktivisten 1957 zusammengeschlossen hatten, setzte sich aus Künstlern der Münchner »Gruppe Spur« zusammen.[8] Nach den Schwabinger Krawallen im Sommer 1962 wurde einigen von ihnen der ästhetische Rahmen zu eng. Es entstand die »Subversive Aktion«, die bei unterschiedlichen Anlässen die Öffentlichkeit durch Provokationen herauszufordern versuchte.[9] Die hauptsächlich aus Studenten bestehende Gruppe, die in rascher Abfolge Dependancen in Stuttgart, Frankfurt und West-Berlin gegründet hatte, beschloß 1965, den SDS zu unterwandern. Während das Vorhaben in München mißglückte, gelang es in West-Berlin, eine antiautoritäre Keimzelle zu etablieren. Dieser Erfolg war nicht zuletzt auf zwei sogenannte Abhauer, zwei DDR-Flüchtlinge, zurückzuführen, auf Rudi Dutschke und Bernd Rabehl. Die beiden Soziologiestudenten machten in dem eher konventionellen Studentenverband durch die Einführung unkonventioneller Aktionsformen wie die nächtliche Plakataktion »Amis raus aus Vietnam« rasch Furore. An dem in der Wohnung des Schriftstellers Uwe Johnson gestarteten Kommune-Experiment, mit dem ein Gegenmodell zur bürgerlichen Kleinfamilie mit ihrer repressiven Sexualmoral geschaffen werden sollte, beteiligten sich Dutschke und Rabehl jedoch nicht. Während sie nach Möglichkeiten zur Auslösung eines revolutionären Prozesses suchten, machten Kommunarden wie Fritz Teufel und Rainer Langhans die Presse mit schlagzeilenträchtigen Aktionen wie dem angeblichen »Puddingattentat« auf den US-Vizepräsidenten Hubert Humphrey auf sich aufmerksam. Als es deshalb zum Konflikt kam, zeigte sich der Westberliner SDS auch nicht toleranter als seine Mutterpartei. Er griff zum selben drakonischen Mittel wie die SPD und schloß die Kommune I bereits nach wenigen Monaten wegen »Realitätsflucht«, »falscher Unmittelbarkeit« und »Selbstüberschätzung« aus. Dennoch dürften die Kommunarden, die ebenso witzig und

8 Vgl. Gruppe SPUR 1958–1965. Eine Dokumentation, München 1979.

9 Zu ihrer Geschichte vor allem: Frank Böckelmann / Herbert Nagel (Hg.), Subversive Aktion – Der Sinn der Organisation ist ihr Scheitern, Frankfurt am Main 1976.

provokant wie die aus der Hippiebewegung hervorgegangenen Yippies in den USA waren, mit ihren phantasievollen Aktions- und Lebensformen die neue Jugendkultur stärker geprägt haben als alle Programmerklärungen der sozialistischen Hochschulgruppe zusammen.

Der wichtigste Ideengeber in der Kommune I war der Ex-Schwabinger Dieter Kunzelmann. In seinen Erinnerungen »Leisten Sie keinen Widerstand!« läßt sich der Weg des Mannes verfolgen, der in gewisser Weise den Prototyp der antiautoritären Bewegung geprägt und über Jahrzehnte hinweg wie kein zweiter ihre einzelnen Stationen durchdekliniert hat:[10] Als Clochard unter den Seine-Brücken von Paris beginnend, stieß er in München zur »Gruppe Spur«, wurde ebenfalls Mitglied der »Situationistischen Internationale«, begründete die »Subversive Aktion« mit, wechselte während der »Viva-Maria-Phase« nach West-Berlin über, stieg in den SDS ein und rief die Kommune I mit ins Leben. An keiner anderen Figur läßt sich der in den sechziger Jahren zuspitzende Radikalisierungsprozeß auf so exemplarische Weise nachvollziehen wie an dem Sohn eines Bamberger Sparkassendirektors.

Die wichtigste der wenigen von ihm verfaßten Schriften stellen zweifelsohne »Die Notizen zur Gründung revolutionärer Kommunen in den Metropolen« dar.[11] Offensichtlich bedurfte es einer solch größenwahnsinnig anmutenden Verknüpfung zwischen »Mikrozelle«, wie die Kommune I auch genannt wurde, und globalem Gesamtzusammenhang, um ein praktisches Experiment überhaupt auf die Beine zu bringen – schließlich sollte die »Revolutionierung des Alltagslebens« mit dem Kampf der Befreiungsbewegungen außerhalb Europas Hand in Hand gehen. Bereits 1961 hatte Kunzelmann von einem Bauernhof in Südschweden aus seiner Familie in Bamberg

10 Dieter Kunzelmann, Leisten Sie keinen Widerstand! Bilder aus meinem Leben, Berlin 1998.

11 Dieter Kunzelmann, Notizen zur Gründung revolutionärer Kommunen in den Metropolen, in: Frank Böckelmann / Herbert Nagel (Hg.), ebenda, S. 143f.

geschrieben: »Wir versuchen hier eine kollektive kommunistische und situationistische Keimzelle innerhalb der kapitalistischen Gesellschaft aufzurichten.«[12] Der Ursprung der antiautoritären Bewegung lag also weder in West-Berlin noch in Frankfurt, wo die Vordenker der Kritischen Theorie lehrten, sondern in München, genauer in Schwabing. Mit »Zur Sache Schätzchen« gibt es sogar einen im Januar 1968 uraufgeführten Spielfilm, der besser als jeder Text den damaligen Zeitgeist und darin insbesondere den erotisierenden Sprachwitz dokumentiert.

Als im April 1998, rechtzeitig zur Welle der 68er-Revivals, im *Tagesspiegel* eine kryptisch anmutende Todesanzeige erschien, in der ohne Orts- und Datumsangabe behauptet wurde, Kunzelmann habe nicht nur über sein Leben, sondern nun auch über seinen Tod »frei bestimmt«,[13] hatte der »Obermufti des Chaos«, wie er sich selbst einmal bezeichnete, seine Wiederauferstehung in gewisser Weise bereits hinter sich. Während der Trauerfeier für den früheren Reichstagspräsidenten Paul Löbe am 9. August 1967 in West-Berlin hatten Demonstranten, die »Freiheit für Fritz Teufel« forderten, einen Sarg mit sich geführt. Als sich der Deckel öffnete, erhob sich Kunzelmann, der bärtige Kommunarde, verteilte Flugblätter und schloß sich so der Forderung an. Das makaber anmutende Szenario gehörte einst zum festen Repertoire der situationistisch geprägten Kommune I.

Ende 1998 wurde in Berlin von seinen Freunden sogar ein Requiem für den vermeintlich aus dem Leben Geschiedenen veranstaltet. Im Januar 1999 meldete der *Stern* jedoch, daß der Totgeglaubte lebe und mit seinem baldigen Wiederauftauchen zu rechnen sei. Der Aufenthaltsort des mittlerweile fast 60jährigen wurde allerdings nicht verraten.[14] Auch wenn manche das Ganze peinlich finden mö-

---

12 Dieter Kunzelmann, Leisten Sie keinen Widerstand!, ebenda, S. 27.

13 *Der Tagesspiegel* vom 3. April 1998.

14 Inzwischen ist Kunzelmann wiederaufgetaucht, hat seinen 60. Geburtstag medienwirksam in der Öffentlichkeit begangen und unmittelbar darauf die Verbüßung einer Haftstrafe angetreten.

gen – Untertauchen, Täuschung, Geheimniskrämerei, Simulation und Selbstinszenierung haben schon immer Kunzelmanns Lebenselixier ausgemacht.

Von Anfang an war umstritten, wie das neuartige Bewegungsphänomen zu bezeichnen sei. Zunächst schien es sich von der Eindeutigkeit der Träger her um eine Studentenbewegung zu handeln. Insofern war es durchaus legitim, von einer Revolte oder Rebellion der Studenten zu sprechen. Als auch die Schüler und Lehrlinge von der Bewegung erfaßt wurden, wurde die Bezeichnung erweitert. Das Ganze nahm, darin schien man sicher zu sein, Züge einer Art Jugendrevolte an. Dies deckte sich jedoch nicht mit der Rolle einer Außerparlamentarischen Opposition, der sogenannten APO, die zum Sammelbegriff für all jene geworden war, die sich an der Politik der Großen Koalition rieben und nach Reformen oder mehr riefen.

Wer das Spezifische treffen wollte, der kam jedoch nicht daran vorbei, das eher soziale als politische Phänomen der Autorität ins Zentrum zu stellen und von einer antiautoritären Bewegung zu sprechen. Diese Bezeichnung, die ein Teil der Aktivisten selbst in Anspruch nahm, wurde polarisierend, fast wie ein Kampfbegriff eingesetzt, um sich von den traditionell kommunistischen Kräften, die sich zur DDR und dem Erbe der Oktoberrevolution bekannten, abzusetzen. Sie bringt, da sie sich nicht auf einen bestimmten Träger oder eine Kombination von mehreren festlegt, am besten ihre soziokulturelle Grundorientierung zum Ausdruck. Zugleich ist damit aber auch deutlich, daß es sich dabei nur um eine relativ kurze Zeitspanne, die Phase der außerparlamentarischen Bewegung, handeln kann, die vom Tod Benno Ohnesorgs im Juni 1967 bis zum Beginn der sozialliberalen Koalition im Oktober 1969 reichte. Alles, was danach an Strömungen folgte, kann nicht mehr mit derselben Bezeichnung belegt werden. Auch dann nicht, wenn sie sich, wie die Sponti-Bewegung etwa, direkt auf das antiautoritäre Erbe beruft.

Die Begründung der antiautoritären Zielsetzungen bezog sich ganz wesentlich auf die Kritische Theorie, insbesondere auf Elemente der von Theodor W. Adorno, Max Horkheimer und Herbert Marcuse entwickelten Gesellschaftsphilosophie. Aus dem Forschungszusammenhang des 1924 in Frankfurt gegründeten und 1933 von den Nazis geschlossenen Instituts für Sozialforschung sind während des amerikanischen Exils von einem Teil seiner Mitarbeiter die beiden Grundpfeiler der Theorie von einer autoritär verfaßten Gesellschaft entwickelt worden: Das Theorem vom autoritären Staat, das Horkheimer 1940 unter dem Eindruck des Hitler-Stalin-Paktes und der Nachricht vom Selbstmord Walter Benjamins formuliert hat,[15] und die sozialpsychologische Theorie von der autoritären Persönlichkeit, die 1950 im Zusammenhang einer großangelegten Studie über die Vorurteilsbildung von Adorno u. a. vorgelegt worden ist.[16]

Diese beiden Elemente, das des integralen Etatismus und das der faschistoid disponierten Persönlichkeit, stellten zwei Grundannahmen zur Analyse der deutschen Nachkriegsgesellschaft dar, mit denen die Antiautoritären im SDS einen subversiven politischen Ansatz zu begründen versuchten, dem es um die Veränderung der soziopsychischen Voraussetzungen für einen postfaschistischen autoritären Staat und die Umwandlung in eine sozialistische Demokratie ging.

Beim Theorem des integralen Etatismus, das in ökonomischer Hinsicht maßgeblich auf Überlegungen des Horkheimer-Freundes Friedrich Pollock zurückzuführen ist,[17] geht es um eine Theorie des Monopolkapitalismus, in der der Staat zum Gesamtkapitalisten wird. Die Massenloyalität wird durch Manipulation der Informationsmedien, letztlich der öffentlichen Meinung, hergestellt; Manipulation tritt, soweit es irgend geht, an die Stelle offener Repression. Auf die Bundesrepublik übertragen hieß das: Mit der Bildung einer

---

15 Max Horkheimer, Autoritärer Staat, in: ders., Gesammelte Schriften, Bd. 5: »Dialektik der Aufklärung« und Schriften 1940–1950, hrsg. von Gunzelin Schmid Noerr, Frankfurt am Main 1987, S. 293–319.

16 Theodor W. Adorno / Else Frenkel-Brunswik / Daniel J. Levinson / R. Nevitt Sanford, The Authoritarian Personality, New York 1950.

17 Friedrich Pollock, Stadien des Kapitalismus, hrsg. von Helmut Dubiel, München 1975.

Großen Koalition zwischen der CDU/CSU und der SPD hatte man sich einer innerparlamentarischen Opposition, wenn man von der FDP einmal absieht, weitgehend entledigt. Durch die von dem damaligen Bundeswirtschaftsminister Karl Schiller (SPD) propagierte »Konzertierte Aktion« zwischen Gewerkschaften und Arbeitgeberverbänden sollte der Interessengegensatz zwischen Arbeitnehmern und Arbeitgebern durch Absprachen überwunden und der Antagonismus zwischen Kapital und Arbeit letztlich ausgeblendet werden. Und die damals infolge der wirtschaftlichen Rezession und der verbreiteten Unfähigkeit zu politischen Reformen vorhandene gesellschaftliche Unzufriedenheit schien die Springer-Presse mit ihrer Schürung von Vorurteilen, der Schaffung von Sündenböcken und Feindbildern auf Pseudogegner zu projizieren.

Die Theorie der autoritären Persönlichkeit basierte auf einer empirischen Untersuchung, die 1945/46 vor allem unter Angehörigen der amerikanischen Mittelschichten durchgeführt worden war, mit der die Anfälligkeit von Personen für antisemitische Vorurteile und Feindbilder herausgefunden werden sollte. Mit verschiedenen Skalen wurden die Raster bestimmter ethnozentrischer Stereotype herausgefiltert. Im Mittelpunkt stand die F-Skala, die Faschismus-Skala.[18] Wesentliche Merkmale des autoritativen, zum Faschismus tendierenden Charakters, so lautete eines der Ergebnisse, waren eine starre Bindung an herrschende Werte, wie Unauffälligkeit, Sauberkeit, Erfolgsstreben, Ordnungsliebe, Unterwürfigkeit, Verachtung von Außenseitern und die Diskriminierung von Fremden und Schwächeren. Mit anderen Worten – der autoritäre Charakter war in der Strukturtypologie der Psychoanalyse durch ein schwaches Ich, ein externalisiertes Über-Ich und ein vom Ich kaum noch zu kontrollierendes Es geprägt. Auch hier gingen die Exponenten des antiautoritären Flügels im SDS davon aus, daß die Demokratie in der Bundesrepublik durch die Fortexistenz autoritärer Persönlichkeiten im Kleinbürgertum und den Mittelschichten ernsthaft ge-

---

18 Theodor W. Adorno, Studien zum autoritären Charakter, Frankfurt am Main 1979, S. 40–104.

fährdet sei. Zahlreiche Untersuchungen – wie die mit dem scheinbar harmlosen Titel »Gruppenexperiment« über das Bewußtsein der Nachkriegsdeutschen und der von Adorno geprägten Figur des »Schuldabwehrantisemitismus« – schienen das sozialwissenschaftlich zu bestätigen.[19] In den aggressiven Reaktionen von Passanten auf demonstrierende Studenten sah man außerdem eine sinnfällige Bestätigung im eigenen Erfahrungsbereich. Als parteipolitischer Ausdruck dieses Potentials galten vor allem die Mitglieder und Wähler der NPD, aber auch erhebliche Teile von CDU und CSU, zuweilen sogar der SPD.

Primäres Ziel der antiautoritären Bewegung war die soziokulturelle Veränderung von Subjekten als Voraussetzung für eine Transformation des parlamentarischen Systems in eine radikale, in eine sozialistische Demokratie. In einem mittelfristigen Sinn lassen sich für 1968 die folgenden Zielsetzungen benennen:

- die Abschaffung der Ordinarienuniversität und die Durchsetzung einer demokratischen Hochschulreform im Sinne der Drittelparität;
- die Verhinderung der Notstandsgesetzgebung, um die Rückkehr zu einem Staat autoritärer Prägung, zu einer modernen Diktatur, zu verhindern;
- den Stopp der rechtsradikalen NPD bei ihrem Durchmarsch durch mehrere Landesparlamente auf dem von ihr anvisierten Weg in den Bundestag;
- die Entflechtung der Medienkonzerne, insbesondere des Axel-Springer-Verlags, um eine zunehmende Manipulation der öffentlichen Meinung zu verhindern;
- den Rückzug der USA aus Vietnam und die Beendigung des dort immer weiter eskalierenden Krieges.

In einem unmittelbaren politischen Sinne ist die damalige Bewegung fast auf der ganzen Linie gescheitert. Zwar gelang es, 1969 den Ein-

---

19 Institut für Sozialforschung (Hg.), Gruppenexperiment – Ein Studienbericht, bearbeitet von Friedrich Pollock, Frankfurt am Main 1955.

zug der NPD in den Bundestag zu verhindern, die Hauptziele jedoch wurden allesamt verfehlt. Der Vietnamkrieg ging noch mehrere Jahre weiter, mit Richard M. Nixon wurde sogar ein Falke nächster US-Präsident, die Struktur des Springer-Konzerns blieb unangetastet, die nur halbherzig vorangebrachte Hochschulreform erwies sich rasch als Enttäuschung, und die hochfliegenden revolutionären Erwartungen blieben ganz und gar unerfüllt.

Innenpolitisch war sicher bereits die Niederlage in der Antinotstandsbewegung im Mai 1968 entscheidend. Die vielbeschworene Einheit von Arbeiter- und Studentenbewegung, wie sie zum allgemeinen Erstaunen zur gleichen Zeit in Frankreich möglich wurde, blieb hierzulande eine Chimäre. Mit der Verabschiedung der Notstandsgesetze am 30. Mai hatte die APO ihren Zenit bereits überschritten.

Was folgte, war zunächst eine innere Radikalisierung, die erhebliche Teile in die Gewalt trieb. Der Antiautoritarismus, der in so rasanter Weise über alle konkurrierenden politischen Strömungen obsiegt hatte, wurde zum eigenen Opfer. Da es sein insgeheimes Gesetz war, immer in Bewegung zu bleiben, mußte diese Logik unter veränderten Außenkoordinaten in die Selbstzerstörung führen. Dynamik, Intensität und Tempo waren immer mehr zu Charakteristika der antiautoritären Bewegung geworden. Die Affinität etwa zur chinesischen Kulturrevolution, die auf einer völligen Verkennung des Maoismus als einem eigenständigen Typus totalitärer Herrschaft basierte, resultierte in hohem Maße aus der Identifikation mit dem Permanenzideal eines revolutionären Prozesses. Das paradoxe Umschlagen einer zunächst äußerst erfolgreichen Ausbreitung der Bewegungsformen und -ziele in eine zunehmende Destruktion wurde von den meisten zwar quälend erlebt, aber nicht begriffen.

So erging es auch den aus den Turbulenzen der Antiautoritären entstandenen ersten Ansätzen zu einer neuen Frauenbewegung. Als Helke Sander auf der 23. SDS-Delegiertenkonferenz in Frankfurt ihre berühmt gewordene Rede gegen die patriarchalische Vorherrschaft im SDS gehalten und den Männern vorgeworfen hatte, daß sie innerhalb ihrer eigenen Organisation Herrschaftsverhältnisse verlängern würden, deren Abschaffung sie in der Gesellschaft auf abstrakte Weise selbst forderten, machte sie von dem unter den Antiautoritären entwickelten Kritikvermögen Gebrauch und wandte es lediglich auf die bislang als Privatbeziehungen ausgeklammerten Verhältnisse an. Ihre Ansprache gipfelte in dem Vorwurf, daß spätestens in der Frage der Kindererziehung die Frauen zu spüren bekämen, daß in dieser Sphäre der Mann »die objektive Rolle des Ausbeuters oder Klassenfeindes« annehmen würde.[20] Als danach der theoretische Kopf der Frankfurter SDS-Gruppe, Hans-Jürgen Krahl, unverändert in der Tagesordnung fortfahren wollte, flogen die inzwischen historisch gewordenen Tomaten gegen den Vorstandstisch. Die Revolte der Frauen war aber zugleich Teil einer inneren Konfliktstruktur, die sich in ihren eigenen Reihen fortsetzte. Im Weiberrat führte später eine Revolte jüngerer gegen die erfahreneren Frauen dann ebenfalls zu dessen Auflösung. Mit anderen Worten: Die antiautoritäre Binnendynamik fraß sich auch hier weiter fort.

Im Winter 1968/69 setzte überall ein quälender Prozeß der Neuorientierung ein, der rasch zur Zersplitterung und einer Fetischisierung von Organisationsformen führte. Innerhalb von nur wenigen Monaten fiel der SDS faktisch auseinander. Die Antiautoritären schienen durch die nachlassende Mobilisierung auf der Straße und die infolge der Bildung einer sozialliberalen Koalition veränderte politische Konstellation wie paralysiert, das Wort übernahmen radikal orthodoxe Kräfte – Neoleninisten und Maoisten. Während ein erheblicher, vermutlich der größte Teil der alten APO von der SPD und der neugegründeten DKP aufgesogen wurde, bildeten sich in kurzer Zeit landauf, landab kommunistische Kadergruppen, die sich als Vorhut der Arbeiterbewegung begriffen. Die studentischen Speerspitzen der APO ernannten sich selbst zur proletarischen Avantgarde und glaubten sich so zur Führungselite einer trotz Septemberstreiks nicht zu einer radikalen Systemveränderung neigen-

20 Vgl. zum historischen Ablauf: Wolfgang Kraushaar, Frankfurter Schule und Studentenbewegung – Von der Flaschenpost zum Molotowcocktail 1946–1995, Bd. I, Hamburg 1998, S. 355–357.

den Arbeiterschaft machen zu können. Damit waren die Weichen für ein Jahrzehnt gestellt. Die aktivsten studentischen Gruppen zogen zielstrebig in eine politische Sackgasse, aus der einen Ausweg zu finden kaum noch möglich war.

Die internationale Protestbewegung hatte ihren Ursprung zweifelsohne im Westen – und zwar in einem doppelten Sinne. Sie kam aus den USA, ging dort wiederum von Kalifornien aus und statuierte 1964 mit dem free-speech-movement in Berkeley ein Exempel, das zum Modellfall für die Campus-Revolten in verschiedenen anderen westlichen Staaten wurde. Die signifikantesten Aktionsformen wie sit-ins, go-ins, teach-ins usw. wurden der Bürgerrechtsbewegung entweder direkt entlehnt oder aber nach ihrem Vorbild geschaffen. Am Beispiel von antirassistischen Aktionen der schwarzen Bürgerrechtler hatten die Studenten erkannt, wie wirkungsvoll derartige Vorstöße ausfallen konnten. Ohne Gewalt einzusetzen, konnten sozial ausgegrenzte Minderheiten Reformanstöße geben. In exemplarischen Aktionen offenbarten sie, ohne sich ideologischer oder weltanschaulicher Mittel zu bedienen, worin ihre Ziele lagen. Demonstrationen waren wörtlich zu nehmen. Es ging in erster Linie darum, etwas zu zeigen – einen Mißstand aufzudecken oder eine Möglichkeit zur Änderung vorzuexerzieren. Mit teach-ins stellten die Studenten darüber hinaus ein Forum der Informierung, der Selbstaufklärung und öffentlich auszutragenden Kontroverse her. Für welche Ziele eine Bewegung eintreten sollte, war nicht der Entscheidung irgendeiner Führungsspitze vorbehalten, die in irgendwelchen Hinterzimmern tagte, sondern sollte in einem kollektiven Diskussions- und Bewußtwerdungsprozeß herausgefunden werden.

Im Unterschied zu anderen vergleichbaren Ländern hatte die Studentenbewegung in der Bundesrepublik derartig starke, im Grunde unangemessene Auswirkungen, weil sie einen Resonanzboden besaß, den es in keinem anderen Land gab und auch nicht geben konnte – die NS-Vergangenheit. Durch das politische Agieren im Schatten von Auschwitz nahmen staatliche und gesellschaftliche Problemstellungen eine existentielle Schärfe an, die man mit Ausnahme Japans, das seines kriegerischen Nationalismus wegen in einer bestimmten Hinsicht vergleichbar ist, vergeblich sucht. In der Bundesrepublik, deren Institutionen bis in das staatliche Führungspersonal hinein mit ehemaligen NS-Tätern durchsetzt waren, geriet noch die nebensächlichste politische Angelegenheit zur fundamentalen Auseinandersetzung mit der Vergangenheit des »Dritten Reiches«. Bei nahezu jedem Konflikt, so schien es, lauerte der nationalsozialistische Abgrund. Daß eine moralische Grundhaltung, die sich als antifaschistisch verstand, in zahlreiche Sackgassen geführt hat, wurde vielen Aktivisten jedoch erst im Laufe der Jahre bewußt.

Ein Musterbeispiel für diese Ausrichtung war der »Fall Lübke«.[21] Der CDU-Politiker, der ein Jahrzehnt als Bundespräsident im Amt war, galt vielen protestierenden Jugendlichen als Lieblingsgegner. Für die Jüngeren in der antiautoritären Bewegung war er eine Projektionsfigur: Sie sahen in dem Repräsentanten mit dem knarrenden Dialekt und dem hölzern-dozierenden Gestus einen sauerländischen Einfaltspinsel, einen konservativen Tugendwächter, einen dilettantischen Orator, der immer für einen Überraschungsangriff auf das Zwerchfell gut war. Der Sauerländer, der ständig auf Weltreise zu sein schien, verkörperte all das, was man habituell abschütteln wollte: Steifheit, Konventionalität, Provinzialität, Engstirnigkeit, Starrsinn. Der höchste Repräsentant des Staates war unfreiwillig komisch und konnte deshalb nicht mehr als Autorität ernstgenommen werden. Lübkes faktische Nichtautorität verhielt sich reziprok zum Antiautoritarismus der Studentenbewegung; auf einer bestimmten Ebene entsprach sich beides.

Lübke war ein kultureller Exponent der Adenauer-Ära. In Reinkultur verkörperte er jene Gesellschaftswerte, die politisch wie kulturell rückwärtsgewandt waren und von denen sich die jüngere Generation zu lösen begonnen hatte. Sein Schicksal bestand darin, daß er die Zeit zwischen der Kanzlerschaft Adenauers und der sich abzeichnenden sozialliberalen Koalition überbrücken mußte. Er war jedoch kein Mann des Übergangs. Im Gegenteil, er war jemand, der

21 Zu den Hintergründen vor allem: Rudolf Morsey, Heinrich Lübke – Eine politische Biographie, Paderborn 1996.

sich seiner Rolle völlig unterwarf und kaum ein Anzeichen von Eigeninitiative zeigte. Einerseits eignete er sich zur Persiflage, andererseits zur Delegitimation. In beiden Fällen bestand das Ziel darin, den Staat zu diskreditieren: zum einen durch den Nachweis der Inkompetenz seines höchsten Würdenträgers, zum anderen durch den Beweis für dessen Verstrickung in das NS-System, bis hin zur Rolle im Rahmen der Judenvernichtung.

Sein größter Förderer war kein Mann aus seiner eigenen Partei, sondern der stellvertretende SPD-Vorsitzende Herbert Wehner, der in ihm nicht zu Unrecht den Befürworter einer Großen Koalition sah. Die Wiederwahl Lübkes am 1. Juli 1964 konnte in dem Moment als gesichert gelten, als Wehner, eine allseits gefürchtete Autorität, den SPD-Parteivorstand davon überzeugt hatte, aus taktischen Gründen der Machteroberung auf einen eigenen Kandidaten zu verzichten und den Amtsinhaber bereits im ersten Wahlgang bestätigen zu wollen. Wie der Historiker Arnulf Baring in seinem Buch »Machtwechsel« später herausgearbeitet hat, war dieser Schachzug ein wichtiger Schritt auf dem Weg zur Großen Koalition ebenso wie ein bedeutsamer Zwischenschritt auf dem Weg zur sozialliberalen Koalition, mit anderen Worten, der SPD an die Macht.[22]

Kurz vor Lübkes Wiederwahl war Albert Norden, der Propagandachef der SED, in Ost-Berlin auf einer Pressekonferenz des Nationalrats der Nationalen Front an die Mikrophone getreten und hatte erklärt, daß der Mann, der sich anschickte, ein weiteres Mal Bundespräsident zu werden, 1940 mit der Baugruppe Schlempp in Peenemünde an einem Rüstungsvorhaben mitgearbeitet habe. Damit setzte eine jahrelange Kampagne der SED ein, die in dem Vorwurf gipfelte, Lübke habe sich als Architekt am Bau von Konzentrationslagern beteiligt.[23] Diese Beschuldigung fiel unter den Gruppen der APO auf fruchtbaren Boden. Im Bild des vermeintlichen KZ-Baumeisters schien der unfreiwillige Komiker an der Staatsspitze seine

---

22 Arnulf Baring, Machtwechsel – Die Ära Brandt–Scheel, Stuttgart 1982, S. 27f.

23 Vgl. Albert Norden, Ereignisse und Erlebtes, Ost-Berlin 1981, S. 235.

häßliche Fratze zu offenbaren. Was niemand unter den Studenten wußte, die 1967/68 diese Mär in zahlreichen symbolischen Aktionen verbreiteten, war die Tatsache, daß das Politbüro der SED am 9. Juni 1964 den Beschluß gefaßt hatte, die Dokumentationsstelle des Innenministeriums der DDR damit zu beauftragen, in den Archiven systematisch nach Belastungsmaterial zur Diskreditierung des Bundespräsidenten zu suchen. In einer 1992 erschienenen Publikation schildern die beiden ehemaligen für Desinformation zuständigen HVA-Offiziere Bohnsack und Brehmer, daß die Dokumente der Anti-Lübke-Kampagne zum Teil präpariert und manipuliert worden seien. So habe man echte Baupläne zur Errichtung von Barakken, die die Unterschrift Lübkes trugen, mit Deckblättern versehen, auf denen die Bezeichnung Konzentrationslager hinzugefügt worden sei. Dadurch sei eine Zuordnung der Dokumente zu KZ-Bauten hergestellt worden, die die Zeichnungen selbst nicht zugelassen hätten.[24] Mit anderen Worten, Lübke, der auf dem Höhepunkt der gegen ihn laufenden Kampagne im März 1968 kaum in der Lage war, sich selbst zu verteidigen, war das Opfer einer von der SED inszenierten politischen Diffamierungskampagne. Im Gegensatz zu den Vorwürfen, die aus den Reihen der außerparlamentarischen Bewegung gegen den damaligen Bundeskanzler Kurt Georg Kiesinger erhoben wurden, der stellvertretender Abteilungsleiter im Propagandaministerium von Joseph Goebbels gewesen war, hatte man sich im »Fall Lübke« zum Büttel der SED-Propaganda machen lassen.

Wenn es um die Frage ganz anderer personeller Kontinuitäten, nämlich aus den Reihen der antiautoritären Bewegung selbst, geht, dann sticht eine Stadt besonders hervor. Bereits vor über einem Jahrzehnt war dem ehemaligen SPD-Bundestagsabgeordneten Karsten Voigt aufgefallen, daß es in seiner Heimatstadt Frankfurt eine beispiellose Transformation von Exponenten einer linksradikalen Subkultur in politische Ämter und Funktionen gab. Der Weg, den er in seinem Aufsatz »Vom Frankfurter SDS zum realpolitischen Flügel der Grü-

---

24 Günther Bohnsack / Herbert Brehmer, Auftrag Irreführung: Wie die Stasi Politik im Westen machte, Hamburg 1992, S. 49.

nen« beleuchtet hatte,[25] ist inzwischen munter weitergegangen. Von den ehemals Antiautoritären ist – um nur die wichtigsten Positionen zu nennen – Daniel Cohn-Bendit Europaabgeordneter der Grünen, Rupert von Plottnitz Justizminister in Hessen (bis 1999) und Joschka Fischer Bundesaußenminister geworden. Antiautoritäre, Spontis, Realos – das alles waren Stationen des wohl ungewöhnlichsten Karriereschubs, den die Republik erlebt hat. Nirgendwo sonst sind Positionen innerhalb der Grünen, Magistrats- und Ministerämter so generalstabsmäßig in Angriff genommen worden, wie bei den als launisch, chaotisch und karrierefeindlich verschrienen Frankfurter Spontis. Von der zu Beginn der achtziger Jahre im Büro des Stadtmagazins *Pflasterstrand* tagenden »Sponti-Wählerinitiative für die Grünen« führte der Weg zielstrebig in den Frankfurter Römer, in die Wiesbadener Staatskanzlei und schließlich ins Bonner bzw. Berliner Auswärtige Amt. Ein Dutzend antiautoritär geprägter Männer – eine Frau befand sich bezeichnenderweise nicht darunter – machte nicht nur vor, wie der von Rudi Dutschke apostrophierte und später so oft zitierte lange Marsch durch die Institutionen gelingen kann, sondern wie es mit dem Projekt einer rot-grünen Regierungskoalition überhaupt auszusehen hat. Niemand hat so zäh und unter Einsatz aller zur Verfügung stehenden Finten und Manschetten um die Durchsetzung dieser Option gerungen wie Fischer. Was er anfangs als »Koalition zwischen Freak und Facharbeiter« bezeichnete, das sollte nun aller jahrelangen Verweigerungen einer bewegungsfeindlichen SPD zum Trotz mit Schröder und Lafontaine Wirklichkeit werden.

Im Herbst 1998 war es schließlich soweit – das rot-grüne Modell wurde von Frankfurt und Wiesbaden auf Bonn übertragen. Der Machtwechsel hat vielerorts die Frage aufgeworfen, welche Rolle Exponenten der 68er-Generation in der neuen Bundesregierung spielen könnten. Der zum Rechtskonservatismus konvertierte ehemalige *Konkret*-Herausgeber Klaus Rainer Röhl fragte in der *Welt*

---

25 Karsten D. Voigt, Der Mythos der politischen Kontinuität – Vom Frankfurter SDS zum realpolitischen Flügel der Grünen, in: *Die Neue Gesellschaft / Frankfurter Hefte*, 33. Jg., Juni 1986, S. 484–489.

am Sonntag besorgt: »Siegte Dutschke in Bonn?«[26] Und in der französischen Tageszeitung *Libération* wurde behauptet, daß die Erfahrung des 68er-Bruches die neue Macht prägen würde.[27] Andererseits wurde dort aber auch Gerhard Schröder mit der Feststellung zitiert, er sei kein 68er gewesen. In dem besagten Jahr habe er, der über den zweiten Bildungsweg an die Universität gelangt ist, brav in Göttingen Jura studiert und das erste Mal geheiratet. Er habe zwar die Bücher von Adorno und Habermas gekannt, aber nur ihre Cover – von deren Inhalt wisse er nichts. Dennoch ist unbestreitbar, daß diejenigen Politiker, die die wichtigsten Ministerämter besetzt haben, aus jenen Jahrgängen stammen, die abstrakt denen der 68er-Generation zugerechnet werden. In der Soziologie geht man inzwischen davon aus, die Geburtsjahrgänge von 1938 bis 1948 dazuzurechnen.[28] Wir haben es also mit den heute 50- bis 60jährigen zu tun. Beim Amtsantritt war Lafontaine 55, Schröder 54 und Joschka Fischer 50. Der neue Außenminister der Bundesrepublik, damals Nichtstudent, eine Mischung aus Hans-Jürgen Krahl und Bommi Baumann, war ein 68er wie aus dem Bilderbuch. Der britische Publizist Perry Anderson hat ihn als den ersten »chemisch reinen« Vertreter der 68er-Generation bezeichnet, der den Sprung in die Garde europäischer Spitzenpolitiker geschafft habe.

Ursprünglich war Fischer nichts anderes als ein Exponent der Randgruppen.[29] Als jugendlicher Tramp und Pflastermaler, der sich

26 Klaus Rainer Röhl, Siegte Dutschke in Bonn?, *Welt am Sonntag* vom 4. Oktober 1998.

27 Lorraine Millot, Allemagne: un nouveau pouvoir marqué par 68, in: *Libération* vom 2. Oktober 1998.

28 So zum Beispiel etwa: Heinz Bude, Das Altern einer Generation – Die Jahrgänge 1938–1948, Frankfurt am Main 1995.

29 Vgl. zu seiner Biographie: Wolfgang Kraushaar, Realpolitik als Ideologie – Von Ludwig August von Rochau bis Joschka Fischer, in: *1999 – Zeitschrift für Sozialgeschichte des 20. und 21. Jahrhunderts*, 3. Jg., Heft 3, Juli 1988, S. 79–137; Sibylle Krause-Burger, Joschka Fischer – Der Marsch durch die Illusionen, Reinbek 2000.

als abgebrochener Gymnasiast und Photolehrling von der Radikalität der Studenten angezogen fühlte, stieß er im Frühjahr 1968 zu einer Wohngemeinschaft führender SDS-Mitglieder. Nachdem der Autodidakt sich in Seminaren und Diskussionszirkeln mit den wichtigsten neomarxistischen Theorien vertraut gemacht hatte, galt er eine Zeitlang als der Vorzeige-Subproletarier der Frankfurter Studentenbewegung. Er schloß sich einer Betriebskampfgruppe an, die unter der euphemistischen Selbstbezeichnung »Revolutionärer Kampf« in den Rüsselsheimer Opel-Werken vergeblich die Fließbandarbeiter zu agitieren versuchte, und fand, nachdem er dort gefeuert worden war, Anschluß an eine In-group, die über mehrere Jahre hinweg die Fäden der Hausbesetzerbewegung zog. Als diese Mitte der siebziger Jahre verebbte, schlug der bekennende Sponti sich eine Zeitlang als Taxifahrer und Antiquar durch. Erst nach verschiedenen Anläufen fand er 1982 einen Ausweg aus seiner politischen Orientierungskrise. Aus dem dezidierten Antiparlamentarier, der für Parteien zunächst nur zynische Verachtung übrig hatte, wurde ein nicht weniger dezidierter Befürworter des Parlamentarismus. Er trat in die Partei der Grünen ein, wurde bereits nach wenigen Monaten Bundestagsabgeordneter und zwei Jahre später hessischer Umweltminister. Kein anderer Politiker hat in der wechselhaften Geschichte der alternativen Partei mit derartiger Nachdrücklichkeit einen machtpolitischen Kurs verfolgt wie der durch die antiautoritäre Bewegung geprägte Fischer. Er verkörpert Bruch und Kontinuität des 68er-Impulses gleichermaßen. Daß ein Outcast wie er Vizekanzler hat werden können, ist sicherlich in erster Linie seinem außergewöhnlichen politischen Talent geschuldet, das bereits dreißig Jahre zuvor zu erkennen war. Zugleich aber ist seine Karriere auch ein Indiz für die soziale Durchlässigkeit der parlamentarischen Demokratie in der Bundesrepublik.

Unter den sogenannten Alt-68ern treten derweil zwei Strömungen zunehmend aus- und spannungsgeladen gegeneinander: die linkssozialistischen Bewegungsbewahrer und die völkisch-nationalen Wiedererwecker. Wenn die Risse, die seit 1998 besonders in Berlin aufgetreten sind, nicht täuschen, dann vollzieht sich innerhalb dieser von Anfang an in einer problematischen Weise als einheitlich aufgefaßten Generation eine Polarisierung. Oberflächlich betrachtet ist es eine klassische Rechts-Links-Kontradiktion. Es spricht jedoch vieles dafür, daß es sich dabei eher um eine mentalitätshistorische Reaktivierung von Wertemustern handelt. Nachdem es mit dem sich zum Rechtsradikalismus bekennenden Günter Maschke, früher Mitglied der »Subversiven Aktion«, bereits seit über zwei Jahrzehnten einen Richtungswechsler gibt, nehmen derartige Beispiele in letzter Zeit zu. Am stärksten hat sich der ehemalige APO-Anwalt und RAF-Mitbegründer Horst Mahler mit neurechten Bekenntnissen hervorgewagt. Der Mann, der sich am Ende seiner Haftzeit zum Rechtshegelianer entwickelt hat, ruft zu einer »nationalen Sammlungsbewegung« gegen die Einführung der doppelten Staatsbürgerschaft auf und ist allen Ernstes der Ansicht, daß es sich bei Auschwitz-Leugnern um »Gutmenschen« handle.[30] Der umtriebige Jurist, dem Gerhard Schröder vor Gericht zur Seite gestanden hat, die Anwaltsberechtigung zurückzuerhalten, begreift sich offenbar als Kopf einer APO von rechts. Eine ähnliche Richtung hat neuerdings auch der an der Freien Universität lehrende Rabehl eingeschlagen. In einem Vortrag vor Mitgliedern der Burschenschaft »Danubia« in München-Bogenhausen bekannte er sich – wie es zum Standardrepertoire Rechtskonservativer gehört – zum deutschen Volk, warnte vor Überfremdungstendenzen und geißelte insbesondere den US-Imperialismus in Politik und Kultur.[31] Gegen diesen Kursschwenk einer ehemaligen Galionsfigur der Berliner APO haben Alt-SDSler im Internet inzwischen eine eigene Website eingerichtet, in der unter der Überschrift »Nationalisten waren wir nie!« zu Protesterklärungen aufgerufen wird.[32] Besonders empört reagieren sie auf Rabehls Versuch, die Studentenbewegung unter »nationalrevolutionären«

---

30 »Ideologisch vermintes Gelände« – Horst Mahler verteidigt Martin Walsers Rede über die Holocaust-Diskussion und warnt vor einer Überlastung der Deutschen, in: *Focus* vom 28. Dezember 1998, 6. Jg., Nr. 53, S. 37.

31 Bernd Rabehl, Ein Volk ohne Kultur kann zu allem verleitet werden, in: *Junge Freiheit* vom 18. Dezember 1998.

32 SDS-Website: http://www.sds.partisan.net/

Vorzeichen umzuinterpretieren und sich dabei auf seinen verstorbenen Freund Rudi Dutschke zu berufen.

In den achtziger Jahren waren die ersten Anzeichen für eine Historisierung der 68er-Rebellion zu erkennen. Insbesondere in Frankreich und in den Vereinigten Staaten wurden umfangreichere historische Darstellungen vorgelegt. In einem 1988 von Ronald Fraser herausgegebenen Band wurde gar erstmals der Versuch unternommen, mit den Mitteln der oral history die Internationalität der Protestbewegung zu erfassen.[33] In der Bundesrepublik konzentrierte sich zur selben Zeit die sozialwissenschaftliche Forschung noch auf die Untersuchung der Friedens- und Ökologiebewegung. Erst mit der deutschen Einigung hat sich die historische Interpunktion verändert. Um die Zeit zwischen 1949 und 1990, die Phase der deutschen Spaltung und der Zweistaatlichkeit, wird eine Klammer gezogen. Unter dieser veränderten Optik setzte dann auch ein starker Schub zur zeitgeschichtlichen Erforschung der alten Bundesrepublik ein, in dessen Rahmen ein nicht zu ignorierendes Deutungsfeld die 68er-Bewegung darstellt. Inzwischen ist sogar unter dem Titel »Quellenkunde zur Geschichte der Studentenproteste 1965–1970« als Nachschlagewerk ein eigener Archivführer angekündigt worden, der die Forscher über die Bestände informieren soll.[34]

In Bielefeld hat die Sozialhistorikerin Ingrid Gilcher-Holtey im November 1997 am Zentrum für interdisziplinäre Forschung eine internationale Fachtagung durchgeführt, auf der unter dem an eine Formulierung François Furets anspielenden Titel »1968 – Vom Ereignis zum Gegenstand der Geschichtswissenschaft« ein Überblick über die bisherigen Forschungsergebnisse in den wichtigsten Ländern gegeben wurde.[35] Sosehr sich Historiker und Sozialwissen-

---

33 Ronald Fraser (Hg.), 1968 – A Student Generation in Revolt, New York 1988.

34 Thomas Becker / Ute Neumann (Hg.), Quellenkunde zur Geschichte der Studentenproteste 1965–1970, Bonn 2000.

35 Ingrid Gilcher-Holtey (Hg.), 1968 – Vom Ereignis zum Gegenstand der Geschichtswissenschaft, Göttingen 1998.

schaftler einig sind, daß es von Einzelstudien abgesehen noch keine empirisch gestützte Gesamtdeutung des Phänomens gibt, so sehr herrscht Uneinigkeit darüber, ob es sich bei der antiautoritären Bewegung um eine soziale Bewegung gehandelt hat, die mit dem konventionellen Evolutionskonzept aus dem Arsenal der Bewegungsforscher angemessen interpretiert werden kann.

Die 68er-Rebellion ist bisher im wesentlichen im Rahmen dreier Deutungsrahmen analysiert worden: der Theorie der postindustriellen Gesellschaft,[36] der der postmaterialistischen Gesellschaft[37] und der der Postmoderne.[38] Das Präfix post- zeigt an, worin das Problem bestehen könnte: Das, was neu sein soll, kann nicht in seiner Eigenständigkeit, sondern nur in Relation zum Alten gefaßt und als Nachzeitigkeit markiert werden. Insofern kann es kaum verwundern, daß alle analytischen Versuche, dem irrlichternden Phänomen kategorial zu Leibe zu rücken, bislang mehr oder weniger unbefriedigend verlaufen sind.

In der Erinnerungskultur der Bundesrepublik spielt »1968« inzwischen fast die Rolle eines Ursprungsmythos. Ob es sich zum 10., 20., 25. oder zum 30. Mal jährte, jedesmal haben sich die Medien den Hauptereignissen extensiv gewidmet. »1968« wird inzwischen als eine Art soziokultureller Nachgründung der Republik angesehen und seine Jubiläen sind zum Rückspiegel geworden – sie haben den Status eines Gradmessers bekommen, mit dem das Selbstverständnis der Republik überprüft werden kann. Auch wenn diese Deutung, sicher nicht ganz unberechtigt, anfangs umstritten war, so hat sie sich immer mehr durchzusetzen und schließlich zu etablieren vermocht. Selbst als die 68er-Generation, der von Jürgen Habermas noch 1988 die Wirkung einer »Fundamentalliberalisierung« atte-

---

36 Alain Touraine, Die postindustrielle Gesellschaft, Frankfurt am Main 1972.

37 Ronald Inglehart, The Silent Revolution: Changing Values and Political Styles Among Western Publics, Princeton 1977.

38 Wolfgang Welsch, Unsere postmoderne Moderne, Weinheim 1997.

stiert worden war,[39] nach der deutschen Einigung immer stärker unter Beschuß geriet und ihr die Vertreter einer vermeintlichen 89er-Generation den Rang abzulaufen begannen, wurde ihre kulturelle Hegemonie zwar erschüttert, jedoch nicht zu Fall gebracht. Gemessen daran, daß die Minderheit einer Generation, die das Gesellschaftssystem, in dem sie lebte, stürzen wollte, mit diesem Versuch gescheitert ist, ist ihre Wertschätzung, die sie heute innerhalb des schließlich in seiner Grundstruktur immer noch unverändert fortexistierenden Systems erfährt, erstaunlich positiv.

Zu den paradoxen Ergebnissen der antiautoritären Bewegung gehört es, daß sie sich letztlich als kulturelle Festigung der Westbindung und als Stärkung der liberalen Demokratie ausgewirkt hat. Was die konservative und in vieler Hinsicht auch restaurative Bundesregierung unter Konrad Adenauer nur gegen massive Widerstände von SPD, DGB und EKD als Eingliederung in das westliche Bündnis durchzusetzen vermocht hatte, das wurde nun – unter politisch völlig entgegengesetzten Vorzeichen – gesellschaftlich unterfüttert, mit den Subkulturen als unfreiwilliger Avantgarde der »westernization«.[40] Vor allem die als preußische Sekundärtugenden bezeichneten Wertemuster – wie Pflicht, Treue, Ehre, Gehorsam, Vaterlandsliebe usw. – wurden in ihrer Legitimität attackiert, bloßgestellt, wo immer möglich außer Kraft gesetzt und durch andere soziokulturelle Werte und Tugenden – wie Emanzipation, Kollektivität, Solidarität usw. – ersetzt. Was die US-Amerikaner unter den Vorzeichen des Kalten Krieges abgebrochen hatten, die Entnazifizierung, und womit sie steckengeblieben waren, der re-education, das führte die aus der Neuen Linken entstandene antiautoritäre Be-

---

39 Der Marsch durch die Institutionen hat auch die CDU erreicht – Der Frankfurter Philosoph und Soziologe Jürgen Habermas im Gespräch mit Rainer Erd über die politische Kultur in der Bundesrepublik Deutschland nach 1968, in: *Frankfurter Rundschau* vom 11. März 1988.

40 Vgl. zum Begriff der »westernization« vor allem: Anselm Doering-Manteuffel, Wie westlich sind die Deutschen? Amerikanisierung und Westernisierung im 20. Jahrhundert, Göttingen 1999.

wegung in gewisser Hinsicht fort und verhalf ihm zu einem zwar nie ganz ungefährdeten, dennoch aber unübersehbaren Erfolg. Es ist bezeichnend, daß sich gerade jene Ex-68er, die aus der DDR geflüchtet waren, einer neonationalen Option verschrieben haben und meinen, sich gegen diesen als bloße Amerikanisierung mißverstandenen Prozeß der Zivilisierung wehren und den Verlust einer vermeintlich deutschen Identität beklagen zu müssen.

Wer heute ins Bonner Haus der Geschichte kommt, der gewinnt den Eindruck, daß der zentral gelegene Raum zur Studentenbewegung mit einer überdimensionalen, knallroten Che-Guevara-Fahne das insgeheime Zentrum des von Helmut Kohl auf den Weg gebrachten Museums ausmacht. Während früher die Tendenz unübersehbar war, das umstrittene Kapitel »1968« aus repräsentativen, mit staatlichen Geldern geförderten Darstellungen auszusparen, ist diese Einstellung mehr und mehr einer weniger aufgeregten Haltung gewichen. Und wer 1998 an einem Festakt zum 50. Jahrestag der Gründung des Staates Israel in der Axel-Springer-Passage teilnahm, der staunte nicht wenig, als ein Verlagssprecher in Anwesenheit des israelischen Botschafters Avi Primor nicht davon abließ, auch die einstige Revolte ein wenig einzugemeinden und feierlich zu erklären, daß man zugleich auch »dreißig Jahre 1968« gedächte.

Überhaupt der Springer-Verlag, das einstige Haßobjekt der APO! *Bild* und *Bild am Sonntag* gaben im Sommer 1998 als Broschüre unter der Überschrift »Die 68er-Generation: Zwischen Cola und Corega Tabs« die Ergebnisse einer empirischen Untersuchung heraus.[41] Auch wenn es der sarkastische Untertitel nicht unbedingt vermuten läßt, liest sich der Text wie eine nachholende Eloge auf die einstmals angefeindete Jugendgeneration. Aus den ehemaligen Systemumstürzlern, denen attestiert wird, sie gäben »in allen Bereichen der Gesellschaft den Ton« an und repräsentierten »im guten Sinne Bürgertum und Elite zugleich«, sei heute eine »Generation der Besitzer und Erben« geworden. Während sie früher das Wertegefüge der Re-

---

41 Zeitungsgruppe BILD (Hg.), Die 68er-Generation: Zwischen Cola und Corega Tabs, Hamburg 1998.

publik aus den Angeln gehoben hätten, seien sie nun »Schrittmacher einer revolutionären Umwertung des Alters und Alterns« geworden. Garniert ist das Ganze mit Photos von Fritz Teufel, Rainer Langhans und Sophia Loren. Nun, vielleicht ist alles doch weniger verwunderlich, als es zunächst scheinen mag – schließlich wenden sich die beiden Blätter mit ihrem »Porträt einer Premium-Zielgruppe« an die Werbekundschaft. Und diese gilt es davon zu überzeugen, daß sich das Selbstverständnis der über 50jährigen enorm gewandelt hat und aus den einstigen Generalkritikern des Kapitalismus ebenso konsumgierige wie kapitalkräftige Käufer geworden sind.

Deren Protagonisten sind derweil dazu übergegangen, ihre Memoiren zu schreiben. Nachdem Daniel Cohn-Bendit mit »Der große Basar«,[42] Bommi Baumann mit »Wie alles anfing«[43] und Angela Davis mit »Mein Herz wollte Freiheit«[44] bereits Mitte der siebziger Jahre mit ersten Autobiographien vorgeprescht waren, hat nun mit den Bänden von Gretchen Dutschke,[45] Dieter Kunzelmann,[46] Astrid Proll[47] u.a. eine regelrechte Welle der Memoirenliteratur eingesetzt. Bemerkenswert ist auch, was die Kinder der einstigen Heroen machen, die inzwischen selbst schon längst erwachsen geworden sind. Während Hoseia Che Dutschke bei wechselnden Anlässen in einer seinem Vater überaus ähnlichen Stimmlage eher vorsichtig-nachdenkliche Erklärungen abgibt und Bettina Röhl für eine Biographie ihrer Mutter Ulrike Meinhof recherchiert, hat sich Felix Ensslin, der lange Zeit als Assistent für Antje Vollmer gearbeitet hat, immer mehr in die Rolle des jugendlichen Anti-68ers eingefunden.

---

42 Daniel Cohn-Bendit, Der große Basar, München 1975.

43 Michael »Bommi« Baumann, Wie alles anfing, München 1975.

44 Angela Davis, Mein Herz wollte Freiheit – Eine Autobiographie, München / Wien 1975.

45 Gretchen Dutschke, Wir hatten ein barbarisches, schönes Leben – Rudi Dutschke, Köln 1996.

46 Dieter Kunzelmann, Leisten Sie keinen Widerstand! Bilder aus meinem Leben, Berlin 1998.

47 Astrid Proll (Hg.), Hans und Grete – Die RAF 67–77, Göttingen 1998.

Alle Versuche, die aus dem Umfeld der ehemaligen Aktivisten gestartet wurden, um in der einen oder anderen Weise an die frühere Bewegung anzuknüpfen, sind umgehend gescheitert. Bereits der 1986 von einer Gruppe um den ehemaligen SDS-Bundesvorsitzenden Helmut Schauer mit großem Aufwand in der Frankfurter Messehalle veranstaltete Kongreß »Prima Klima – Wider den Zeitgeist« stieß mit seinem Versuch ins Leere. Die »Erste gnadenlose Generaldebatte zur endgültigen Klärung aller unzeitgemäßen Fragen«, wie die Veranstalter ihre Unternehmung ironisch nannten,[48] führte zu einer wechselseitigen Paralysierung. Kaum anders war es in der Folge mit den Berliner Kongressen über Ulrike Meinhof (1996) und Benno Ohnesorg (1997) sowie der als »generation mix« von einem »Wohlfühl-Ausschuß« um Rainer Langhans angekündigten Megaparty »Ready to Ruck« (1998), die unter Anspielung auf ein Roman-Herzog-Wort eine Verknüpfung zwischen den Generationen von 1968, 1989 und 1998 herstellen wollte. Am ehesten ist es vielleicht noch Aktivistinnen der Frauenbewegung geglückt, im Herbst letzten Jahres in der historischen Reminiszenz »Wie weit flog die Tomate? 68erinnen-Gala der Reflexion« die schwierige Mischung aus Selbstironie und Selbstverständigung zu finden. Den Aufbruch Jahrzehnte danach wiederholen, die einstigen Mythen, Utopien oder Ziele wiederbeleben oder gar funktionalisieren zu wollen, ist offenbar bereits im Ansatz zum Scheitern verurteilt.

Das Echo jener Tage ist überaus facettenreich, vielschichtig, wenn nicht gar verwirrend. Dem Schillern der antiautoritären Revolte entspricht die Umstrittenheit ihrer Bedeutung. Diese eruptionsartig ausgebrochene Bewegung läßt sich kaum auf einen Nenner bringen. Alle Versuche, ihr historisch, analytisch oder psychologisierend auf die Schliche zu kommen, sind bislang gescheitert. Unter den einstmals Beteiligten herrscht ein regelrechtes Stimmengewirr vor, Dis-

48 Protokolliert in dem Band: Helmut Schauer (Hg.), Prima Klima – Wider den Zeitgeist: Erste gnadenlose Debatte zur endgültigen Klärung aller unzeitgemäßen Fragen, Hamburg 1987.

sonanzen des Erinnerns geben den Ton an, peu à peu hat sich eine Geräuschkulisse ausgebildet, die der Kakophonie probender Orchestermusiker nahekommt.

Ein Autor, der wie kein zweiter Poesie und Kritik der alten Bundesrepublik verkörpert und damals ebenfalls zu den Rebellen gehört hat, bezeichnet es ebenso schlicht wie sarkastisch als »Erinnerungen an einen Tumult«, was sich in jenem Jahr abgespielt hat: »Ein Gewimmel von Reminiszenzen, Allegorien, Selbsttäuschungen, Verallgemeinerungen und Projektionen«, listet Hans Magnus Enzensberger, der 1999 siebzig geworden ist, an Notizen »Zu einem Tagebuch aus dem Jahre 1968« auf, »hat sich an die Stelle dessen gesetzt, was in diesem atemlosen Jahr passiert ist. Die Erfahrungen liegen begraben unter dem Misthaufen der Medien, des ›Archivmaterials‹, der Podiumsdiskussionen, der veteranenhaften Stilisierung einer Wirklichkeit, die unter der Hand unvorstellbar geworden ist. Mein Gedächtnis, dieser chaotische, delirierende Regisseur, liefert einen absurden Film ab, dessen Sequenzen nicht zueinander passen. Der Ton ist asynchron. Ganze Einstellungen sind unterbelichtet. Manchmal zeigt die Leinwand nur Schwarzfilm. Vieles ist mit wackelnder Handkamera aufgenommen. Die meisten Akteure erkenne ich nicht wieder [...] Je länger ich mir das Material ansehe, desto weniger begreife ich [...] Es gibt Leute, die das alles säuberlich auf Flaschen abfüllen und Memoiren daraus machen. Mir ist dieses Verfahren schleierhaft [...] Es war nicht möglich, das alles gleichzeitig zu ›verstehen‹, sich ›einen Vers darauf zu machen‹, es ›auf den Begriff zu bringen‹. Die Widersprüche schrien zum Himmel. Jeder Versuch, den Tumult intelligibel zu machen, endete notwendig im ideologischen Kauderwelsch. Die Erinnerung an das Jahr 1968 kann deshalb nur eine Form annehmen: die der Collage.«[49]

Was Enzensberger vor anderthalb Jahrzehnten anläßlich einer

49 Hans Magnus Enzensberger, Erinnerungen an einen Tumult – Zu einem Tagebuch aus dem Jahre 1968, in: *Text und Kritik*, hrsg. von Heinz Ludwig Arnold, Heft 49: Hans Magnus Enzensberger, 2. erw. Auflage, März 1985, S. 6–8.

Ausstellung des Prager Künstlers Jiří Kolář beschrieben hat, ist eine Flut an Bildern und Sequenzen, die vom Montagetisch gefegt wurden und wohl von niemandem mehr, am wenigsten wohl vom Autor selbst, der seinem Gedächtnis die Rolle eines überforderten Regisseurs zudiktiert hat, zusammengefügt werden können. Die Ordnung der Dinge hat aufgehört zu existieren. Verwunderung tritt an die Stelle von Erinnerung, Verwunderung darüber, »wie in 365 Tagen überhaupt so viel passieren konnte«. Nicht mehr bestimmte Konfigurationen sind es, die das Gedächtnis bevölkern, sondern Elemente einer chaotischen Menge. Staub, Schnipsel, Bruchstücke, Fetzen – alles ist nur noch Material. Nicht einmal mehr ein Konfettiregen an Eindrücken geht hernieder.

Vielleicht besitzt nur ein Schriftsteller oder Künstler die Freiheit, die notwendig ist, seine Erinnerungen, in denen die Imagination offenbar lebendig geblieben ist, vor dem immer aufdringlicher werdenden Zugriff der Historisierung zu schützen.

Die transatlantische Protestkultur

Der zivile Ungehorsam als amerikanisches Exempel und als bundesdeutsche Adaption

»So war anfangs, und zwar weitaus mehr als es heute der Fall ist, die ganze Welt ein Amerika, denn so etwas wie Geld war überall unbekannt.«
John Locke, »Zwei Abhandlungen über die Regierung«, Buch II, § 49

Amerikanismus und Antiamerikanismus in der Protestbewegung

Der deutsch-israelische Historiker Dan Diner vertritt in seiner Studie »Verkehrte Welten«, in der er sich vor allem mit der Affinität zwischen Antiamerikanismus und Antisemitismus auseinandersetzt, die Ansicht, daß die Einstellung der Deutschen zu den Amerikanern mehr als nur die Haltung zu einer anderen Nation sei. Es gehe dabei weniger um die Beziehung zur jeweiligen Regierung als um die Grundhaltung zu Werten und Lebensformen. Die Haltung zu den Amerikanern sei ein »Indikator für die Verwestlichung Deutschlands«.[1] Angezeigt werde darin der Zugehörigkeitsgrad zu der auf individueller Freiheit und Demokratie basierenden westlichen Zivilisation.

Das trifft auch auf die bundesdeutschen Protestbewegungen zu. So ambivalent die Amerikanisierung für deren Aktivisten einerseits war, schließlich galten die USA als der imperialistische Hauptfeind – wer dort lebte, besaß nach den Worten Che Guevaras den Vorteil, »im Herzen der Bestie« kämpfen zu können –, so sehr waren die Formen, mit denen um eine radikale Demokratisierung gefochten wurde, Ausdruck der US-amerikanischen Protestkultur. Mit anderen Worten:

---

1 Dan Diner, Verkehrte Welten – Antiamerikanismus in Deutschland, Frankfurt am Main 1993, S. 119.

Die Politik war von ihren Zielen her *antiamerikanisch*, der Protest jedoch von seinen Formen her *proamerikanisch* geprägt. Einige der wichtigsten Protagonisten der Studentenbewegung – wie Günter Amendt, Daniel Cohn-Bendit und Karl Dietrich Wolff zum Beispiel – hatten sich entweder als Oberschüler oder als Studenten bereits längere Zeit in den USA aufgehalten und waren von Martin Luther King und den Kampagnen der Bürgerrechtsbewegung fasziniert. Als Paradoxie formuliert: Der Antiamerikanismus – wie er in der Parole »USA – SA – SS« als unmittelbare Gleichsetzung mit dem Nationalsozialismus zum Ausdruck kam – wurde durch eine proamerikanische Protestkultur artikuliert. In gewisser Weise ging es um die unerfüllten Ziele der amerikanischen Revolution, zugleich aber auch um die Desiderate der parlamentarischen Demokratie in der Bundesrepublik.

Der transatlantische Transfer

Da sich in den USA die Diskrepanz zwischen Verfassungsrecht und sozialer Wirklichkeit für die schwarze Bevölkerung auch trotz der richtungweisenden Entscheidung des Obersten Gerichtshofes, der 1954 die Rassensegregation in den Schulen aufgehoben hatte, nicht spürbar änderte, stieß die von dem jungen Baptistenpfarrer Martin Luther King angeführte Bürgerrechtsbewegung mit Boykottkampagnen wie dem Busstreik von Montgomery auf ein nachhaltiges Echo.[2] Doch trotz solcher im gesamten Land beachteten Einzelerfolge verbesserte sich die von Diskriminierung und Unterprivilegierung geprägte Situation der Schwarzen nicht wirklich, im Gegenteil, sie spitzte sich zu Beginn der sechziger Jahre in zahlreichen, von Gruppierungen der weißen Majorität provozierten, gewaltsamen Konflikten weiter zu.

Dabei stieß der strikt rechtsstaatliche Kurs der National Association for the Advancement of Colored People (NAACP) und anderer wichtiger Bürgerrechtsorganisationen immer mehr auf Kritik. Der

2 Vgl. Taylor Branch, Parting the Waters – America in the King Years 1954–1963, New York 1988.

Legalismus, mit dem über Jahre hinweg versucht worden war, beinahe ausschließlich durch Gerichtsentscheidungen das Gleichheitsprinzip durchzusetzen, erschien einem Teil der jüngeren Aktivisten als eine Sackgasse. Sie suchten nach neuen Wegen und Methoden, ihrer Bewegung gegen die Rassentrennung zum Erfolg zu verhelfen.

Eine besondere Rolle spielte dabei eine Aktionsmethode, die dem christlich geprägten Credo »Putting your body where your mouth is« folgte. Der einzelne sollte seine Überzeugungen nicht mehr verstecken, sondern sein Handeln auch dann nach seinen ethischen Grundsätzen ausrichten, wenn er sich damit in der Minderheit befinden oder ein Gesetz übertreten würde. Solange die Aktion nur den erklärten Maximen folgte und gewaltfrei blieb, stellte der legalistische Rahmen keine unüberwindbare Grenze mehr dar.

Die richtungweisende Aktion fand in Greensboro in North Carolina statt.[3] Vier schwarze Studenten der Shaw-Universität, von denen sich einer durch ein Comic-Heft über den Busstreik von Montgomery hatte inspirieren lassen, betraten am 1. Februar 1960 die Cafeteria eines Woolworth-Kaufhauses und nahmen in dem ausschließlich für Weiße reservierten Bereich Platz. Sie wollten damit gegen die in den Südstaaten immer noch existierende Segregationspraxis in Bars, Bistros, Cafés und Restaurants protestieren. Dabei erwarteten sie gar nicht, bedient zu werden, sie wollten mit ihrem Schritt vor allem die Verbotsgrenze überschreiten. Sie waren entschlossen genug, um mit ihrem Verhalten ein Zeichen zu setzen. Zu ihrer Überraschung folgten noch am selben Tag zahlreiche schwarze Mitstudenten ihrem Beispiel und mißachteten ebenso wie sie die Vorschriften. Und in den Tagen darauf wurden diese sogenannten sit-ins, die in einem durchaus wörtlich zu nehmenden Sinne als »Sitz-Hinein-Aktionen« zu begreifen waren, mit stetig wachsender Teilnehmerzahl wiederholt.

Das überraschende Resultat bestand darin, daß sich die sit-ins im Laufe der nächsten Wochen und Monate wie ein Lauffeuer ausbreiteten und Formen einer eigenen Bewegung annah-

---

3 Ebenda, S. 271 ff.

men.[4] Bis zum 30. Juli hatten an über 50 Orten in sechs Südstaaten solche Aktionen stattgefunden, mehr als 3500 Teilnehmer waren dabei allerdings verhaftet worden. Die meisten verfolgten bei ihren »Sitz-Hinein-Aktionen« eine bestimmte Verhaltensweise: »Beim Einsatz dieser Methode nehmen die Freiwilligen in sich steigerndem Maße in dem betreffenden Restaurant eine große Zahl der Plätze oder auch alle ein und weigern sich dann, das Lokal wieder zu verlassen, bevor nicht die schwarzen Mitglieder der Gruppe bedient wurden, das Restaurant geschlossen wird oder eine bestimmte festgesetzte Zeit vergangen ist.«[5] Der von der Presse verbreitete Eindruck, daß es sich dabei im Kern um eine sich eher naturwüchsig ausbreitende Studentenbewegung handelte, die wie bei einer Kettenreaktion von einer Universität zur nächsten übersprang, stimmte jedoch nur zum Teil. Ohne die Planung, Vorbereitung und Koordinierung der Aktionen durch erfahrene Aktivisten der Bürgerrechtsorganisation Congress of Racial Equality (CORE) hätte diese Bewegung niemals eine solche Ausbreitung annehmen können.

Bemerkenswert war dabei die Tatsache, daß die sit-ins keineswegs eine neuartige Aktionsmethode darstellten. Sie war von CORE-Mitgliedern bereits 1942/43 in Chicago erprobt und auch in den fünfziger Jahren wiederholt angewandt worden. Die sit-ins vermochten sich in diesen Jahren jedoch noch nicht durchzusetzen. Es blieb bei vereinzelten Vorstößen, die zunächst keine erfolgversprechende Form etablieren konnten.[6] Erst mit der Aktion von Greensboro setzte eine Kettenreaktion ein, die die sit-ins schlagartig im gesamten Land publik machten. Die begrenzte Regelverletzung wurde unter Schwarzen immer populärer. Ohne größere Vorbereitungen konn-

4 Vgl. Martin Oppenheimer, The Sit-In Movement of 1960, New York 1989; Theodor Ebert, Gewaltfreier Aufstand – Alternative zum Bürgerkrieg, Freiburg 1968; Susanne Kleemann, Ursachen und Formen der amerikanischen Studentenopposition, Frankfurt am Main 1971.

5 Gene Sharp, The Politics of Nonviolent Action, Cambridge, Mass. 1966, S. 334, zit. nach: Theodor Ebert, ebenda, S. 238f.

6 Siehe: Theodor Ebert, ebenda, S. 239–241.

ten sich nicht nur erprobte Bürgerrechtsaktivisten durch eine Form zivilen Widerstands gegen die verfassungswidrige Diskriminierung zur Wehr setzen. Die Aktionen standen allen mehr oder weniger offen, die von der Legitimität solcher Verstöße überzeugt waren. Ein neues Selbstbewußtsein machte sich breit. Die von Martin Luther King angeführte Bewegung, der sich auch mehr und mehr Weiße anschlossen, erlebte 1960 einen starken Aufschwung.

Ein Resultat bestand darin, daß sich aus den monatelangen Aktionsschüben eine neuartige Organisation herauskristallisierte. Nachdem sich auf Initiative der King-Mitarbeiterin Ella Baker bereits an den Ostertagen die studentischen Wortführer der sit-in-Bewegung in Raleigh (North Carolina) getroffen hatten, gründeten sie auf einer Folgekonferenz im Oktober in Atlanta das Student Nonviolent Coordinating Committee (SNCC), kurz »Snick« genannt. Damit verfügte die Bürgerrechtsbewegung über ein neues, ebenso flexibles wie einflußreiches Element. Wie der Name bereits anzeigte, wollte das SNCC keine übliche Organisation, sondern lediglich ein Koordinierungskomitee sein. Aus einem grundsätzlichen Mißtrauen gegenüber festgefügten Organisationsstrukturen heraus signalisierte es eine Offenheit und Transparenz für all jene, die bereit waren, für die gleichen Ziele einzutreten.

Für die aktionsorientierten Protagonisten des SNCC, die in den beiden Jahren darauf auch eine wichtige Rolle bei den sogenannten freedom rides spielen sollten, mit denen in aufsehenerregender Weise gegen die Segregationspraxis im Busreiseverkehr protestiert wurde, stand das Prinzip der Gewaltlosigkeit im Mittelpunkt. Im ersten Artikel ihrer Verfassung erklären sie »das philosophische und religiöse Ideal der Gewaltlosigkeit« nicht nur zur Methode ihres Handelns, sondern auch zur Grundlage ihrer Zielsetzung und zur Voraussetzung ihres Glaubens.[7] Wie entschieden auch immer ihre

7 Siehe: Student Nonviolent Coordinating Committee Statement of Purpose, in: Clayborne Carson u.a. (Hg.), The Eyes on the Prize – Civil Rights Reader: Documents, Speeches and Firsthand Accounts from the Black Freedom Struggle, 1954–1990, New York 1991, S. 119f.

Aktionen ausfallen mochten, sobald die Staatsgewalt eingriff, ließen sie sich widerstandslos festnehmen und im Falle von Gesetzesverstößen auch vor Gericht stellen und verurteilen.

Es gibt wohl kein anderes Dokument, das den Geist dieses Selbstverständnisses besser dokumentiert als Martin Luther Kings im April 1963 im Gefängnis von Birmingham verfaßter Brief.[8] Das Schreiben, das sich an acht weiße Geistliche, darunter vier Bischöfe und ein Rabbiner, wendet, ist in einer außergewöhnlichen Situation verfaßt worden. King war im Zusammenhang mit einer großangelegten Kampagne gegen die Rassentrennung festgenommen und inhaftiert worden. Da die Geistlichen ihm zum Vorwurf gemacht hatten, er würde sich extremistisch verhalten, stellte er sich ihnen, indem er in seiner Gefängniszelle eine Antwort formulierte. Da er kein Briefpapier besaß, hielt er seine Argumente auf Zeitungsseiten, Toilettenpapier und Briefumschlägen fest.

In seinem Schreiben, das aus dem Gefängnis geschmuggelt wurde und bald darauf in einer gedruckten Fassung in Hunderttausenden Exemplaren in den gesamten USA Verbreitung fand, differenziert er zwischen »gerechten« und »ungerechten« Gesetzen. Mit dieser Unterscheidung versucht er die Legitimität des gewaltfreien Widerstands und der Illegalität bestimmter Aktionen zu begründen. Während ein »gerechtes Gesetz« mit dem »Gesetz der Moral oder dem Gesetz Gottes« übereinstimme, könne ein »ungerechtes Gesetz« nicht mit dem »Gesetz der Moral« harmonieren. »Alle Rassentrennungsgesetze«, schlußfolgert er, »sind ungerecht, weil die Rassentrennung der Seele und dem Charakter des Menschen Schaden zufügt. Sie gibt ihren Verfechtern ein falsches Gefühl der Überlegenheit und ihren Opfern ein falsches Gefühl der Minderwertigkeit.«[9] Als Autoritäten für seine Argumentation führt King Thomas von Aquin, den jüdischen Philosophen Martin Buber und den protestan-

---

8 Martin Luther King, Die Zeit für schöpferischen Protest ist gekommen – Der Brief aus dem Gefängnis in Birmingham, in: ders., Schöpferischer Widerstand – Reden, Aufsätze, Predigten, Gütersloh 1980, S. 56–75.

9 Ebenda, S. 63.

tischen Theologen Paul Tillich ins Feld. Mit einem »ungerechten Gesetz«, das eine Mehrheit einer Minderheit diktiere, ohne sich freilich selbst daran gebunden zu fühlen, werde »die unterschiedliche Behandlung von Menschen legalisiert«. Nach einem Wort Bubers werde mit der Segregation »an Stelle der Ich-Du-Beziehung eine Ich-Es-Beziehung« gesetzt, die den Menschen zu einer Sache erniedrige.

Wie weit sich nicht nur der Geist der Bürgerrechtsbewegung, sondern auch deren Aktionsformen durchsetzten, zeigte sich dann im Zusammenhang des free-speech-movements in Berkeley.[10] Als sich dort am 2./3. Dezember 1964 mehr als 6000 von Mario Savio und der Folksängerin Joan Baez angeführte Studierende versammelten, um das Verwaltungsgebäude der Hochschule zu besetzen, führten sie das erste universitäre sit-in durch. Die von schwarzen Bürgerrechtlern propagierte Aktionsform war nun auch in einer von Weißen dominierten Institution angekommen und praktiziert worden.

Ein neues Element trat hinzu, als sich im Februar 1965 abzeichnete, daß die USA mit der Bombardierung Nord-Vietnams die seit langem zunehmenden Kämpfe in einen regulären Krieg verwandelten. Wenige Wochen darauf, am 24. März 1965, fand an der Universität von Michigan in Ann Arbor aus Protest gegen die Luftoffensive ein erstes teach-in statt. Studierende sowie Professoren aller Fakultäten stellten vor 3000 Teilnehmern ihr Für und Wider zur Vietnampolitik der Regierung zur Debatte. Information und Diskussion wechselten einander ab. Das überaus kontroverse, aber ohne Aggressionen ausgetragene »Marathonseminar« (*Die Zeit*) dauerte bis in die frühen Morgenstunden des nächsten Tages.

Dem geglückten Beispiel folgten im April zahlreiche andere Universitäten, darunter die als besonders renommiert geltenden Harvard, Yale, Columbia und Berkeley. Und als dann am 15. Mai in

---

10 Vgl. Seymour Martin Lipset / Sheldon S. Wolin (Hg.), The Berkeley Student Revolt – Facts and Interpretations, New York 1965; W. J. Rorabaugh, Berkeley at War – The 1960s, New York / Oxford 1989.

Washington ein weiteres teach-in zur Vietnampolitik von mehreren Rundfunkstationen in 35 Bundesstaaten übertragen wurde, war in den USA – und in der Folge nicht nur dort – eine zusätzliche Form oppositioneller Öffentlichkeit etabliert. Auch wenn sie nicht mehr direkt aus der Bürgerrechtsbewegung hervorging, so verdankte sie ihren Impuls doch dem in ihrem Spektrum wirksamen Selbstverständnis.

Mit teach-ins stellten die Studenten ein Forum der Informierung, der Selbstaufklärung und öffentlich auszutragenden Kontroverse her.[11] Für welche Ziele eine Bewegung – hier die gegen den Vietnamkrieg – eintreten sollte, war nicht der Entscheidung irgendeiner Führungsspitze vorbehalten, die in irgendwelchen Hinterzimmern tagte, sondern sollte in einem kollektiven Diskussions- und Bewußtwerdungsprozeß herausgefunden werden. In dieser Form kam als ein wesentliches Motiv das der Demokratisierung zum Vorschein. Wer teach-ins organisierte oder an ihnen teilzunehmen bereit war, der schien autoritären oder gar diktatorischen Ideen abhold zu sein.

Die im Rahmen der amerikanischen Studentenbewegung initiierte teach-in-Bewegung war eine durch und durch von liberalen Ideen inspirierte Angelegenheit. Öffentlichkeit, Rationalität, Toleranz und Kompromißbereitschaft waren ihre Stichworte. Erst später, als sich die gesellschaftspolitischen Umstände verschärft und die Positionen erheblicher Teile der Studentenbewegung radikalisiert hatten, wurden aus teach-ins Foren der Agitation und Weltanschauung.

Die Ergänzung der sit-ins durch die kaum weniger aufsehenerregenden teach-ins zeigte außerdem, daß das Suffix -in im gesamten Spektrum der amerikanischen Protestbewegungen Karriere machte. In den sechziger Jahren vollzog sich eine regelrechte Inflation der -in-Bewegungen. Zunächst schien es noch durchaus angebracht zu sein, daß sich die Aktionsformen der Bürgerrechtsbewegung mehr und mehr ausdifferenzierten und bis in die unterschiedlichsten von rassistischer Separierung geprägten Lebensbereiche vordrangen.

11 Vgl. Michael Walzer, Teach-In: New Kind of Politics, in: *New America*, 5, No. 3, 31. Mai 1965, S. 4f.

Auf die sit-ins folgten stand-ins in Kinos und Theatern, swim-ins in Badeanstalten, wade-ins an Stränden, park-ins auf Parkplätzen, read-ins in öffentlichen Bibliotheken, jail-ins in Gefängnissen usw. Das Repertoire der Bürgerrechtler wurde von Mal zu Mal erweitert. Immer tiefer drangen die Aktivisten in die Bereiche der Segregation vor, führten Konfrontationen herbei und versuchten mit gewaltfreien Mitteln die Welt der Rassentrennung von innen her aufzusprengen. Zugleich wurde das Suffix -in aber auch zum Element von Modewörtern. Am phantasiereichsten erwies sich in dieser Hinsicht die 1965 in San Francisco aufblühende Subkultur der Hippies, deren Neuschöpfungen, massenmedial vermarktet, rasch um den halben Globus gingen. Spätestens 1967 waren mit dem sogenannten summer of love Neuschöpfungen wie love-in, bed-in, smoke-in zu catchwords einer internationalen Jugendkultur geworden. Von den Intentionen der Bürgerrechtsbewegung abgelöst, waren aus neuartigen Aktionsformen des zivilen Ungehorsams Erkennungsmarken westlich geprägter Subkulturen geworden.

Das Echo im SDS

In welchem Maße die neuen Kampfmethoden aus den USA auch in der Bundesrepublik ein Echo fanden, läßt sich an keinem anderen Text so gut ablesen wie an Michael Vesters 1965 unter dem Titel »Die Strategie der direkten Aktion« in der Zeitschrift *neue kritik*, dem Theorieorgan des vier Jahre zuvor aus der Mutterpartei SPD verstoßenen Sozialistischen Deutschen Studentenbunds (SDS), veröffentlichten Reflexionen. Obwohl der ehemalige stellvertretende SDS-Bundesvorsitzende, der 1962 als Gast der programmatischen Port-Huron-Konferenz des amerikanischen SDS beigewohnt hatte, die Ansicht vertritt, daß sich die amerikanischen Erfahrungen nicht ohne weiteres auf Westeuropa übertragen lassen würden, so ist er doch der Überzeugung, daß sich durch die in der Bürgerrechtsbewegung erprobten »direkten Aktionen« neue Potentiale mobilisieren lassen könnten. Da bloße Gesinnungsdemonstrationen die Gesellschaft nicht veränderten, sondern deren Dampf nur kanalisierten, bedürfe es bestimmter Formen des Eingreifens in soziale und politische Konflikte, um aus der politischen Isolation der überaus ritualisierten Ostermarschbewegung herauszukommen. »Direkte Aktion«, faßt er seinen Gedankengang zusammen, »kann nur Teil einer universalen Strategie der Demokratisierung sein, die an der konkreten historischen Totalität ansetzt. Sie kennt die beiden Variationen des sit-in und des teach-in: der theoretischen Kritik der Aktivbürger und der praktischen Kritik breiterer Bevölkerungsgruppen. Die Ursachen ihres Erfolges faßt das Suffix ›in‹ zusammen: direkte Aktion ist als passiver Widerstand strikt immanent. Sie findet direkt statt am Ort des praktischen Unrechts oder der theoretischen Unrichtigkeit als Gehorsamsverweigerung oder kritisches Argument. Direkte Aktion nistet sich am Herzen der inneren Widersprüche des Systems ein, um die Irrationalität seiner ›Logik‹ zu demonstrieren. Ihre Immanenz transzendiert das System, indem sie seine inneren Widersprüche, durch die es funktioniert, vorantreibt.«[12] Vester unterscheidet davon eine Systemimmanenz im schlechten Sinne, einen »Wortradikalismus«, der, wie er sarkastisch anmerkt, das Echo seiner eigenen geschlossenen Veranstaltungen für Applaus halte.

Es ist unmißverständlich, wogegen sich Vester mit seiner Adaption der Aktionsformen mit dem Suffix -in wendet und was er intendiert. Er attackiert eine in Ritualen und Klischees erstarrte alte Linke, die offenbar über kein angemessenes Realitätsprinzip mehr verfügt und in doktrinären Klassenkampfphantasien nur noch »politischen Ersatzbefriedigungen« huldigt. Durch die Strategie der direkten Aktion habe die Neue Linke die Chance, »aus dem Ghetto der politischen Isolierung« auszubrechen. Da aktivistische Minderheiten »nur die Rolle von Katalysatoren« spielen könnten, blieben direkte Aktionen dem »Engagement der Betroffenen« vorbehalten. »Direkte Aktion«, heißt es, »ist immer freiwillige Aktion der Betroffenen selbst.«[13]

---

12 Michael Vester, Die Strategie der direkten Aktion, in: *neue kritik*, 6. Jg., Heft 30, Juni 1965, S. 17.

13 Ebenda, S. 13.

Vester geht es darum, von jeder Form der Stellvertreterpolitik wegzukommen und sie zu ersetzen durch die Interaktion zwischen den politischen Aktivisten und den von den sozialen Widersprüchen unmittelbar Betroffenen. Die Aktionsformen der amerikanischen Bürgerrechtler bieten ihm hierfür ein Modell an, wie es gelingen könnte, Politik am Ort des Unrechts selbst zu konkretisieren. Das Suffix -in steht dabei für Immanenz in einem doppelten Sinne: zum einen als Lokalisierung des Handelns im Zentrum des Geschehens und zum anderen als Versuch, die Widersprüche eines Gesellschaftssystems nicht von außen, sondern von innen her aufzubrechen. Mit dem Konzept der direkten Aktion wird das Ziel verfolgt, sozialistischer Politik einen Erfahrungsansatz zu unterlegen, von dem aus das politische Handeln direkt in die Dynamik der sozialen Konflikte integriert werden soll.

Die Westberliner Adaptionen

Es dauerte einige Zeit, bis die theoretische Antizipation der amerikanischen Aktionsformen auch in der Bundesrepublik praktisch Wirklichkeit wurde. Am 22./23. Juni 1966 war es schließlich soweit – der transatlantische Transfer nahm erstmals in West-Berlin Gestalt an. Nach einer Vollversammlung aller Fakultäten setzten sich 3000 Studierende der Freien Universität in der Halle des Henry-Ford-Baus nieder und führten ein sit-in gegen die von der Juristischen und der Medizinischen Fakultät beschlossene Zulassungsbeschränkung, die sogenannte Zwangsexmatrikulation, durch.[14] Nachdem der Rektor, Professor Hans-Joachim Lieber, eine vom Konvent beschlossene Urabstimmung über die Zulassungsbeschränkungen kurzerhand verboten hatte, war es am Abend zuvor zu einem denkwürdigen Treffen zwischen dem SDS und Burschenschaften gekommen. Delegierte beider sich politisch diametral ent-

14 Vgl. Bernard Larsson, Demonstrationen – Ein Berliner Modell, West-Berlin 1967.

gegenstehender Studentenschaftsströmungen waren ein Bündnis eingegangen und hatten ein Aktionsprogramm zur Verhinderung der Zwangsexmatrikulationen beschlossen. Eine erste Folge dieser Vereinbarung war eine Vollversammlung, die direkt unterhalb des Sitzungssaales des Akademischen Senates stattfand. Dort wurde nicht nur die gleiche Tagesordnung behandelt wie in dem darüber tagenden Gremium, sondern auch mit einem bis dahin unangetasteten Prinzip gebrochen. Die beiden studentischen Vertreter im Akademischen Senat, Sigrid Rüger (SDS) und Peter Dehn (SHB), informierten die Studentenschaft fortlaufend über die Vorgänge während der Sitzung.

Das am Nachmittag begonnene sit-in, das mit einem improvisierten teach-in über Möglichkeiten einer demokratischen Hochschulreform verbunden wurde, an dem sich mit den Professoren Ludwig von Friedeburg, Dietrich Goldschmidt und Wilhelm Weischedel auch Ordinarien beteiligten, dauerte mehr als zehn Stunden und endete erst in den frühen Morgenstunden des nächsten Tages. Die Teilnehmer, darunter Hunderte von Korporierten, verabschiedeten am Ende eine von mehreren SDS-Mitgliedern, darunter Rudi Dutschke, Wolfgang Lefèvre, Klaus Meschkat, Wolfgang Nitsch und Ulrich K. Preuß, verfaßte Resolution, in der der gesellschaftliche Bezug der Universität zu definieren versucht wurde. »Wir kämpfen nicht nur um das Recht«, hieß es in der dazugehörigen Präambel, »längere Zeit zu studieren und unsere Meinung stärker äußern zu können. Das ist nur die halbe Sache. Es geht uns vielmehr darum, daß Entscheidungen, die die Studenten betreffen, demokratisch nur unter Mitwirkung der Studenten getroffen werden. Was hier in Berlin vor sich geht, ist ebenso wie in der Gesellschaft ein Konflikt, dessen Zentralgegenstand weder längeres Studium noch mehr Urlaub ist, sondern der Abbau oligarchischer Herrschaft und die Verwirklichung demokratischer Freiheit in allen gesellschaftlichen Bereichen. Wir wenden uns gegen alle, die den Geist der Verfassung, gleich welcher Art, mißachten, auch wenn sie vorgeben, auf dem Boden der Verfassung zu stehen. Es gilt, die Freiheit der Universität als Problem zu sehen, das über den Rahmen der Universität hinausweist. Aus diesem

Grunde sieht die Studentenschaft die Notwendigkeit, mit allen demokratischen Organisationen der Gesellschaft zusammenzuarbeiten, um ihre Forderungen durchzusetzen.«[15] In der Resolution wurde neben der Abschaffung der Zwangsexmatrikulation die Rücknahme der »Richtlinien für die Vergabe von Räumen« gefordert, mit denen ein Verbot politischer Veranstaltungen verbunden war. Sowohl von seiner Form als auch von seinem Inhalt her war das sit-in an der Freien Universität ein Vorgriff auf die radikale, zunächst vor allem an Demokratisierungsforderungen orientierten Studentenbewegung, die nach dem 2. Juni 1967 von West-Berlin auf die Bundesrepublik übergriff und sich in nahezu allen Hochschulen ausbreitete. Daß es sich bei dem sit-in lediglich um einen traditionellen Sitzstreik handelte, wie er innerhalb der Arbeiterbewegung und anderen sozialen Bewegungen bereits seit langem praktiziert wurde, und nicht um eine wörtlich zu nehmende »Sitz-Hinein-Aktion« aus dem Repertoire der Bürgerrechtsbewegung, konnte nicht überraschen. Schließlich ließ sich diese Aktionsform nur bedingt auf eine Gesellschaft und ein politisches System übertragen, in denen es zwar Diskriminierung, aber keine Rassentrennung gab.

Wie phantasievoll die Westberliner Studenten bei der Entwicklung neuer Methoden des zivilen Ungehorsams sein konnten, zeigte sich im darauffolgenden Semester an einem verkaufsoffenen Samstag in der Vorweihnachtszeit. Da der sozialdemokratische Innensenator Heinrich Albertz immer mehr dazu überging, Studentendemonstrationen aus der Innenstadt zu verbannen und deren Marschrouten durch vergleichsweise menschenleere Stadtteile führen zu lassen, versammelten sich am 17. Dezember 1966 rund 200 Studierende zu einer sogenannten Spaziergangsdemonstration auf einem Bürgersteig des Kurfürstendamms. Eine Reihe von ihnen führten

---

15 Resolution verabschiedet von der versammelten Studentenschaft der Freien Universität Berlin auf dem sit-in am 22./23. Juni 1966, Präambel, in: Siegward Lönnendonker / Tilman Fichter (Hg.), Freie Universität Berlin 1948–1973, Hochschule im Umbruch, Teil IV, 1964–1967, Die Krise, Dokumentation Nr. 15/73, West-Berlin 1975, S. 333 f.

Weihnachtspakete mit sich, aus denen sie Flugblätter zogen und an die Passanten verteilten. Auf ihnen war in der seinerzeit unter Studenten besonders populären Form von Kinderreimen zu lesen: »Keine Keilerei / Mit der Polizei / Kommt die Polizei vorbei / Gehen wir an ihr vorbei / An der nächsten Ecke dann / Fängt das Spiel von vorne an.«[16] Doch die Polizei verhielt sich eher wie ein Spielverderber. Sie schaute dem nachmittäglichen Treiben nicht lange zu und unterband zielstrebig jeden Versuch, derartige Demonstrationen durchzuführen. 86 Personen wurden in der Nähe des Café Kranzler festgenommen, nicht nur Studenten und Schüler, sondern auch – offensichtliche Fehlgriffe der Ordnungshüter – völlig überraschte Weihnachtseinkäufer, die sich nun anstatt in einem Kaufhaus auf einem Polizeirevier in Charlottenburg wiederfanden. Zu den Festgenommenen gehörte auch der von vier Polizisten in Zivil überwältigte Soziologiestudent Rudi Dutschke. Das 26jährige SDS-Mitglied wurde beschuldigt, »Rädelsführer« der ungewöhnlichen Aktion gewesen zu sein.

Die Strategie der begrenzten Regelverletzung

Für die neuen Aktionsformen, die in der Öffentlichkeit zumeist nur auf Ablehnung oder wütende Gegenreaktionen stießen, wurde rasch ein Begriff nachgeschoben, mit dem deren provokativen Elemente offenbar eingegrenzt und entschärft werden sollten: Die Strategie der begrenzten Regelverletzung. Daß es sich bei sit-ins oder go-ins um Verstöße gegen die Hausordnung oder andere eher harmlose Delikte handelte, schien klar zu sein. Schließlich entstanden sie nicht als unintendierte Nebenfolgen einer Aktion, sondern wurden bewußt in Kauf genommen; in manchen Fällen bezog die Aktion ihren spezifischen Reiz sogar gerade daraus, sich nicht an Ordnung und Gesetz zu halten.[17] Das Problem bestand aus Sicht der Akteure vor allem

---

16 Bernard Larsson, ebenda, o. S.

darin, einer Entgrenzung der Aktion vorzubeugen und die damit einhergehende Normverletzung auf ein Minimum zu reduzieren. Sie verfolgten die Absicht, nicht den Eindruck eines Gesetzesbruchs, sondern den symbolischen Charakter einer Übertretung bestehender Regeln oder Gesetze hervortreten zu lassen. Der Öffentlichkeit sollte durchaus signalisiert werden, daß es ihnen Ernst mit der Regelverletzung sei. Zugleich aber sollte keinerlei Zweifel daran aufkommen, daß das Ziel nicht in der Begehung illegaler Aktionen bestehe.

Der Germanistikstudent Peter Schneider hat im April 1967 während eines sit-ins im Auditorium maximum der Freien Universität eine Rede gehalten, die wie kein anderes Zeugnis den Sinn und die bei begrenzten Regelverletzungen ausschlaggebenden Motive zum Ausdruck bringt. »Wir haben in aller Sachlichkeit«, heißt es in seiner Ansprache, die später unter dem Titel »Wir haben Fehler gemacht« veröffentlicht wurde, »über den Krieg in Vietnam informiert, obwohl wir erlebt haben, daß wir die unvorstellbarsten Einzelheiten über die amerikanische Politik in Vietnam zitieren können, ohne daß die Phantasie unserer Nachbarn in Gang gekommen wäre, aber daß wir nur einen Rasen betreten zu brauchen, dessen Betreten verboten ist, um ehrliches, allgemeines und nachhaltiges Grauen zu erregen. Wir haben vollkommen demokratisch gegen die Notstandsgesetze demonstriert, obwohl wir gesehen haben, daß wir sämtliche Ränge des Zivildienstes aufzählen können, ohne irgendeine Erinnerung wachzurufen, aber daß wir nur die polizeilich vorgeschriebene Marschrichtung zu ändern brauchten, um den Oberbürgermeister und die Bevölkerung aus den Betten zu holen. Wir haben ruhig und ordentlich eine Universitätsreform gefordert, ob-

---

17 Das war zum Beispiel das erklärte Ziel von Mitgliedern der Kommune I wie Dieter Kunzelmann. Dieser hatte seinem Credo auf einer Postkarte mit den Worten Ausdruck verliehen: »Das sichtbarste Abenteuer eines jeden Menschen besteht aus einer Folge von Akten, die das Gesetz brechen ...« Aus: Frank Böckelmann / Herbert Nagel (Hg.), Subversive Aktion – Der Sinn der Organisation ist ihr Scheitern, Frankfurt am Main 1976, o. S.

wohl wir herausgefunden haben, daß wir gegen die Universitätsverfassung reden können, soviel und solange wir wollen, ohne daß sich ein Aktendeckel hebt, aber daß wir nur gegen die baupolizeilichen Bestimmungen zu verstoßen brauchen, um den ganzen Universitätsaufbau ins Wanken zu bringen. Da sind wir auf den Gedanken gekommen, daß wir erst den Rasen zerstören müssen, bevor wir die Lügen über Vietnam zerstören können, daß wir erst die Marschrichtung ändern müssen, bevor wir etwas an den Notstandsgesetzen ändern können, daß wir erst die Hausordnung brechen müssen, bevor wir die Universitätsordnung brechen können. Da haben wir den Einfall gehabt, daß das Betretungsverbot des Rasens, das Änderungsverbot der Marschrichtung, das Veranstaltungsverbot der Baupolizei genau die Verbote sind, mit denen die Herrschenden dafür sorgen, daß die Empörung über die Verbrechen in Vietnam, über die vergreiste Universitätsverfassung schön ruhig und wirkungslos bleibt. Da haben wir gemerkt, daß sich in solchen Verboten die kriminelle Gleichgültigkeit einer ganzen Nation austobt. Da haben wir es endlich gefressen, daß wir gegen den Magnifizenzwahn und akademische Sondergerichte, gegen Prüfungen, in denen man nur das Fürchten, gegen Seminare, in denen man nur das Nachschlagen lernt, gegen Ausbildungspläne, die uns systematisch verbilden, gegen Sachlichkeit, die nichts weiter als Müdigkeit bedeutet, gegen die Verketzerung jeder Emotion, aus der die Herrschenden das Recht ableiten, über die Folterungen in Vietnam mit der gleichen Ruhe wie über das Wetter reden zu dürfen, gegen demokratisches Verhalten, das dazu dient, die Demokratie nicht aufkommen zu lassen, gegen Ruhe und Ordnung, in der die Unterdrücker sich ausruhen, gegen verlogene Rationalität und wohlweisliche Gefühlsarmut – daß wir gegen den ganzen alten Plunder am sachlichsten argumentieren, wenn wir aufhören zu argumentieren und uns hier in den Hausflur auf den Fußboden setzen. Das wollen wir jetzt tun.«[18]

---

18 Peter Schneider, Wir haben Fehler gemacht, in: ders., Ansprachen: Reden – Notizen – Gedichte, West-Berlin 1970, S. 12–14.

Was Schneider hier mit dem Pathos der Empörung aneinandergereiht und ineinander verschachtelt hat, das faßt in geradezu idealtypischer Weise zusammen, warum ein in den von Verwaltung, Polizei und Justiz vorgegebenen Bahnen verlaufender Protest zum Scheitern verurteilt war. Er zieht das Resümee eines die Geschichte der Bundesrepublik durchziehenden folgenlosen Legalismus. Appelle, Bittgesuche, Petitionen, offene Briefe – nichts hatte genutzt. Eine Initiative nach der anderen war gebildet, ein Anlauf nach dem nächsten unternommen worden – doch fast alles war wirkungslos verpufft. Was übrigblieb, waren die alten, sich weiter auftürmenden Mißstände, war ein immer unüberschaubarer gewordener Reformstau und ein tiefsitzendes Frustrationsgefühl bei jenen, die Änderungen nicht nur gewollt, sondern sich auch für sie eingesetzt hatten. Im Rahmen eines sit-ins legt Schneider eine Abrechnung für eine Serie von Mißerfolgen vor, überführt zahlreiche Regeln, Ordnungen und Gesetze ihrer immanenten Absurdität und formuliert einen Ausweg – das Antasten der Norm, den Schritt über die Grenze der Legalität, die begrenzte Regelverletzung. Auch wenn die Verhältnisse in West-Berlin ganz andere waren als die in den Südstaaten der USA – Schneiders Rede atmete den Geist von Martin Luther King und der amerikanischen Bürgerrechtsbewegung. Die Idee des zivilen Ungehorsams war unter den Studenten der Freien Universität auf fruchtbaren Boden gefallen.

Eine Würdigung der neuartigen Protestformen wurde ein Jahr später ausgerechnet von einem der scharfsinnigsten Kritiker der Studentenbewegung vorgebracht, von dem Frankfurter Sozialphilosophen Jürgen Habermas. Der langjährige Mentor des SDS, der mit seiner Abhandlung »Über den Begriff der politischen Beteiligung«[19] und seiner Habilitationsschrift »Strukturwandel der Öffentlich-

---

19 Einleitung zu der vom Frankfurter Institut für Sozialforschung durchgeführten empirischen Studie: Jürgen Habermas / Ludwig von Friedeburg / Christoph Oehler / Friedrich Weltz, Student und Politik – Eine soziologische Untersuchung zum politischen Bewußtsein Frankfurter Studenten, Neuwied / West-Berlin 1961, S. 11–55.

keit«[20] einst maßgeblichen Einfluß auf das Selbstverständnis der studentischen Aktivisten geübt hatte, war zuvor wegen seiner brüsken Kritik am aktionistischen Politikverständnis Rudi Dutschkes und anderer führender SDS-Mitglieder[21] unter Schülern wie zum Teil auch unter Kollegen auf heftige Ablehnung gestoßen.[22] Das Lob, das Habermas nun für die zu verzeichnenden Erfolge der, wie er es nannte, »phantasiereichen Erfindung neuer Demonstrationstechniken« spendete, war eingepackt in eine grundlegende Abrechnung mit Selbstverständnis, Strategie und Taktik der vom SDS eingeschlagenen Politik. Was er am 2. Juni 1968 in der Mensa der Frankfurter Universität auf einem vom Verband Deutscher Studentenschaften (VDS) durchgeführten Schüler- und Studentenkongreß an Thesen vortrug, wurde kurz darauf unter dem provozierenden Titel »Die Scheinrevolution und ihre Kinder« von einer Tageszeitung als Sonderdruck verbreitet.[23]

»Die neuen Techniken der begrenzten Regelverletzung«, beginnt er seine Analyse der für Aufsehen sorgenden Aktionsformen, »stammen aus dem Repertoire des gewaltlosen Widerstandes, das während der letzten Jahre in der amerikanischen Bürgerrechtsbewegung erprobt und erweitert worden ist. Diese Techniken gewinnen gegenüber einem bürokratisierten Herrschaftsapparat und angesichts eines publizistischen Bereichs kommerzieller Massenbeeinflussung einen neuen Stellenwert; sie dringen in die Nischen eines frontal unangreifbaren Systems ein; sie erzielen mit relativ geringem Auf-

---

20 Jürgen Habermas, Strukturwandel der Öffentlichkeit – Untersuchungen zu einer Kategorie der bürgerlichen Gesellschaft, Neuwied / West-Berlin 1962.

21 Siehe: Uwe Bergmann (Hg.), Bedingungen und Organisation des Widerstandes – Der Kongreß in Hannover, West-Berlin 1967, S. 100–102.

22 Wolfgang Abendroth u.a., Die Linke antwortet Jürgen Habermas, Frankfurt am Main 1968.

23 Jürgen Habermas, Die Scheinrevolution und ihre Kinder – Sechs Thesen über Taktik, Ziele und Situationsanalysen der oppositionellen Jugend, in: *Frankfurter Rundschau* vom 5. Juni 1968.

wand überproportionale Wirkungen, weil sie auf Störstellen komplexer und darum anfälliger Kommunikationsnetze gerichtet sind.«[24] Die ungewöhnlichen Protestformen hätten einerseits zwar zu heftigen Abwehrreaktionen geführt, andererseits aber auch »zu dem heilsamen Schock«, über Routinen und routinierte Verdrängungen nachdenken zu müssen. Psychologisch betrachtet handle es sich bei diesen Demonstrationstechniken »um ritualisierte Formen der Erpressung und des Trotzes von Heranwachsenden gegenüber unaufmerksamen, aber relativ nachsichtigen Eltern«. Eine Wirkung könnten sie nur dann entfalten, wenn sie in einer überlegten, gerade nicht infantilen Weise eingesetzt würden. »Wenn sich die neuen Techniken zureichend als im Prinzip gewaltlose, symbolisch gemeinte und altersspezifisch anwendbare Techniken des Widerstandes begreifen lassen«, faßt Habermas seine Überlegungen zusammen, »dann kann über ihre Funktion kein Zweifel sein. Sie sind vorzüglich geeignet (aber auch nur dazu), Publizitätsbarrieren zu beseitigen und Aufklärungsprozesse, massenhafte Aufklärungsprozesse, in Gang zu setzen. Die neuen Demonstrationstechniken treffen die einzige schwache Stelle des legitimationsbedürftigen Herrschaftssystems, nämlich die funktionsnotwendige Entpolitisierung breiter Bevölkerungsschichten.«[25] Im Rahmen seiner Kritik nahm diese Aufgabenstellung eine Doppelfunktion ein: Sie sollte zum einen die Grenze für den Spielraum außerparlamentarischer Aktionen markieren, die der Soziologe wenn auch nicht direkt zu tragen, so doch zumindest argumentativ zu unterstützen bereit war, und zum anderen eine Richtung dafür angeben, wie an die zwar kurze, dennoch aber nicht zu unterschätzende Wirkungsgeschichte der Studentenbewegung erfolgversprechend anzuknüpfen sei. Die Devise lautete: an den Schwachstellen der Legitimation anzusetzen und vermittelt über die publizistischen Effekte gewaltfreier Widerstandsaktionen solche Aufklärungsprozesse auszulösen, die zu einer tiefgreifenden Politi-

---

24 Jürgen Habermas, Die Scheinrevolution und ihre Kinder, in: ders., Protestbewegung und Hochschulreform, Frankfurt am Main 1969, S. 191.

25 Ebenda, S. 192.

sierung der Bevölkerung beitragen könnten. Darin sah Habermas, positiv betrachtet, die Funktion von sit-ins, go-ins und anderer Techniken, ohne sie freilich konkret zu benennen, die aus dem Arsenal der amerikanischen Bürgerrechtsbewegung stammten.

Prinzipien des zivilen Ungehorsams

Es war gewiß kein Zufall, daß das in aller Welt bekannte Vademekum des gewaltfreien Widerstands, Henry David Thoreaus Pamphlet »On the Duty of Civil Disobedience«,[26] ein Klassiker der anarcholibertären Literatur, erst mit großer Verspätung in deutscher Übersetzung erscheinen konnte. Und es war sicher ebensowenig ein Zufall, daß die erste Ausgabe 1966 in einer Frankfurter Handpresse, im Galerie Patio Verlag, gedruckt worden ist. Erst im darauffolgenden Jahr erschien dann im Zürcher Diogenes Verlag unter dem Titel »Über die Pflicht zum Ungehorsam gegen den Staat«[27] eine von W. E. Richartz kommentierte Ausgabe, die nach zahlreichen Neuausgaben inzwischen zur deutschsprachigen Standardfassung geworden ist.

In den Vereinigten Staaten ist mit Thoreaus Brevier hingegen ein, wenn nicht der Grundstein für die Taditionen des gewaltfreien Widerstands gelegt worden. Kaum eine ernstzunehmende Debatte über Prinzipien des zivilen Ungehorsams ist dort an dem schmalen, in polemischem Stil verfaßten Bändchen vorbeigekommen. Der Anstoß zu seinen überaus regierungskritischen Überlegungen ist im Juli 1846 gegeben worden. Thoreau mußte in seiner Heimatstadt Concord (New Hampshire) eine Nacht im Gefängnis verbringen, weil er sich aus Protest gegen die damals immer noch ausgeübte Sklaverei und den gegen Mexiko von seinem Land vom Zaun gebro-

---

26 Henry David Thoreau, Resistance to Civil Government, in: Aesthetic Papers, Ed. Elizabeth Peabody, Vol. 1, No. 1, Boston 1849; später vor allem unter dem Titel Civil Disobedience bzw. On the Duty of Civil Disobedience verbreitet.

27 Henry David Thoreau, Über die Pflicht zum Ungehorsam gegenüber dem Staat, Zürich 1967.

chenen Eroberungskrieg geweigert hatte, seine Steuern zu zahlen. Diese Erfahrung brachte ihn anderthalb Jahre später dazu, die für seinen Steuerboykott maßgeblichen Imperative mit einem Vortrag in einem Lyzeum zur Diskussion zu stellen.

Bereits mit seinem ersten Satz stellt er unmißverständlich klar, daß er von einem schier unbegrenzten Mißtrauen gegenüber jeglicher Regierung – und zwar völlig unabhängig von ihrer demokratischen Legitimationsfähigkeit – beseelt ist. Die beste Regierung, so lautet sein Wahlspruch, sei die, »welche am wenigsten regiert« bzw. jene, »welche gar nicht regiert«. Eine Regierung könne »bestenfalls ein nützliches Instrument« sein – aber keinesfalls mehr. Dreh- und Angelpunkt seiner kompromißlos individualistischen Auffassung ist das Gewissen. Da er es mit seinem Gewissen nicht vereinbaren kann, irgendeine politische Organisation zu akzeptieren, die zugleich an der Sklaverei festhält, fühlt er sich zur Rebellion berufen. Eine Regierung, die »zugleich auch die Regierung von Sklaven« sei, könne nicht, so seine Überzeugung, die eines freien Bürgers sein. Mit welchem außerordentlichen Nachdruck er diese Ablehnung vertritt, wird an einem Appell an seine Mitbürger deutlich: »Dieses Volk muß aufhören, Sklaven zu halten und in Mexiko Krieg zu führen, und wenn es seine Existenz als Volk kosten würde.«[28] Für Mehrheitsentscheidungen hat er kaum mehr als Verachtung übrig. Wahlen sind für ihn »eine Art Spiel«. Und für den Wähler selbst stehe dabei angeblich »nichts auf dem Spiel«. Denn auch wenn für das Rechte gestimmt worden sei, dann heiße das längst noch nicht, daß dafür etwas getan werden müsse. Es gebe unzweifelhaft »ungerechte Gesetze«. Wenn ein Gesetz so beschaffen sei, daß es notwendig aus einem »den Arm des Unrechts an einem anderen« mache, dann solle das Gesetz gebrochen werden. Der Staat verfüge weder über größere Vernunft noch Ehrlichkeit, worin er allein ein Mehr für sich beanspruchen könne, sei die »größere physische Gewalt«. Eine Minderheit sei so lange machtlos, solange sie sich der Mehrheit anpasse;

28 Ebenda, S. 24.

unwiderstehlich aber werde sie, wenn sie ihr ganzes Gewicht einsetze. Er wisse genau, »[...] wenn nur tausend Menschen, hundert, zehn, ja sogar wenn nur ein Ehrenmann im Staate Massachusetts, weil er keine Sklaven mehr halten will, nicht mehr an dieser Gemeinschaft teilhaben wollte und dafür ins Gefängnis gesperrt würde: es wäre das Ende der Sklaverei in Amerika. Denn es spielt keine Rolle, wie gering die Anfänge zu sein scheinen: was einmal wohlgetan ist, ist für immer getan«.[29] Am Ende wirft er, nachdem er zuvor eingestanden hat, daß die Entwicklung von der Monarchie zur Demokratie wegen ihrer stärkeren Achtung des Individuums tatsächlich ein Fortschritt sei, die Frage auf, ob die Demokratie wirklich die »letztmögliche Verbesserung im Regieren« sei und ob es bei der Anerkennung der Menschenrechte nicht möglich sei, noch einen Schritt weiter zu gehen. »Nie wird es einen wirklich freien und aufgeklärten Staat geben«, lautet schließlich Thoreaus Credo, »solange sich der Staat nicht bequemt, das Individuum als größere und unabhängige Macht anzuerkennen, von welcher all seine Macht und Gewalt sich ableiten, und solange er den Einzelmenschen nicht entsprechend behandelt.«[30]

Es ist evident, warum Thoreaus Manifest des zivilen Ungehorsams gerade bei Martin Luther King und anderen Exponenten der schwarzen Bürgerrechtsbewegung auf ein besonders großes Echo stoßen mußte. Da er zur Begründung seines Angriffs auf Staat und Regierung vor allem das Unrecht der Sklaverei ins Feld führte, konnte er sich in diesem Punkt auf die amerikanische Verfassung berufen. Schließlich widersprach die Sklavenhaltung den elementaren Menschen- und Bürgerrechten, wie sie in den Bill of Rights der amerikanischen Bundesstaaten niedergelegt waren. In dieser Hinsicht argumentierte er verfassungsrechtlich immanent. Anders sah es mit seinem zweiten Beweggrund aus, der Ablehnung des Annexionskrieges gegen Mexiko. Hierfür konnte er keine Verfassungsgrund-

---

29 Ebenda, S. 47f.

30 Ebenda, S. 96f.

sätze, sondern lediglich seine Überzeugung geltend machen, daß ein Krieg, der nicht der eigenen Verteidigung diene, rechtswidrig sei.

Obwohl auf die Einseitigkeiten, Überspitzungen und Schwächen in Thoreaus Argumentation oft hingewiesen worden ist, so besteht sein Verdienst wohl vor allem darin, daß er zum Ungehorsam gegen ungerechte Gesetze aufgerufen und damit ein Korrektiv für einen gegenüber dem Individuum schier übermächtigen Staat geboten hat.

Den stärksten Eindruck haben Thoreaus Gedanken vielleicht bei Mahatma Gandhi hinterlassen,[31] der bereits in Südafrika dessen Schriften las und von dem berichtet wird, daß er das Traktat über den zivilen Ungehorsam bei seinen häufigen Gefängnisaufenthalten fast immer mit sich geführt habe. In seinem mit Protestmärschen, Steuerboykotten und Verweigerungsaktionen vorangetriebenen Widerstand gegen die britische Kolonialherrschaft hatte er gezeigt, wie sich die eigenwilligen Ideen eines überzeugten Yankees mit altindischen Traditionen des Gewaltverzichts verbinden ließen.[32]

Die weitreichendste Debatte über die Prinzipien zivilen Ungehorsams setzte in den sechziger Jahren in den USA ein. Sie wurde nun nicht mehr in erster Linie von Aktivisten oder Autoren aus deren Umfeld geführt, sondern mehr und mehr von angesehenen Sozial-, Politik- und Rechtswissenschaftlern der großen Universitäten.[33] Es ging unter dem Eindruck einer zunehmend in eine Selbstverständniskrise geratenen Bürgerrechtsbewegung und der ange-

---

31 Vgl. Mahatma Gandhi, Wohlfahrt für alle, hrsg. von B. Kumarappa, Bellnhausen 1962.

32 Bemerkenswerterweise wird von einem Autor auch die These von einer »Americanization of Gandhi« vertreten, nach der sich der radikale Pazifismus in den USA einer Adaption der Ideen Gandhis verdankt; vgl. das Kapitel »Radical Pacifism, The Americanization of Gandhi« in: Maurice Isserman, If I Had a Hammer ... The Death of the Old Left and the Birth of the New Left, New York 1987, S. 125–169.

33 Siehe: Hugo Adam Bedau (Hg.), Civil Disobedience Theory and Practice, New York 1969; Archibald Cox / Mark Howe / J. R. Wiggins, Civil Rights, the Constitution and the Courts, Cambridge, Mass. 1967; Robert T. Hall, The Morality of Civil Disobedience, New York 1971; Daniel

sichts einer starken Eskalation des Vietnamkrieges sich im gesamten Land ausbreitenden Antikriegsbewegung mit einer Vielzahl von Desertionen vor allem um die Frage, ob Methoden des zivilen Ungehorsams mit der amerikanischen Verfassung zu vereinbaren seien, und wenn ja, wo deren Grenzen lägen.

Eine der auffälligsten Stimmen im Kanon jener, die den Anstoß der Bürgerrechtler konstruktiv aufnahmen, war die Totalitarismustheoretikerin Hannah Arendt. In ihrem Aufsatz »Civil Disobedience«, der auf einen am 1. Mai 1970 auf dem Symposium »Ist das Gesetz tot?« gehaltenen Vortrag zurückging, legte sie das Plädoyer für eine Institutionalisierung des zivilen Ungehorsams in einer bestimmten Form vor.[34] Sie geht zunächst einmal davon aus, daß der partielle Ungehorsam gegenüber der Rechtsordnung nicht nur in den Vereinigten Staaten, sondern in großen Teilen der Welt zu einem Massenphänomen geworden sei. Dies sei zumindest ein untrügliches Indiz für den Zerfall von Autorität und werde später vielleicht einmal als »das herausragende Ereignis« der sechziger Jahre konstatiert werden. Möglicherweise müßten in der Aushöhlung der Regierungsautorität und der Desintegrationstendenzen des politischen Systems insgesamt sogar die Symptome für die Ursachen künftiger Revolutionen gesehen werden. Unter diesem Gesichtspunkt wäre es nicht verkehrt, in Arendts Überlegungen auch einen Beitrag zur Verteidigung, wenn nicht gar Rettung der liberalen Demokratie zu erkennen.

Um die verfassungsbejahende Grundeinstellung des Gehorsamsverweigerers stärker herausstreichen zu können, grenzt sie ihn in zwei Richtungen ab – auf der einen Seite im Hinblick auf den Kriminellen und auf der anderen im Hinblick auf den Revolutionär. Der

---

B. Stevick, Civil Disobedience and the Christian, New York 1969; Michael Walzer, Obligations, Cambridge, Mass. 1970; Charles E. Whittaker/ William Sloane Coffin Jr., Law, Order and Civil Disobedience, Washington, D.C. 1967; Howard Zinn, Disobedience and Democracy, New York 1968.

34 Hannah Arendt, Ziviler Ungehorsam, in: dies., Zur Zeit – Politische Essays, hrsg. von Marie Luise Knott, West-Berlin 1986, S. 119–159.

Hauptunterschied gegenüber dem Kriminellen besteht ihrer Ansicht nach darin, daß der Gehorsamsverweigerer seinen Rechtsbruch nicht im Verborgenen, sondern in aller Öffentlichkeit begeht; außerdem handle er nicht ausschließlich im eigenen Interesse, sondern »im Namen und um einer Gruppe willen«. Den Hauptunterschied gegenüber einem Revolutionär sieht sie im Prinzip der Gewaltlosigkeit. Die Verfechter des zivilen Ungehorsams akzeptierten, obwohl auch sie auf Veränderung drängten, den »Rahmen der bestehenden Autorität und die generelle Rechtmäßigkeit der Rechtsordnung«. Die politische wie rechtliche Immanenz ist für Arendt der Dreh- und Angelpunkt in der Beurteilung des zivilen Ungehorsams.

Sie geht sogar so weit, ihn in seinem Ursprung wie auch seinem Gehalt nach zu einem originär »amerikanische Phänomen« zu erklären. Im Unterschied zu allen anderen Ländern, in denen ebenfalls solche Widerstandsformen praktiziert würden, sei die amerikanische Republik der einzige Staat, der – wenn auch nicht in einem wortwörtlichen Sinne, so doch »im Einklang mit dem Geist seiner Gesetze« – diese Praktiken zulassen und integrieren könne. Das hänge damit zusammen, daß das der amerikanischen Revolution zugrundeliegende Rechtsverständnis aus den Erfahrungen der Siedler und nicht aus einer Theorie hervorgegangen sei. Weil der Rechtsbegriff nicht vollständig ausformuliert sei, gäbe es möglicherweise die Chance, das Prinzip des zivilen Ungehorsams sogar in der amerikanischen Verfassung zu verankern.

Da es ein offenkundiger Widerspruch sei, einen Rechtsbruch gesetzlich rechtfertigen zu wollen, gebe es allerdings keine Möglichkeit, den zivilen Ungehorsam unmittelbar als positives Recht zu etablieren. Worum es ihrer Ansicht nach nur gehen könne, das sei eine politische Institutionalisierung des Widerstands gewaltfrei agierender Minderheiten. Ein erster Schritt in diese Richtung bestünde darin, solchen Gruppierungen dieselbe Anerkennung zu gewähren, wie sie in den USA auch anderen Interessengruppen als Selbstverständlichkeit zugestanden würden.

Die vielleicht einflußreichste rechtstheoretische Fassung der mit dem zivilen Ungehorsam einhergehenden Probleme stammt von dem amerikanischen Moralphilosophen John Rawls. Obwohl er überaus skeptisch ist, was die Möglichkeit betrifft, genauere Rechtsgrundsätze für eine Praktizierung solcher Widerstandsformen zu fixieren, formuliert er in seiner 1971 verfaßten »Theory of Justice«[35] doch einige Grundprinzipien gewaltfreier Aktionen. Dabei geht er von der Einschränkung aus, daß eine jegliche Theorie zivilen Ungehorsams nur als »Spezialfall einer fast gerechten Gesellschaft« aufgefaßt werden dürfe. Da die Formen gewaltfreien Widerstands untauglich seien, um diktatorische Regime zu ändern oder zu beseitigen, könne eine solche Theorie keine Geltung für Regierungsformen im allgemeinen beanspruchen. Sie setze auf der einen Seite eine funktionstüchtige Demokratie und auf der anderen die Anerkennung der Verfassung durch die Bürger und somit auch der Gehorsamsverweigerer voraus. Im Grunde handle es sich beim Problem des zivilen Ungehorsams um einen »Pflichtenkonflikt« – explizit gegenüber der Exekutive und implizit gegenüber der Legislative. Die entscheidende Frage sei, an welchem Punkt die Verpflichtung, sich den von der Gesetzgebungsmehrheit beschlossenen Gesetzen oder dem von ihr gestützten Regierungshandeln zu fügen, zugunsten eines Freiheitsrechts oder einer Widerstandspflicht aufgegeben werden dürften. Da eine solche Fragestellung im Kern die nach der Legitimität der Mehrheitsregel tangiere, müsse in diesem Problem der »Prüfstein für jede Theorie der moralischen Grundlage der Demokratie« gesehen werden. Der gewaltfreie Widerstand sei an nichts anderes als an den »Gerechtigkeitssinn der Mehrheit der Gesellschaft« adressiert.

Nach seiner Definition äußert sich ziviler Ungehorsam in einer »öffentlichen, gewaltlosen, gewissensbestimmten, aber politisch gesetzwidrigen Handlung, die gewöhnlich eine Änderung der Gesetze oder der Regierungspolitik herbeiführen soll«.[36] Eine Minderheit wolle mit rechtswidrigen, aber gewaltfreien Mitteln die Mehrheit dazu zwingen, ihr Handeln oder das der von ihr gestützten Regierung

---

35 Dt. Fassung: John Rawls, Eine Theorie der Gerechtigkeit, Frankfurt am Main 1975.

36 Ebenda, S. 401.

daraufhin zu überprüfen, ob es auch weiterhin mit den der Verfassung und den gesellschaftlichen Institutionen zugrundeliegenden Gerechtigkeitsgrundsätzen übereinstimme. Rawls' Definition gipfelt in der paradoxen Formulierung, ziviler Ungehorsam drücke »Ungehorsam gegenüber dem Gesetz innerhalb der Grenzen der Gesetzestreue aus«.[37] Auch wenn das Gesetz formalrechtlich gebrochen werde, so werde doch im öffentlichen und gewaltlosen Charakter der Widerstandshandlung die Bereitschaft zum Ausdruck gebracht, die rechtlichen Folgen widerstandslos auf sich zu nehmen. Diese Akzeptanz sei ein Indiz für die Gesetzestreue der Akteure, das ihren Handlungen zugrundeliegende Gewissen ebenso wie ihren darin zum Ausdruck gebrachten Ernst und Aufrichtigkeit. Kein anderes Charakteristikum wie das des »Ungehorsams gegenüber dem Gesetz innerhalb der Grenzen der Gesetzestreue« macht so sehr die Systemimmanenz der Ziele und Mittel der Gehorsamsverweigerer deutlich.

Auf besonders fruchtbaren Boden stießen Rawls' Überlegungen zu Beginn der achtziger Jahre in der Bundesrepublik, als die Protestbewegung gegen den NATO-Nachrüstungsbeschluß ihren Höhepunkt erreichte. In die damals laufende Debatte[38] schaltete sich auch Jürgen Habermas ein und beteiligte sich an einer rechtstheoretischen Ausformulierung von Ungehorsamsprinzipien, die sich maßgeblich auf Rawls' Vorgaben berief. »Ziviler Ungehorsam«, faßt Habermas, in der Differenzierung weiter ausholend, zusammen, »ist ein moralisch *begründeter* Protest, dem nicht nur private Glaubensüberzeugungen oder Eigeninteressen zugrunde liegen dürfen; er ist ein *öffentlicher* Akt, der in der Regel angekündigt ist und von der Polizei in seinem Ablauf kalkuliert werden kann; er schließt die *vorsätzliche Verletzung* einzelner Rechtsnormen ein, ohne den Gehorsam gegenüber der Rechtsordnung im ganzen zu affizieren; er verlangt die Bereitschaft, für die rechtlichen *Folgen* der Normverletzung *einzustehen*; die Regelverletzung, in der sich ziviler Ungehorsam äußert,

37 Ebenda, S. 403.

38 Vgl. Peter Glotz (Hg.), Ziviler Ungehorsam im Rechtsstaat, Frankfurt am Main 1983.

hat ausschließlich *symbolischen* Charakter – daraus ergibt sich schon die Begrenzung auf *gewaltfreie* Mittel des Protests.«[39] Diese Definition enthält die reifste Ausformulierung jener Kriterien, die bei der Beurteilung einer Widerstandsaktion als Fall zivilen Ungehorsams zugrunde gelegt werden müssen.

Habermas verbindet mit der Rezeption dieser amerikanischen Protest- und in gewisser Weise auch Verfassungsfigur die Hoffnung, daß auch in Deutschland der zivile Ungehorsam »als Element einer reifen politischen Kultur« Einzug halten könnte. Sosehr dessen Methoden sich auch am Rande der Gesetzestreue bewegen mögen, so sehr gehörten sie zum Normalfall einer rechtsstaatlichen Demokratie. In der Akzeptanz solcher Formen gewaltfreien Widerstands sieht er einen »Prüfstein für den Reifezustand der ersten demokratischen Republik auf deutschem Boden«, einen »Testfall für den demokratischen Rechtsstaat« insgesamt.

Auch wenn es genügend Gesichtspunkte gibt, die für Hannah Arendts Skepsis, was die Übertragbarkeit der Tradition zivilen Ungehorsams auf andere Verfassungssysteme anbetrifft, sprechen, so haben insbesondere die gewaltfreien Aktionen im Rahmen der bundesdeutschen Ökologie- und Friedensbewegung – wie zum Beispiel die Sitzblockaden von Mutlangen – gezeigt, daß sowohl die Fähigkeit, solche Widerstandsformen verantwortungsvoll zu praktizieren, als auch die Akzeptanz solcher mit autoritären Auffassungen nicht in Einklang zu bringenden Verhaltensweisen in der Öffentlichkeit gewachsen ist.[40] Ein wichtiges Element der amerikanischen Protestkultur ist auf diesem Wege auch hierzulande selbstverständlicher geworden.

---

39 Jürgen Habermas, Ziviler Ungehorsam – Testfall für den demokratischen Rechtsstaat, in: ders., Die Neue Unübersichtlichkeit, Frankfurt am Main 1985, S. 83 f.

40 Vgl. Gernot Jochheim, Die gewaltfreie Aktion – Idee und Methoden, Vorbilder und Wirkungen, Hamburg 1984; Thomas Laker, Ziviler Ungehorsam, Baden-Baden 1986.

Der lange Marsch durch die Institutionen

Haben wir es nicht gewußt: »Im Gegensatz zur Steuer-, Renten- und Rechtschreibreform ist das Projekt ›Langer Marsch‹ eine Erfolgsstory. Die jungen Talente von damals sind zwar in die Jahre, dafür aber ans Ziel gekommen. Man findet sie überall, in der Politik, in den Medien, im Kunst- und Kulturbetrieb, sogar in der Wirtschaft.« Das bestätigt uns ein Organ, ohne dessen Multiplikatorenwirkung es die Studentenbewegung wohl niemals hätte so weit bringen können – der *Spiegel*.[1] Es kann also nicht alles umsonst gewesen sein. Trotz des Deutschen Herbstes von 1977 war 1968 also ein Erfolg. Diese Bestätigung, termingerecht ausgesprochen zu Beginn des 30. Jubiläumsjahres, tut gut. Nach all diesen Angriffen, den völlig ungerechten Vorwürfen, die wir uns seit 1968 haben anhören müssen, wir hätten an allem Schuld, an der miserablen Schulerziehung, der mangelnden Leistungsbereitschaft, dem wieder aufgekommenen Rechtsradikalismus, der miesen Stimmung in der Gesellschaft insgesamt. Danke, daß dies einmal gesagt worden ist. Danke, Rudolf Augstein, danke, Stefan Aust, oder wer auch immer hinter diesem famosen Artikel gesteckt haben mag. Dabei ist die Geschichte dieses letztendlich doch so überaus erfolgreichen Projektes nicht erst drei Jahrzehnte, sondern mehr als doppelt so alt.

Begonnen hat alles am 16. Oktober 1934 am Yudu-Fluß in Südchina. An diesem sonnigen Herbsttag wateten 86859 Angehörige der Roten Armee durch den seichten Flußlauf und brachen, ohne es zu ahnen, zu einem Marsch auf, von dem die meisten nicht mehr zurückkehrten und der zur Legende der chinesischen Revolution werden sollte. Sie legten an die 10000 Kilometer zurück und über-

1 *Der Spiegel* vom 12. Januar 1998, 52. Jg., Nr. 3, S. 17.

querten dabei 18 Gebirgszüge und 24 Flüsse in elf verschiedenen Provinzen. Übrig blieben nur etwa 4000 der revolutionären Rotarmisten, die fast genau ein Jahr später, am 29. Oktober 1935, mit Mao Tse-tung an der Spitze im Norden von Shensi eintrafen. Dennoch führte der Marsch letztlich zum Platz des Himmlischen Friedens, auf dem am 1. Oktober 1949 die Volksrepublik China proklamiert wurde.

Das erste Mal erfuhren wir Näheres von diesem mörderischen, aber erfolgreichen Gewaltmarsch durch Edgar Snows Buch »Roter Stern über China«.[2] Der amerikanische Journalist hatte die chinesischen Kommunisten 1936 in den berühmten Lößhügeln von Shensi besucht und erstmals deren Geschichte aufgezeichnet. Es würde zu weit führen, sie hier wiedergeben zu wollen. Einer seiner Kollegen hat den »Langen Marsch« 1984 selbst, wenn auch nur mit zeitgemäßeren Verkehrsmitteln, absolviert und ihn dann so zusammengefaßt: »Chinas langer Marsch von 1934«, schreibt Harrison Salisbury, der im übrigen herausfand, daß Mao den Marsch keineswegs im aufrechten Gang, sondern liegend, in einer von zwei Soldaten getragenen Sänfte begonnen hatte, »war kein Symbol. Er war ein großes menschliches Epos, eine Prüfung für Willen, Mut und Kraft der Männer und Frauen der chinesischen Roten Armee. Er war kein ›Marsch‹ im konventionellen Sinne, kein militärischer Feldzug, kein Sieg, sondern ein Triumph des menschlichen Überlebenswillens, ein mörderischer, endloser Rückzug aus den Klauen Tschiang Kei-Scheks; ein Kampf, der immer wieder an den Rand von Niederlage und Vernichtung geriet. Am Ende gewannen Mao Tse-tung und seine Kommunisten mit diesem Kampf China.«[3] Die Kunst, eine Schwäche in eine Stärke umzuwandeln, in einer fast aussichtslosen Situation nicht aufzugeben, das Ziel auf Umwegen weiter anzustreben und schließlich auch zu erreichen, ist typisch für Maos Art und Weise gewesen, einen Guerillakrieg zu führen. Das hat auch Revolutionäre auf einem anderen Erdteil beeindruckt.

---

2 Edgar Snow, Roter Stern über China, Frankfurt am Main 1970.

3 Harrison E. Salisbury, Der lange Marsch, Frankfurt am Main 1985, S. 7.

Als am 25. November 1956 die Yacht »Granma« mit 83 Guerillakämpfern an Bord vom mexikanischen Hafen Tuxpan aus in Richtung auf eine Karibikinsel startet, weiß zwar jeder, daß es schwierig werden würde, kaum einer jedoch dürfte damit gerechnet haben, daß sie bereits kurz nach ihrer Landung beinahe aufgerieben worden wären. Kurz nachdem sie an der Küste der kubanischen Provinz Oriente an Land gegangen sind, werden sie von Armeeflugzeugen entdeckt und bald darauf von Soldaten des Militärdiktators Batista beschossen. Bei den nachfolgenden Abwehrkämpfen werden ein halbes Dutzend von ihnen getötet und fast die Hälfte gefangengenommen. Als sie sich sammeln, um am ersten Weihnachtstag unter der Führung des ehemaligen Rechtsanwaltes Fidel Castro weiter in die Sierra Maestra zu ziehen, gehören der Truppe, die sich nach dem gescheiterten Sturm auf die Moncada-Kaserne 1953 »Bewegung 26. Juli« nennt, kaum mehr als ein Dutzend Guerilleros an. Einer von ihnen, der mit einer Schußwunde am Hals gerade noch einmal davongekommen ist, stammt aus Argentinien, ist Arzt, leidet unter Asthma und wird Che gerufen.

Rund zwei Jahre später haben sie das Unwahrscheinliche wahr gemacht. Von den Bergen aus ist es ihnen gelungen, eine Berufsarmee mit 30000 Soldaten Stück für Stück auszuschalten und das Batista-Regime zu stürzen. Am Silvesterabend 1958 flüchtet der Diktator mit einem Flugzeug, bereits am 2. Januar 1959 ziehen die Guerilleros unter dem Jubel der Bevölkerung in Havanna ein. Die kubanische Revolution hat gesiegt. Begonnen und angeführt wurde sie von Angehörigen der Mittelschichten, von Studenten, Rechtsanwälten, Ärzten und Intellektuellen, fortgeführt und gewonnen werden konnte sie nicht ohne die Unterstützung der Bauern und großer Teile der Arbeiterschaft.

Einer, den diese Erfolgsgeschichte fasziniert, ist der Pariser Philosophiestudent Régis Debray. Der Althusser-Schüler geht bereits 1961 das erste Mal nach Kuba, um das castristische Revolutionsmodell zu studieren. Mehrere Jahre reist er durch verschiedene Länder Lateinamerikas, um sich ein Bild zu machen. Eines seiner Ergebnisse ist der Band »Revolution in der Revolution?«, in dem er die Erfahrungen der kubanischen Guerilla zu theoretisieren versucht.[4] Für ihn ist der Castrismus, den er in der Unterscheidung vom blanquistischen Putschismus als Verknüpfung von Focus- und leninistischer Organisationstheorie versteht, »Der Lange Marsch Lateinamerikas«, wie der Titel eines seiner Texte lautet.[5] In Venezuela und Kolumbien, Ekuador, Bolivien und Peru, Brasilien, Uruguay und Argentinien sieht er vorrevolutionäre Situationen herangereift, die es durch ebenso umsichtige wie entschlossene Guerilleros zu forcieren gilt. Die Berufsrevolutionäre sollen Brennpunkte des Aufstands – sogenannte Focusse – auslösen, von denen aus eine Massenbewegung in Gang gebracht werden soll, die darauf abzielt, die Minderheit der Revolutionäre zum Motor einer revolutionären Volksbewegung zu machen. Nach seinem Studienabschluß geht Debray 1966 erneut nach Kuba und lehrt an der Universität von Havanna Philosophie. Im Jahr darauf folgt er Guevara bei dessen Versuch, die Revolution aufs lateinamerikanische Festland zu exportieren, nach Bolivien. Doch das Unternehmen scheitert. Guevara wird festgenommen und umgebracht, Debray nach einer halbjährigen Untersuchungshaft vor Gericht gestellt und zu einer 30jährigen Gefängnisstrafe verurteilt.

Während sich das bolivianische Drama abspielt, hat sich die Idee vom langen Marsch bereits in den Köpfen einiger europäischer Studenten festgesetzt. Die stärkste Faszination löst der Gedanke, daß der Guerillakampf in den unterdrückten Ländern der Dritten Welt durch eine spezifische Form in der Ersten ergänzt werden müsse, bei Rudi Dutschke aus. Der aus der DDR stammende, in West-Berlin Soziologie studierende Sprecher des Sozialistischen Deutschen Studentenbunds (SDS) hat im September 1967 auf einer Delegiertenkonferenz in Frankfurt seine Genossen mit dem Appell schokkiert, sie sollten Che Guevaras »Propaganda der Schüsse in der

4 Régis Debray, Revolution in der Revolution? Bewaffneter Kampf und politischer Kampf in Lateinamerika, München 1967.

5 Régis Debray, Der Castrismus: Der Lange Marsch Lateinamerikas, in: Régis Debray / Fidel Castro / K.S.Karol / Gisela Mandel, Der lange Marsch – Wege der Revolution in Lateinamerika, München 1968.

Dritten Welt« durch eine »Propaganda der Tat in den Metropolen« ergänzen, an die Seite des Landguerilleros müsse ein Stadtguerillero treten.[6] Dessen Aufgabe sei es, das »System der repressiven Institutionen« zu destruieren. Die »Partisanenstrategie in den Metropolen« solle damit beginnen, »Partisanen in die Familien« zu schicken, dort die aggressive »biosoziale Struktur der Gesellschaft« aufzuknacken und mit einer »emanzipatorischen Vitalität« zu befruchten. Die soziale Basis finde der Stadtguerillero an der Universität, dies sei seine Sicherheitszone, von der aus der »Kampf gegen die Institutionen« und »um die Macht im Staate« organisiert werden müsse. Den meisten der völlig überraschten SDS-Delegierten ging der Vorschlag, sich nun am Aufbau einer Partisanenarmee zu beteiligen, zu weit.

Doch Dutschke ließ nicht locker. Ende Oktober, Guevara war inzwischen tot und Debray im Gefängnis, propagierte er auf einer Sozialistischen Arbeitskonferenz in Frankfurt einen »langen Marsch durch die Institutionen«.[7] Er solle, führte er aus, von der Familie über die Schulen, Berufsschulen und Universitäten bis in die Betriebe reichen. Insbesondere im Bergbau und in der Textilindustrie müßte versucht werden, die »subventionistisch verschleppte Krise« zu politisieren und zum Ausgangspunkt für eine revolutionäre Massenbewegung zu machen.

Dutschke hat wenig Zeit, seine Vorstellungen zu systematisieren und auf Papier zu bannen. Lediglich in einem Vorwort, das er zusammen mit anderen für eine Aufsatzsammlung verfaßt, der 1968 im Münchner Trikont Verlag erscheint, hat er Gelegenheit, seine Grundidee weiter zu entfalten. Der Band trägt den Titel »Der lange Marsch – Wege der Revolution in Lateinamerika« und präsentiert

---

6 Rudi Dutschke / Hans-Jürgen Krahl, Organisationsreferat, in: *Diskus – Frankfurter Studentenzeitung*, 30. Jg., Nr. 1/2, Februar 1980, S. 6–9.

7 Vgl. Wolfgang Kraushaar, Frankfurter Schule und Studentenbewegung – Von der Flaschenpost zum Molotowcocktail 1946–1995, Bd. I: Chronik, Hamburg 1998, S. 278.

vor allem Aufsätze von Debray und Castro.[8] Im Vorwort heißt es, die »gesamtgesellschaftliche Guerilla« verfüge über zwei dialektisch miteinander vermittelte Seiten – die Stadt- und die Landguerilla. Ihr Kampf werde in unterschiedlichen Formen ausgefochten: zum einen im »bewaffneten Befreiungskampf« und zum anderen in der »subversiven Unterminierungsarbeit in den Institutionen«. In der zweiten, für die Metropolen charakteristischen »Guerilla-Kampfform« müßten die verschiedenen Typen der Intelligenz »zu einer befreienden Verweigerungs- und Sabotage-Guerilla« zusammengefaßt werden. Die Herrschaftsmaschinerie des Staatsapparates sollte unterlaufen, sabotiert und letztlich vernichtet werden. Der »lange Marsch der revolutionären Guerilla durch die Kontinente« sei nicht zu trennen vom »langen Marsch durch die Institutionen«, die eine Kampfform stelle ein Komplement der anderen dar. Als herausragendes Beispiel für den neuartigen Kampf in den Metropolen nennt er die japanische Studentenorganisation »Zengakuren«.[9] Diese habe in der Nähe von Tokio gezeigt, wie die »Vermittlung antiimperialistischer und antikapitalistischer Guerilla-Praxis« auszusehen habe. Mit 5000 Stadtguerilleros hätten sie für die Bauern, die sich gegen Enteignungsmaßnahmen für das Militär zur Wehr setzen wollten, einen »begrenzten Bürgerkrieg« praktiziert.

Kein Zweifel: Der von Dutschke propagierte lange Marsch durch die Institutionen ist Teil einer globalen Guerillastrategie, die sich nach dem Guevara-Motto »Schafft zwei, drei viele Vietnam!« ausbreiten und im Sinne der Focustheorie in mehr und mehr Ländern Aufstandsherde auslösen soll. Die Landguerilla in der Dritten soll durch eine Sabotageguerilla in den Städten der Ersten Welt ergänzt werden. Während die eine offensiv gegen Diktatoren und Autokra-

8 Régis Debray / Fidel Castro / K.S. Karol / Gisela Mandel, Der lange Marsch – Wege der Revolution in Lateinamerika, Redaktion: Rudi Dutschke, München 1968.

9 Zur Geschichte des japanischen Studentenbundes vgl.: Johannes Ernst Seiffert, Zengakuren – Universität und Widerstand in Japan, München 1969.

ten vorgeht, zieht die andere es vor, sich im Kampf gegen Pseudodemokraten subversiver Mittel und Formen zu bedienen. Das Konzept ist einerseits aus der Perspektive einer im wahrsten Sinne des Wortes »kleinen, aber radikalen Minderheit« formuliert, andererseits jedoch mit der Perspektive verknüpft, in einem solidarischen Netzwerk mit den anderen Befreiungsbewegungen agierend Kurs auf die Weltrevolution zu halten. Am Ende von Dutschkes Vorwort heißt es, »allein der permanente Kampf« könne eine »antiautoritäre sozialistische Weltgesellschaft« verwirklichen. Darunter wollte er es nicht tun.

Und was ist aus ihm geworden – dem Konzept des langen Marsches durch die Institutionen? Wir alle wissen es. In den siebziger Jahren wurde daraus eine Juso-Parole, eine Metapher für ihre Doppelstrategie. Und heute ist es Teil einer Lebensphilosophie von Oberstudienräten, eine Phrase für Philister. Ein historischer Treppenwitz.

Mitte der achtziger Jahre kommentierte die *taz* die Karriere eines derjenigen, die 1967 zum langen Marsch aufgebrochen waren, mit den lapidaren Worten: »Einer kam durch.« Gemeint war Joschka Fischer in jenem Moment, als er in Turnschuhen den Eid auf das Amt des hessischen Umweltministers sprach. Doch dabei kann es sich nur um einen Scherz, ein Mißverständnis oder um einen dreisten Betrugsversuch gehandelt haben. Dutschke hatte schließlich nie vom langen Marsch *in* die Institutionen gesprochen, sondern nur von einem durch sie *hindurch*. Dutschke wäre es nie in den Sinn gekommen, eine Oppositionsbewegung in eine Art single-person-movement einmünden zu lassen. Und wem hatte der Oberrealissimo der Grünen seinen Eid nachgesprochen? Einem Ministerpräsidenten, dem angesichts der Massenbewegung gegen den Bau der Startbahn West am Frankfurter Flughafen nichts Besseres eingefallen war, als zu erklären, daß er so etwas »früher mit der Dachlatte erledigt« hätte, dem ehemaligen Juso-Vorsitzenden und heutigen Leiter der Friedrich-Ebert-Stiftung, Holger Börner.

Der eingangs erwähnte *Spiegel*-Artikel moniert jedoch, daß es einen Bereich gebe, den die 68er bei ihrem langen Marsch ausgespart hätten – die Bundeswehr. Hier suchte man vergebens nach den in die Jahre gekommenen Systemumstürzlern. Das müsse auch Bundesverteidigungsminister Volker Rühe bemerkt haben. Als er »junge Leute aus dem linken Spektrum« dazu aufgerufen habe, sich zum Dienst bei der Truppe zu melden, anstatt wie bisher den Wehrdienst zu verweigern, könne er das nur aus einem Zustand akuter Verzweiflung über den in der Bundeswehr ständig weiter anwachsenden Rechtsradikalismus getan haben. Entweder glaube er, daß man den Rechtsradikalismus den Rechten nicht allein überlassen dürfe, oder er sei zu einer grundlegenden Reform der Bundeswehr bereit. »Dann könnte es demnächst also Carl-von-Ossietzky, Kurt-Tucholsky- und Erich-Maria-Remarque-Kasernen geben. Kurse über Marxismus-Leninismus an den Bundeswehr-Universitäten und Che-Guevara- sowie Frantz-Fanon-Eliteeinheiten zur Bekämpfung rechten Terrors.«[10]

Nun, das wiederum hätte Rudi Dutschke schon gefallen können, nicht wahr.

---

10 *Der Spiegel*, ebenda.

Rudi Dutschke und die Wiedervereinigung

Zur heimlichen Dialektik von Nationalismus und Internationalismus

Sechzig wäre er in diesem Jahr geworden. Doch schon seit über zwei Jahrzehnten ist er tot. Und das Ereignis, das wie ein Filmriß sein Leben in zwei Hälften teilt, liegt bereits mehr als dreißig Jahre zurück. Spätestens das Attentat vom Gründonnerstag 1968 hat ihn zum Objekt der Zeitgeschichte werden lassen. Mit seinem Namen ist der Aufstand der Studenten mehr als nur verbunden, er ist seine Zuspitzung, Verdichtung, ja Personifizierung.

Wer heute von Rudi Dutschke spricht, der weckt Assoziationen an einen Aufbruch, an Gewalt, an enttäuschte Hoffnungen und an eine sich abkapselnde, melancholisch eingehüllte Zeit. Rudi Dutschke war in der alten Bundesrepublik – das darf man wohl ohne Übertreibung sagen – der wichtigste nichtparteigebundene politisch Handelnde. Ohne jemals ein bedeutendes Amt zu bekleiden oder eine in einem formellen Sinne wichtige Rolle in einer Organisation zu spielen, hat er dennoch einen nachhaltigen, nur schwer zu fixierenden Einfluß auf die Entwicklung unserer Gesellschaft ausgeübt.

Er war Sprecher, im antiquierten Sinne Wortführer einer Bewegung, wie es weder zuvor noch danach einen vergleichbaren gegeben hat. Der antiautoritären Revolte der Studenten, Schüler und Lehrlinge hat er eine Stimme gegeben, ein Gesicht, ja er hat sie geradezu verkörpert.

Im Laufe des Jahres 1967 tauchten viele Namen zumeist außergewöhnlich junger SDS-Studenten in den Medien auf. Doch nur seiner ist mit dieser Bewegung so sehr in eins gegangen, daß er fast zu ihrem Synonym wurde. Es hat nicht wenige gegeben, die, allein durch sein Charisma elektrisiert, alle Skepsis überwanden und erstmals auf die Straße gingen, um zu demonstrieren. Dutschke war ein unglaubliches Energiebündel, der auch bei seinen Mitstreitern die letzten Reserven zu mobilisieren vermochte. Allein durch sein entschlossenes Auftreten schien er einen Vertrauensvorschuß auf eine Perspektive zu geben. Von seiner Haltung fiel die Notwendigkeit zum Handeln ab wie eine reife Frucht. Obwohl er eine fast lupenreine marxistische Terminologie benutzte, waren seine Argumente doch von einer Leidenschaft und Entschlossenheit durchdrungen, daß nie der Eindruck entstehen konnte, hier spräche jemand nicht mit seiner ganzen Person.

Entscheidend dafür war sein moralischer Impetus. Dieser war ganz offenbar die Quelle für seine Empörung, für sein Denken und sein Handeln. Selbst Jürgen Habermas, der zeitweilig zu seinen schärfsten Kritikern zählte, hat ihn in einem Nachruf als »einen wahrhaftigen Sozialisten«[1] bezeichnet. Und daran zu zweifeln gab es auch für manchen Vertreter der konservativen Presse, die ihn einst haßten, keinen Anlaß mehr. Rudi Dutschke war, auch über die Linke hinweg, zu einer fast unangreifbaren Person geworden. Dies ist sicher auch eine Folge des Attentats und der Erleichterung gewesen, mit der die Öffentlichkeit nahezu uneingeschränkt seine Genesung verfolgte.

Nur einmal hat sein Name Kritik, Protest und hier und da sogar Empörung ausgelöst. Das war am Ende der siebziger Jahre, als er mit einer Reihe von Artikeln einen Vorstoß unternahm, um die Linke auf die »nationale Frage« aufmerksam zu machen. Mit Titeln wie »Die Deutschen und der Sozialismus« und »Wer hat Angst vor der Wiedervereinigung?« stieß er jedoch fast überall auf Ablehnung, bestenfalls Verwunderung und Kopfschütteln.

Rudi Dutschke ein Apologet der Wiedervereinigung, ein Vertreter des oft beschworenen, jedoch ebenfalls in Mißkredit geratenen »anderen Deutschland«, etwa ein linker Nationalist? Unmöglich. Das schien nicht zu einem Mann zu passen, der als Linksradikaler, als Kulturrevolutionär, als entschiedener Internationalist bekannt geworden war; einem Mann, der ein glühender Verfechter der Revolution in Lateinamerika war und der hierzulande der Solidarität mit

---

1 Jürgen Habermas, Zum Tode von Rudi Dutschke: Ein wahrhaftiger Sozialist, in: *Die Zeit* vom 4. Januar 1980, 35. Jg., Nr. 2, S. 7.

den Befreiungsbewegungen der Dritten Welt überhaupt erst zum Durchbruch verholfen hatte.

Wiedervereinigung – dieses Dauerthema der antikommunistisch geprägten Restauration, das durch die Ostpolitik der SPD/FDP-Regierung viel von seiner Schärfe und Dramatik verloren zu haben schien, war immer noch eindeutig rechts besetzt. Und wenn es doch einige Stimmen gab, wie die der KPD/AO oder der KPD/ML etwa, die seit Mitte der siebziger Jahre für die deutsche Einheit eintraten, dann wurden sie nur als skurrile Zeichen sektiererischer Splittergruppen aufgefaßt. Und für Rudi Dutschke mußte zumeist die Information, daß er in der DDR aufgewachsen war, dazu herhalten, eine Erklärung für eine solche Initiative geben zu können. Es waren also eher persönliche Gründe, die dafür entschuldigend ins Spiel gebracht wurden. Politisch hielt man die Forderung nach einer Wiedervereinigung unter linken Vorzeichen nicht nur für undurchsetzbar, sondern auch für nicht wünschenswert.

Nun, die Jahre seit der deutschen Einigung haben gezeigt, daß an dem sprichwörtlichen Denkzettel, den Dutschke der Linken seinerzeit gegeben hatte, doch mehr dran war, als sie für möglich gehalten hätte. Und es wäre ein durchaus spannendes Gedankenexperiment, sich vorzustellen versuchen, wie Dutschke auf die Bürgerbewegung in der DDR, die Öffnung der Mauer und den Prozeß der deutschen Einigung reagiert hätte.

Doch nicht um Spekulation soll es hier gehen, sondern um Rekonstruktion, die Rekonstruktion eines zum Teil verborgenen, zum Teil verschütteten und vielfach überlagerten Zusammenhanges.

Als Oberschüler hat Rudi Dutschke, er war Jahrgang 1940, bereits zwei politische Großereignisse mitverfolgt und später auch kommentiert: die Geschehnisse um den Arbeiteraufstand vom 17. Juni 1953 in Ost-Berlin und der DDR sowie den Volksaufstand in Ungarn im Herbst 1956. Beide Revolten haben den Jugendlichen, der sich als christlicher Sozialist verstand, tief bewegt. Für den Erfolg der Aufständischen in Budapest, so schreibt er später, habe er, wenn auch vergeblich, gebetet.

Ein unmittelbar biographisches Schlüsselereignis hat sich anderthalb Jahre später, zu Beginn des Jahres 1958, abgespielt. In der Aula der Luckenwalder Lenin-Oberschule versammeln sich die Klassen der Oberstufe, rund 150 Schüler, und das gesamte Lehrerkollegium. In einer Ansprache ermahnt der Schulleiter die künftigen Abiturienten, sich freiwillig für einen Dienst in der Nationalen Volksarmee (NVA) zu melden. Der einzige seines Jahrgangs, der sich weigert, einen solchen Militärdienst zu absolvieren, ist Rudolf Dutschke. Von dem Schulleiter zu einer Stellungnahme gedrängt, hält der knapp Achtzehnjährige in besonnenem Tonfall und ohne jegliche Polemik eine viertelstündige Rede gegen Militarismus und Wiederbewaffnung.

In seiner fragmentarisch gebliebenen Autobiographie schildert Dutschke zwanzig Jahre später den Vorfall so: »Es war für mich die erste Möglichkeit, vor Hunderten von Schülern und Schülerinnen wirklich öffentlich sprechen zu können. Denn ich hatte, mich schon als zukünftigen Sportjournalisten und Reporter verstehend, unzählbar oft zu Hause Radioberichterstattung geübt [...] So wurde die über Sportzusammenhänge erlernte Sachkenntnis und Rhetorik nun politisch gehandhabt, um die deutsche Einheit zu fordern und mit Zitaten von Heinrich Heine und anderen fremden Armeen nicht gerade freundlich zu besprechen, den Sozialismus in Deutschland als unsere Sache zu sehen. Wie durcheinander auch immer, an erstmaligem breitem Beifall auf der ›politischen Szene‹ mangelte es nicht. Aber meine bewiesene Fähigkeit zur Rhetorik und Argumentation sollte mir schlecht bekommen.«[2] Dem Aufsässigen wird über ein nach unten korrigiertes Abiturzeugnis der Weg zum Sportstudium in Leipzig blockiert; er muß sich statt dessen in einer Textilfabrik als Industriekaufmann ausbilden lassen.

Aufschlußreich ist auch, wie er seinen ersten politischen Auftritt in der Öffentlichkeit zehn Jahre später beschreibt. In einem im April

---

2 Rudi Dutschke, Aufrecht gehen – Eine fragmentarische Autobiographie, West-Berlin 1981, S. 35 f.; vgl.: auch die Darstellung des Vorfalls in: Jürgen Miermeister, Rudi Dutschke, Reinbek 1986, S. 18 f.

1968 nur wenige Tage vor dem Attentat für *STERN TV* angefertigten Porträt erklärt er: »Ich bekannte mich zur Wiedervereinigung, bekannte mich zum Sozialismus, aber nicht zu dem Sozialismus, wie er betrieben wurde, und sprach mich gegen den Eintritt in die Nationale Volksarmee aus. Ich war nicht bereit, in einer Armee zu dienen, die die Pflicht haben könnte, auf eine andere deutsche Armee zu schießen, in einer Bürgerkriegsarmee, und zwar in zwei deutschen Staaten, ohne wirkliche Selbständigkeit auf beiden Seiten, das lehnte ich ab.«[3] Die Begründung für seine Wehrdienstverweigerung ist bemerkenswert: Nicht etwa weil Dutschke sich grundsätzlich gegen einen Militärdienst ausspricht, weigert er sich, in die NVA zu gehen, sondern weil diese als Bürgerkriegsarmee mißbraucht werden könnte, in der Deutsche auf Deutsche schießen müßten. 1958 hat sich kein Pazifist gegen das Militär aufgelehnt, sondern ein Patriot.

Dutschke gehört bald zu den zahlreichen Pendlern zwischen Ost und West. Da er immer noch nicht zum Studium zugelassen wird, will er sich an der Freien Universität in West-Berlin einschreiben. Da dort jedoch das DDR-Abitur nicht anerkannt wird, muß er sich in Abendkursen auf eine Wiederholung vorbereiten.

Als dann am frühen Morgen des 13. August 1961 mit dem Bau der Mauer begonnen wird, ist Dutschke über diesen von vielen für unmöglich gehaltenen Akt ebenso empört wie seine Mitschüler an der Askanischen Schule. Sie ziehen gemeinsam an die Sektorengrenze, um ihrer ohnmächtigen Wut Ausdruck zu verleihen. Angesichts des im demonstrativen Schutz der Volkspolizei hochgezogenen »antifaschistischen Schutzwalls« – so die offizielle Terminologie – kommt ihnen die Idee, eine Aktion gegen die Mauer durchzuführen.

Was dann einen Tag später geschieht, das beschreibt der Dutsch-

---

3 Aus einem Interview mit Rudi Dutschke in dem von Wolfgang Venohr angefertigten Fernsehfilm »Porträt Rudi Dutschke«. Der rechtskonservative Venohr, lange Jahre Chefredakteur von *STERN TV* und *Lübbe TV*, hat 1982 den Sammelband »Die deutsche Einheit kommt bestimmt« (Bergisch Gladbach) herausgegeben.

ke-Biograph Ulrich Chaussy so: »Am 14. August abends ist es soweit. Im Schutz der hereinbrechenden Dunkelheit schleichen sie sich an einen Abschnitt der frisch errichteten Grenzmauer im Süden der Stadt heran. Unter dem Arm hat einer einen Stapel Flugblätter. Ein anderer hat ein Seil über der Schulter. Am Ende des Seils ist ein ankerförmiger Haken befestigt. Dann geht alles sehr schnell. Einer wirft das Seil über die Mauer, ein anderer die Flugblätter. Als der Anker sich nach ein paar bangen Momenten irgendwo an der Mauerkrone verhakt, packen sie das Seil und zerren aus Leibeskräften daran. Die Mauer soll einreißen, wenigstens an dieser einen Stelle, wenn sonst schon niemand etwas unternimmt. Die Mauer aber steht fest, wankt nicht, reißt nicht ein. Am Ende reißt das Seil, sie fallen auf den Hintern. Enttäuscht ziehen sie ab. Ihre Flugblätter drüben, jenseits der Mauer, werden die Volkspolizisten beim nächsten Kontrollgang einsammeln.«[4]

Diese Protestaktion ist im doppelten Sinne symbolisch: Zum einen zeigt sie die Entschlossenheit, mit der Dutschke einzugreifen bereit ist, wenn er einen politischen Willkürakt – den der Mauerbau als die größte organisierte Geiselnahme nach 1945 zweifelsohne darstellt – erlebt und sich keine Instanz finden will, die bereit ist, mehr als nur verbale Protestnoten auf den Weg zu geben, und zum anderen zeigt sie auch die Harmlosigkeit, ja Lächerlichkeit, mit der solche Aktivitäten zum Scheitern verurteilt sind.

An den beiden biographischen Einschnitten der Jahre 1958 und 1961 ist erkennbar, mit welch existentieller Schärfe die Überzeugung bei Dutschke ausgeprägt ist, daß es sich bei BRD und DDR um zwei Staaten *eines* Landes handelt und daß alle politischen und militärischen Schritte, bei denen dies nicht respektiert wird, zurückgewiesen werden müssen.

Es wird sich zeigen, daß er von dieser Auffassung auch nach seinem durch den Mauerbau unfreiwillig endgültigen Übertritt in den Westen nicht abweichen wird. Die ersten Erfahrungen, die er mit

---

4 Ulrich Chaussy, Die drei Leben des Rudi Dutschke, Darmstadt / Neuwied 1983, S. 30f.

dem Festhalten an der Einheit der Nation gerade im Widerspruch zu seiner Umgebung gemacht hat, sind richtungweisend. In den beiden Jahrzehnten danach, in denen es kaum irgendwo konkrete Anknüpfungspunkte für sie gibt, wird er sie, nur zu genau wissend, daß er damit an ein Tabu rührt, zwar verstecken, nicht jedoch preisgeben.

Zum Wintersemester 1961/62 beginnt Rudi Dutschke an der FU mit dem Studium der Soziologie. Die erste Gruppe, in der er sich mit seinem ungebremsten Handlungsdrang entfalten kann, ist die »Subversive Aktion«. Dieser aus einer Abspaltung der »Situationistischen Internationale« hervorgegangene Intellektuellenzirkel, der im Umkreis von Universitäten sogenannte Mikrozellen bildete, bezog sein Selbstverständnis aus einer eigentümlichen Mischung aus Psychoanalyse, Marxismus, Kritischer Theorie und Surrealismus. Ihr Zentrum lag in Schwabing und ihr Kopf war der durch verschiedene Skandale wie Gotteslästerung, Beamtenbeleidigung etc. aufgefallene Künstler Dieter Kunzelmann.

Zu Anfang des Jahres 1964 stoßen Dutschke und sein ebenfalls aus der DDR stammender Studienfreund Bernd Rabehl zur Berliner Mikrozelle. Die zweite von der »Subversiven Aktion« herausgegebene Zeitschrift, in ihrem antikategorischen, putschistischen Duktus *Anschlag* genannt, wird zur Plattform für die ersten theoretischen Gehversuche der beiden »Abhauer« aus der DDR.

Im ersten, im August 1964, also zur Zeit des Sturzes Chruschtschows, erscheinenden Heft ist Rudi Dutschke unter dem Pseudonym Alexander Joffé, dem Namen eines von ihm verehrten russischen Revolutionärs,[5] gleich mit zwei Artikeln vertreten. Im ersten Text, der mit dem radebrechenden Titel »Die Rolle der anti-

---

5 Alexander Joffé, von jüdischer Herkunft und von bürgerlichem Beruf Arzt, war bolschewistischer Untergrundkämpfer, der 1917 die russische Verhandlungsdelegation in Brest-Litowsk anführte, die den Friedensschluß mit der deutschen Reichsregierung vereinbarte. Später als Diplomat für die junge Sowjetunion tätig, nahm er sich nach dem Ausschluß seines Freundes Leo Trotzki aus der KPdSU 1927 das Leben.

kapitalistischen, wenn auch nicht sozialistischen Sowjetunion für die marxistischen Sozialisten in der Welt« überschrieben ist, definiert er sein Verhältnis zur Sowjetunion, zur stalinistischen Vergangenheit und zum Sozialismus überhaupt. Er kritisiert dabei den Stalinismus als eine Herrschaftsform, in der nicht hinreichend zwischen notwendigem und überflüssigem Terror unterschieden worden sei, und greift die von Chruschtschow auf dem XX. Parteitag der KPdSU eingeleitete Phase der Entstalinisierung als nicht weit genug gehend an. Im blochschen Sprachgebrauch dekretiert er den Sozialismus als eine »reale Kategorie des Noch-Nicht-Seins«. Sich als »marxistischer Sozialist« begreifend, fordert er, die Kategorie der »Weltvermitteltheit« in jeglicher Gesellschaftsanalyse angemessen zur Geltung zu bringen. Jede Kritik der »kapitalistischen Wohlstandsgesellschaft«, wie sie von linken Professoren vorgetragen werde, müsse fehlgehen, solange sie nicht »als dialektische Ergänzung« zu den in Bewegung geratenen Verhältnissen der Dritten Welt begriffen werde. Apodiktisch stellt Dutschke fest: »Ein marxistischer Sozialist ist Internationalist und treibt internationale Analyse [...]«[6]

In seinem zweiten, unter dem gleichen Pseudonym veröffentlichten Text – »Das Verhältnis von Theorie und Praxis« – wird dieser Gedankengang fortgesetzt. Die Auflösung der Kolonien wird darin als beginnender Zerfall des Imperialismus begriffen. Parallel zum Prozeß der Dekolonialisierung werde auch eine Destabilisierung der Ostblock-Staaten einsetzen. Eine strukturelle Veränderung der hochentwickelten kapitalistischen Staaten werde sich auf einem Umweg vollziehen. Da Kapitalexport und »Entwicklungshilfe« zur Herausbildung eines Proletariats auch in den unterentwickelten

---

6 Alexander Joffé (d. i. Rudi Dutschke), Die Rolle der antikapitalistischen, wenn auch nicht sozialistischen Sowjetunion für die marxistischen Sozialisten in der Welt, in: *Anschlag*, Heft 1, 1. Jg., August 1964; hier zit. nach: Frank Böckelmann / Herbert Nagel (Hg.), Subversive Aktion – Der Sinn der Organisation ist ihr Scheitern, Frankfurt am Main 1976, S. 171.

Ländern führen müßten, könne die mit Hilfe einer revolutionären Avantgarde erfolgende Revolutionierung eines Kontinents – wie zum Beispiel Lateinamerika – eine Schlüsselrolle für eine weltweite Umwälzung der Gesellschaftsverhältnisse einnehmen. Keine Analyse der bundesrepublikanischen »Wohlstandsgesellschaft« dürfe »von der internationalen Vermitteltheit der scheinselbständigen Momente der Nationalstaaten«[7] absehen. Für den Marxisten, der die Gegebenheiten des jeweiligen Staates »durch das Totum (Welt – als vermittelter Einzelinhalt) konkret vermittelt«[8] wisse, gebe es kein resignatives Bild von einem »Stillstand der Geschichte«.

Noch einen Schritt weiter geht Dutschke in dem in der zweiten Nummer des *Anschlag* erschienenen Aufsatzes »Proletarischer Internationalismus und Imperialismus«.[9] Darin kritisiert er zunächst vehement den vom inzwischen abgesetzten Chruschtschow propagierten Weg der »friedlichen Koexistenz«. »Es gilt also«, führt Dutschke aus, »nicht mit dem Imperialismus zu koexistieren, sondern ihn mit den in unserer Epoche zur Verfügung stehenden Mitteln an seinen schwächsten Stellen zu bekämpfen, um dem Ziel, einer Welt ohne Hunger und Krieg, näher zu kommen.«[10] Im Gegensatz zur Sowjetunion hält er, auf Lateinamerika als Vorbild verweisend, am antiimperialistischen Kampf fest. Gegen die Repräsentanten des Poststalinismus reklamiert er, Lenin zitierend, »Prinzipien des proletarischen Internationalismus«. Als Quintessenz führt er einen Auszug aus Trotzkis berühmtem Buch »Die Permanente Revolu-

---

7 Alexander Joffé (d. i. Rudi Dutschke), Das Verhältnis von Theorie und Praxis, in: *Anschlag*, Heft 1, 1. Jg., August 1964; hier zit. nach: Frank Böckelmann / Herbert Nagel (Hg.), ebenda, S. 193.

8 Ebenda, S. 194.

9 Ebenfalls unter dem Pseudonym Alexander Joffé zusammen mit Peter Pusch verfaßt.

10 Alexander Joffé (d.i. Rudi Dutschke) / Peter Pusch, Proletarischer Internationalismus und Imperialismus, in: *Anschlag*, Heft 2, 1. Jg., Dezember 1964; hier zit. nach: Frank Böckelmann / Herbert Nagel (Hg.), ebenda, S. 259.

tion« gegen Stalins Nationalismus und dessen Degradierung der Internationale zu einem Instrument der sowjetischen Außenpolitik an: »Der Internationalismus ist kein abstraktes Prinzip, sondern ein theoretisches und politisches Abbild des Charakters der Weltwirtschaft, der Weltentwicklung, der Produktivkräfte und des Weltmaßstabes des Klassenkampfes. Die sozialistische Revolution beginnt auf nationalem Boden. Sie kann aber nicht auf diesem Boden vollendet werden.«[11]

In mancher Hinsicht liest sich ein im selben Heft unter dem Titel »Wie teuer ist die Mauer?« erscheinender Text wie eine Konkretisierung dieser These auf die Verhältnisse im gespaltenen Deutschland. Sein Verfasser R. Menzel, ein Pseudonym für Dutschkes Studienfreund Bernd Rabehl, will damit, wie es im Untertitel heißt, »Vorläufige Thesen zum ökonomischen und ideologischen Ost-West-Geschäft« zur Diskussion stellen. Ihm erscheint die Berliner Mauer als »Endpunkt des verratenen Sozialismus«, mit dem es die Bürokratie des Stalinismus soweit gebracht habe. Die Form der politischen Macht in der DDR sei eine Diktatur, aber keine des Proletariats, sondern die einer »Verwaltungsmaschinerie«. Sie stehe in unmittelbarem Widerspruch zur marxistischen Theorie. Seine These lautet: »Ein geeintes Deutschland kann sich nur unter den Vorzeichen des Sozialismus bilden.«[12] Um dies zu erreichen, sollten Marxisten in der SED wie in der SPD eine gemeinsame Plattform herstellen, auf der das Proletariat in Deutschland zum historischen Subjekt werden könne. Die Mauer in Berlin speichere »das Potential der Revolution von morgen«.

Wie verwegen sich diese in einer bestimmten Hinsicht gar nicht so verkehrten Thesen heute nach dem Sturz der Mauer auch lesen mögen, auf jeden Fall drücken sie unmißverständlich aus, daß in der »Subversiven Aktion« an der Aktualität der Revolution festgehalten

11 Leo Trotzki, Die Permanente Revolution, Berlin 1930, S. 28.

12 R. Menzel (d. i. Bernd Rabehl), Wie teuer ist die Mauer?, in: *Anschlag*, Heft 2, 1. Jg., Dezember 1964; hier zit. nach: Frank Böckelmann / Herbert Nagel (Hg.), ebenda, S. 238.

wird. Der Status quo mag in doppelter Hinsicht erstarrt und hoffnungslos erscheinen – an die Stelle von Klassenkämpfen sind in Westdeutschland Tarifauseinandersetzungen getreten und die Diktatur in der DDR kompromittiert in den Augen vieler jede sozialistische Alternative –, dennoch aber ist dic selbstdestruktive Dynamik des Kapitalismus damit keineswegs gestoppt. Für Rabehl und Dutschke kommt es nur darauf an, das doppelt deutsche Dilemma – Spaltung und Restauration – im einzig angemessenen sozioökonomischen Kontext zu betrachten. Dazu müssen sie an die klassisch marxistische Imperialismustheorie anknüpfen und auf die Dritte Welt, in der die Antagonismen unverstellt zum Ausdruck kommen, blicken. Theoretisch lautet ihr Schlüsselwort deshalb Totalität und politisch Globalität. So betrachtet relativiert sich der Stillstand der Klassenkämpfe in den beiden deutschen Staaten.

Auf dem Umweg über die gerade zu Beginn der sechziger Jahre sich mit Fulminanz vor allem in Afrika durchsetzenden Dekolonialisierungsprozesse und die zunehmende Rolle nationaler Befreiungsbewegungen in Lateinamerika und Asien wird, wenn auch nur abstrakt über den Weltmarkt, eine Perspektive eingenommen, die auch die Verhältnisse in Mittel- und Westdeutschland als dynamisch erscheinen läßt. Die Konsolidierung beider deutscher Staaten – unter kapitalistischen und unter stalinistischen Vorzeichen – wird als Schein betrachtet.

Es ist sicher kein Zufall, daß eine solche Konstruktion von zwei Studenten hergestellt wird, die aus der DDR stammen und nun drauf und dran sind, West-Berlin zum vorgeschobensten Posten dieser Problemsicht zu machen. Die »Abhauer-Fraktion« in der »Subversiven Aktion«[13] hält nicht nur am Marxismus fest, obwohl es doch angesichts der in der DDR mit dem kanonisierten Marxismus-Leninismus gemachten Erfahrungen eher Gründe geben könnte, sich von ihm abzuwenden, sondern reaktiviert ihn auch noch in seiner or-

13 Vgl. dazu auch Rudi Dutschkes 1976 verfaßtes Gedicht »Einer aus der Abhauer-Fraktion«, in: Frank Böckelmann / Herbert Nagel (Hg.), ebenda, S. 464f.

thodoxen Lesart, um mit ihm den hochentwickelten Kapitalismus ebenso wie den herrschaftstechnisch abgesicherten Stalinismus als transitorische Phänomene durchschauen zu können. Bleibt nur die Frage, ob diese Insistenz auf dem Marxismus als analytischem Instrumentarium gegenüber West *und* Ost nicht auf einer nationalen Grundoption basiert.

Als kurz vor Weihnachten 1964 der kongolesische Ministerpräsident Moise Tschombé, gegen den der begründete Verdacht erhoben wird, daß er hinter der Ermordung seines sozialistischen Amtsvorgängers Patrice Lumumba stecke, im Zuge seines Staatsbesuches auch in West-Berlin Station macht, bietet sich den Subversiven erstmals die Gelegenheit, ihr antiimperialistisches Bewußtsein in der Dynamisierung der traditionellen Demonstrationsformen zur Geltung zu bringen.

Am Tempelhofer Flughafen gelingt es den »Lumumba-Mörder« skandierenden Studenten, die Polizeikette zu durchbrechen und den verhaßten Gast innerhalb der Bannmeile des Schöneberger Rathauses mit Tomaten zu bewerfen. Dieser mit Entschlossenheit vorgetragene symbolische Angriff auf einen Staatsgast erregt großes Aufsehen. Ein Teil der Demonstranten hat die Verletzung der Legalität bewußt in Kauf genommen.

Als Dutschke im Januar 1965 zusammen mit den anderen Mitgliedern der Mikrozelle in den Berliner SDS eintreten will, stößt er wegen seines aktionistischen Vorgehens auf großes Mißtrauen. Dennoch gelingt dieser Schritt. Das geheime Ziel besteht darin, den SDS zu unterwandern und ihn nach den avantgardistisch-revolutionären Vorstellungen der »Subversiven Aktion« umzumodeln.

Der SDS, der ja bereits drei Jahre zuvor aus der Mutterpartei SPD herausgeflogen war, ist noch immer von den Strukturen einer sozialdemokratischen Nachwuchsorganisation geprägt. Besonders aktiv ist er zu dieser Zeit gerade in der Deutschlandpolitik. Im Mai 1964 hatten Kontakte mit der FDJ zur Teilnahme am »Deutschlandtreffen« in Ost-Berlin geführt. Und auf der letzten Delegiertenkonferenz im September war unter dem Bundesvorsitz von

Manfred Liebel deutlich geworden, daß der SDS durch die Übertragung der Koexistenz-Forderung auf die beiden deutschen Staaten zu einem Vorreiter der Anerkennungspolitik gegenüber der DDR geworden war. In einer Reihe von Entschließungen, u. a. auch zur Anerkennung der Oder-Neiße-Linie, war die Ostpolitik der sozialliberalen Koalition vom Beginn der siebziger Jahre vorweggenommen worden.[14] Damit war die antikommunistisch grundierte Wiedervereinigungspolitik der fünfziger Jahre,[15] die erstmals auf dem Studentenkongreß gegen Atomrüstung im Januar 1959 durch die Verabschiedung eines Antrags zur Aufnahme von Friedensverhandlungen und zur Überprüfung einer »interimistischen Konföderation« mit der DDR einen Riß erhalten hatte, durch eine Anerkennungspolitik gegenüber der DDR ersetzt worden. Dies konnte ganz und gar nicht im Sinne von Rudi Dutschke und Bernd Rabehl sein.

Diese suchen jedoch nicht den Konflikt im SDS wegen dessen veränderter Deutschlandpolitik, sondern forcieren ihren Einfluß auf die Durchführung internationalistischer Demonstrationen. Nach einer Plakataktion unter der Losung »Amis raus aus Vietnam!«, einer zeitgemäßen Umwandlung der in den fünfziger Jahren in nationalistischen Kreisen immer wieder zu hörenden »Ami Go Home«-Parole, führt der SDS im Februar 1966 eine militante Demonstration gegen die Bombardierung der vietnamesischen Zivilbevölkerung mit Napalm durch, in deren Verlauf der Straßenverkehr durch einen Sitzstreik lahmgelegt und das Amerikahaus mit Eiern beworfen wird.

Am Ende des Jahres führt der SDS-Bundesvorstand auf Drängen der FDJ ein erstes (und letztes) gemeinsames Seminar durch. Es findet in Frankfurt unter dem konzessionsreichen Titel »Konzep-

---

14 Vgl. Peter Jahn, Ohne Anführungsstriche – Die Politik des SDS gegenüber der DDR zwischen Unvereinbarkeitsbeschluß und Studentenrevolte, West-Berlin 1990.

15 Vgl. Reiner Koll, Die Bedeutung der Deutschlandpolitik für den SDS in den fünfziger Jahren, West-Berlin 1990.

tionen – Wege – Möglichkeiten einer Deutschlandpolitik« statt. Der zähe und letztlich für beide Seiten unergiebige Verlauf der Veranstaltung zeigt, wie eng die Grenzen auch in dieser Hinsicht gezogen sind. Während die FDJ nichts unversucht läßt, den SDS zu einem verlängerten Arm der SED-Politik zu machen und ihm ihre Vorstellungen von Abrüstung, Entspannung und friedlicher Koexistenz aufzudrängen, geben der SDS-Bundesvorsitzende Reimut Reiche und andere Referenten seiner Organisation klar zu erkennen, daß sie an einer pragmatisch verkürzten Verständigungspolitik kein Interesse haben. Anstatt weiterhin eine abstrakte Wiedervereinigungspolitik zu verfolgen, so Reiche, solle sich die FDJ lieber »für den revolutionären Aufbau des Sozialismus« in der DDR einsetzen. Noch deutlicher wird Bernhard Blanke, der in einem Resümee die vorläufigen Ergebnisse des Seminars zusammenfaßt: »Eine mögliche ›sozialistische Renaissance‹ kann nicht mit der Friedensfrage und dem Problem der nationalen Einheit beginnen. Die Koinzidenz von nationaler Frage und ökonomischer Interessenpolitik geht nach rechts, das zeigt die NPD. Die bloße Friedenspolitik hängt in der Luft, das zeigt die DFU. Eine sozialistische Perspektive liegt jenseits von Pazifismus und bloßer Anti-Atom-Kampagne, sie liegt auch jenseits von Wiedervereinigungspolitik.«[16] Sich »mit der nationalen Frage in Deutschland« befassen zu wollen müsse für die sozialistische Linke schon per se problematisch sein. Für ihre Politik in der Bundesrepublik laute die Devise nicht Konföderation, sondern Konfrontation. Ebenso wie Dutschke und Rabehl wollen Blanke, Reiche und andere SDS-Sprecher wie Elmar Altvater und Ursula Schmiederer, die ebenfalls an dem Seminar teilnehmen, eine Zuspitzung der politischen Widersprüche, jedoch nicht in der Deutschlandpolitik, dieser Weg scheint ihnen schon allein durch die beängstigenden Wahlerfolge der NPD versperrt, sondern in der

---

16 Bernhard Blanke, Einige Ergebnisse des Seminars, Teil V von: Ende und Anfang einer sozialistischen Deutschlandpolitik – das Seminar von FDJ und SDS, in: *neue kritik* (hrsg. vom SDS-Bundesvorstand), Nr. 40, Februar 1967, 8. Jg., S. 46.

bundesdeutschen Innenpolitik. Das gemeinsame Seminar von SDS und FDJ, das bereits zur Zeit der Großen Koalition stattfindet, ist der dissonante Schlußakkord jener deutschlandpolitischen Initiativen, die von der linken Studentenorganisation mitgetragen werden. Die FDJ ist nach Beendigung des Treffens so sehr verstimmt, daß sie nicht einmal mehr zu einem Abdruck ihrer Referate die Einwilligung gibt.

Im Zuge der weiteren Internationalisierung des Protestgeschehens muß dann auch die Demonstration gegen den Staatsbesuch des Schahs von Persien am 2. Juni 1967 gesehen werden, die durch die Ermordung Benno Ohnesorgs, der auf einem Parkplatz von einem Polizisten erschossen wird, eine Fanalwirkung auf alle anderen Universitäten ausübt.

Als kurze Zeit später eine Veranstaltungsreihe mit Herbert Marcuse, dem Mentor der internationalen Studentenbewegung, bevorsteht,[17] publiziert Rudi Dutschke unter dem Pseudonym »R.S.« einen Strategieartikel »Zum Verhältnis von Organisation und Emanzipationsbewegung« in dem in West-Berlin erscheinenden *Oberbaumblatt*. Das Spektakuläre dieses Aufsatzes, dessen Autorenschaft nur einer kleinen Gruppe im SDS bekannt ist, besteht in dem Gedankenmodell, die Befreiung West-Berlins zu einem Focus für die revolutionäre Veränderung beider deutscher Staaten zu machen. Darin heißt es: »Ein von unten durch direkte Rätedemokratie getragenes West-Berlin, in der die freien Individuen in direkter Wahl in allen Bereichen des gesellschaftlichen Lebens die ständig rotierende und nur temporäre – jederzeit durch Räteversammlungen absetzbare – Führung wählen, so in den Betrieben, den Schulen, Universitäten, Verwaltungen etc., könnte ein strategischer Transmissionsrie-

---

17 Die Diskussionsprotokolle erscheinen unter dem Titel: Horst Kurnitzky / Hansmartin Kuhn (Hg.), Das Ende der Utopie. Herbert Marcuse diskutiert mit Studenten und Professoren Westberlins an der Freien Universität Berlin über die Möglichkeiten und Chancen einer politischen Opposition in den Metropolen im Zusammenhang mit den Befreiungsbewegungen in den Ländern der Dritten Welt, West-Berlin 1967.

men für eine zukünftige Wiedervereinigung Deutschlands sein. Hier könnte ein beispielhaftes Modell eines dezentralisierten real-demokratischen Lebens für die anderen beiden Teilstaaten, für die ganze Welt demonstriert werden [...]«[18] Von dieser Zielsetzung her müsse das weitere Vorgehen der antiautoritären Bewegung bestimmt werden. Als perspektivische Schritte seien als nächstes anzugehen: eine Kampagne zur Enteignung des Springer-Konzerns, die Bildung von Gegenuniversitäten, die Durchführung von Mieter- und Konsumentenstreiks sowie eine umfassende Politisierung der Betriebe. Am Ende heißt es: »Die Alliierten werden sich, wenn dieser Prozeßpunkt eintreten sollte, sehr wohl hüten, durch militärischen Einsatz der Armee den ›Vorposten der Freiheit der westlichen Welt‹ in ein Budapest von 1956 unter umgekehrten Vorzeichen zu verwandeln. Wir erwarten aber, daß sie einige Sondermaschinen für den Abtransport der funktionslosen Politiker und Bürokraten nach Bonn zur Verfügung stellen werden. Politische Gefangene haben in einer wahrhaft freien und solidarischen Gesellschaft keinen Sinn.«[19]

Es ist kein anderer Text bekannt, in dem Dutschke so offen seine politischen Optionen darlegt. Gleich zu Beginn der antiautoritären Revolte gibt er in einer Situation, in der es darum geht, für die nach dem Tod Ohnesorgs sprunghaft angestiegene Mobilisierung eine neue politische Form zu finden, eine Perspektive vor, in der West-Berlin eine revolutionsstrategische Schlüsselfunktion für die Umwälzung der Verhältnisse in der BRD und der DDR einnimmt. Ganz im Gegensatz zur Außenwahrnehmung, bei der die gesamte deutschlandpolitische Dimension ausgeblendet ist, spielt dabei die Wiedervereinigung Deutschlands die entscheidende Rolle. Ein »Freistaat« West-Berlin soll als »Assoziation freier Individuen« vor Augen führen, wie die Spaltung Deutschlands überwunden werden können soll: durch einen wahrhaft sozialistischen Umsturz in beiden deutschen Staaten.

---

18 R.S. (d.i Rudi Dutschke), Zum Verhältnis von Organisation und Emanzipationsbewegung, in: *Oberbaumblatt*, Nr. 5, 12. Juni 1967, S. 4.

19 Ebenda, S. 6.

Das von rechts besetzte Projekt einer Wiedervereinigung lädt er mit den Zielsetzungen der antiautoritären Bewegung auf und definiert es um zu einem bedeutenden Zwischenschritt – so jedenfalls muß aufgrund einer anderen diesbezüglichen Äußerung geschlußfolgert werden – auf dem Weg zur internationalen Befreiung.

Auf dem Höhepunkt der Revolte findet im Februar 1968 in West-Berlin der »Internationale Vietnam-Kongreß« statt. Vor mehreren tausend Teilnehmern hält Rudi Dutschke, der zusammen mit Gaston Salvatore federführend für die Konzeption und Vorbereitung der Veranstaltung verantwortlich ist, den Hauptredebeitrag über »Die geschichtlichen Bedingungen für den internationalen Befreiungskampf«. Darin geht er von der Prämisse aus, daß jede radikale Opposition in der Gegenwart global sein müsse. Die Befreiungsbewegungen der Dritten Welt hätten eine vorentscheidende Bedeutung für die Destabilisierung der imperialistischen Machtzentren in den Metropolen. Als wichtigsten Beitrag in die umgekehrte Richtung, also von den Metropolen an die Peripherie, fordert er die Organisierung einer »Anti-NATO-Kampagne«[20] und einer Desertionskampagne in der Bundeswehr. Beide Ziele werden in der Schlußresolution von den Kongreßteilnehmern angenommen und auf der Abschlußkundgebung verlesen. Obwohl hier weder von der DDR noch von der Absicht einer Wiedervereinigung die Rede ist, so fügt sich die unter der aktionistischen Parole »Zerschlagt die NATO!« vom SDS aufgenommene Kampagne doch in die von Dutschke favorisierte, wenn auch verborgengehaltene Wiedervereinigungsperspektive hervorragend ein. Die NATO zerschlagen oder – in einer milderen Va-

---

20 Wörtlich heißt es in dem Referat: »Die NATO ist die organisierte Zentrale des Imperialismus in Mittel- und Westeuropa zur Verhinderung der Emanzipation der produzierenden Massen. Innerhalb einer Anti-NATO-Kampagne hätten diese imperialistischen Praktiken ihren politischen Stellenwert.« Rudi Dutschke, Die geschichtlichen Bedingungen für den internationalen Befreiungskampf, in: Sibylle Plogstedt (Red.), Der Kampf des vietnamesischen Volkes und die Globalstrategie des Imperialismus, West-Berlin 1968, S. 115.

riante – aus ihr austreten[21] zu wollen, bedeutet ja wohl in ihrer bündnispolitischen Konsequenz, einen Neutralitätskurs einzuschlagen, und dies wiederum, die verlorengegangene nationale Souveränität zurückzugewinnen. Zu dieser Sichtweise paßt es, daß Dutschke in seiner Rede auf dem Vietnam-Kongreß von der »amerikanischen Besatzungsarmee«[22] spricht. Vermutlich denkt er komplementär dazu an eine sowjetische Besatzungsarmee und den Austritt der DDR aus dem Warschauer Pakt. Dies jedoch 1968 in West-Berlin offen auszusprechen wäre nicht nur noch unrealistischer als die explizierte Forderung gewesen, sondern zudem auch noch unter taktischen Gesichtspunkten unklug.

Die Verfolgung von Dutschkes Gesamtperspektive bricht am Gründonnerstag 1968 abrupt ab. Schwerverletzt überlebt er ein Attentat, das ihn für mehrere Jahre aus dem politischen Geschehen herauskatapultiert und an dessen Spätfolgen er auch noch sterben soll. Danach scheitert die Bewegung gegen die Einführung der Notstandsgesetzgebung. Die antiautoritäre Bewegung zerfällt. Im September 1969 beginnt die sozialliberale Koalition. Vom Potential der Außerparlamentarischen Opposition integriert die SPD, durch eine Amnestie für Demonstrationsstraftäter erleichtert, nicht wenig. In der Folge löst sich der SDS auf. Seine Kader, sofern sie nicht der neugegründeten DKP beigetreten sind, zerfasern sich im Gründungsboom verschiedener ML-Sekten.

In seiner fragmentarischen Autobiographie »Aufrecht gehen« aus dem Jahre 1978 kritisiert Rudi Dutschke die Beschränktheit der

---

21 »Raus aus der NATO!« hatte Rudi Dutschke bereits am 3. Dezember 1967 in dem berühmten Fernsehinterview »Zu Protokoll« von Günter Gaus gefordert und vor einem Millionenpublikum sogar angekündigt: »[...] wenn 1969 der NATO-Austritt nicht vollzogen wird, [...] ist sicher, daß wir dann Waffen benutzen werden, wenn bundesrepublikanische Truppen in Vietnam oder in Bolivien oder anderswo kämpfen, daß wir dann im eigenen Land auch kämpfen werden.« Zitiert nach: Rudi Dutschke, Mein langer Marsch, Reinbek 1980, S. 52.

22 Ebenda, S. 122.

verschiedenen SDS-Generationen in ihrer Kritik an der DDR und der Sowjetunion. Zur Generation seiner Vorgänger im SDS oder seinem Umfeld, er nennt namentlich Jürgen Habermas, Oskar Negt, Jürgen Seifert und Klaus Meschkat, schreibt er: »Dem Separatisten Adenauer und der erneuten Rekapitalisierung und Restaurierung des Kapitalismus konnte und mußte diese Generation des SDS auf der Grundlage ihrer und keiner anderen Lebens- und Geschichtserfahrung nur antworten mit den historisch so wichtigen Forderungen nach Demokratisierung in der BRD und Anerkennung der DDR, um den Frieden in Mitteleuropa zu sichern. Sich dabei in einem Dilemma zu befinden, die Kritik der Verhältnisse in der DDR und der Sowjetunion beschränkt durchführen zu müssen [...], war unvermeidlich. Dieses Dilemma reproduzierte sich im SDS von Generation zu Generation, allerdings Wendungen und Verschiebungen in sich tragend.«[23] Und seine eigenen Überlegungen hintanstellend, schreibt er, die durchaus sichtbaren Differenzen zwischen einigen DDR-Abhauern und den westlich geprägten SDS-Mitgliedern verwischend, im Sinne eines Resümees: »Zu der fundamentalen Frage der nationalen Geschichte und Identität, zur Rekonstruktion deutscher Klassenkampfgeschichte stießen wir noch nicht vor: der abstrakte und dennoch historisch noch unvermeidliche, tief moralisierende Internationalismus hatte zweifellos Elemente der Fremdbestimmung und der Sehnsucht nach einer echten Identität in sich.«[24]

Nach einer langen Genesungszeit, in der er sich nur mühsam sein Sprachvermögen wiedererwerben kann, und einer Odyssee über die Schweiz, Italien, England, Irland, wiederum England und Dänemark, kommt Rudi Dutschke im Mai 1972 erstmals wieder nach West-Berlin. Zusammen mit einigen Freunden unternimmt er Rundreisen durch die Bundesrepublik, um wieder Kontakte zu Gruppen der unabhängigen Linken anzuknüpfen.

---

23 Rudi Dutschke, Aufrecht gehen, West-Berlin 1981, S. 89f.

24 Ebenda, S. 91.

Im Juli trifft er mit Bundespräsident Gustav Heinemann und dessen Frau zu einem sechsstündigen Gespräch zusammen. Dutschke ist vor allem an Fragen interessiert, die so klingen, als wolle er an den seit der Anti-NATO-Kampagne abgerissenen Faden wieder anknüpfen. Von dem ehemaligen Bundesinnenminister der CDU (1949/50) und Bundesjustizminister der SPD (1966–69) will er Details über dessen Erfahrungen mit dem Neutralitätskurs in der Deutschlandpolitik der fünfziger Jahre wissen. Heinemann hatte aus Protest gegen Adenauers Remilitarisierung dessen Kabinett verlassen, unter der doppelten Frontstellung – gegen Wiederbewaffnung und für Wiedervereinigung – zusammen mit Helene Wessel die Gesamtdeutsche Volkspartei (GVP) gegründet, diese nach einem Mißerfolg bei den Bundestagswahlen 1957 aufgelöst und war dann mit vielen seiner ehemaligen Parteifreunde zur SPD übergewechselt. Während sich Heinemann nach Perspektiven einer neuen APO erkundigt, versucht Dutschke mehr über dessen Erfahrungen mit der außerparlamentarischen Bewegung in der Mitte der fünfziger Jahre herauszubekommen. Das Zusammentreffen ist von einer wechselseitigen Sympathie, die die beiden verhinderten Deutschlandpolitiker füreinander empfinden, geprägt.

Im Januar 1973 hält Dutschke dann auf einer zentralen Vietnam-Kundgebung in Bonn, von Vertretern verschiedener ML-Gruppen hart bedrängt, die dem Wortführer vergangener Tage wohl am liebsten das Wort verbieten würden, seine erste Rede nach dem Attentat.

Zum 20. Jahrestag des Volksaufstands vom 17. Juni 1953 publiziert er in der von früheren SDS-Freunden gegründeten Zeitschrift *Der Lange Marsch*, deren Name bewußt auf Dutschkes wohl bekannteste Formulierung, die Forderung, einen »langen Marsch durch die Institutionen« zu führen, anknüpft, seinen ersten Aufsatz nach Jahren. Der mit dem Pseudonym »R. Bald« unterzeichnete Text[25] trägt den für ihn bezeichnenden Titel: »Denk ich an den deutschen Sozialis-

---

25 Nach Auskunft seiner Frau Gretchen Klotz-Dutschke bedeutet es, wörtlich genommen, daß Rudi bald wieder zurück sei, Dutschke damit also eine verschlüsselte Ankündigung für seine vollständige Rückkehr auf die politische Bühne habe geben wollen.

mus und Kommunismus in der Nacht, so werd ich um den Schlaf gebracht – Hat das noch Sinn?« Nach einer ausführlichen Schilderung seiner Erlebnisse am Tag des Volksaufstandes und einer scharfen Kritik an den rechten und linken Mythenbildungen, die sich um den 17. Juni ranken, greift er den zwischen BRD und DDR ausgehandelten und im Dezember 1972 ratifizierten Grundlagenvertrag an. Indem sich beide Staaten als souveräne Subjekte im Sinne des Völkerrechts gegenüberstünden, gäben sie »die geschichtliche Klassengemeinsamkeit der Kämpfe und Ziele der deutschen Arbeiter-Klasse« auf. Der DDR-Regierung macht er zum Vorwurf, mit der Unterzeichnung dieses Vertragswerks »die sozialistische Wiedervereinigung« zugunsten einer völkerrechtlichen Anerkennung durch die BRD preisgegeben zu haben. Dagegen reklamiert Dutschke in einer, gegenüber den sechziger Jahren schonungslos offenen und auch Mißverständnisse von rechts durchaus in Kauf nehmenden Sprache: »Uns Sozialisten und Kommunisten, die aufrecht und nicht ökonomisch-ideologisch gekrümmt an die sozialistische Wiedervereinigung Deutschlands herangehen, muß klar werden, daß der ›europäische‹ Sozialismus/Kommunismus eine Abstraktion ist, die die konkrete nationale Besonderheit nicht berücksichtigt. Die Verquikkung der Nationen im internationalen kapitalistischen Produktionsprozeß, oder in den strukturell verschiedenen ›Systemen‹ hat nicht die geschichtliche nationale Substanz aufgehoben. Das gilt besonders für unser Land, für die sozialistische Wiedervereinigung zwischen Rhein und Oder-Neiße. Diese Aufgabe wird immer mehr eine der Arbeiterklasse in der DDR und der BRD.«[26] Die nationale Aufgabe, die hier an die Arbeiterklasse – als hätte die nicht an Klassenkampf- und Revolutionserwartungen schon genug auf dem Buckel – delegiert wird, ist, zumindest in der hier gewählten Formulierung, nicht ungefährlich. Indem Dutschke sich – vielleicht als Trotzreaktion auf die von SPD und SED propagierte und von ihm als Verrat

---

26 R. Bald (d. i. Rudi Dutschke), Denk ich an den deutschen Sozialismus und Kommunismus in der Nacht, so werd ich um den Schlaf gebracht – Hat das noch Sinn?, in: *Langer Marsch,* Nr. 3, 2. Jg., Juli 1973, S. 8.

empfundene Anerkennungspolitik – dazu hinreißen läßt, von einer »geschichtliche[n] nationale[n] Substanz« zu fabulieren, gibt er die von ihm ansonsten bemühte Denkfigur einer Dialektik zwischen Nationalismus und Internationalismus auf und macht sich selber zum Ideologen des Nationalen. Das organologische Substanzdenken ist immer ein unverwechselbares Kennzeichen der Rechten gewesen, die stets mit allen Mitteln versuchte, das gesellschaftlich Produzierte und insofern auch weiter Veränderbare auf einen wesenhaften Kern einer vermeintlich ersten Natur zurückzuführen.

Einen Schritt weiter geht Dutschke, indem er auf ein Pseudonym verzichtet und im November 1974 die Linke in der Zeitschrift *Konkret* mit der provokativen Frage »Pro Patria Sozi?« konfrontiert. Er kritisiert darin die kurz zuvor in Kraft getretene Neufassung der DDR-Verfassung wegen der Eliminierung der Bezeichnung »deutsche Nation«. Aus dem »sozialistischen Staat deutscher Nation« sei ein nahezu geschichtsblinder »sozialistischer Staat« geworden. Während die SED in den sechziger Jahren noch unzweideutig an der Wiederherstellung der nationalen Einheit Deutschlands festhielt, habe sie »diese echte Erbschaft der deutschen Arbeiterklasse« nun liquidiert.

Gegen diesen Schritt führt Dutschke als Autoritäten Marx und Engels ins Feld, die den dialektischen Zusammenhang von national und international nie aus den Augen verloren hätten. Aus dem »Kommunistischen Manifest« zitiert er das Diktum: »Obgleich nicht dem Inhalt, ist der Form nach der Kampf des Proletariats gegen die Bourgeoisie zunächst ein nationaler.«[27] Gerade weil die nationalen Bourgeoisien in vielen Ländern unfähig gewesen seien, die nationale Frage zu lösen, hätten Marx und Engels erkannt, daß die Frage der Selbstbestimmung für die Fortentwicklung der Klassenkämpfe elementar sei. »Der Kampf um die nationale Unabhängigkeit«, so konstatiert Dutschke, »wird [...] zu einem elementaren Punkt des sozialistischen Kampfes [...] Im Prozeß des Erlernens des aufrechten Ganges in Richtung Freiheit mit Hilfe des politischen Klassenkamp-

27 Karl Marx / Friedrich Engels, Manifest der Kommunistischen Partei, MEW, Bd. 4, Ost-Berlin 1969, S. 473.

fes werden wir Sozialisten und Kommunisten es unvermeidlich lernen müssen, das Selbstbestimmungsrecht der ›deutschen Nation‹ sozialistisch zu konkretisieren.«[28] Obwohl es dieser Text nicht an Deutlichkeit missen läßt, so hat er dennoch keine Resonanz. Der Grund dafür dürfte freilich weniger darin zu suchen sein, daß die linke Leserschaft nicht zu irritieren wäre, sondern daß die Verbreitung des gesamten Heftes zu gering war. *Konkret* konnte nach dem Ende der Herausgebertätigkeit von Klaus Rainer Röhl mehrere Monate nicht erscheinen und begann unter der Leitung von Hermann L. Gremliza gerade erst wieder wahrgenommen zu werden.

Sehr viel vorsichtiger geht Dutschke ein Jahr später vor. Als er im November 1975 in West-Berlin in einem engen Kreis, zumeist ehemalige SDS-Mitglieder, einen Versuch startet, die unabhängige und zersplitterte Linke in einer neuen Organisation zu sammeln, bringt er auch seine Überzeugung von der Notwendigkeit einer sozialistischen Wiedervereinigung ein. In einem vorbereitenden Thesenpapier für ein zweites Treffen in Hannover läßt er ein paar Hinweise auf die Bedeutung fallen, die »die nationale Frage« auch und gerade für »eine sozialistische Partei neuen Typs«[29] gewinnen solle.

»Im Rahmen eines deutschen sozialistischen Übergangsprogramms«, heißt es in der achten These, »ist die soziale Frage nicht von der nationalen Frage zu separieren – und diese Dialektik hat an der Elbe nicht aufgehört.«[30] Und in These neun: »Die ›Großmächte‹ haben Deutschland gespalten und glaubten damit, in Mitteleuropa

---

28 Rudi Dutschke, Pro Patria Sozi?, in: *Konkret*, 20. Jg., Nr. 2, November 1974, S. 30.

29 Mit dieser Bezeichnung wird übrigens entweder in Unwissenheit, was nur schwer vorstellbar ist, oder aber ohne erkennbare Skrupel an eine von der SED bereits 1949 aus propagandistischen Gründen eingeführte Formel angeknüpft.

30 Rudi Dutschke, Thesen für die Diskussion über eine geschichtlich angemessene sozialistische Organisation, in: Neuorientierung, Neuorganisierung – Zur zweiten Organisationsdebatte in der BRD, Frankfurt am Main 1976, S. 106.

die ›Ruhe‹ herzustellen. Inzwischen beginnt mehr denn je die politisch-militärische Unruhe in der BRD und in der DDR zuzunehmen. Die ›Entspannung‹ wird mehr denn je mit zunehmender Militarisierung verquickt.«[31] Weiter vertritt er die Ansicht, daß durch einen Sieg der CDU/CSU bei den im Herbst bevorstehenden Bundestagswahlen »die Gefahr politisch-militärischer Konflikte in Mitteleuropa« zunehmen werde.

Das Unternehmen erweist sich jedoch schon bald als Fehlschlag. Das zweite Treffen im Februar 1976 in Hannover findet mit 150 Teilnehmern zwar statt, Dutschke nimmt an ihm jedoch gar nicht teil, und Peter Brückner gibt in seinem insgeheimen Grundsatzreferat[32] allen Hoffnungen auf eine traditionelle Organisationsform eine radikale Absage. Von einer Bezugnahme auf die Opposition in der DDR und das Problem der Teilung Deutschlands ist in den Diskussionen ohnehin nicht die Rede.

Doch von Mißerfolgen dieser Art läßt sich Dutschke keineswegs abschrecken. In einem undatierten Manuskript versucht er die von ihm unterstellte Dialektik von Nationalismus und Internationalismus bis in den Vormärz des 19. Jahrhunderts hinein zurückzuverfolgen. Seine These lautet, »[...] daß der Kampf um die nationale Selbständigkeit immer verbunden ist auch mit einem internationalen Kampf, mit dem Klassenkampf«.[33] Der Sozialdemokratie macht er zum Vorwurf, daß sie den Sieg des Chauvinismus 1914 dadurch mitverschuldet habe, daß sie in der Arbeiterklasse keinen Begriff von der Nation und ihrer internationalen Dimension entwickelt habe: »Keine Klarheit der Arbeiterklasse in der nationalen Frage – und die Arbeiterklasse geht in den angeblich ›nationalen‹ Krieg, ohne sich der ungeheuren Konsequenzen bewußt zu sein, die sich durch die-

---

31 Ebenda.

32 Peter Brückner, Die Partikularität des Weltgeistes – Ein Beitrag zur Gefährdung des Weltgeistes, in: *Schwarze Protokolle,* Nr. 13, April 1976, S. 45–48.

33 Rudi Dutschke (Ms., ohne Titel, ohne Jg.), S. 2; aus: Rudi-Dutschke-Nachlaß im Hamburger Institut für Sozialforschung.

sen Krieg ergeben mußten. Die Sozialdemokratie erwies sich als unfähig, das Problem als solches zu erkennen.«[34] Nach 1945 müsse man wegen der mangelnden sozioökonomischen Macht von einer »Zerschlagung der Nation« sprechen. Obwohl die deutsche Arbeiterklasse durch den Faschismus und die Spaltung des Landes gelitten habe, sei es ihre Aufgabe, ein nationales Klassenbewußtsein zu entwickeln und die Wiedervereinigung zu ermöglichen.

Von diesen und ähnlichen Fragen ist im übrigen auch Dutschkes autobiographischer Beitrag zu der von Fritz J. Raddatz herausgegebenen Anthologie »Warum ich Marxist bin«[35] durchzogen. Der 1977 verfaßte Text, der 1981 postum in seinem vollständigen Umfang als Autobiographie erscheint,[36] lebt in seiner Fragestellung »von den Schwierigkeiten, ein Deutscher zu sein«, wie der Titel eines Kapitels lautet. Doch auch dieser umfangreiche Beitrag findet, in dem Sammelband eher versteckt, keine sonderliche Resonanz.

Wirkliches Aufsehen erregt dagegen eine Folge von Artikeln, die in der von Röhl mittlerweile herausgegebenen Zeitschrift *das da*, später *das da / avanti*, erscheint. Den Auftakt macht ein im Juli 1977 unter dem Titel »Die Deutschen und der Sozialismus« publizierter Text, der weitgehend mit dem zuletzt genannten Kapitel aus seiner Autobiographie identisch ist.

Daß Portugal mit der Bundesrepublik mehr zu tun haben könne als mit der DDR, diese für einen Nachkriegsgeborenen aus der Neuen Linken sicher nicht untypische Meinung, bildet den Einstieg in seine Philippika. »Die deutsche Misere ist bei einer solchen Denk- und Daseinsweise«, weist er mit sichtlicher Empörung diese Ansicht zurück, »in eine linke Misere umgeschlagen.«[37] Gegen das

---

34 Ebenda, S. 3

35 Fritz J. Raddatz (Hg.), Warum ich Marxist bin, München 1978.

36 Unter dem hier bereits mehrfach zitierten Titel: Rudi Dutschke, Aufrecht gehen – Eine fragmentarische Autobiographie, ebenda.

37 Rudi Dutschke, Die Deutschen und der Sozialismus, in: *das da*, 4. Jg., Nr. 7, Juli 1977, S. 2.

nahezu umfassende Desinteresse an den Verhältnissen in der DDR auf der einen und die zynisch-reaktionären Rechtfertigungen politischer Verfolgung durch die DKP auf der anderen Seite reklamiert er eine Haltung, seine eigene: »Als ich wenige Tage vor dem Bau der Mauer die DDR verließ, war mir eins schon klar: Du gehst nicht ins ›Exil‹. Du gehst in einen anderen Staat, nicht aber in ein anderes Land.«[38] Mit dieser Einstellung kritisiert er den Mangel an historischer Kontinuität seitens der Linken. »Amerikanisierung« und »Russifizierung«, wie er es nennt, seien stets vorangeschritten, nicht aber die »Wiedergewinnung eines realen Geschichtsbewußtseins der Deutschen«. Das führe zwangsläufig zur Zerstörung der Dialektik von sozialer und nationaler Frage. »Die deutsche Misere ist eine linke Misere«, wiederholt er schon fast resignativ. »Es ist für mich ohne Zweifel: in der DDR ist alles real, bloß nicht der Sozialismus; in der BRD ist alles real, bloß nicht ›Freiheit, Gleichheit, Brüderlichkeit‹, bloß keine reale Demokratie.«[39] Beide Systeme steckten in einer Krise. Die Entspannungspolitik sei ambivalent. Sowohl im Osten als auch im Westen werde weiter aufgerüstet. Ob die Linke daraus einen Ausweg weisen könne, müsse eher fraglich bleiben.

Im April 1978 startet Dutschke mit dem Beginn einer dreiteiligen Artikelfolge eine neue Offensive. »Wer hat Angst vor der Wiedervereinigung?« fragt er, sich präventiv an seine Kritiker wendend, in provokativer Weise.[40] Und nach einigen Zwischenkommentaren[41] nimmt er im letzten Teil grundlegend »zur nationalen Frage« Stellung.[42] Seine Argumentation baut sich, das jedenfalls läßt sich

---

38 Ebenda.

39 Ebenda.

40 Rudi Dutschke, Wer hat Angst vor der Wiedervereinigung?, in: *das da / avanti*, 5. Jg., Nr. 4, April 1978, S. 22–23.

41 Rudi Dutschke, Breschnew, das DDR-»Manifest« und die »deutsche Frage«, in: *das da / avanti*, 5. Jg., Nr. 6, Juni 1978, S. 14–15.

42 Rudi Dutschke, Zur nationalen Frage, in: *das da / avanti*, 5. Jg., Nr. 10, Oktober 1978, S. 21–23.

in dieser Logik herausarbeiten, aus drei Thesen auf: 1. »Die beiden deutschen Fragmente [...] sind die Grundlage der Festigung des Status quo der politisch-ökonomischen Machtzonen des kapitalistischen Imperialismus made in USA und des Imperialismus der allgemeinen Staatssklaverei Rußland.«[43] 2. »Die Systeme in der BRD und in der DDR stecken beide in einer schweren Legitimations- und sozialökonomischen Krise. In beiden Staaten bricht der innere ideologische Halt allmählich zusammen. Das gemeinsame Ziel beider Seiten läuft darauf hinaus, die innere Opposition mit den verschiedensten Mitteln zu brechen.«[44] 3. »Die große Schwäche der radikalen Opposition in der Mitte Europas scheint mir darin zu liegen, daß es weder theoretisch noch politisch-organisatorisch gelungen ist (teilweise nicht einmal versucht wurde), eine neue Kooperation und Kommunikation zwischen West- und Osteuropa herzustellen. Daß es nicht gelang, zwischen den beiden deutschen Fragment-Staaten ein oppositionelles Netz aufzubauen.«[45] Kurzum: Die Situation ist da, niemand aber nutzt sie. Nach Dutschkes Einschätzung ist die Krise in beiden deutschen Staaten, die wiederum die Grundpfeiler der beiden imperialistischen Machtblöcke USA und UdSSR abgeben, so weit fortgeschritten, daß die Notwendigkeit oppositionellen Handelns gegeben ist. Doch ein politisches Subjekt, das eine Brücke zwischen Ost und West hätte bilden können, existiert nicht. Es mangelt an einer theoretischen Konzeption, an einer politischen Organisation, ja an einer Infrastruktur, die dafür erst eine Voraussetzung bieten müßte. Der letzte Satz des Textes, ein Aufruf, die Umwandlung der Krise der Herrschenden in eine totale Krise der radikalen Opposition zu verhindern, zeigt, wie tief sich in dieser Frage die Resignation in Dutschkes Einstellung ausgebreitet hat.

Die Reaktion auf die Artikelfolge ist extrem unterschiedlich. Bereits an den Überschriften von zwei Stellungnahmen ist zu erken-

---

43 Ebenda, S. 22.

44 Ebenda, S. 23

45 Ebenda.

nen, wie weit sie auseinandergeht: »National ist revolutionär!«[46] und »Vorsicht, nationale Sozialisten!«[47] Der Euphemismus stammt von einem der einflußreichsten Theoretiker der Neuen Rechten, von Henning Eichberg; der Warnruf von Arno Klönne, einem Mitbegründer des Sozialistischen Büros und Spezialisten für Fragen des Nationalismus und Rechtsradikalismus.

Eichberg versucht die Studentenbewegung, der er unterstellt, sie habe auf neuartige Weise politische Probleme als Identitätsfragen angegangen, als Vorläuferin der nationalrevolutionären Bewegung in die radikale Rechte zu vereinnahmen. Anstatt eine »Ersatzidentität« in der Dritten Welt zu suchen, käme es nur darauf an, zu erkennen, daß die Identitätsfrage notwendig auf die nationale Frage hinauslaufe. Ebenso wie es revolutionär sei, wenn die Iren, Basken, Indianer und andere ethnische Minderheiten für ihre jeweilige Identität einträten, sei es revolutionär, wenn es die Deutschen, in West wie in Ost, für die ihrige täten. Dutschke habe dafür, für eine revolutionäre Lösung der nationalen Frage, so jedenfalls muß man den Beitrag verstehen, den Weg gewiesen.

Klönne, der die letzten hundert Jahre deutscher Einheitsbemühungen Revue passieren läßt, warnt dagegen nachdrücklich vor einer Politisierung der nationalen Frage. Der Begriff des Nationalen sei »von rechts her besetzt«. Eine auf diese Fährte gelockte Linke könne nur zu einem Klima beitragen, von dem die Rechte profitiere. Eine Vereinigung von BRD und DDR unter nationalen Vorzeichen würde überdies zu einer Potenzierung der jeweils vorhandenen Nachteile führen.

Es ist nicht bekannt, wie Dutschke auf den rechten Vereinnahmungsversuch und die linke Zurückweisung reagiert hat. Bekannt

---

46 Henning Eichberg, National ist revolutionär! – Was Rudi Dutschkes Thesen zur »Nationalen Frage« für die Linken [sic!] bedeuten, in: *das da / avanti,* 5. Jg., Nr. 11, November 1978, S. 16–17.

47 Arno Klönne, Vorsicht, nationale Sozialisten! – Antwort auf Rudi Dutschkes Thesen zur »Nationalen Frage«, in: *das da / avanti,* 5. Jg., Nr. 11, November 1978, S. 20–22.

ist aber, mit welchen Argumenten er ein Jahr später auf den von sozialdemokratischer Seite erhobenen Vorwurf des »Linksnationalismus« reagiert, der die Versöhnung mit den Ländern des Ostens aufs Spiel setzen würde. Er weist ihn mit Empörung als eine Variante des einst von Habermas gegen ihn erhobenen »Linksfaschismus«-Vorwurfs zurück.[48] Und auf den Einwand, er gefährde die Entspannungspolitik, repliziert er, daß Verträge und Regierungen nicht unbedingt auch die Völker repräsentierten. Gerade weil er für die Entspannung eintrete, müsse er die »Klassenkampfspannung« in beiden Systemen sehr ernst nehmen. Es könne nicht angehen, daß die Sozialdemokratie, bloß um eine außerparlamentarische Kritik von links an ihrer Außenpolitik fernzuhalten, sich diffamatorischer Vorhaltungen bediene.

Es gibt allerdings auch eine Stimme der Linken, die Dutschkes Vorstoß, mit geringen Abstrichen, als kongenial begrüßt und wichtige Teilelemente seiner Argumentation unmittelbar übernommen hat. Sie stammt von dem ursprünglich trotzkistisch orientierten Historiker Peter Brandt und dessen Kollegen Herbert Ammon, die in der 1981 erscheinenden Anthologie »Die Linke und die nationale Frage« nicht nur Auszüge von Dutschkes Texten aufnehmen. Am Ende der umfänglichen Einleitung machen sie sich den zentralen Gedanken zu eigen, daß die deutsche Teilung »als Dachträger des west-östlichen Gleichgewichts« fungiere.[49] In Anknüpfung an die Konföderationspläne der fünfziger Jahre schlagen sie einen Staatenbund vor, der die Kooperation in den wichtigsten Sektoren institutionalisieren solle. Die Linke beider deutscher Staaten fordern sie auf, ihre Angelegenheiten selbst in die Hände zu nehmen und für einen Rückzug aller ausländischen Truppen, ein Ausscheiden aus

---

48 Leserbrief von Rudi Dutschke an den sozialdemokratischen *Vorwärts* vom 30. August 1979 (handschriftliches Original aus dem Rudi-Dutschke-Nachlaß im Hamburger Institut für Sozialforschung, Korrespondenz).

49 Peter Brandt / Herbert Ammon, Die Linke und die nationale Frage – Dokumente zur deutschen Einheit seit 1945, Reinbek 1981, S. 56.

beiden Paktsystemen und die Umwandlung beider Armeen in rein defensive Territorialstreitkräfte einzutreten. Im Gegensatz zu Dutschkes Initiative klingen ihre Vorschläge, die ohne einen emotionalen Appell an die Arbeiterklasse auskommen, sehr viel pragmatischer und konkreter.[50]

An den Einzelstationen seiner politischen Biographie läßt sich also, wenn man die dargestellten Zusammenhänge in ihrer Gesamtheit nimmt, zweifelsfrei nachweisen, daß die Forderung nach Wiederherstellung der nationalen Einheit Deutschlands eine durchgängige Grundposition Rudi Dutschkes war. Allein seine vermutlich aus taktischen Gründen erfolgte Rücksichtnahme, für Texte zur nationalen Frage bis Mitte der siebziger Jahre ausschließlich Pseudonyme zu verwenden, hat den Blick darauf versperrt.

Der Eindruck, der sich erst in seinen letzten Lebensjahren abzuzeichnen begann, daß der Wortführer der bundesdeutschen Studentenrebellion zugleich ein Verfechter der Wiedervereinigung von links sein könnte, ist also keineswegs irreführend oder falsch. Vielmehr ist das immer noch dominante Bild, das Dutschke als einen puren Internationalisten zeigt, der sich neben der Opposition in seinem eigenen Land nur für den Vietcong, lateinamerikanische und andere Befreiungsbewegungen der Dritten Welt begeistern kann, stark korrekturbedürftig. Der Sachverhalt ist, auch wenn die von ihm verfochtenen Positionen zum Teil ziemlich schablonenhaft sind, doch sehr viel komplizierter.

Um Dutschkes Entwicklung und das sich in ihr durchhaltende nationale Grundmotiv zu verstehen, muß man sich die Ausgangslage zu Beginn der sechziger Jahre nach dem Mauerbau vergegenwär-

---

50 Vgl. dazu auch: Peter Brandt / Herbert Ammon, Patriotismus von links, in: Wolfgang Venohr, Die deutsche Einheit kommt bestimmt, Bergisch Gladbach 1982, S. 118–159. Darin wird in einem eigenen Kapitel das Verhältnis von »Internationalismus und Deutscher Frage« im SDS untersucht und eine Porträtskizze Rudi Dutschkes unter diesem Aspekt vorgestellt.

tigen. Wer zu dieser Zeit nicht nur abstrakt an der Notwendigkeit, sondern zugleich auch an der Aktualität der Revolution festhalten wollte, der mußte, wenn er nicht Gefahr laufen wollte, als sektiererischer Spinner zu erscheinen, eine kühne gedankliche Konstruktion entwerfen, um seine Position noch in Einklang mit dem in der Gegenwart aufscheinenden Potential an Gesellschaftsveränderung bringen zu können. Gegenüber standen sich zwei scheinbar völlig widersprechende Gegenwartserfahrungen: zum einen der fast vollständige Verlust an oppositionellen Kräften in beiden deutschen Staaten – in dem westlichen durch mehr Integration und in dem östlichen durch mehr Repression erzielt – und zum anderen die seit Jahren anhaltende, zum Teil durchaus erfolgreiche Offensive nationaler Befreiungsbewegungen in der Dritten Welt. Niemals zuvor und niemals danach haben so viele Kolonialländer ihre nationale Unabhängigkeit errungen wie zu Beginn der sechziger Jahre; Algerien und der Kongo sind nur die herausragendsten Beispiele dafür.

Der sich offenbar beschleunigende Prozeß der Dekolonialisierung wurde, was durchaus zweifelhaft hätte sein müssen, wenn man ihn als Transformation der internationalen Ökonomie verstanden hätte, als fortschreitende Destabilisierung des Imperialismus wahrgenommen. Um die revolutionäre Dynamik in den Ländern der Peripherie aufgreifen und damit die Stagnation in den Metropolen erschüttern zu können, bedurfte es einer globalen Theorie der politischen Ökonomie. Eine solche lag zwar in der Form der klassischen, an Rosa Luxemburg und Lenin orientierten Imperialismustheorie vor, diese war jedoch nach der Liquidation der wichtigsten bolschewistischen Theoretiker, wie Bucharin zum Beispiel, nicht mehr, von Einzelstudien einmal abgesehen, auf einem der Gegenwart angemessenen Entwicklungsstand. Um diese Defizite, an denen ja marxistische Ökonomen wie Baran, Sweezy und Sternberg bereits arbeiteten, auszugleichen, hätten Jahre für intensive Studien und Analysen veranschlagt werden müssen.

Einfacher war es, die empfindlich spürbaren analytischen Lücken mit einer generalisierenden Kapitalismustheorie zu überspringen. Dies konnte am besten mit dem linkshegelianischen, zu Beginn der zwanziger Jahre entwickelten Marxismus gelingen, der sich vor allem als Kritik am sozialdemokratisch orientierten Denken der II. Internationale verstand – mit dem vermeintlich materialistisch gewendeten Totalitätsanspruch des deutschen Idealismus in der Philosophie von Ernst Bloch, Karl Korsch und Georg Lukács.

Und mit Versatzstücken dieser theoretischen Strömungen arbeiteten Dutschke und Rabehl zur Zeit der »Subversiven Aktion«: Mit Elementen der Imperialismustheorien von Luxemburg, Lenin und Bucharin versuchten sie den Nachweis zu erbringen, daß die Kapitalakkumulation auch in den Entwicklungsländern zur Proletarisierung führen müsse, und mit Lukács, Korsch und Bloch – kurze Zeit später kamen auch noch verschiedene Autoren der Kritischen Theorie hinzu –, daß die Stabilität der »Wohlstandsgesellschaft« ideologischer Schein und eine Verschärfung der sozioökonomischen Widersprüche in the long run auch hier unvermeidlich sei.

Da die Sowjetunion mit ihrer Propagierung einer Politik der friedlichen Koexistenz nur noch als Bremser dieses ineinandergreifenden Prozesses erschien, mußten sich die Hoffnungen auf andere Kräfte konzentrieren, in denen der antiimperialistische Kampf nicht durch die Erfordernisse eines immer wieder aufs neue auszubalancierenden Gleichgewichts im Ost-West-Verhältnis verstellt war – auf Lateinamerika. Hier gab es mit Kuba das Beispiel einer erfolgreichen Revolution und mit den Operationen der Guerilla in Bolivien und Venezuela die Hoffnung auf ein Übergreifen auf den südamerikanischen Kontinent.[51] Im Zuge der Eskalation des Vietnamkrieges hat dann der Vietcong die lateinamerikanischen Befreiungsbewegungen in ihrer Vorbildfunktion mehr und mehr ersetzt. Dies ist durch den Tod Che Guevaras im Oktober 1967 und den nachfolgenden Zusammenbruch der Guerilla in Bolivien noch erleichtert worden.

---

51 Vgl. dazu Dutschkes gemeinsam mit T. Käsemann [d.i. Elisabeth Käsemann] und R. Schöller verfaßtes Vorwort zu: Régis Debray / Fidel Castro / Gisela Mandel / K.S. Karol, Der Lange Marsch – Wege der Revolution in Lateinamerika, München 1968, S. 7–24.

Mit der Spaltung Vietnams in einen nördlichen und einen südlichen Teil, die bekanntlich den jeweiligen Machtblöcken im Ost-West-Konflikt zuzurechnen waren, gab es überdies noch eine Parallele zur deutschen Situation. Wichtiger aber noch dürfte die Tatsache gewesen sein, daß die FNL, worin sie sich von den anderen nationalen Befreiungsbewegungen unterschied, für die Wiedervereinigung Vietnams kämpfte.

Der Internationalismus der Studentenbewegung bestand im übrigen in aller Regel, was zumeist übersehen wird, darin, den nationalen Kampf eines Landes, das gleichzeitige Ringen um soziale Befreiung und nationale Unabhängigkeit, zu unterstützen. Die fast paradoxe Aufgabe internationaler Solidarität war es also, vor allem nationale Kämpfe zu stärken. Erreicht werden sollte die Beendigung von Fremdherrschaft.

Diese Zielsetzungen ließen sich natürlich allesamt auch auf die Situation im geteilten Deutschland übersetzen. Die oft beschworene internationale Solidarität wies insofern ein hohes Maß an nationaler Suggestivität auf. Und wenn Rudi Dutschke – wie in seinem Aufsatz »Proletarischer Internationalismus und Imperialismus« etwa – mit Lenin- und Trotzki-Zitaten eine explizite Dialektik von Internationalismus und Nationalismus beschwor, dann war keineswegs klar, was dies politisch bedeuten sollte, wie das Übergreifen der an der Peripherie offen zutage tretenden revolutionären Prozesse auf die Metropolen konkret aussehen sollte. Klar war nur, daß sich damit auch eine politische Offensive zur Herauslösung der beiden deutschen Staaten aus ihren jeweiligen Militärblöcken und zur Überwindung der Teilung Deutschlands legitimieren ließ. Doch was hätte klar sein müssen, das wurde längst noch nicht gesehen.

Am spektakulärsten war vielleicht Dutschkes, seinerzeit freilich unbekannt gebliebene, Idee, West-Berlin aus dem kapitalistischen System herauszubrechen, es unter internationaler Garantie in einen antiautoritären Freistaat umzuwandeln und damit »einen strategischen Transmissionsriemen für eine zukünftige Wiedervereinigung Deutschlands« zu gewinnen. Wenn man sich vor Augen führt, wie viele Einzelinitiativen – wie etwa die »Enteignet Springer«-Kampagne – unter dieser strategischen Option angeführt wurden, dann kann man sich des Eindrucks nicht erwehren, daß hier ein verstecktes Spiel getrieben wurde. Denn von einer solchen nationalen Option ist ja innerhalb der Bewegung, die sich tapfer, wenn auch vergeblich mühte, die genannte und einige andere Kampagnen in die Tat umzusetzen, nie öffentlich die Rede gewesen. Man darf nur vermuten, wie viele der Aktivisten inner- und außerhalb des SDS sich an der Nase herumgeführt gefühlt hätten, wenn etwas von solchen Plänen und Absichten an ihr Ohr gedrungen wäre. Das nach außen abgegebene Bild der antiautoritären Bewegung widersprach einer solchen Einbettung ihrer Aktionen in ein strategisches Setting zur Wiedervereinigung Deutschlands jedenfalls vollständig.

Da die hier entwickelte Interpretation sich zu einem Vorwurf zuspitzt, gegen den sich Rudi Dutschke nicht mehr verteidigen kann, ist es empfehlenswert, um nicht den Eindruck der Unfairneß zu erwekken, sich an seinen engsten Kombattanten, den bereits mehrfach erwähnten Bernd Rabehl,[52] zu wenden und dessen Urteil in einer Rückbetrachtung einzuholen. Genau zu dem hier behandelten Fragenkomplex schrieb er in einer Korrespondenz: »Der radikale und gleichzeitig internationalistische Flügel im Berliner SDS wurde gebildet von ehemaligen DDR-Studenten und von Entwurzelten des westdeutschen Großbürgertums. Hieraus entstand diese existenzialistische Ablehnung von Realkapitalismus und Realsozialismus. Unser

---

52 Von Rabehl, der 1967 die Gleichsetzung von Nationalismus und Faschismus ablehnte – was für sich genommen sicher richtig ist, dennoch aber in der Gegenüberstellung einen anderen semantischen Sinn, nämlich den Versuch einer politischen Neulegitimierung des Nationalen machen kann –, gibt es aus dieser Zeit auch Äußerungen, die als nationalrevolutionär bezeichnet werden müssen. Zum Beispiel diese: »Die marxistische Linke muß Ansätze des Nationalismus weitertreiben, gerade auf den neuralgischen Punkt, daß Deutschland geteilt wurde durch den Bundesgenossen USA, der diese Teilung ab Teheran sanktionierte […]« (Zitiert nach: Peter Brandt / Herbert Ammon, Patriotismus von links, ebenda, S. 153)

Internationalismus war hegelianisch begründet über die Totalität Welt und wurde realpolitisch übersetzt in eine Offensivtheorie, die Anleihen machte bei Lukács aus der Zeitepoche der Zeitschrift *Kommunismus* und ganz vorsichtig bei dem versteckten Nietzscherianer Bloch (›Geist der Utopie‹). In dieser Sicht lasen wir Mao und Che und interpretierten ›nationale Befreiung‹ als einen Kampf gegen Stalinismus und Imperialismus. Dutschke hat diese Position verschachtelt, jedoch eindeutig in den *Anschlägen* formuliert.«[53] Und weiter unten heißt es: »Die Konsequenzen des Internationalismus sind niemals zu Ende diskutiert worden. Wir wollten als hegelianische Marxisten die Totalität Welt erschließen und die Zusammenbrüche des Imperialismus in Vietnam, Algerien, Cuba usw. übertragen in eine Kampfperspektive, die die Besetzung der beiden Deutschlands durch die höchste Form des Imperialismus und des Stalinismus ›aufhob‹ in eine Freisetzung der sozialen Emanzipation.«[54]

---

53 Brief von Bernd Rabehl an Ingo Juchler aus Campesina Grande (Brasilien) vom 27. Juni 1989, S. 1.

54 Ebenda, S. 2. Vgl. dazu auch Rabehls Ausführungen in dessen Schrift zur Geschichte der Freien Universität Berlin. Er schreibt dort ebenfalls zum selben Thema Internationalismus: »Dutschkes Interpretation theoretischer Fragmente von Trotzki, Lenin, Bucharin, Che Guevara, Fanon, Mao Tse-Tung wurde hier entscheidend. Über Blochs Ausdeutung des Hegelschen ›Totalitätsbegriffs‹ als einer Einheit von Gegenwart und Vergangenheit, von Zeit-Raum-Perspektiven, die eine Gleichzeitigkeit des Ungleichzeitigen, der Unterentwicklung im Entwickelten und umgekehrt umschloß, wurden die Revolutionen in China, Kuba, in Vietnam mit der politischen Situation in den Metropolen vermittelt. Der Ausbruch der ›schwächsten Glieder‹ aus dem Machtverhältnis des Imperialismus löste den Status quo der Nachkriegszeit auf. Revolutionen in der Peripherie wirkten direkt auf die Metropole zurück, so daß verschoben und doch als dialektische Einheit der Befreiungskampf in Vietnam mit der Revolte in Westeuropa und Nordamerika korrespondierte und von hier auf Osteuropa und auf die UdSSR zurückprallte.« (Bernd Rabehl, Am Ende der Utopie – Die politische Geschichte der Freien Universität Berlin, West-Berlin 1988, S. 250)

Wenn hier auch nicht von der strategischen Rolle West-Berlins die Rede ist, so ist doch sowohl die Ausrichtung des Internationalismus klar erkennbar, als auch aus welchen Momenten sich die dementsprechende Marxismusrezeption speiste. Alles weist darauf hin, daß der Internationalismus für einige führende Köpfe im Westberliner SDS ein zeitweiliger Ausweg war, um eine doppelt blockierte Politik zur Wiederherstellung der nationalen Einheit Deutschlands wieder in Gang bringen zu können. Dieser Auslegung scheint zu widersprechen, daß Rudi Dutschke eine Dialektik für sich in Anspruch nahm, derzufolge auch eine unter sozialistischen Vorzeichen durchgeführte Wiedervereinigung nur ein Zwischenschritt sein sollte, das nationale Ziel also wieder in einem internationalen Zusammenhang von revolutionärer Bedeutung wäre. Doch dieser Einwand muß nicht unbedingt einleuchten.

Wenn von Dutschke marxistische Klassiker mit der von ihm propagierten Dialektik von Sozialem und Nationalem, von Nationalem und Internationalem zitiert werden, dann wird deren Bedeutung nirgends inhaltlich ausgeführt. Die Zitate wirken, jedenfalls kann man sich dieses Eindrucks nicht erwehren, wie Legitimationsformeln für ein Vorhaben, von dem der Zitierende vielleicht nur zu genau weiß, daß er es aus eigener Kraft kaum begründen könnte, ohne damit den Unwillen seiner Leser hervorzurufen.

Im Gegensatz zu seiner völlig verdeckten, von Legitimationsproblemen überlagerten und konzeptionell zudem sehr verschachtelten Position der sechziger Jahre drückte Dutschke im darauffolgenden Jahrzehnt, wie durch seine entsprechenden Zeitschriftenartikel wohl hinreichend deutlich geworden ist, seine Ansichten nicht nur offener, sondern auch in ihrer Argumentationsstruktur klarer aus. Die Option, um die es ihm vor allem ging, eine Wiedervereinigung Deutschlands unter sozialistischen Vorzeichen, wurde unverblümt ausgesprochen und auch in ihren bündnispolitischen Implikationen transparent gemacht. Interessant war hierbei insbesondere, wie sich seine eigene Position in der Auseinandersetzung mit den Ostverträgen zugleich aktualisierte und profilierte.

Die von ihm ja bereits frühzeitig geübte Kritik an der von der

Sowjetunion verfolgten Politik der friedlichen Koexistenz wurde fortgeführt durch eine weitreichende Ablehnung der Entspannungspolitik. Dutschke, der natürlich nicht grundsätzlich gegen Entspannung war, griff vor allem die Prämissen an, die der neuen Ostpolitik zugrunde lagen. Seiner Ansicht nach konnte eine Entspannungspolitik nur dann erfolgreich sein, wenn sie die grundlegenden Wurzeln für den Spannungszustand beseitigte, anstatt ein die wirklichen Konfliktpotentiale bloß konservierendes Arrangement zu treffen. Weil er die Spaltung Deutschlands, die als Ergebnis von NS-Herrschaft und Zweitem Weltkrieg entscheidend für die Blockkonfrontation zwischen West und Ost war, völlig unangetastet sah, griff er die Verfechter einer für ihn nur vordergründigen Entspannungspolitik kompromißlos an. Er kritisierte die neue Ostpolitik der SPD/FDP-Regierung ebenso wie die DDR-Anerkennungspolitik der SED wegen der von beiden Seiten für höchst unterschiedliche Ziele preisgegebenen Wiedervereinigung. Der Kompromiß zwischen den sich im Kalten Krieg scheinbar unversöhnlich gegenüberstehenden Lagern war in seinen Augen ein fauler. Denn durch den Abschluß des Grundlagenvertrages und die auf der Basis des Status quo erfolgenden Neuorganisierung würden die Spannungsherde keineswegs beseitigt. Es entfiele lediglich der zu Adenauers und Ulbrichts Zeiten geführte Nervenkrieg und es würden einige Erleichterungen im Besuchs- und Transit-Reiseverkehr sowie in begrenzten humanitären Fällen erzielt. Währenddessen ginge die beiderseitige Aufrüstung nicht nur weiter, sondern verschärfe sich. Was den Anhängern des Bahrschen Konzepts »Wandel durch Annäherung« paradox erscheinen mußte, daß die Fortschritte in der Entspannungspolitik mit einer schwindelerregenden Steigerung der Rüstungsspirale Hand in Hand gingen, das war für Dutschke nur zu konsequent. Solange die Spaltung Deutschlands nicht aufgehoben war, solange konnte es auch keine Entspannungspolitik geben, die ihren Namen wirklich verdiente.

Doch Dutschke war nicht in der Lage, seine Einsichten auch in zweckinstrumentelles politisches Handeln umzusetzen. Er war zwar immer noch Galionsfigur einer in viele Winkel versprengten

Neuen Linken, in praktischer Hinsicht war er, was er sicherlich nicht gesehen hat, viel zu isoliert, als daß er einen nachhaltig spürbaren Einfluß auf die sich unablässig wandelnde Szene links von der SPD hätte nehmen können. Sein Versuch, eine sozialistische Organisation aufzubauen, die weder sektiererisch noch opportunistisch war, scheiterte dementsprechend kläglich. Er versteckte sich jedoch nicht hinter dem Versagen und zog sich etwa zurück, sondern strich den so gut wie vollständigen Mangel an einer radikalen Opposition, die einen Zusammenhang zwischen den linken Kräften in beiden deutschen Staaten stiften könnte, ungeschminkt heraus. Für ihn war »die deutsche Misere«, er formulierte das fast wie die Einsicht in ein unvermeidliches Scheitern, eine »linke Misere«.

Dutschkes Vision hat sich nicht erfüllt. Weder haben sich zwei deutsche Staaten, auch wenn nichts unversucht gelassen wurde, um diesen Eindruck zu erwecken, in einem Sinne vereinigt, der in irgendeiner Hinsicht als paritätisch angesehen werden könnte, noch dürften die Voraussetzungen, unter denen dies geschehen ist, als sozial bezeichnet werden. Dutschke war ein zu entschiedener Antikapitalist, als daß er das Ergebnis eines solchen Prozesses, der zunächst nicht ohne hoffnungsvolle Momente begonnen hatte, hätte gutheißen können. Dutschke war aber auch aus einem solchen Holz, daß er jetzt nicht aufgegeben, sondern – vermutlich mit einer Trotzreaktion – die Umwälzung der Gesellschaftsverhältnisse in *einem* Land gefordert hätte. Das Negativresultat wäre von ihm, die praktischen Fragen der Kommunikation und Kooperation uneingeschränkt möglich machend, wohl als Anstachelung aufgenommen worden.

Doch die Aufgabe dieser Untersuchung kann es nicht sein, sich in seine Rolle hineinversetzen zu wollen. Die Rekonstruktion seiner Ansichten verlangt eine, möglichst differenzierte, Beurteilung aus der Gegenwart heraus. Ich möchte deshalb zu den wichtigsten Einzelpunkten Stellung nehmen:

1. Dutschkes unablässiges Insistieren auf der deutschlandpolitischen Dimension jeglicher linker Politik war zunächst einmal richtig. Es

hat in der Tat eine lang anhaltende Verdrängung all jener Fragen und Probleme gegeben, die mit der Spaltung Deutschlands und der Existenz zweier deutscher Staaten zusammenhingen. Die falsche Unmittelbarkeit des Internationalismus ist in der Neuen Linken die Kehrseite dieser Ausblendung gewesen. Die internationale Solidaritätsarbeit war ein Substitut für eine Auseinandersetzung mit den Verhältnissen des eigenen Landes, an die man sich wegen der offenliegenden Zusammenhänge mit der jüngsten deutschen Geschichte nicht zu rühren traute. Diese Reaktion, die Integrität ihrer Motive einmal außer Frage gestellt, ist zwar verständlich, dennoch aber bloß reflexhaft. Sie geht einer gesellschaftlichen Auseinandersetzung mit den Folgen deutscher Geschichte, ganz entgegengesetzt, aus dem Wege und verlagert ihre Anstrengungen auf eine Ebene, die weitgehend folgenlos bleiben mußte. Es gehört zur Tragik von Dutschkes politischem Wirken, daß er diesen Substitutionalismus, der ja ursprünglich nur ein Umweg in der Auseinandersetzung mit dem eigenen Land hätte sein sollen, mit ermöglicht hat. Eine Dialektik, für die das dem 19. Jahrhundert entlehnte Kategorienpaar Nationalismus – Internationalismus ohnehin unbrauchbar gewesen wäre, fand nur im Kopf statt.

2. Dutschkes unnachgiebige Kritik an der zu kurz greifenden und letztlich, aufgrund ihrer und in dieser Form nicht zu stoppenden Negativdynamik, in ihr Gegenteil umzuschlagen drohenden Entspannungspolitik war richtig. Der Nachrüstungsbeschluß war, was lange Zeit niemand sehen wollte, das Dementi der neuen Ostpolitik. Der Preis des Pragmatismus in den zwischenstaatlichen Beziehungen lag jedoch nicht nur in einer immer unkontrollierbarer werdenden Rüstungsspirale, sondern auch im weitgehenden Verzicht auf eine Gesellschaftskritik *in* den kommunistischen Ländern. Während die radikale Linke, von ein paar trotzkistischen Grüppchen einmal abgesehen, einfach die Augen verschloß gegenüber der repressiven Verfestigung der Verhältnisse in Polen, der ČSSR und der DDR etwa, versteifte sich die Sozialdemokratie in dem Glauben, die Früchte ihrer Entspannungspolitik nicht zu gefährden, darauf, keine anderen

Beziehungen als zu den allein staatlich legitimierten Organisationen zu pflegen. So wie sie sich weigerte, Repräsentanten von Solidarność etwa als bloße Gesprächspartner zu akzeptieren, so schuf sie mit der Verabschiedung eines gemeinsamen Papiers mit der SED ein seltenes Dokument politischer Desorientierung. Durch Berührungsangst und Staatsfixierung ist keine Auseinandersetzung mit der sozialen, ökonomischen und ökologischen Realität in der DDR zustande gekommen. So ist bereits im Vorfeld jenes Prozesses, der mit der Fluchtwelle des Sommers 1989 einsetzte, das Terrain preisgegeben worden, dessen Verlust man nun, mit den Resultaten konfrontiert, so einmütig bejammert.

3. Dutschkes Versuch einer Reaktualisierung der nationalen Frage jedoch war gefährlich. Er hat sich nicht nur ohnehin nicht gescheut, die schier bodenlosen Probleme der Deutschen mit dem Terminus Nation fassen zu wollen, sondern er hat diese zudem auch noch als ein Ursprüngliches, als etwas Substantielles gedacht. Beides jedoch hätte er sich verbieten sollen. Die Semantik eines solchen Begriffs ist nicht von seiner Geschichte unabhängig. Was für andere Länder gelten mag, das gilt längst noch nicht für Deutschland – auch das ein Wort, das einem nur schwer über die Lippen kommt. Dutschke hat sich im Zusammenhang seiner Initiativen nicht mit Problemen belastet, deren ungebrochene Aktualität wir heute mit der Affinität des Nationalen mit Antisemitismus, Ausländerfeindlichkeit, Fremdenhaß und dergleichen mehr erleben. Im Kontext seiner Artikel hat er sich mit keinem Wort zu diesen naheliegenden Implikationen und unabschätzbaren Gefahren geäußert. Diese Blindheit ist um so erstaunlicher, als sich ja durchaus prominente Beispiele einer Dutschke-Rezeption von rechts, unter nationalrevolutionären Vorzeichen, anführen lassen.

4. Dutschkes Versuch einer Reaktualisierung von Traditionen, die er einer deutschen Arbeiterklasse zurechnete, war illusionär. Sein Unvermögen, die veränderte gesellschaftliche Situation in der BRD wie in der DDR wahrzunehmen, zeigt sich in keinem Punkt deutlicher.

Die Wiederbelebung des proletarischen Kampfes in Ost wie in West war wohl der Fluchtpunkt all seiner Anstrengungen – und zugleich das unbeabsichtigte Eingeständnis seines zentralen politischen Scheiterns. Mit den klappernden Kategorienschemata des orthodoxen Marxismus, so wie ihn der junge Lukács noch zu Beginn der zwanziger Jahre verstanden hatte, ließ sich die gesellschaftliche Wirklichkeit nicht mehr zukunftweisend politisch begreifen. Seine Mythologisierung der Arbeiterklasse als dem einzig möglichen historischen Subjekt, ein Irrglaube, der pseudowissenschaftlich kaschiert nur zu oft in politische Sackgassen geführt hat, schreckte nicht einmal davor zurück, durch den angeblich historischen Nachweis, daß die nationalen Kämpfe der Arbeiterklasse immer auch internationale Kämpfe gewesen seien, eine Geschichtsklitterung vorzunehmen. Dieses idealisierende Bild, das die Arbeiterklasse als den historischen Garanten der Revolution zeigt und ihren Anteil am Zustandekommen des NS-Regimes verharmlost oder unterschlägt, ist ebenfalls nicht ungefährlich.

So wichtig es auch wäre, in der Auseinandersetzung mit Rudi Dutschkes politischer Biographie eine Klärung des überaus defizitären Fragekomplexes – die Linke im eigenen Land – voranzutreiben, so irreführend wäre die Hoffnung, sich auf die von dem Wortführer der 68er-Bewegung ausgeteilten Denkzettel unmittelbar berufen zu können.

Die 68er-Linke und das Geld

Niemand anders hat die 68er-Bewegung in Deutschland so sehr personifiziert wie Rudi Dutschke. Der charismatische Sprecher des Sozialistischen Deutschen Studentenbunds (SDS) und prominenteste Verfechter antiautoritärer Visionen und Ziele war auf dem Höhepunkt der Studentenbewegung in West-Berlin Opfer eines Anschlags geworden, dessen Spätfolgen er ein Jahrzehnt später, am Heiligabend 1979, erliegen sollte. Fast vergessen ist inzwischen, daß ein Teil seiner damaligen Mitgenossen nur zwei Wochen vor dem Attentat am Gründonnerstag 1968 den Versuch unternommen hatte, ihn aus dem linksradikalen Studentenbund auszuschließen.[1] Der Grund für den von orthodoxen Kräften eingebrachten Antrag war die Tatsache, daß Dutschke der Zeitschrift *Capital* ein Interview gegeben und dafür auch noch einen Geldbetrag entgegengenommen hatte. Dies könne in einer sozialistischen Organisation nicht akzeptiert werden, hatte es geheißen. Auch wenn es dann doch nicht zu dem Ausschluß gekommen ist, mit dem sich die kommunistischen Kräfte ihres wohl wichtigsten Konkurrenten entledigen wollten, so wirft dieser Vorgang doch ein überaus bezeichnendes Licht auf die Rolle des Geldes, den gewünschten und den ungewünschten Umgang mit ihm. Individuell ein Honorar anzunehmen, zumal von einem Organ, das als Inbegriff des gegnerischen Systems angesehen wurde, galt nicht nur als verpönt, sondern wurde gleichgesetzt mit einem Verrat an den Emanzipationszielen der antikapitalistischen Bewegung.

»Kurz, das Verhältnis der Linken zum Geld ist gebrochen, voller Irrationalismus und Berührungsangst. Das ist das Erbe der Studen-

---

1 Vgl. Wolfgang Kraushaar, 1968 – Das Jahr, das alles verändert hat, München / Zürich 1998, S. 92.

tenbewegung, die die Große Weigerung, die Absage an bürgerliche Karrierevorstellungen und Statusansprüche, an entfremdende Konsumlüste und -zwänge propagiert hatte [...]« Das stellte das wohl wichtigste Selbstverständigungsorgan der Neuen Linken, das *Kursbuch,* im Juni 1974 in einem ersten Rückblick selbstkritisch fest.[2] Die 1965 von Hans Magnus Enzensberger begründete Zeitschrift hatte ein ganzes Heft dem Thema »Geld« gewidmet und unter einer eher ethnologischen Perspektive den alltäglichen Umgang der linken Subkultur mit dem immer noch verteufelten Zahlungsmittel beschrieben. Wie in einem inzwischen historisch gewordenen Panoptikum finden sich dort Bilder der seinerzeit üblichen Verhaltensmuster wieder – wie man mit den ungeliebten Münzen und Scheinen umging, die man abschaffen wollte, auf die man letztlich aber doch nicht verzichten konnte. Bilder, die ein widersprüchliches, zuweilen paradoxes, in vieler Hinsicht sogar bigottes Verhältnis offenbaren.

Nicht zu Unrecht wird die 68er-Bewegung in ihren Zielsetzungen als antikapitalistisch, antifaschistisch und antiimperialistisch charakterisiert. Dabei wird oft vergessen, daß es sich bei ihr in den Grundzügen auch um eine antimonetäre Bewegung handelte. Auch wenn sich die meisten ihrer Wortführer scheuten, konkreter anzugeben, was nach einem Umsturz mit dem Finanzsystem geschehen sollte, so herrschte doch weitgehend Einigkeit über die Vorstellung, daß durch eine proletarische Revolution nicht nur das kapitalistische System gestürzt, sondern auch das Geld als Zahlungsmittel letztlich abgeschafft werden sollte. Was an dessen Stelle hätte treten können, ein alternatives Zahlungsmittel oder gar eine Form des Naturalientauschs, blieb dabei, von wenigen Ausnahmen abgesehen, offen. Entscheidend war zunächst nur die feste Absicht, sich vom fetischisierten Geld abzukehren und aus dem Tauschwertsystem aussteigen zu wollen.

Über Geld sprach man nicht, über Geld theoretisierte man. Und zwar in der abstraktesten Weise, wie sie von Marx im Warenkapitel

2 Die Linke und das Geld. Ein Mosaik, in: *Kursbuch*, 10. Jg., Nr. 36, Juni 1974, S. 174.

des »Kapitals« vorgegeben war. Um die Bestimmung des Waren- und des Geldfetischs, das Verhältnis von Tausch- und Gebrauchswert, die Analyse von Wert, Preis und Profit wurden regelrechte Begriffskriege ausgetragen. Doch alle Versuche, der Wertanalyse Herr zu werden, verrieten doch nur, wie wenig man in der Lage war, dem Phänomen analytisch beizukommen. Der Geldbegriff ließ sich letztlich nicht einfach deduzieren, nicht eindeutig definieren. Immer wieder entzog er sich dem Zugriff, flutschte wie ein Fisch durch die Finger. Trotz aller Anstrengungen blieb die mit dem Geld verknüpfte Mystifikation virulent.

Wenn in der Öffentlichkeit faktisch von Geldbeträgen die Rede war, dann ging es zumeist lediglich darum, einen Obolus zu entrichten, um auf diesem Wege einen Beitrag zu einer Solidaritätsaktion zu leisten. Geld wurde für die Ausgebeuteten, Unterdrückten und Entrechteten gesammelt, für streikende Arbeiter, politisch Verfolgte und Aufständische in der Dritten Welt – am besten für den Vietcong oder die Sandinisten in Nicaragua. In dieser Funktion büßte das Teufelszeug seine negativen Eigenschaften auf unerklärliche Weise plötzlich ein. Unter einem derartig reduzierten Blickwinkel konnte es nicht weiter verwundern, daß eine bestimmte Figur wie von Geisterhand immer mehr ins Zentrum der Aufmerksamkeit geriet – die des linken Millionärs. Er sollte als Mäzen sein Vermögen reumütig in den Dienst der Bewegung stellen und so den Aufbau unabhängiger und selbstbestimmter Projekte ermöglichen. Um sich naheliegender Legitimationsprobleme zu entledigen, war es am bequemsten, wenn es sich bei einer solchen Person nicht direkt um einen Kapitalisten handelte, sondern um einen Erben, um jemanden also, der nur durch Geburt und nicht durch seine eigene, vermutlich ausbeuterische Tätigkeit in eine solche Rolle geraten war. Das entlastete von Skrupeln und möglichen Schuldvorwürfen. So kam es, daß der linke Millionär zu einer der großen Projektionsfiguren der an chronischer Geldknappheit leidenden Neuen Linken werden konnte.

Einer derjenigen, die auf diese Weise ins Rampenlicht gerieten, ist der Frankfurter Grünen-Politiker Tom Koenigs. Der Sproß einer angesehenen Kölner Bankiersfamilie weist eine in mancherlei Hinsicht abweichende, in vielerlei Aspekten aber auch exemplarische 68er-Biographie auf.[3] Nach dem Abitur absolvierte er zunächst eine Lehre als Bankkaufmann, ging als Volontär für ein halbes Jahr an eine Bank in Großbritannien und begann anschließend an der Freien Universität Berlin Betriebswirtschaft zu studieren. Der weitere Karriereverlauf im Finanzsektor schien ihm vorgezeichnet. Doch dann erlebte Koenigs in der Frontstadt des Kalten Krieges den SDS, die Kommune I und die Anfänge der Studentenbewegung. Es kam zum Bruch. Er selbst stieß zu den Kerngruppen vor und wurde einer ihrer Aktivisten. Als er einige Zeit später sein Erbe antreten sollte, war es nur zu logisch, daß er es sich ausbezahlen ließ und den Geldbetrag den Befreiungs- und Widerstandsbewegungen zur Verfügung stellte. Den Großteil spendete er 1973 ganz unspektakulär dem Vietcong, den Rest davon der Opposition gegen die chilenische Militärjunta. Für den Betrag, der nach Vietnam ging und den er später mit »irgendwas zwischen 500000 und fünf Millionen Mark« bezifferte, erhielt er als Zeichen der Anerkennung eine Lampe geschenkt.

Koenigs war in den siebziger Jahren eine der markanten Gestalten in der Frankfurter Sponti-Szene, die vor allem durch ihre militanten Hausbesetzungen bundesweit für Aufmerksamkeit sorgte. Eher nebenbei absolvierte er binnen weniger Jahre ganz unterschiedliche berufliche Stationen – er war Schweißer in einer Automobilfabrik, ließ sich als Feingeräteelektroniker ausbilden, verdingte sich als Taxifahrer, arbeitete als Übersetzer lateinamerikanischer Literatur und führte die Finanzen der Karl-Marx-Buchhandlung, die eine ganze Zeit informelles Zentrum der Bewegung war. Erst nachdem er 1983 Mitglied der Grünen geworden war, begannen sich politisches Engagement und Berufstätigkeit wieder anzugleichen. Als sein Mitgenosse Joschka Fischer 1985 zum hessischen Umweltminister aufstieg, fungierte er zunächst als dessen Bürochef. 1989 übernahm er in Frankfurt das Umweltdezernat und 1993 – auch gegen Widerstände in der eigenen Partei – die für eine Kommune besonders wichtige

3 Vgl. seine autobiographische Schrift: Tom Koenigs, Tagträume und Nachtschichten, Köln 1992.

Rolle des Stadtkämmerers. Wie in der Bankenstadt bei Führungspolitikern Usus, so mußte auch er einen Antrittsbesuch bei dem einflußreichen, inzwischen verstorbenen Altbankier Hermann Josef Abs abstatten. Die Aufgabe, die er zu bewältigen hatte, war sicher eine der größten Herausforderungen, die sich einem Politiker der Grünen vor 1998 gestellt haben. Er mußte die Kassen der am höchsten verschuldeten Stadt Deutschlands führen. Da er diese Rolle in einer Weise ausübte, die bei Beobachtern schon bald die Vermutung laut werden ließ, er wolle damit vor allem das der Ökopartei gegenüber grassierende Vorurteil zerstreuen, Linke könnten nicht mit Geld umgehen, wurde ihm schon bald von der Presse nachgesagt, er sei zum »finanziellen Zuchtmeister des Magistrats« geworden. Zur Überraschung nicht weniger gelang es Koenigs jedoch, sich gerade in dieser undankbaren Rolle zu profilieren und für größere Aufgaben anzubieten. Nach den Bundestagswahlen war er kurzzeitig als Kandidat für das Amt des Bundesfinanzministers im Gespräch. Doch daraus wurde nichts, statt dessen ist er seit 1999 KFOR-Repräsentant im Kosovo.

Einer der ganz wenigen Linken, an dessen Biographie sich die Tendenz zu einem rationaleren Umgang mit dem Geld offen beobachten läßt, ist der Frankfurter Buchvertriebsleiter Helmut Richter. Begonnen hatte der Student der Wirtschaftswissenschaften 1963/64 bereits als Kassierer im SDS. Kurz darauf erfolgte durch ehemalige Mitglieder des SDS-Bundesvorstands die Gründung des Verlags Neue Kritik, aus dem später weitere Betriebe hervorgingen. Nach dem Ende der eigentlichen Revolte folgte 1970 die inzwischen legendäre Karl-Marx-Buchhandlung, in deren Kollektiv vorübergehend auch der heutige Europa-Abgeordnete Daniel Cohn-Bendit und der jetzige Bundesaußenminister Joschka Fischer arbeiteten. Im selben Jahr wurde auch der Agit-Buchvertrieb gegründet und ein Jahr später die Sozialistische Verlagsauslieferung (SOVA), die es sich zum Ziel gemacht hatte, die Buchpublikationen der linken Kleinverlage zu vertreiben. An all den Neugründungen war Richter maßgeblich beteiligt, die SOVA wird von dem Mittfünfziger heute noch gemanagt. Trotz aller sozialistischer Utopien hatte er sich immer auch ein realistischeres Verhältnis im Umgang mit monetären Fragen bewahrt.

Da sich mit der Zeit herumsprach, daß Richter über Wissen und Erfahrungen verfügte, die im linken Milieu rar waren, geriet er immer mehr in die Rolle eines Finanzberaters für Buchhandlungen und Verlage. Er erkannte frühzeitig, daß die Unterkapitalisierung linker Unternehmen eine arge Fessel war, da die vielerorten übliche Kreditpraxis einen erheblichen Teil der gerade erwirtschafteten Gewinne wieder verschlang. Seit 1973 war er von der Notwendigkeit überzeugt, daß die unabhängige Linke eine eigene Bank gründen müsse, um ihre trotz ansehnlicher Umsätze chronische Finanzmisere besser bewältigen oder gar auf Dauer lösen zu können. Sein erklärtes Ziel war es, den Geldschöpfungsmultiplikator besser ausnutzen zu wollen. Auch Linke, so seine Überzeugung, sollten lernen, von der Tatsache zu profitieren, daß Banken mehr Geld verleihen können, als sie tatsächlich besitzen. Doch schon bald stellte sich heraus, daß die Anfangshürden für eine Eigengründung zu hoch waren. Die als Einlagen notwendigen Summen brachten er und seine Mitstreiter zunächst nicht auf. Er beschränkte sich deshalb in den siebziger Jahren darauf, im Rahmen des Verbands linker Buchhändler (VLB) Kleinbetriebe betriebswirtschaftlich zu untersuchen und wenn nötig zu sanieren.

Erst durch eine Gründungswelle eigener Betriebe im Rahmen der Alternativbewegung am Ende der siebziger Jahre und die überaus große Mobilisierung im Rahmen der neuen Friedensbewegung, die sich zu Beginn der achtziger Jahre gegen den NATO-Nachrüstungsbeschluß wandte, entstand ein neuer Impuls. Für viele Aktivisten war die Überlegung maßgeblich, ihr Geld auf keinen Fall mehr Banken zur Verfügung stellen zu wollen, die sich an der Finanzierung von Rüstungsgeschäften beteiligten. Ein Jahr nachdem der Bundestag trotz der Massenbewegung gegen die Stationierung neuer Raketen den Nachrüstungsbeschluß verabschiedet hatte, nahm die Projektidee zur Gründung einer eigenen Bank konkretere Gestalt an. Es dauerte dann noch vier Jahre, bis sie 1988 in Frankfurt endlich eröffnet werden konnte. Ihr Name lautete jedoch nicht etwa Friedens-, sondern Ökobank.

Mitentscheidend für diese Akzentverlagerung in der Namengebung war nicht zuletzt die Tatsache, daß sich die Partei der Grünen weiter durchgesetzt hatte und für das linke Milieu weithin als politische Vertretung akzeptiert wurde. In Hessen war es der Ökopartei 1985 erstmals gelungen, sich an einer Landesregierung zu beteiligen und mit Fischer als Umweltminister den ersten Kabinettsposten in der Republik zu besetzen. Dieser Aufschwung auf der machtpolitischen Ebene verlieh auch der finanzpolitischen Initiative einen gewissen Rückhalt. Mußten auf der einen Seite unter den Bedingungen einer neoliberalen Wirtschaftspolitik in der Ära Kohl immer mehr Abstriche von dem ursprünglichen linken Gesellschaftsprojekt gemacht werden, so zeigte sich auf der anderen Seite, daß ein Vorstoß in Sphären, Institutionen und Einrichtungen, die der als bürgerlich-kapitalistisch apostrophierten Welt reserviert zu sein schienen, nicht nur denkbar, sondern in ersten Schritten auch machbar war. Durch die Gründung der Ökobank verlor auch diese fremde und ferne, von den meisten nur als feindlich erlebte Welt etwas von ihrer Bedrohlich- und Unzugänglichkeit.

Etwa 30000 Genossenschaftler verfügen in der Ökobank über Einlagen. Das Minimum liegt bei 100 DM und das Maximum bei 70000 DM. Durch die breite Streuung des Grundkapitals soll verhindert werden, daß es zur Herausschälung von Machtpositionen einzelner oder bestimmter Gruppierungen kommen kann. Von der Genossenschaftsbank existieren heute zwei Filialen, die eine in Frankfurt und die andere in Freiburg. In ihnen sind rund 60 Mitarbeiter beschäftigt. Wie von Insidern zu hören ist, zeichnen sich nun aber mehr und mehr Interessendivergenzen zwischen Beschäftigten und Genossenschaftlern ab. Es gebe die Tendenz, so ist zu hören, daß sich die Interessen der Mitarbeiter gegenüber denen der Eigentümer verselbständigten. Dennoch ist die Alternativbank bisher von wirklichen Zerreißproben verschont geblieben. Inzwischen ist immerhin ein jährlicher Gewinn von etwa einer Million DM zu verzeichnen. Ein Teil davon muß allerdings aufgebracht werden, um den noch aus der Anfangszeit verbliebenen Schuldenberg allmählich abzutragen.

Auch wenn die Rolle einer einzelnen kleinen Bank nicht überschätzt werden darf, so signalisiert ihre Geschichte dennoch einen erheblichen Mentalitäts- und Einstellungswechsel. Ebenso wie sich in der Politik der Grünen, die am stärksten das Erbe der 68er-Generation repräsentieren, ein ganz unpathetischer Realismus durchgesetzt hat, so hat nun auch in den Finanzgeschäften ein gewisser Pragmatismus Einzug gehalten. Der Umgang mit Geld und Kapital ist nüchterner, in mancher Hinsicht aber auch effektiver geworden. Verlorengegangen ist damit für die meisten zugleich aber auch die Hoffnung auf eine grundlegende ökonomische Umwälzung der Gesellschaft und ihrer Macht- und Herrschaftsverhältnisse. Die linksalternativen Strömungen sind in verschiedener Hinsicht selbst Teil jenes kapitalistischen Systems geworden, das sie bzw. ihre Vorläufer dreißig Jahre zuvor so erbittert bekämpft haben. Dafür ist der Wandel im Umgang mit monetären Fragen selbst einer der stärksten Indikatoren.

Ob diese Veränderung allerdings auch Auswirkungen auf die Gesellschaft im allgemeinen hat, ist nur schwer zu beurteilen. Vermutlich aber ist der Einfluß solcher Projekte wie der Ökobank im einzelnen und der Linksalternativen insgesamt zu gering. Es spricht deshalb vieles dafür, daß es sich hier eher um eine sektorale Erfahrung handelt, die auch unter den Rahmenbedingungen einer rotgrünen Bundesregierung nur in einem begrenzten sozialen Bereich unmittelbarer folgenreich sein kann.

Eine Forderung, wie sie zu Beginn der siebziger Jahre von der damaligen Bundesvorsitzenden der Jungsozialisten und heutigen Bundesministerin für Entwicklungshilfe, Heidemarie Wieczorek-Zeul, erhoben worden war, das monatliche Einkommen aller auf 5000 DM zu begrenzen, erschiene heute jedenfalls als ebenso utopisch wie die Position einer Parteitagsdelegierten der Grünen, die mitten im Wahlkampf verlangt hatte, daß jedem Bundesbürger nur noch ein Flug innerhalb von fünf Jahren zustehen dürfe. Würde sich eine solch maximalistische Position durchsetzen, dann wäre der neue Außenminister Joschka Fischer gezwungen, seine Auslandsbesuche nur noch per Pkw, Bahn oder Schiff durchzuführen, was wohl unvermeidlich zur Folge hätte, daß er künftig nur noch einen Bruchteil seines Programms absolvieren könnte und auf diesem Wege das eigene Land vermutlich in einen nicht ungefährlichen Isolationismus manövrieren würde.

SED, Stasi und Studentenbewegung

Es ist der 11. April 1985, der 17. Jahrestag des Attentats auf Rudi Dutschke. Seine Witwe Gretchen nimmt erstmals das Tagebuch zur Hand, das ihr Mann bis zu seinem Tod geführt hat. Aus einer Mischung aus Trauer und Scheu hat sie es nicht anzurühren gewagt, seitdem er am Heiligabend 1979 an den Spätfolgen des Anschlags, den der Rechtsradikale Josef Bachmann am Gründonnerstag 1968 auf ihn verübt hat, in der dänischen Universitätsstadt Aarhus gestorben ist. Beim Durchblättern der Seiten fällt plötzlich etwas heraus. Es ist ein Briefumschlag. Sie hebt ihn verwundert vom Boden auf und stellt fest, daß er verschlossen ist. Auf der Vorderseite steht: »Für Gretchen Klotz-D. (*nur öffnen*, wenn ›Unglück‹ passiert)«. Und auf der Rückseite ist in Großbuchstaben mehrmals »R.D.« über die Klebelasche geschrieben, als habe der Verfasser mit seinen Initialen eine Art Siegel aufdrücken wollen, um die Echtheit des Schreibens unter Beweis stellen und eine Öffnung durch unbefugte Dritte erschweren zu wollen. Die Schrift läßt keinen Zweifel daran, daß der Brief von ihrem verstorbenen Mann stammt. Alles mögliche schießt ihr durch den Kopf. Doch bevor sie sich Vorwürfe machen kann, nicht bereits früher das Tagebuch durchgesehen zu haben, reißt sie mit zitternden Fingern den Umschlag auf. Ihr ist sofort klar, daß es ein besonders wichtiger Brief sein muß, den sie in ihren Händen hält.

Das Schreiben ist zehn Jahre alt. Es stammt vom 25. Februar 1975 und ist in West-Berlin aufgesetzt worden. Aufgeregt und unter großer Anspannung überfliegt sie erst einmal flüchtig den Text, dann liest sie ihn aufmerksam durch. »Liebes Gretchen«, steht dort mit der ihr so vertrauten, etwas hilflos wirkenden Schrift, »mir ist die Sache nicht ganz klar, aber dennoch muß ich Dir einige Zeilen mitgeben – für den ›Fall aller Fälle‹. Du hast mir wenig geglaubt in meiner Einschätzung von Personen aus unserem Umkreis. Darum hat es auch keinen Sinn Dir meine Überzeugungen und Begründungen niederzuschreiben. Nur eins sollst Du *nie* aus dem Kopf verlieren, das ist die 99,9 %-Überzeugung von mir, daß, wenn es einen ›Abgang‹ von mir gibt, dann ist das in der *gegenwärtigen* Phase eher durchgeführt durch SU-DDR-Geheimdienst als durch westlichen. Letzterer wird sofort etwas versuchen, wenn er es für unerläßlich hält. Dafür gibt es zur Zeit keinen Anlaß. Meine kurzen Auftritte zeigten Kraft, aber auch die Schranken von mir. Ich habe nicht die Absicht in einer Phase wie der jetzigen selbstmörderisch an die Massenmobilisierung heranzugehen. / Was das Interesse für die ersteren wäre? Ganz einfach, und ohne Überheblichkeit, ich bin für sie leider die einzige wirkliche theoretische und politische Herausforderung. War das Buch[1] schon ein gefährlicher Schlag für sie, so wird meine Konkretisierung der Kritik des ›despotischen‹ Kommunismus vom Standpunkt des ›demokratischen‹ Kommunismus halt noch gefährlicher. Meine These wäre falsch, wenn die demokratische Richtung sich durchsetzt. Dann wäre ich keine Herausforderung, sondern ein Glied im einheitlichen antikapitalistischen Kampf. Dem ist aber nicht so. Ost- und West-Geheimdienst werden wahrscheinlich gerade in der Kontrolle der Reste, Relikte bzw. Neuansätze der ›Neuen Linken‹ kooperieren. Mir ist nicht wohl zumute. Aber meine Lage ist halt nicht mehr die vom letzten April. Etwas habe ich schon vollbracht [...] / Habe keine Lust, mich draufgehen zu lassen, werde wie ein Fuchs aufpassen. Aber nichts ist unmöglich. Darum schreibe ich diese kurzen Zeilen. Sie haben Sinn nur für den Fall ... / Unseren beiden Kindern Ho und Po mußt Du alles (!) erzählen, besonders dann wenn sie die Geschichte der Kämpfe für die Befreiung schon besser durchschauen können. / So, wie gerne ich mit Dir zusam-

---

1 Gemeint ist seine im Wagenbach Verlag publizierte Dissertation: Rudi Dutschke, Versuch, Lenin auf die Füße zu stellen – Über den halbasiatischen und den westeuropäischen Weg zum Sozialismus. Lenin, Lukács und die Dritte Internationale, West-Berlin 1974.

menbleiben möchte, habe ich oft gesagt, erkläre es hier noch einmal. Wir hatten ein barbarisches, aber oft auch schönes Leben miteinander. Hoffentlich geht es besser weiter. / Seid umarmt / Rudi // P.S.: Habe mich gut unter Kontrolle …«[2]

Von Gefühlen überwältigt, überrascht und ungläubig zugleich, sitzt Gretchen Dutschke da und hält das Blatt in den Händen, als sei alles eben gerade passiert, ganz gegenwärtig und nicht schon ein Jahrzehnt vorüber.

Rudi Dutschkes Brief ist vieles in einem: ein Abschiedsbrief, ein Liebesbrief und eine Art Testament; ein Dokument der Angst, der Hoffnung und des Überlebenswillens. Offenbar war er so fest davon überzeugt, von der Stasi oder vom KGB ermordet zu werden, daß er zumindest etwas hinterlassen wollte, was mit möglichen Zweifeln an seinem Tod aufräumen sollte. Er wollte auf jeden Fall verhindern, daß seine Frau und ihre beiden Kinder in Unkenntnis gelassen würden.

Für Gretchen Dutschke ist der Brief so persönlich, ja intim, daß sie ihn nicht an die Öffentlichkeit gibt.[3] Sie weiß, daß das Schreiben auch ein Politikum darstellt. Doch inzwischen ist alles zu spät; niemand kann ihr ihren Mann zurückgeben. Er hat, während er 1979 am Nachmittag vor dem Weihnachtsfest in der Badewanne lag, einen epileptischen Anfall bekommen und ist daran gestorben. Sie war ganz in seiner Nähe, in einem Nebenzimmer, und ist sicher, daß niemand seine Hände dabei im Spiel hatte. Auch die Obduktion hat keinerlei Anhaltspunkte für eine Fremdeinwirkung ergeben. Trotzdem spürt sie, wie ohnmächtig und verzweifelt sich ihr

---

2 Brief Rudi Dutschkes an Gretchen Klotz-Dutschke vom 25. Februar 1975, Rudi-Dutschke-Nachlaß im Hamburger Institut für Sozialforschung, Korrespondenz. Mit »Ho« ist der älteste Sohn Hoseia Che und mit »Po« die Tochter Polly gemeint.

3 Erst als sie später eine Biographie über ihren Mann schreibt, zitiert sie eine längere Passage daraus und nimmt eine Zeile als Titel: Gretchen Dutschke, Wir hatten ein barbarisches, schönes Leben – Rudi Dutschke, Köln 1996.

Mann damals gefühlt haben muß. Ganz offensichtlich hatte er den Eindruck, den Agenten eines Geheimdienstes weitgehend ausgeliefert zu sein.

Als alles anfing, im Juni 1967 nach dem Tod Benno Ohnesorgs, zeigte die SED eine Geste, die bereits zu Spekulationen hätte Anlaß bieten müssen. Sie ließ den Trauerkonvoi, der in West-Berlin mit dem Leichnam des von einem Polizisten erschossenen Germanistikstudenten zur Beerdigung nach Hannover startete, unkontrolliert die Grenzsicherungsanlagen der DDR passieren. Mit schwarzen Fahnen bestückt fuhren mehr als hundert Personenwagen, ohne die damals üblichen stundenlangen Wartezeiten erdulden und die obligatorischen Durchfahrtsgebühren berappen zu müssen, in Marienfelde über die Grenze. Als sich der Lindwurm an Fahrzeugen näherte, bildeten die Soldaten sogar ein Spalier und erboten dem Toten die letzte Ehre. Unterwegs waren auf fast allen Autobahnbrücken der Transitstrecke Jugendliche zu sehen, die dem Troß zuwinkten. Das Ganze trug Züge eines inoffiziellen Staatsaktes der DDR.[4] Wer diese Symbolik jedoch als eine wirkliche Unterstützung der Studentenbewegung verstanden hätte, der wäre einem Mißverständnis aufgesessen. Es war zwar keineswegs nur Ausdruck von Propaganda, was sich an diesem 9. Juni den Betrachtern bot, die direkte Unterstützung jedoch, die Teile der Außerparlamentarischen Opposition (APO) erfuhren, waren alles andere als Akte der Solidarität.

Die SED versuchte, wie hätte es anders sein sollen, die APO und insbesondere deren Motor, den Sozialistischen Deutschen Studentenbund (SDS), für ihre Zwecke zu benutzen. Bereits in den Jahren zuvor hatte es immer wieder unverkennbare Anzeichen für dreiste Einflußnahmen, hinterlistige Manipulations- und Steuerungsversuche aus Ost-Berlin gegeben. Insbesondere der Ablauf großer Veranstaltungen wie der des Studentenkongresses gegen Atomrüstung

4 »Der letzte Weg Benno Ohnesorgs – DDR-Studenten erweisen dem Ermordeten letzte Ehre / Ehrenspalier an der Autobahn / Neonazistische Parolen in Helmstedt«, in: *Neues Deutschland* vom 10. Juni 1967.

1959 in West-Berlin haben gezeigt, wie weit der Einfluß der SED zu reichen vermochte. Bei Abstimmungen um die seinerzeit besonders brisanten deutschlandpolitischen Fragen setzte sich ein ums andere Mal die von Mitgliedern der illegalen KPD angeführte Gruppe um die Zeitschrift *Konkret* mit ihren von der SED vorgegebenen Positionen durch.[5] In welcher Form das eingefädelt und umgesetzt wurde, das läßt sich heute nachlesen. Zahlreiche Protokolle von Treffen in konspirativen Ostberliner Wohnungen, bei denen Klaus Rainer Röhl, Ulrike Meinhof und andere von Mitarbeitern der Staatssicherheit ihre Instruktionen entgegengenommen haben, liegen nun vor.[6]

---

5 Vgl. Jochen Staadt, Im Umkreis der Antiautoritären hatte die Stasi keinen Agenten – Aus den DDR-Unterlagen über Infiltrationsmaßnahmen von SED, FDJ und MfS an der Freien Universität Berlin, in: *Frankfurter Rundschau* vom 30. März 1995.

6 Aus einer »Mitteilung über die Aussprache mit den Redakteuren der Zeitschrift ›Konkret‹ am 3.3.1963« geht allerdings auch hervor, wie schwierig es für die SED offenbar war, ihre Genossen aus der illegalen KPD auf die gewünschte Linie zu bringen: »An dieser Aussprache nahmen 4 Genossen der KPD, 3 Genossen der SED und die Redakteure Ulrike Meinhof, Klaus-Rainer Röhl, Jürgen Holtkamp und Klaus Steffens (alle Mitglieder der KPD) teil. Grundlage für die Aussprache waren: der Entwurf der Programmatischen Erklärung, der Entwurf des Statuts der KPD und der Inhalt der Zeitschrift. Die Aussprache zeigte, daß es bei den Genossen von ›Konkret‹ große Unklarheiten in ideologischen Fragen gibt. Ihre Meinung zu dem Entwurf der Programmatischen Erklärung läßt sich auf folgendes reduzieren: 1. Die DDR darf nicht so verherrlicht werden, man sollte viel mehr über die Fehler und Mängel der DDR schreiben. 2. Um weiterzukommen, muß man in der Erklärung eine schonungslose Analyse der Fehler der Partei vornehmen. ›Man soll doch offen eingestehen, daß die Partei mehr Mißerfolge als Erfolge aufzuweisen hat.‹ (Röhl) Dabei wurde von ihnen ständig betont, daß dies einfach deshalb notwendig sei, um bei den Menschen in der Bundesrepublik glaubwürdig zu erscheinen. Hinter dieser These versteckten sie auch die in ihrer Zeitschrift vorhandenen diffamierenden Äußerungen gegenüber der DDR, der SED und ihrer Politik. ›Wir üben Kritik an der Politik der Bonner herrschenden Kreise, und um objektiv zu sein, müs-

Daß Herbert Wehner, dieser knorrige alte Fuchs, 1961 in der SPD darauf gedrungen hat, sich angesichts solcher immer massiver werdenden Tendenzen vom SDS zu trennen, kann heute kaum noch verwundern.[7] Der Ex-Kommunist kannte aus eigener Erfahrung nur zu genau die Techniken, mit denen Organisationen unterwandert und ferngesteuert werden.

---

sen wir auch Kritik an den Zuständen in der DDR üben.‹ (Steffens) Von den anwesenden Genossen wurde ihnen sehr sachlich aber prinzipiell gesagt, daß sie sich mit der Vertretung dieser Meinung in ›Konkret‹ zum Handlanger für den Gegner machen und daß sie mit der Popularisierung von feindlichen Stimmungen gegen die DDR niemals in der Lage sind, den Kreisen der jungen Intellektuellen eine Orientierung nach einem nationalen Ausweg zu geben. Im Gegenteil, sie wirken desorientierend und fördern den psychologischen Einfluß des Gegners unter ihren Lesern. Außerdem bemühten sich besonders die Genossen der SED, den Redakteuren von ›Konkret‹ anhand konkreter Tatsachen und Beispiele die Probleme der DDR verständlich zu machen. Dabei bewährte es sich, daß ein Genosse der Abteilung Kultur an dieser Aussprache teilnahm. Insgesamt war es jedoch schwierig, bei ihnen Verständnis für Grundprobleme der Entwicklung in der DDR zu erzielen, weil 1. in der Vergangenheit mit ihnen keine oder kaum Grundfragen diskutiert wurden (Röhl: ›Wir kommen schon einige Jahre hierher nach Berlin, wir haben uns immer darauf gefreut, aber seit einem Jahr wird nur noch kritisch mit uns gesprochen, ist man mit uns nicht mehr zufrieden‹), 2. sie der Meinung sind, daß es bei ihnen keinerlei Unklarheiten über die DDR gibt bzw. sie nur einige Dinge auf dem Gebiet der kulturellen Entwicklung in der DDR nicht verstehen. Nach der Aussprache über prinzipielle Fragen wurden von den Genossen der KPD noch konkrete Maßnahmen mit ihnen festgelegt, bei deren Realisierung wir Unterstützung leisten: 1. Ausarbeitung einer Konzeption für die Zeitung, 2. Durchführung von Seminaren über politische Grundfragen, 3. Möglichkeiten schaffen zum gründlichen Studium der Probleme der DDR.« (Stiftung des Archivs der Parteien und Massenorganisationen der DDR im Bundesarchiv, abgekürzt: SAPMO-BA, IV 2/10.03, Bd. 131, S. 1)

7 Vgl. Willy Albrecht, Der Sozialistische Deutsche Studentenbund (SDS) – Vom parteikonformen Studentenverband zum Repräsentanten der Neuen Linken, Bonn 1994, insbes. S. 385 und S. 390.

Wie solche Aufgabenstellungen und Anweisungen im einzelnen aussahen, geht beispielsweise aus einer Beschlußvorlage für das Politbüro vom Oktober 1962 hervor. In einem 14 Punkte umfassenden »Maßnahmeplan« wird allen KPD-Mitgliedern, die an westdeutschen Universitäten studieren, angeraten, in die jeweilige SDS-Hochschulgruppe vor Ort zu gehen, dort »eine ständige Verbindung« zum SDS-Vorsitzenden aufrechtzuerhalten und zur Schulung in den Semesterferien Seminare über politische Fragen zu besuchen.[8]

---

8 Konkret heißt es: »*Maßnahmeplan SDS 1.* Allen Genossen, die an Universitäten studieren, wird empfohlen, entsprechend der Orientierung im SDS tätig zu sein. 2. den Zeitschriften ›konkret‹ und ›Pläne‹ wird empfohlen, einen Artikel über die Delegiertenkonferenz des SDS zu veröffentlichen. 3. Zum neuen Vorsitzenden des SDS wird eine ständige Verbindung aufrechterhalten. 4. Der SDS-Gruppe in München wird empfohlen, das Studienthema über die Konzentration der wirtschaftlichen Macht in der Bundesrepublik zu übernehmen, das entsprechende Material zusammenzutragen, in geeigneter Form zu veröffentlichen und den Bildungsgemeinschaften zur Diskussion zur Verfügung zu stellen. 5. Der Frankfurter SDS-Gruppe wird empfohlen, die theoretische Arbeit zu übernehmen, in der die politischen und wirtschaftlichen Möglichkeiten einer Abrüstungspolitik nachgewiesen werden. Dieses Material soll ebenfalls in geeigneter Form veröffentlicht werden. 6. Der SDS-Gruppe in München wird empfohlen, im nächsten Semester ein Forum über die Notstandsgesetzgebung zu organisieren. 7. Der SDS-Gruppe in Hamburg wird empfohlen, im nächsten Semester ein Forum über das Problem ›ungesühnte Nazijustiz‹ zu organisieren. Der Gruppe wird empfohlen, den Studenten Strecker bei seinen Arbeiten und Nachforschungen zu diesem Problem stark zu unterstützen. 8. Die SDS-Gruppen in Hamburg, München, Göttingen und Frankfurt werden durch die Gewinnung neuer Studenten gestärkt. 9. Die SDS-Gruppe in Münster wird dadurch verstärkt, daß ein Genosse ab Semesterbeginn dort sein Studium aufnimmt. 10. In vier SDS-Gruppen wird eine regelmäßige Anleitung unserer Genossen gesichert. Die Genossen in diesen Gruppen nehmen Verbindung zu weiteren SDS-Gruppen auf, um dort politisch wirksam zu werden und ihren Einfluß zu erweitern. 11. Aus den SDS-Gruppen werden Referenten für sozialistische Bildungsgemeinschaften

Den einzelnen SDS-Gruppen wird weiter erklärt, welche Veranstaltungen zu organisieren, welche Referenten zu gewinnen sind und wie sie ihre Mitgliederbasis weiter verstärken könnten.

Ein konkreter »Maßnahmeplan« wird dem Politbüro im März 1966 auch für einen Vietnam-Kongreß in Frankfurt vorgelegt, der vom SDS mit anderen Gruppen gemeinsam organisiert worden ist. Zu der Großveranstaltung in der Goethe-Universität, bei der Wolfgang Abendroth, Frank Deppe und Kurt Steinhaus, aber auch Herbert Marcuse, Oskar Negt und Jürgen Habermas als Referenten auftreten, erscheinen zwei Monate später über 2000 Besucher. In dem 8-Punkte-Katalog wird von der SED zugesichert, den Initiatoren Referenten für die einzelnen Arbeitskreise zu nennen, Arbeitsmaterialien für die jeweiligen Themenschwerpunkte bereitzustellen sowie »qualifizierte Kommunisten« teilnehmen und auftreten zu lassen. Außerdem wird vorgeschlagen, den Kongreß mit Protestaktionen vor US-Konsulaten und Amerika-Häusern in einem halben Dutzend von Großstädten zu flankieren.[9]

---

gewonnen. 12. Um unsere Genossen, die an Universitäten studieren, zu befähigen, politisch stark aufzutreten, wird in den nächsten Semesterferien mit ihnen ein achttägiges Seminar über politische Fragen durchgeführt. 13. Bis Januar 1963 wird unter Anleitung der Jugendkommission eine Arbeitsgruppe Studenten gebildet. 14. Zwei offizielle Delegationen werden in die DDR eingeladen. Bitte an Universitäten der DDR, damit sie Einladungen aussprechen. (Kann auch inoffiziell sein.) *Verantwortlich*: Jugendkommission« (Beschlußvorlage zur Weiterführung der Arbeit mit dem Sozialistischen Bund und dem SDS, 22. Oktober 1962, Lfd. Nr.: 18, SAPMO-BA, IV 2/10.03, Bd. 57, 141–149, S. 8f.)

9 »*Maßnahmen und Empfehlungen* 1. Die 7. ZK-Tagung hat deutlich gemacht, welche Gefahren durch die weitere Eskalation der USA-Aggression in Vietnam und durch die Unterstützung Bonns heraufbeschworen werden. Ausgehend davon kommt der Entwicklung und Verstärkung der kämpferischen Solidarität mit dem vietnamesischen Volk in der BR große Bedeutung zu. Der Vietnam-Kongreß in Frankfurt/Main sollte zu einer breiten Manifestation der Solidarität mit Vietnam, für das Selbstbestimmungsrecht des vietnamesischen Volkes, gegen den schmutzigen

Nach der Bildung der Großen Koalition entstand für die Machthaber in Ost-Berlin eine ambivalente Situation. Einerseits wuchs das politische Potential, das dem Regierungsbündnis zwischen CDU/CSU und SPD kritisch bzw. ablehnend gegenüberstand, andererseits aber auch das eigene Mißtrauen, in welche Richtung sich diese Kräfte entwickeln würden. Die SED begrüßte zwar die stärker werdende Oppositionsbewegung, weil es ihr die Chance bot, die Bundesregierung noch heftiger als in den Jahren zuvor anzugreifen und vor den Augen der internationalen Öffentlichkeit diskreditieren zu können. Zum anderen hegte sie jedoch die Befürchtung, daß ihr die ansonsten so nützliche Bewegung entgleiten und sie die Kontrol-

---

Krieg der USA in Vietnam und die Bonner Komplizenschaft werden. [...] 4. Der Kongreß sollte vor allem durch die verschiedensten Protestaktionen vorbereitet werden. Neben den geplanten Aktionen zum 25./26. 3. und den Ostermärschen, sollten auch alle Anstrengungen unternommen werden, den 1. Mai im Zeichen des Kampfes für die Solidarität mit dem vietnamesischen Volk, gegen die USA-Aggression und die Bonner Unterstützung durchzuführen. Es wird vorgeschlagen, unmittelbar vor Stattfinden des Kongresses Demonstrationen vor US-Konsulaten und Amerika-Häusern wie zum Beispiel in Frankfurt/Main, Stuttgart, Köln, Mannheim, Hamburg, München u.a. durchzuführen. Außerdem wird empfohlen, Informationsstände, Straßenausstellungen und Mahnwachen durchzuführen [...] 8. Weitere Maßnahmen zur Unterstützung und Durchführung des Kongresses durch die Partei a) Es wird gesichert, daß den Initiatoren von unserer Partei Vorschläge für Referenten für die einzelnen Diskussionskreise und Themen unterbreitet werden [...] b) Es wird gesichert, daß qualifizierte Kommunisten an dem Kongreß, besonders in den einzelnen Diskussionskreisen, teilnehmen und auftreten [...] c) Zur politischen Unterstützung des Kongresses erweist es sich als notwendig, daß zu den vorgesehenen drei Themenkreisen Arbeitsmaterialien ausgearbeitet werden, die sowohl mit den Initiatoren besprochen werden zur politischen Ausrichtung des Kongresses und die auch zur Vorbereitung unserer Genossen für ihr Auftreten dienen.« (Vorlage an das Politbüro: Maßnahmeplan zur Unterstützung des Vietnam-Kongresses am 20.5.66 in Frankfurt/Main, SAPMO-BA, IV 2/10.03, Bd. 5, S. 2–5)

le über ihre politischen Ziele verlieren könnte. Ja, sie durfte es sogar für nicht gänzlich ausgeschlossen halten, daß sich die sogenannte Neue Linke eines Tages gegen das eigene sozialistische System richten würde, das sie in der DDR über Jahrzehnte hinweg mit einem so hohen Planungs- und Sicherheitsaufwand aufgebaut hatte. Die Tatsache, daß West-Berlin das Zentrum der APO und mit Rudi Dutschke ein Republikflüchtling ihre Führungsfigur war, mußte ihr als besonders riskant, wenn nicht gar gefährlich erscheinen. Nichts durfte unversucht gelassen werden, um dafür zu sorgen, daß diese Strömungen auf Linie gebracht wurden. Und wenn das nicht gelingen sollte, so mußte auf jeden Fall garantiert werden, daß die in dieser Bewegung unüberhörbaren antisowjetischen Töne nicht auch noch in die DDR dringen und dort auf ein Echo stoßen würden.

Der starke Mann der SED, Walter Ulbricht, gab auf dem VII. Parteitag im April 1967 die Marschroute vor. Die für die Staatspartei brauchbaren Teile der sogenannten westdeutschen Intelligenz sollten integriert, die unbrauchbaren hingegen isoliert und abgedrängt werden.[10] Kurze Zeit später kursierte im SED-Politbüro ein Geheimpapier über »Protest und Widerstand junger Menschen«, in dem ein regelrechtes Aktionsprogramm für die APO entwickelt wird. »Es geht jetzt darum«, heißt es darin, »den in Kreisen der Jugend und Studenten in Westdeutschland und Westberlin vorhandenen Widerstand gegen die westdeutsche Regierungspolitik sowie der Forderungen nach einer Veränderung der bisherigen Politik und der Aktionen der progressiven Kräfte in den verschiedenen Jugend- und Studentenverbänden zu einer gelenkten und die Kräfte vereinenden Bewegung der Jugend in Westdeutschland und Westberlin zu entwickeln [...]. Die Bewegung soll ihrem Charakter und ihrer Zielsetzung nach eine antifaschistische, antimilitaristische, antimonopolistische, demokratische Bewegung sein.«[11]

---

10 Zentralkomitee der SED (Hg.), Protokoll der Verhandlungen des VII. Parteitages der SED, Ost-Berlin 1967, S. 46ff.

11 »Protest und Widerstand junger Menschen« (SAPMO-BA, IV A 2/2082, Bd. 134, S. 1).

In der Folge kommt es zu einer ganzen Serie von Sondierungsgesprächen und Verhandlungen zwischen Funktionären des SDS-Bundesvorstandes und des FDJ-Zentralrates in Ost-Berlin.[12] Dabei werden auch Photodokumente und Informationen über die »faschistische Vergangenheit« von Polizeiangehörigen überreicht. Die Protokolle der Zusammenkünfte gehen an Ulbricht und seinen designierten Nachfolger, den emsig aufstrebenden Erich Honecker.

Eine besondere Rolle nimmt im Zusammenhang mit APO und SDS auch die Gruppe um den Marburger Politikwissenschaftler Professor Wolfgang Abendroth ein. Mitte Juli 1967 führt ein Dr. Jahnke im Auftrag der Westabteilung des SED-Zentralkomitees Gespräche mit Abendroth über die Gründung einer sozialistischen Partei in Westdeutschland.[13] Darin geht es vor allem um die Klärung der nötigen Voraussetzungen, um einer solchen Partei zum Sprung in den Bundestag zu verhelfen. Für die Neugründung, heißt es, sei eine enge Abstimmung mit der KPD- und SED-Führung vonnöten. Zusammen mit der KPD müsse die sozialistische Partei das »Zentrum für eine breite demokratisch-antiimperialistische Bewegung« bilden.[14] Im Laufe der weiteren Entwicklung solle dann eine Verschmelzung beider Organisationen erwogen werden. Eine Existenzberechtigung habe eine solche Partei aber nur dann, wenn es in allen

---

12 »Information über Gespräche mit dem Konventspräsidenten der Dahlemer Universität in Westberlin, W. Lefèvre (SDS-Bundesvorstand) sowie weiteren Westberliner Studentenfunktionären im Zentralrat der FDJ und in Westberlin am 20. 6. 1967« (SAPMO-BA, IV A 2/2082, Bd. 106, S. 5 f.).

13 »Westabteilung: Information über Gespräche mit Professor Abendroth (Marburg) / (in der Zeit vom 12.–15. 7. 67)« (SAPMO-BA, DY 30/J IV 2/202, Bd. 95). Ein weiteres Gespräch, heißt es im letzten Abschnitt des Berichts, habe »Genosse Dr. Jahnke« »auftragsgemäß« mit dem Sekretär des Kuratoriums »Notstand der Demokratie«, Helmut Schauer, geführt. Der ehemalige SDS-Bundesvorsitzende habe darin die Ansicht vertreten, daß die Gründung einer sozialistischen Partei zwar »unbedingt notwendig« sei, jedoch »keinesfalls überstürzt« werden dürfte (ebenda, S. 4).

14 Ebenda, S. 2.

entscheidenden Fragen »eine weitgehende Übereinstimmung mit der DDR und den führenden Genossen der SED« gäbe.[15] Mit der Ausarbeitung eines Aktionsprogramms, versichert Abendroth, seien bereits Mitarbeiter seines Instituts an der Philipps-Universität beschäftigt.[16] Als Vorsichtsmaßnahme, heißt es in dem als »streng vertraulich« klassifizierten Gesprächsprotokoll weiter, habe Abendroth darum gebeten, »nach Möglichkeit zu veranlassen, daß nicht zu häufig über sein Auftreten im Fernsehen und anderen Publikationsorganen der DDR berichtet« werde.[17] Die Gespräche, meint der Berichterstatter, ergäben das Bild eines breiten Unterstützerkreises, den Abendroth sich unter Mitarbeitern und Studenten seines Instituts, die zugleich in der Arbeitsgemeinschaft Sozialistische Opposition (ASO) und im SDS maßgeblich tätig seien, habe aufbauen können.[18]

---

15 Ebenda, S. 2 f.

16 »3. Als notwendige Voraussetzungen für die Gründung einer neuen Partei erachtet Prof. Abendroth: a) Die Ausarbeitung eines Aktionsprogramms. Mit der Ausarbeitung sind vor allem beauftragt und bereits beschäftigt: Prof. Abendroth, sein Mitarbeiter am Institut für wissenschaftliche Politik an der Philipps-Universität Marburg, Deppe, G. Gleisberg, Chefredakteur ›Andere Zeitung‹, und Berg, VUS. Der Entwurf des Aktionsprogramms soll in den bestehenden sozialistischen Gruppen diskutiert und im Spätherbst (frühestens Ende Oktober 1967) auf einer zentralen Konferenz vorgelegt werden.« (Ebenda, S. 1)

17 Ebenda, S. 3.

18 »Die Gespräche ergaben, daß ein Teil der Mitarbeiter und Studenten des Instituts Prof. Abendroth politisch unterstützen und Träger in der Marburger ASO (›Arbeitsgemeinschaft Sozialistische Opposition‹) und des SDS in Marburg sind. Diese Mitarbeiter zeigten sich besorgt darüber, daß der Gegner offensichtlich stärker versucht, in das Institut einzudringen. Mitarbeiter von Prof. Abendroth äußerten ebenfalls, daß A. stark überfordert sei. Er habe bereits viele wissenschaftliche Arbeiten zurückgestellt, um sich ganz den politischen Aufgaben widmen zu können. Sie sind besorgt über seinen stark angegriffenen Gesundheitszustand.« (Ebenda, S. 3 f.)

Schwieriger wird die Situation für die SED, als sich im September 1967 die undogmatisch-antiautoritäre Fraktion (vor allem in West-Berlin und Frankfurt) im SDS gegen die orthodox-kommunistische (in Bonn, Köln und Marburg) durchsetzt und den neuen Bundesvorstand bildet. Mit besonderem Mißtrauen wird dabei beobachtet, wie sich Dutschke, der es mit seinem Charisma nicht nur versteht, die Säle großer Veranstaltungen zu füllen, sondern auch immer mehr zur Attraktion der Massenmedien zu werden, zur Sowjetunion und zur DDR stellt. So vermerkt der IM »Walter Rosenow« in einem seiner Treffberichte genau, daß Dutschke auf einer Gedenkveranstaltung zum 50. Jahrestag der Oktoberrevolution in der Neuköllner Hasenheide erstmals von »unseren sowjetischen Freunden« spricht.[19] Auch wenn die Formulierung eher beiläufig im Zusammenhang mit dem Vietnamkrieg fällt, gewinnt sie in der Berichter-

---

19 In dem von Oberstleutnant Jaeckel für die Abteilung XX der Hauptverwaltung Aufklärung des MfS aufgezeichneten IM-Bericht heißt es über Dutschkes Rede: »D. meinte weiter, daß die Studenten bei den letzten Arbeiterkämpfen in WB und WD versagt hätten, weil sie sich nicht am Kampf beteiligt hätten. Er schlug z.B. Sammlungen für Streiks unter Studenten vor, um sie den streikenden Arbeitern zu geben. Ein ernstes Hindernis für erfolgreiche studentische Aktionen der Arbeiter sei das Fehlen fester Organisationen. Er rief von der Veranstaltung aus die WB-Arbeiter auf, sich zu organisieren! Schüler und Studenten müßten sich anschließen. Als Losung für den Kampf der Schüler und Studenten forderte er, Springer zu zerschlagen. Er wies nach, daß die letzten Erfolge in Spanien nicht zuletzt auf eine breite Organisiertheit aller Beteiligten zurückzuführen sei. Dort wäre ein Zusammengehen der Arbeiter und Studenten möglich. Zum Krieg der USA in Vietnam sagte er, daß ›wir uns nicht nur auf *unsere sowjetischen Freunde* (erstmals von D. in dieser Form gesagt!!) verlassen sollten, sondern in WB und WD große Aktionen durchführen müssen‹, um vor allem eine Ausweitung der Eskalation auf Nordvietnam zu verhindern.« (»*Information* IM ›Walter Rosenow‹, 7. 11. 67«, Bundesbeauftragter für die Unterlagen des Staatssicherheitsdienstes der ehemaligen Deutschen Demokratischen Republik, abgek. BstU, A 592/79, Bd. 2, S. 1)

stattung des Stasi-Mitarbeiters und Kommilitonen, der als Walter Völkel am Otto-Suhr-Institut der Freien Universität Politikwissenschaft studiert, ein gewisses Gewicht.

Ein letzter großer Anlauf, sich auf eine gemeinsame Vorgehensweise zu einigen, wird im Januar 1968 im Vorfeld des Internationalen Vietnam-Kongresses in West-Berlin unternommen. Obwohl Dutschke zusichert, daß es auf dem Kongreß keine »antisowjetischen Ausfälle« geben werde, kann keine Einigkeit über Redner und Ablauf der Veranstaltung erzielt werden.[20] Nachdem es den FDJ-Funktionären mißlungen ist, kommunistischen Organisationen bei der aufsehenerregenden Veranstaltung einen besonderen Stellenwert einzuräumen, ändert sich das Verhalten der SED spürbar. Sie schaltet nun mehr und mehr von einer Umarmungs- auf eine Spaltungsstrategie um. Der Einfluß der Antiautoritären, die zudem offen mit den Kräften des Prager Frühlings sympathisieren, wird, wo immer nur möglich, bekämpft.

Besonders deutlich wird das am 1. Mai 1968 in West-Berlin. Mit einer ganzen Serie professionell gemachter Flugblätter wird zu einer Gegenkundgebung mobilisiert, die die Aufgabe hat, den angeblich »seit zwanzig Jahren« praktizierten Mißbrauch des Feiertags der Arbeiterbewegung »für die Verkündung antikommunistischer Durchhalteparolen« zu durchbrechen. In einer »streng vertraulichen / persönlichen« SED-Hausmitteilung an den »Genossen Albert Norden« von der Westabteilung wird angeboten, »20 000 Westmark« zur Vorbereitung des 1. Mai einem »Solidaritätsfonds der Freunde der außerparlamentarischen Opposition« zur Verfügung zu stellen.[21] Das

20 »Information über ein Gespräch mit Initiatoren der Westberliner Vietnamkonferenz am 30.1.1968« (SAPMO-BA, IV A 2/2082, Bd. 106, S. 2).

21 »Lieber Genosse Norden! Wie bereits mündlich gestern besprochen, macht es sich dringend erforderlich, darüber zu entscheiden, inwieweit wir in der Lage sind, über unsere Genossen in Westberlin den ›Solidaritätsfonds der Freunde der außerparlamentarischen Opposition‹ zu stützen. Dieser Solidaritätsfonds wird getragen vom SDS, vom Republikanischen Klub und von der FDJ Westberlin. Unsere Genossen schätzen, daß

klingt schon wie bei den Mafiosi, die sich am Ende von Billy Wilders »Manche mögen's heiß« in Miami ein Stelldichein als angebliche »Freunde der Oper« geben. Die Summe, heißt es, werde »über Mittelsmänner« in Raten auf das Konto überwiesen. Die Folge ist, daß es neben der üblichen Mai-Kundgebung vor der Reichstagsruine eine zweite konkurrierende gibt, die durch die Arbeiterbezirke Neukölln und Kreuzberg führt. Die Reaktionen auf diese »Sozialistische Mai-Kundgebung« sind unter Politikern ebenso wie unter Journalisten ziemlich eindeutig. Der Regierende Bürgermeister Klaus Schütz erklärt anschließend, die APO habe der SED in West-Berlin eine Plattform geliefert,[22] und Jürgen Engert überschreibt seinen Artikel im *Tagesspiegel* mit »Nützliche Idioten gesucht«,[23] allein Kai Hermann fabuliert in der *Zeit* über »Das dialektische Verhältnis von APO und SED«.[24]

Die langfristig wichtigste Konsequenz in der brüchig gewordenen Beziehung zum SDS ist allerdings die von Ost-Berlin aus generalstabsmäßig vorbereitete Gründung eigener Organisationen, die die Aufgabe haben, das sich in der gegnerischen Republik bietende Pro-

---

in Vorbereitung des 1. Mai 1968 und der bis dahin stattfindenden Aktionen eine Summe von ca. 20 000 Westmark erforderlich wäre. Selbstverständlich würde diese Summe in Raten auf das Konto des Solidaritätsfonds über Mittelsmänner eingezahlt werden. Mit Genossen Karl Raab habe ich bereits gesprochen. Er ist sofort bereit, die Mittel zur Verfügung zu stellen, wenn er von Dir die entsprechende Anweisung erhält [...] Wir bitten um Deine Zustimmung. Mit sozialistischem Gruß Karl Wildberger« (SED-Hausmitteilung an Genossen Albert Norden / Westabteilung, 16.4.68, SAPMO-BA, IV A 2/2028, Bd. 20, 70.15)

22 Annamarie Doherr, Schütz: SED-West erhielt Plattform durch außerparlamentarische Opposition, in: *Frankfurter Rundschau* vom 3. Mai 1968.

23 Jürgen Engert, Nützliche Idioten gesucht – Die SED intensiviert Kontakte zur außerparlamentarischen Opposition, in: *Der Tagesspiegel* vom 10. Mai 1968.

24 Kai Hermann, Opposition hüben und drüben – Das dialektische Verhältnis von APO und SED, in: *Die Zeit* vom 24. Mai 1968, 23. Jg., Nr. 21, S. 7.

testpotential aufzufangen, zu bündeln und hinter die von der SED vorgegebenen Positionen zu stellen.

Zunächst wird Anfang Mai in Essen die Sozialistische Deutsche Arbeiterjugend (SDAJ) gegründet,[25] dann im September, nachdem

---

25 In einer als »vertraulich« klassifizierten Vorlage an das Politbüro (PB) vom 16. April 1968 heißt es: «A) Für die Durchführung eines Gründungskongresses einer marxistischen Arbeiterjugendorganisation am 4./5. Mai 1968 in Essen werden dem PB die Entwürfe folgender Materialien vorgelegt: 1. Entwurf eines Aktionsprogrammes / 2. Entwurf einer Satzung / 3. Entwurf der Hauptreferate / B) Auf dem Gründungskongreß wird u. a. in der Eröffnungsrede (vor dem Hauptreferat und vor den Wahlen der Kongreßorgane) eine knappe Würdigung von Karl Marx (gegenwartsbezogen) vorgenommen, wird auf die Mordanschläge auf Dutschke und M. L. King eingegangen. / C) Grober Ablaufplan für den 4. und 5. Mai [...]« (»Steffens / Vorlage an das PB / 16. April 1968«, SAPMO-BA, IV 2/10.03, Bd. 67, 39/7-70200017, S. 1) Unter dem Eindruck der massiven Protestaktionen nach dem Dutschke-Attentat, den sogenannten Oster-Aktionen (11.–15. April 1968), werden dem Politbüro drei Tage später Vorschläge unterbreitet, Referate und Programmentwürfe des SDAJ-Gründungskongresses zu modifizieren. In dem Papier heißt es: »Die Überarbeitung der Materialien macht sich selbstverständlich in Anbetracht der Osteraktionen notwendig. Die Kampfbereitschaft von Teilen der Jugend setzt für den marxistischen Jugendverband von vornherein große Maßstäbe. Will er Autorität gewinnen, so muß er von Anfang an beispielgebend und mobilisierend für die politische Aktion wirken und eine fundierte politisch-ideologische Arbeit leisten, die maßgeblich andere kampfbereite Teile der Jugend beeinflußt. Das Westberliner Beispiel zur Schaffung einer Einheitsfront aller demokratischen Kräfte ist auf dem Gründungskongreß für die westdeutschen Verhältnisse auszuwerten und zu popularisieren. Dabei sollte man auch nicht vor kameradschaftlicher und konstruktiver Kritik gegenüber bestimmten ideologischen Verwirrungen im SDS und bei anderen fortschrittlichen Kräften zurückschrecken. Zum Beispiel sollte eine Klarstellung erfolgen, daß der sozialistische Jugendverband prinzipiell für eine parlamentarische Vertretung der außerparlamentarischen Opposition zu den Bundestagswahlen 1969 kämpfen wird.« Danach folgt eine Reihe

klargeworden ist, daß es nicht zu der geforderten Aufhebung des KPD-Verbots kommen wird, in Offenbach die Deutsche Kommunistische Partei (DKP)[26] und schließlich im Januar 1969 nach dem Ausschluß linientreuer Mitglieder aus dem SDS in Westhofen an der Ruhr der Marxistische Studentenbund Spartakus (MSB).[27] Auch wenn die Entwicklung in den siebziger Jahren schon bald zeigen sollte, daß die DKP keinerlei Aussicht auf die Erringung bemerkenswerterer Wahlresultate haben würde, so gelang es dem MSB doch immerhin, erhebliche Potentiale der Studentenschaft an sich zu binden und zusammen mit dem als U-Boot fungierenden SHB die Politik des Verbandes Deutscher Studentenschaften ein Jahrzehnt lang zu dominieren.

Neben den von der SED gesteuerten Organisationen waren Einrichtungen von Bedeutung, die als Kommunikations- und Veranstaltungszentren innerhalb der Bewegung galten, in Wirklichkeit aber der Stasi als »legale Dächer« für ihre Aktionen dienten. Sie besaßen den Vorteil, als fraktionsübergreifend und uneigennützig zu erscheinen. Damit konnten Informationen gewonnen und Desinformationen verbreitet werden, ohne gleich den Verdacht zu erwecken, besonders DDR-freundlich zu sein und den kommunistischen Organisationen nur in die Hände spielen zu wollen. Die wichtigsten dieser Bewegungsinstitutionen waren die Republikanischen Clubs (RC). Von West-Berlin aus setzte 1967 ein regelrechter Gründungsboom ein.[28] Bis zum Oktober 1968 waren in der Bundesrepublik 42

---

von Detailvorschlägen. (Arbeitsbüro / Berlin, den 18. April 1968 / Zur Vorlage 39/7 über die Gründungsmaterialien der marxistischen Arbeiterjugendorganisation, SAPMO-BA, IV 2/10.03, Bd. 67, Zur Vorlage 39/7-70200017, S. 1)

26 Vgl. Gerd Langguth, Protestbewegung: Entwicklung – Niedergang – Renaissance – Die Neue Linke seit 1968, S. 152f.

27 Zunächst freilich noch unter der Bezeichnung Assoziation Marxistischer Studenten – Spartakus. Vgl. Gerd Langguth, ebenda, S. 165.

28 In einer an das Politbüro gerichteten Beschlußvorlage vom 16. April 1968 wird ein Überblick der bis dahin existierenden RC gegeben, bei

dieser als völlig unverdächtig geltenden Clubs ins Leben gerufen worden.

Der prominenteste war zweifelsohne der Westberliner RC, der in einer Seitenstraße des Kurfürstendamms residierte. Zu seinen maßgeblichen Initiatoren zählte der damalige FDP-Bundestagsabgeordnete William Borm. Der seinerzeit bereits über 70jährige Politiker war einer der hochrangigsten Einflußagenten der HVA in Bonn und in West-Berlin. Während der Verbüßung einer mehrjährigen Haftstrafe in der DDR war der Westberliner Unternehmer und spätere FDP-Landesvorsitzende von der Stasi erpreßt worden und schließlich »umgefallen«. Die 150 000 DM, die er für den RC angeblich aus Überschüssen seiner Firma spendiert haben wollte, stammten in Wirklichkeit von der von Markus Wolf geleiteten

---

dem die drei in Frankfurt, Stuttgart und München existierenden Club Voltaire explizit mit aufgeführt werden, und eine Reihe von Vorschlägen unterbreitet, wie die SED die Arbeit der RC am besten unterstützen könne: »4. Unsere Partei sollte sich zur Gründung und Entwicklung der RC grundsätzlich positiv stellen. Wir sollten ihre Bestrebungen fördern und uns durch die Mitarbeit von Kommunisten in den RC direkt einschalten. Nach vorhandenen Berichten und Informationen arbeiten bereits in einer Reihe der RC Kommunisten aktiv mit. Erfahrungen, die uns konkret aus *Köln* übermittelt wurden, bestätigen, daß die RC ein fruchtbarer Boden politischer und ideologischer Tätigkeit von Kommunisten, die Möglichkeit zur Verbreiterung unserer Kontakte zu Kräften der demokratischen Intelligenz sind [...] Unsere Genossen im RC-Köln streben danach, daß dort eine Diskussion über den Programmentwurf der KPD stattfindet. Der Auftakt dazu soll eine Veranstaltung sein, zu der Genosse Max Schäfer eingeladen worden ist. / Maßgeblich für die Arbeit von Kommunisten in den RC sollte sein, daß sie dort stets offen als Kommunisten auftreten, da sie dadurch das größte Gewicht als aktive Mitarbeiter und interessante Gesprächspartner finden können.« (Kulturkommission / den 16. April 1968 / *Vorlage an das Politbüro zur Entwicklung der »Republikanischen Club«* (RC), SAPMO-BA, IV 2/10.03, Bd. 67, 42/3-70200017, S. 4) Das Papier endet mit vier konkreten »Maßnahmen«, die an Mitarbeiter delegiert werden.

HVA.[29] Mit dem RC, in den von Johannes Agnoli und Peter Brückner bis zu Fritz Teufel und Gerhard Zwerenz alles strömte, was in der APO Rang und Namen hatte, konnte das MfS Aktivitäten kontrollieren und massiven Einfluß auf Kampagnen, Veranstaltungen und Diskussionsprozesse nehmen.

Eines der bekanntesten Mitglieder im RC-Vorstand war der Journalist Carl Guggomos. Der ehemalige *Vorwärts*-Redakteur arbeitete ebenfalls für die HVA, trug den Decknamen »Gustav« und gab den *Berliner Extra-Dienst* heraus. Das bescheiden aufgemachte Informationsblatt erschien vom Mai 1967 an und wirkte wie ein vorgeschobener Horch- und Sendeposten in die APO hinein. Über das Organ, dessen Räume wie eine Nachrichtenbörse fungierten, wurden zahlreiche Mobilisierungs- und Desinformationskampagnen abgewickelt. Erst nach dem Fall der Mauer und dem Ende der DDR ließen sich die Umrisse dieser politischen Manipulationszentrale erkennen.[30] Zwei Stasi-Spezialisten für Desinformation haben 1992 berichtet, in welchem Maße der *Extra-Dienst* seinerzeit vom MfS eingesetzt worden ist. Wie die beiden ehemaligen Oberleutnants Günther Bohnsack und Herbert Brehmer, beide Referatsleiter in der von Oberst Rolf Wagenbreth angeführten Abteilung X des MfS, bekannten, hätte der *Extra-Dienst* »ohne unsere redaktionellen Beiträge und ohne unser Geld« gar nicht existieren können.[31] Es waren

---

29 Sein damaliger Chef schreibt in seinen Erinnerungen mit unverkennbarem Stolz, daß William Borm seit Beginn der sechziger Jahre »eine wichtige Quelle« gewesen sei: Markus Wolf, Spionagechef im geheimen Krieg – Erinnerungen, Düsseldorf / München 1997, S. 243.

30 Vgl. Peter-Ferdinand Koch, Die feindlichen Brüder – DDR contra BRD – Eine Bilanz nach 50 Jahren Bruderkrieg, Bern / München / Wien 1994, S. 209.

31 »Treffen auf der Parkbank – Die Ex-Stasi-Offiziere Günther Bohnsack und Herbert Brehmer über ihre Tricks gegen Geheimdienste und Medien«, in: *Der Spiegel* vom 22. Juli 1991, 45. Jg., Nr. 30, S. 60; vgl. auch: Günther Bohnsack / Herbert Brehmer, Auftrag Irreführung: Wie die Stasi Politik im Westen machte, Hamburg 1992.

also keineswegs die finanziellen Zuwendungen allein, die hier von Bedeutung waren, sondern in einem mindestens ebenso hohen Maße die von speziellen Desinformanten verfaßten Artikel, die unter dem Anschein, von einem Insider-Standpunkt aus geschrieben worden zu sein, die klatsch- und tratschsüchtige Szene beeinflussen sollten.

Neben diesem Sonderfall des speziell auf die APO abgerichteten Informationsdienstes spielten auch eine Reihe von Zeitungen und Zeitschriften eine gewisse Rolle. In einer vom Arbeitsbüro Albert Norden im Juli 1968 zusammengestellten, einzeln durchnumerierten Liste »befreundeter Zeitungen und Zeitschriften« werden insgesamt 26 Titel aufgeführt. Sie reichen von den bekannteren Wochenblättern *Deutsche Volkszeitung*, *Die Tat* und *Die Andere Zeitung* bis zu Zeitschriften wie den *Marxistischen Blättern*, den *Sozialistischen Heften* und den *Blättern für deutsche und internationale Politik*. Das Politbüro habe am 12. Juni 1968, heißt es dann lapidar, beschlossen: »1. Die acht Regionalzeitungen werden auf 5 reduziert. 14, 16, 20 werden zu 14 zusammengelegt, 19 wird mit 21 vereinigt, 18 wird in die Hauptstadt des Landes verlegt. 2. Nr. 32 wird *Der Zentrale Pressedienst der Partei*. Im Laufe des Jahres werden eingestellt: 23, 26, 27, 28, 30, 31, 33.«[32] Das klingt so, als würde jemand Figuren auf einem Spielbrett hin- und hermanövrieren oder einfach einen Schalter herunterdrücken und so das Licht ausknipsen. Die häufiger als Gerücht zu hörende Formulierung, dieses oder jenes der genannten Blätter sei aus Ost-Berlin »finanziert« worden, stellt demgegenüber eine völlige Verharmlosung der tatsächlichen Situation dar. Die »befreundeten« Blätter befanden sich vollständig in der Hand ihrer »Freunde«. Diese konnten mit ihnen in Wirklichkeit machen, was sie wollten.

Wie eine Zeitschrift auf Linie gehalten wird, läßt sich einer Aktennotiz des Büros Norden vom Januar 1969 entnehmen. Darin

---

32 Die von Norbert Madloch am 26. Juli 1968 für die Westabteilung angefertigte Liste »Schlüsselnummern für die befreundeten Zeitungen und Zeitschriften« umfaßt zwei Seiten. (SAPMO-BA, IV 2/10.03, Bd. 133, 70200560, S. 2)

wird über ein Treffen mit Paul Neuhöffer über die weitere politische Ausrichtung der *Blätter für deutsche und internationale Politik* berichtet. Zu ihrer Charakterisierung heißt es kommentarlos, sie stellten »eine linksliberale Zeitschrift« dar und – als gelte es, mögliche Mißverständnisse zu vermeiden – »kein Organ zur Verbreitung des Marxismus«.[33] Mit anderen Worten, die Zeitschrift erfülle nur dann ihre Funktion innerhalb der kritischen westdeutschen Intelligenz, wenn sie keine marxistischen Positionen erkennen lasse, sondern sich mit linksliberalen begnüge. Ein Artikel »zu den Ereignissen in der ČSSR«, heißt es da, habe sich »positiv auf den Leserkreis ausgewirkt«. Es habe deshalb »nur etwa 35 Abbestellungen« gegeben.[34] Mit wieviel hatte man, so fragt man sich, tatsächlich gerechnet, um den Einmarsch der Warschauer-Pakt-Truppen in Prag gegenüber einem angeblich »linksliberal« geprägten Publikum rechtfertigen zu können? Oder herrschte etwa zynische Genugtuung gegenüber einer Art selbstvollzogenen Säuberung vor?

Berichtet wird in dieser bemerkenswerten Notiz außerdem von einer geplanten Auftragsarbeit für den Kölner Autor Hans G. Helms. Er wolle »ein grundsätzliches Buch über die Stellung von Marx und Engels zum Anarchismus« schreiben – einen »Leitfaden für die Auseinandersetzungen mit anarchistischen Tendenzen in der westdeutschen Jugend«, wie es in beinahe diplomatischer Zurückhaltung heißt. »Der Autor wäre bereit«, heißt es vertrauenerheischend weiter, »auf alle unsere Wünsche einzugehen.« Das Problem bestehe lediglich darin, daß der ideologisch angeblich so selbstlose Autor finanziell alles andere als selbstlos sei und »25 000 DM West als Unkostenerstattung« verlange.[35] Es ist nicht bekannt, wie die weiteren Bemühungen Neuhöffers um das Werk verlaufen sind und

---

33 »Aktennotiz über die Beratung vom 6. Januar 1969 zu Problemen der ›Blätter für deutsche und internationale Politik‹ / Anwesend: Paul Neuhöffer, Reinhold, Gerhard Meyer, Norbert Madloch« (SAPMO-BA, IV 2/10.03, Bd. 133, 702005, S. 1).

34 Ebenda, S. 2.

35 Ebenda, S. 5.

ob diese oder eine vergleichbare Summe tatsächlich gezahlt worden ist.[36]

Viel zu lange ist das Problem der IM in den letzten Jahren einseitig als eines der ehemaligen DDR hingestellt worden. Die Zahl derjenigen, die in der Bundesrepublik und West-Berlin für das MfS tätig gewesen sind, soll sich nach Schätzungen der Gauck-Behörde auf 20000 bis 30000 belaufen.[37] Wie viele davon wiederum an Universi-

---

36 Erschienen jedenfalls ist noch im selben Jahr: Hans G. Helms, Fetisch Revolution – Marxismus und Bundesrepublik, Darmstadt / Neuwied 1969. Im Titelbeitrag wird vor allem der Versuch unternommen, die Kritik der Brüder Gabriel und Daniel Cohn-Bendits am Parteikommunismus als »vollends blödsinnig« abzuqualifizieren. Helms hat dabei keinerlei Skrupel, »die stalinistischen Liquidationen« gegen ihre linksradikalen Kritiker als prinzipielle Möglichkeit zu legitimieren: »Ob sie nicht möglicherweise gerade durch die faschistisch organisierte monopolkapitalistische Umwelt erzwungen wurden, um in der UdSSR ein Mindestmaß sozialistischer Praxis zu ermöglichen, wurde nicht einmal in Ansätzen diskutiert.« (Zitiert nach der Taschenbuchausgabe: Hans G. Helms, Fetisch Revolution – Marxismus und Bundesrepublik, Darmstadt / Neuwied 1973, S. 82f.)

37 Diese Zahlen werden vom wissenschaftlichen Mitarbeiter in der Abteilung Bildung und Aufklärung der Gauck-Behörde, Hubertus Knabe, genannt, der insgesamt eine gravierende »Schieflage bei der Aufarbeitung der DDR-Vergangenheit« in Ost und West beklagt: »Wer sich näher mit den übriggebliebenen Unterlagen zur Westarbeit der DDR-Staatssicherheit beschäftigt, ist immer wieder überrascht, mit welchem Aufwand diese auch im Westen agierte. 4744 hauptamtliche Mitarbeiter beschäftigte 1989 allein der Aufklärungsapparat des MfS. Hinzu kamen rund 160 andere Diensteinheiten des 91 000 Mann starken Ministeriums, die auf unterschiedliche Weise im und nach dem ›Operationsgebiet‹ Bundesrepublik tätig wurden – von der großen Telefonüberwachung im Westen über die systematische Kontrolle von Geschäftsleuten, Journalisten oder Diplomaten bis zur ›Zersetzung‹ von Kritikern, die es wagten, in dieser Bonner Republik gegen das SED-Regime aufzutreten. 1553 Westdeutsche soll die HVA zuletzt als Inoffizielle Mitarbeiter (IM) geführt haben, 20000 bis 30000 West-IM sollen es insgesamt gewesen sein,

täten und Hochschulen spioniert haben, in Hochschulgruppen und Jugendorganisationen, in der Studenten-, Schüler- und Gewerkschaftsbewegung, ist kaum abzuschätzen.[38] Zumeist ist es Zufällen zu verdanken, wenn der eine oder andere Fall herauskommt und etwas Licht in den langen Schatten der Linken wirft.

Und wie reagieren frühere Vorkämpfer von 1968 darauf, wenn ihnen vorgehalten wird, sie hätten für die Stasi gearbeitet? Im Grunde auch nicht anders als die ehemaligen MfS-Leute aus der DDR auch: Ableugnen, vertuschen, verschweigen, sich irgendwie durchlavieren – lautet die Devise. Der Arzt und Historiker Karl-Heinz »Carlo« Roth, einstige Galionsfigur des Hamburger SDS und späterer Vorzeige-Autonomer, schweigt sich aus, seitdem ihm von einem Nachrichtenmagazin vorgeworfen wird, er habe als »IM Zeus« für Mielkes Mannen in der Normannenstraße Spitzeldienste verrichtet.[39] Und der Ex-Terrorist Michael »Bommi« Baumann, der heute immer dann in *Spiegel-TV* zu sehen ist, wenn jemand »die wilden Zeiten von damals« kommentieren soll, versucht sich damit herauszureden, daß er damals keine andere Wahl gehabt und ohnehin niemandem geschadet habe.[40] Herausgekommen war, daß er 1973 im

---

die seit Bestehen des MfS für die Stasi arbeiteten. Ein beträchtliches Potential für einen Staat mit der Einwohnerzahl von Nordrhein-Westfalen.« (Hubertus Knabe, Die Gnade der westdeutschen Geburt – Die Stasi-Vergangenheit in der Bundesrepublik muß aufgearbeitet werden, in: *Frankfurter Allgemeine Zeitung* vom 15. Dezember 1998)

38 Nach Knabes Untersuchungen zählten die Hochschulen der Bundesrepublik »zu den bevorzugten Aktionsfeldern der Staatssicherheit«. So seien seit 1971 die 25 wichtigsten bundesdeutschen Universitäten von bestimmten Diensteinheiten »objektmäßig« bearbeitet worden. (Hubertus Knabe, ebenda)

39 Markus Krischer / Robert Vernier, Die göttliche Quelle – Ein Hamburger Arzt und Altradikaler soll die militante linke Szene an die Stasi verraten haben, in: *Focus* vom 2. Juni 1997, 5. Jg., Nr. 23, S. 32 f.

40 Interview mit Michael »Bommi« Baumann, in: *die tageszeitung* vom 19. Januar 1998, vgl. außerdem: »Deckname ›Anarchist‹« in: *Der Spiegel* vom 19. Januar 1998, 52. Jg., Nr. 4, S. 116 f.

Auftrag der Stasi ein Who's Who des bewaffneten Kampfes geschrieben hat – mit Angabe des jeweiligen Waffenkalibers, begangener Überfälle und Anschläge sowie den entsprechenden sexuellen Präferenzen – versteht sich.[41] Seine 1975 verfaßten Erinnerungen »Wie alles anfing« verdienten es heute, gegen den Strich gelesen zu werden.[42]

Wie alles anfing mit der Stasi-Kooperation ist mehr als nur ein bislang ungeschriebenes Kapitel.[43] Die Wurzeln für das, was nach dem Ende der DDR als »RAF-Stasi-Connection« in der Öffentlichkeit wie eine Bombe platzte,[44] reichen sehr viel weiter zurück. Wie weit, das wird sich noch zeigen müssen. Carlo und Bommi jedenfalls dürften alles andere als Einzelfälle gewesen sein.

---

41 Der »Bericht der Verwaltung für Staatssicherheit Groß-Berlin, Abteilung II« stammt vom 16. November 1973 (BStU Archiv-Nr. 5900/74).

42 Michael »Bommi« Baumann, Wie alles anfing, München 1975.

43 Die richtungweisenden Arbeiten stammen von dem bereits erwähnten wissenschaftlichen Mitarbeiter der Abteilung Bildung und Forschung in der Gauck-Behörde, Hubertus Knabe: Die Stasi als Problem des Westens, in: *Aus Politik und Zeitgeschichte* vom 5. Dezember 1997, S. 3–16; Die Gnade der westdeutschen Geburt – Die Stasi-Vergangenheit in der Bundesrepublik muß aufgearbeitet werden, in: *Frankfurter Allgemeine Zeitung* vom 15. Dezember 1998; Die unterwanderte Republik – Stasi im Westen, Berlin 1999 (darin vor allem das Kapitel »Mythos und Wirklichkeit – Die Studentenbewegung«, S. 182–233); West-Arbeit des MfS – Das Zusammenspiel von »Aufklärung« und »Abwehr«, Berlin 1999.

44 Michael Müller / Andreas Kanonenberg, Die RAF-Stasi-Connection, Hamburg 1992.

Phantomschmerz RAF

1. 1977 gab es die »Offensive '77«,[1] zwanzig Jahre später haben wir die Medienoffensive 1997 erlebt. Es konnte einem Hören und Sehen vergehen. Kein Fernsehkanal, keine Illustrierte, kein Magazin, keine Zeitung, die darauf verzichten wollte, durch die schaurig-voyeuristische Redramatisierung der Schleyer-Entführung Aufmerksamkeit zu gewinnen. Es begann mit Breloers »Todesspiel« als TV-Epos, inzwischen liegt es auch als Buch und als Video vor, dann folgten die Serien im *Spiegel* und in der *Zeit*, das *taz-Journal*, das Magazin der *Berliner Zeitung*, die Dokumentationen in *ARD* und *ZDF* und immer wieder die Beiträge in Austs *Spiegel-TV*, der x-te Aufguß von bereits vor Jahren gesendeten Beiträgen, neu arrangiert, verändert drapiert. Und Peter-Jürgen Boock als Kronzeuge everywhere. Das Quasidokumentarische gibt sich als Beitrag zur Entmythologisierung und ist doch zugleich auch Teil einer Remythologisierung. Früher hat der Staat die RAF gebraucht, um sich und seinen Apparat an ihr beweisen zu können. Heute scheinen die Massenmedien die Negativaura der RAF zu benötigen, um sich in Szene setzen zu können. In einer Republik, die an ihrer politischen Langeweile zu ersticken droht, setzen nicht nur TV-Anbieter und Zeitgeist-Magazine auf das Exzeptionelle. Entführung, Überfall, Raub, Mord und Terror gehören ohnehin zu ihrem Alltagsgeschäft, politisch eingebunden wird das Ganze jedoch zum zeitgeschichtlichen Beitrag mit Aufklärungsanspruch geadelt. Mehr oder weniger alle versprechen sich, vom Mythos einer Politgang profitieren zu können, die sich einerseits selbst stilisiert hat, andererseits aber auch zum Mon-

---

1 So bezeichnete die RAF 1977 die Angriffswelle zur Freipressung ihrer Gefangenen. Vgl. Butz Peters, RAF – Terrorismus in Deutschland, Stuttgart 1991, S. 214–276.

strum eines Untergrundbataillons von Bürgerkriegern aufgeblasen worden ist.

2. Das Konzept Stadtguerilla[2] stammt, damit hier kein Zweifel aufkommt, aus dem Zentrum der Neuen Linken. Der SDS, genauer gesagt, dessen antiautoritäre Fraktion, hat es zwar nicht erfunden, jedoch adaptiert und ihm im September 1967 mit dem »Organisationsreferat« bereits im Vorfeld die geschichtsphilosophische Weihe gegeben.[3] Dutschke und Krahl, die unbestrittenen Matadore jener Tage und beides ehemalige Heideggerianer,[4] hatten Che Guevaras Focustheorie[5] auf die sogenannten Metropolen übertragen wollen. Doch was bei ihnen kaum mehr als ein verwegener Entwurf war, daraus machten Genossen aus dem dritten Glied, angeführt von dem APO-Anwalt Horst Mahler und der *Konkret*-Kolumnistin Ulrike

---

2 Vgl. RAF, Das Konzept Stadtguerilla, in: Bewaffneter Kampf – Texte der RAF, Auseinandersetzung und Kritik, Utrecht 1973, S. 22–44.

3 Rudi Dutschke / Hans-Jürgen Krahl, Organisationsreferat, in: *Diskus – Frankfurter Studentenzeitung*, 30. Jg., Nr. 1/2, Februar 1980, S. 6–9; zur Interpretation vgl. Wolfgang Kraushaar, Autoritärer Staat und Antiautoritäre Bewegung – Zum Organisationsreferat von Rudi Dutschke und Hans-Jürgen Krahl auf der 22. Delegiertenkonferenz des SDS in Frankfurt (4.–8. September 1967), in: ders. (Hg.), Frankfurter Schule und Studentenbewegung – Von der Flaschenpost zum Molotowcocktail 1946–1995, Bd. 3: Aufsätze und Kommentare, Hamburg 1998, S. 15–33.

4 Während noch keine Untersuchung über den Einfluß der Philosophie Martin Heideggers auf Hans-Jürgen Krahl vorliegt, gibt es eine Beschreibung jener intellektuellen Phase, in der die Fundamentalontologie für Rudi Dutschke eine wichtige Rolle spielte: vgl. Gretchen Dutschke, Wir hatten ein barbarisches, schönes Leben – Rudi Dutschke, Köln 1996, S. 38.

5 Régis Debray u.a., Guerilla in Lateinamerika – 11 Aufsätze zur Focustheorie, West-Berlin 1970. Zur Interpretation: Wolfgang Dreßen, Freiraumtheorien: Proletarische Intelligenz und ihr Bewußtsein, ebenda, S. 141–144.

Meinhof, Ernst.[6] Als die Kaufhausbrandstifter im Oktober 1968 verurteilt wurden, rief Daniel Cohn-Bendit in den Gerichtssaal: »Sie gehören zu uns.«[7] Baader, Ensslin und die anderen waren, auch wenn sie von der Peripherie her kamen, ein Teil der studentenbewegten Linken. Sie agierten in ihren Anschlägen und Aktionen etwas aus, was viele im SDS dachten, wozu sich die meisten jedoch nicht getrauten: daß es irgendwann nötig sein könnte, im Kampf gegen ein politisches System, dem man angesichts der Greueltaten in Vietnam unterstellte, sich nicht von Auschwitz zu lösen, die eigene Existenz aufs Spiel zu setzen.

3. Legitimationsunfähig war die RAF von allem Anfang an. Ihre Kader hat dieses Defizit, in dem der politische und moralische Bankrott vorgezeichnet war, nie gestört. Bereits die Baader-Befreiung, bei der ein unbeteiligter Bibliotheksangestellter lebensgefährlich verletzt wurde, war als gewaltsamer Gründungsakt symptomatisch.[8] Indem die Flucht nach vorn angetreten wurde, mußten die Fäden zu ihrem Umfeld weitgehend zerschnitten werden. Der Dandy als Desperado konnte nun agieren. Worum es dabei ging, war in erster Linie Logistik – Autodiebstahl, Waffenbeschaffung, Ausweisfälschung, Banküberfälle und immer wieder neue Versuche zur Befreiung gefangener Mitglieder. Carlos Marighela hatte dafür mit seinem »Handbuch des Stadtguerillero«, in dem sich eine eigene Logistikformel findet, eine Art Blaupause geliefert.[9] So kreiste die RAF von Anfang an um sich. Eine politische Zweck-Mittel-Relation, sofern sie jemals im Vordergrund gestanden haben sollte, verschwand immer mehr aus

---

6 Zum biographischen Hintergrund, insbesondere zur Mitgliedschaft in der illegalen KPD, vgl. die Erinnerungen ihres früheren Mannes: Klaus Rainer Röhl, Fünf Finger sind keine Faust, Hamburg 1974.

7 *Die Zeit* vom 8. November 1968, 23. Jg., Nr. 45, S. 17.

8 Vgl. Stefan Aust, Der Baader-Meinhof-Komplex, Hamburg 1985, S. 100.

9 »Die Logistik des Stadtguerillero, der bei Null anfängt und zunächst über keine Stütze verfügt, kann mit der Formel M-G-W-M-S beschrieben werden, die folgendes ausdrückt: M (Motorisierung), G (Geld), W

dem Blickfeld. Politische Motive wurden so weit zurückgedrängt, daß seit Mitte der siebziger Jahre kaum noch jemand auf die Idee gekommen ist, überhaupt noch nach ihnen zu fragen. Die RAF ist in ihren Grundzügen autistisch und deshalb in ihrem Kern unpolitisch gewesen. Politische Erklärungen und Begründungen wirkten von Anfang an aufgesetzt, in ihrem antiimperialistischen Tenor wenig glaubwürdig, klischeehaft und zu einem erheblichen Teil austauschbar. Wie in einem zwangsneurotischen System blieb die RAF auf ihre Logistik reduziert und geriet wie von einer inneren Notwendigkeit getrieben immer mehr in die Fänge von Geheimdiensten, deren Akteuren und Operationen.

4. Mit voluntaristischem Pathos wurde dem Staat der Krieg erklärt – bei Lichte betrachtet eine Farce. Bei jenen, die sich auf eine Zwangslogik des Entweder-Oder beriefen und sich als »Leninisten mit Knarre« bezeichneten, stand insgeheim Carl Schmitt Pate. Der hatte mit seiner »Theorie des Partisanen« einige Jahre zuvor darüber nachgedacht, worin die Erfolgsaussichten von Guerilleros zu Beginn der sechziger Jahre liegen könnten.[10] Und als ihn Joachim Schickel 1969 als Experten befragte, machte der Staatstheoretiker aus dem Sauerland augenzwinkernd den Vorschlag, wenn man die Bundesrepublik in die Knie zwingen wolle, dann müsse man im Sauerland nur die Talsperren sprengen, damit sich die Stauseen entleerten und das Ruhrgebiet als Rohstoffzentrum der Industrie überfluteten.[11] Für die

---

(Waffen), M (Munition), S (Sprengkörper und Sprengstoff).« Carlos Marighela, Handbuch des Stadtguerillero, in: Márcio M. Alves / Conrad Detrez / Carlos Marighela, Zerschlagt die Wohlstandsinseln der Dritten Welt – Mit dem Handbuch der Guerilleros von São Paulo, Reinbek 1971, S. 52.

10 Carl Schmitt, Theorie des Partisanen – Zwischenbemerkung zum Begriff des Politischen, Berlin 1963.

11 Am 25. April 1969 erklärte Carl Schmitt seinem Interviewpartner: »Ich kann mir denken, daß hier im Sauerland, wo wir unser Gespräch führen, wenn die entsprechend taktisch-nuklearen Möglichkeiten gegeben sind, sich ein echter Partisan in der Berufskleidung eines Kinderarztes auf den nächsten Berg begibt und von dort aus die Talsperren des Sauerlandes

offenkundigen Überschneidungen zwischen der im Aktionismus verborgenen Logik und den dichotomischen Begriffspaaren aus dem theoretischen Arsenal eines Propagandisten des Ausnahmezustands, auf die Jürgen Habermas frühzeitiger als jeder andere hingewiesen hatte,[12] war die Linke – und keineswegs nur die radikale Linke – nur allzu lange Zeit blind. So überzogen der Linksfaschismusvorwurf 1967 auch geklungen haben mag, so überraschend schnell ist seine prognostische Qualität zutagege treten. Der Teil der Linken, der sich zur Militanz bekannte, ist aus diesem Schatten, sosehr er sich auch in rabulistischen Erklärungen und Beteuerungen gewunden hat, jedenfalls nicht mehr herausgekommen.

5. Die radikale Linke war der RAF regelrecht auf den Leim gegangen, sie hing an ihren Gewalt- und Machtphantasien wie an einem Fliegenfänger. Aus ihrer Perspektive war der Kampf zwischen den staatlichen Behörden und den RAF-Kommandos ein Stellvertreterkrieg: Der Staat wahrte die Interessen des Kapitals, die RAF die der radikalen Linken. Aktionen der Guerilla waren Ersatzhandlungen, die die soziale Isolation, die politischen Mißerfolge und die Perspektivlosigkeit im angestrebten Klassenkampf kompensieren mußten. Die RAF war eine Identifikationsfalle, aus der es lange Zeit keinen Ausweg zu geben schien. Sie rastete spätestens immer dann ein, wenn eines ihrer Mitglieder gefangengenommen, verletzt oder getö-

---

und der übrigen Gegend zerstört – mit dem Effekt, daß sich das ganze Ruhrgebiet in einen Sumpf verwandelt.« Gespräch über den Partisanen – Carl Schmitt und Joachim Schickel, in: Joachim Schickel (Hg.), Guerilleros, Partisanen – Theorie und Praxis, München 1970, S. 16.

12 An die Adresse von Rudi Dutschke hatte Jürgen Habermas im Juni 1967 auf dem Kongreß nach der Beerdigung Benno Ohnesorgs in Hannover den Vorwurf gerichtet: »Ich bin der Meinung, er hat eine voluntaristische Ideologie hier entwickelt, die man im Jahre 1848 utopischen Sozialismus genannt hat, und die er unter heutigen Umständen, jedenfalls ich glaube, Gründe zu haben, diese Terminologie vorzuschlagen, linken Faschismus nennen muß.« Uwe Bergmann (Hg.), Bedingungen und Organisation des Widerstandes – Der Kongreß in Hannover, West-Berlin 1967, S. 101.

tet wurde. In solchen Situationen reproduzierte sich das ursprünglich zwischen Staat und Bewegung zugrunde gelegte Täter-Opfer-Schema.

6. Offenkundig hatten die Linksradikalen ein »Bedürfnis nach RAF«. Ihre Bereitschaft, sich jahrelang immer wieder aufs neue mit ihr zu solidarisieren, ist nicht politisch, sondern nur psychologisch zu erklären. Angesichts der Aussichtslosigkeit des Unternehmens Stadtguerilla bedurfte es eines erheblichen Maßes an Masochismus, sich den Appellen der RAF immer wieder aufs neue zu unterwerfen. Argumente hatten hier, wie an den haßerfüllten Reaktionen auf Oskar Negts Absage von 1972 zu erkennen war,[13] immer schon ihr Ziel verfehlt. Gegen die libidinösen Bindungen, die an das Identifikationsobjekt geheftet waren, schien kein Kraut gewachsen zu sein. Die linke Szene, die von der RAF nicht ablassen konnte, war nichts anderes als ein Psychodrom.[14] Es war eine quasitherapeutische Subkultur mit ihren eigenen Chiffren, Codes und Ritualen. Die Veranstaltungen zum »Polizeistaat«, zum »neuen Faschismus« und zur »Isolationsfolter« waren Arenen zur Selbstdarstellung. Mit den dort eingeübten Rhetoriken wurden die Gräben zwischen einer als feind-

---

13 Oskar Negt, Sozialistische Politik und Terrorismus, in: *Links*, 4. Jg., Nr. 35, Juli/August 1972, S. 15–17.

14 Der Begriff stammt von dem Psychoanalytiker Jörg Bopp: »In seinem rituellen Charakter hat der Psychodrom Ähnlichkeit mit einem Hippodrom. Gibt es dort die Show der Tiere und Athleten, so hier die Revue der Seelen und derer, die sie trainieren. Dort das Dressurreiten, hier die hohe Schule der psychischen Selbstdarstellung. Die Akteure zeigen eingeübte Bewegungen und äußern sich in einer einstudierten Sprache, beides in einem festgelegten Programm. Es vollzieht sich ein profaner Kult, nach dem Rhythmus einer ausgearbeiteten Liturgie [...] Die Dressur der Seelen ist zugleich eine Dressur der Libido, freiwillig und gezwungen in einem [...] In einer fast sektenhaften Ausgrenzung aus der Alltagserfahrung werden Erlebnisinhalte umgedeutet, Wünsche deformiert und rigide Abwehrstrategien aufgebaut.« Jörg Bopp, Der linke Psychodrom, in: *Kursbuch*, 15. Jg., Nr. 55, März 1979, S. 74.

lich erlebten Außenwelt und einer Innenwelt, die von einem manichäischen Weltbild geprägt war, weiter vertieft. Techniken zur Sabotage des Realitätsprinzips wurden erprobt – Panzerungen, Blockaden und Abwehrhaltungen. Bei den öffentlichen Auftritten der Sympathisanten ging es im Grunde um die psychische Selbstdressur der radikalen Linken. Als Domina wäre Ulrike Meinhof ebenso gut wie Gudrun Ensslin in Frage gekommen. Da Angehörige des Untergrunds jedoch nie empirisch anwesend sein können, mußte ihre abstrakte Repräsentanz ausreichen. Als Zuchtmeister fungierten auch einige der linken Anwälte. Die Siebziger waren das Jahrzehnt des Terrorismus und des Psycho-Booms. Das Verhältnis zwischen Innen- und Außenwelt war im einen wie im anderen Fall verkehrt. In beiden Extremen schlug sich das Scheitern einer Bewegung nieder, die aus Niederlagen nicht lernen, sondern die Anstrengungen, das Unmögliche zu erreichen, nur erhöhen wollte.

7. Für den Großteil der radikalen Linken war die RAF ein Phantom, das durch die Medien geisterte. Real war sie lediglich als ein elektronisches Phänomen. Nicht eingreifen, nur zuschauen, konnte die Devise deshalb heißen. Und zugleich war die RAF so etwas wie ein Phantomschmerz. Vom bewaffneten Arm waren vor allem die Schmerzen zu spüren. Beim Griff nach ihm stellte sich heraus, daß er nicht mehr existierte. Es waren nur die Nervenenden, die noch schmerzten. Der Arm selbst schien wie bei einer Kriegsverletzung längst amputiert zu sein. Die RAF ist, ob gewollt oder nicht, immer ein Teil dieser radikalen Linken gewesen. Jedoch ein wenig anders als gemeint. Sie war der schmerzhafte Teil ihres Nervenkostüms, nicht aber ein reales Glied von ihr. Die RAF war vor allem ein Phantom, real weniger im Handlungsbereich als im Schmerzempfinden der Linken – und in den Phantasmagorien der Medien. Dies bestätigt sich im Herbst 1997. Der Zuschauersessel stand wie damals schon bereit.

8. Vor nicht allzu langer Zeit ist die These vertreten worden, die Bundesrepublik habe im Deutschen Herbst ein zivilisierendes Bad erfahren. Dem Rechtsstaat sei, wie F. C. Delius in der *Zeit* schrieb, daraus

»ein neues Staatsgefühl und Selbstbewußtsein« erwachsen. Darin bestünde die »tiefere Vernunft des Jahres 1977«.[15] Dieses kathartische Modell jedoch trägt Züge eines Selbstbetrugs. Gegen eine wirkliche »Läuterung« sprechen zahlreiche Indizien auf beiden Seiten. Der Staat hat keines der damals im Eilmarsch durchgepaukten Ausnahmegesetze wieder zurückgenommen, Justizminister Schmidt-Jortzig hat unmißverständlich klargestellt, daß niemand in der Bundesregierung an einen solchen Schritt dächte. Und trotz all derjenigen Ex-RAF-Kombattanten, die inzwischen dem bewaffneten Kampf abgeschworen haben, gibt es nach wie vor zu viele, die sich alle Optionen offenhalten.

9. Auch zwanzig Jahre nach dem Deutschen Herbst scheint es immer noch eine verschwiemelte Identifikation mit Resten der RAF zu geben. Die Konjunktur einer mythologisierenden, halb heroisierenden Erinnerungskultur scheint Indiz dafür zu sein: Die Memoiren von Till Meyer,[16] Inge Viett[17] und Margit Schiller[18] signalisieren vor allem eines, den Wunsch, festhalten zu wollen, wo es nichts festzuhalten gibt. Mit Oliver Tolmeins Hilfestellung ist Irmgard Möller zur Person gewordenen Stammheim-Lüge geworden.[19] Sie, die einzige Überlebende der Todesnacht, hält eisern daran fest, daß es Mord und nicht Selbstmord gewesen sei.[20] Das Komplement zu die-

---

15 F. C. Delius, Die Dialektik des Deutschen Herbstes – Drei Thesen über das Terrorjahr 1977 und dessen Folgen, in: *Die Zeit* vom 25. Juli 1997, 52. Jg., Nr. 31, S. 3.

16 Till Meyer, Staatsfeind – Erinnerungen, Hamburg 1996.

17 Inge Viett, Nie war ich furchtloser – Autobiographie, Hamburg 1996.

18 Margit Schiller, Es war ein harter Kampf – Ein Lebensbericht aus der RAF, Hamburg 2000.

19 Oliver Tolmein, RAF. Das war für uns Befreiung – Ein Gespräch mit Irmgard Möller, Hamburg 1997.

20 Wir hatten gewußt, daß so ein Mord passieren könnte – Irmgard Möller, die einzige Überlebende der vier Stammheimer RAF-Gefangenen, erinnert sich an die Geschehnisse in der Nacht vom 17. zum 18. Oktober 1977, in: *taz-Journal*, 20 Jahre Deutscher Herbst – die RAF, der Staat und

ser Überzeugung könnte auf seiten des Staates die Behauptung sein, daß sich Wolfgang Grams bei seinem Festnahmeversuch in Bad Kleinen selbst getötet habe. Warum, diese Frage drängt sich jedenfalls auf, ist der damalige Bundesinnenminister Rudolf Seiters eigentlich zurückgetreten, wenn auf dem Bahnsteig alles in Ordnung gewesen sein soll? Hartnäckig hält sich noch immer das Gerücht, es gebe eine Videoaufzeichnung des Geschehens, die Seiters 1993 zum Rücktritt bewogen habe. Tote in Stammheim – Tote in Bad Kleinen, hier Mord, dort Selbstmord, Nachfragen sinnlos, die Versionen sind nach wie vor unantastbar. Die Identitätskrücken scheinen immer noch nicht fortgeworfen werden zu können. Wie schrieb Petra Groll, nachdem Bundesanwaltschaft und BKA der *taz*-Redaktion wieder einmal einen Besuch abgestattet hatten? »Der Krampf geht weiter.«[21]

---

die Linke, Analysen, Recherchen, Interviews, Debatten, Dokumente von 1977 bis 1997, Berlin 1997, S. 17.

21 Petra Groll, in: *taz-Journal*, 20 Jahre Deutscher Herbst, ebenda, S. 5.

Die neue Unbefangenheit

Zum Neonationalismus ehemaliger 68er

»Es ist ausgeschlossen, daß jener Geist, der zweimal zu einem Weltkrieg geführt hat, nicht als unterirdischer Wasserlauf weiterleben und nicht nach einem Weg suchen sollte, um wieder an der Oberfläche aufzutauchen.«

György Konrád

Die Aufnahme ist im Moment des Triumphes gemacht worden. Sie zeigt einen strahlenden Gerhard Schröder zusammen mit seiner Frau. Es war der Abend des 27. Septembers 1998, der Augenblick des Wahlsieges. Und darunter war die Überschrift zu lesen: »Der Geheimagent des Weltgeistes«.[1] Autor: Der Ex-APO-Anwalt und RAF-Mitbegründer Horst Mahler. Nun, die Leser der *Süddeutschen Zeitung* dürften nicht wenig gestaunt haben, als sie drei Tage nach den Bundestagswahlen einen solchen Artikel im Feuilleton des Münchner Blattes vorfanden. Durch die Beziehung zwischen Bild und Titel konnte kein Zweifel daran aufkommen – als Geheimagent konnte nur der neue Bundeskanzler in Frage kommen. Ein geradezu größenwahnsinniger Gestus schien sich hier anzukündigen.

Und wer sich die Mühe machte, das hegelianisch verschlungene Traktat zu lesen, mußte letzte mögliche Zweifel ausräumen. Mit der Titelfigur, einer Mischung, die aus John le Carrés »Spion, der aus der Kälte kam« und Hegels »Phänomenologie des Geistes« gespeist sein könnte, ist tatsächlich Schröder gemeint. Mahler begibt sich offenkundig in die Pose eines Möchtegern-Chefideologen des Kanzlers. Während er dessen Vorgänger Kohl vorwirft, dieser habe »Deutsch-

1 Horst Mahler, Der Geheimagent des Weltgeistes – Das Kommende ist noch unsichtbar: Wir wissen nichts von Gerhard Schröder, in: *Süddeutsche Zeitung* vom 30. September 1998.

land als Nation in das vereinigte Europa auflösen« wollen, fordert er seinen Nachfolger auf, die Nation zu retten und »das deutsche Volk wieder zusammenzuführen«. Dieser wolle doch wohl, unterstreicht er seinen Appell, einen historisch ungeahnten Bedeutungszuwachs suggerierend, »als ein großer Kanzler in die Geschichte eingehen«. Dabei habe er die Aufgabe, über das Projekt einer kleinen Koalition zwischen SPD und CSU nachzudenken, Rußland »geopolitisch zuverlässig in den christlichen Kulturkreis einzubinden« und – ganz so, als solle am deutschen Wesen erneut die Welt genesen – die Initiative zur Sanierung des maroden Weltfinanzsystems zu übernehmen. Die »nationale Wiedergeburt Deutschlands«, als deren »Märtyrer« Mahler keine Skrupel hat, ebenso rassistische wie gewalttätige Neonazis zu nennen, vollziehe sich, wie er mit offenbar wachsendem Selbstbewußtsein verkündet, eben auch in der SPD.

Die Sache schien klar: Der ehemalige Verfechter des bewaffneten Kampfes wähnt sich heute in der Rolle eines Herolds der Nationalrevolutionären. In der für solche Protagonisten charakteristischen Haltung prügelt er vor allem auf den Liberalismus und den Rationalismus ein. Sein antiaufklärerischer Impetus wird in der rechtspopulistischen Überzeugung deutlich, die »rationalistische Denkart« mache das Gemeinwesen »politikunfähig«. Und sein als Kapitelüberschrift herausgestellter Schlachtruf lautet: »Nie wieder Liberale!« Im fundamentalistischen Gestus eines Rechtshegelianers betreibt er in gewisser Weise sogar politischen Exorzismus. Im Untertitel heißt es: »Das Kommende ist noch unsichtbar: Wir wissen nichts von Gerhard Schröder.«[2] Deshalb, so meint die SZ wohl unterstellen zu können, müsse man Mahler lesen. Der wisse vermutlich, was der neue Kanzler wohl selbst noch nicht weiß – daß er der Retter der deutschen Nation und der Erlöser angesichts einer drohenden Weltwirtschaftskrise sei.

---

2 Ebenda.

Die Tatsache, daß Johannes Willms, der für das Feuilleton verantwortliche Redakteur, einen Tag später unter der Überschrift »Der Renegat« eine Legitimation für den Abdruck nachgeschoben hat,[3] die den Text nachträglich zum Dokument erklärte, mit dem dieser Typus angeblich als »Phänotyp des 20. Jahrhunderts« sichtbar gemacht werden solle, vermochte an diesem bedenklichen Vorgang nicht nur nichts zu ändern, sondern verstärkte hingegen nur den Eindruck, daß hier möglicherweise im Zuge der Schadensbegrenzung die Konturen verwischt werden sollten. Allein entscheidend war ja, daß Horst Mahlers Text »Der Geheimagent des Weltgeistes« als Meinungsbeitrag im Feuilleton erscheinen konnte.

In den Wochen darauf wurde in den Leserbriefspalten über Sinn und Unsinn des ungewöhnlichen Pamphlets gestritten.[4] Die Redaktion der SZ war ganz offensichtlich um Schadensbegrenzung bemüht. Durch einen Mehrzeiler des Kanzlers, in dem dieser gönnerhaft verlauten ließ, daß er die Leserschaft nicht länger mehr im unklaren belassen wollte, wurde die Kontroverse mit der Zusicherung beendet, daß an den Gerüchten nichts dran sei.[5]

Doch seitdem schießen die Spekulationen erst richtig ins Kraut. Bekannt ist schließlich, daß Schröder seinem Berufskollegen Mahler

---

3 Johannes Willms, Der Renegat, in: *Süddeutsche Zeitung* vom 1. Oktober 1998.

4 So zum Beispiel in der Ausgabe der *Süddeutschen Zeitung* vom 19. Oktober 1998.

5 »Die Leser der *Süddeutschen Zeitung* mögen beruhigt sein: Den blühenden, aber leider auch gefährlichen Unfug von ›Mongolensturm‹, ›Völkerindividuen‹ und neonazistischen ›Märtyrern nationaler Wiedergeburt‹, den Horst Mahler mir unterstellt, habe ich weder je gesagt noch gedacht. Woher Mahler die mir in indirekter Rede untergeschobenen Zitate haben will, ist mir schleierhaft. Allerdings: Ganz gleich, wie es auch immer im Kopf des Herrn Mahler zugehen mag – das Widerstandsrecht nach Artikel 20 Absatz 4 Grundgesetz müssen wir dagegen wohl nicht mobilisieren.« Gerhard Schröder, Gefährlicher Unfug – Zu »Völkischen Nationalismus sozialistisch getüncht«, in: *Süddeutsche Zeitung* vom 21. Oktober 1998.

die Wiederzulassung als Anwalt vor Gericht erstritten hat. Bekannt ist auch, daß beide seitdem freundschaftlich miteinander verbunden sind. Sie tauschen sich über politische Fragen aus und geben sich hin und wieder auch gegenseitig Lektüretips. Freunde aus Mahlers Umfeld wußten außerdem zu berichten, daß es im Jahr zuvor zu einem Treffen der beiden mit dem emeritierten Stuttgarter Philosophieprofessor Günter Rohrmoser gekommen sei, einem Rechtshegelianer, als dessen Schüler sich Mahler bereits seit längerem begreift. Dabei soll es zusammen mit dem ehemaligen Strauß- und Filbinger-Berater vor allem darum gegangen sein, Möglichkeiten zu einer kleinen Koalition zwischen SPD und CSU auszuloten. Was auf den ersten Blick als unwahrscheinlich erscheint, das muß es nicht sein – schließlich gibt es eine Reihe von Parallelen zwischen Schröder und Stoiber, insbesondere was ihre Mischung aus Modernität und Populismus anbetrifft, außerdem verfügen beide über beste Beziehungen zur Automobilindustrie. Genaueres war jedoch nicht in Erfahrung zu bringen. Das Treffen Mahler–Schröder–Rohrmoser blieb bis heute im Nebel.

Wer Horst Mahlers Homepage im Internet aufsuchte, der konnte allerdings bereits seit längerem einiges wissen. Dort findet sich seit über einem Jahr die Laudatio, die der Anwalt anläßlich von Rohrmosers 70. Geburtstag auf den rechtskonservativen Philosophen gehalten hat.[6] Wer einen Blick in die rechte Wochenzeitung *Junge Freiheit* warf, der durfte auch nicht mehr ganz überrascht sein.[7] Und wer

---

6 Horst Mahler, »Zwischen Turmbau zu Babel und Pfingstwunder« (Watzlawik) – Ist das Ende der Defundamentalisierung der Kultur in Sicht? Gedanken zum 70. Geburtstag von Günter Rohrmoser, in: www.horst-mahler.de. Die Lobrede auf den früheren Filbinger-Berater beginnt mit den Worten: »Ich ehre Günter Rohrmoser als Mentor der Linken in unserem Lande.«

7 Horst Mahler, Zweite Steinzeit, in: *Junge Freiheit* vom 17. April 1998. Dort hieß es: »Wir erleben dieses Resultat der Kulturrevolution von 1968 jetzt als die Hölle, denn mit Tradition und Religion ist unsere sittliche Substanz verflogen. Wir wissen nicht mehr, wer wir sind. Gottes Tod ist

die linksalternative *tageszeitung* las, wo bereits im April 1998 vor dem »Marsch nach rechts« eines 68ers gewarnt wurde,[8] der war ebenfalls im Bilde: Horst Mahler, der Ex-APO-Anwalt und Mitbegründer der RAF, tritt nicht nur für eine völkisch-nationale Aufgabenbestimmung von Bundeskanzler Schröder ein, sondern bekennt sich ganz offen als Anhänger rechtsradikaler Ideen.

In einem seiner Artikel, die er vorzugsweise in der *Jungen Freiheit* publiziert, ergeht er sich darin, den Holocaust mit dem GULag-System zu vergleichen und deren Vernichtungslogiken in einem aberwitzigen Zynismus als bislang aus ideologischen Gründen übersehene Ausgeburt der Vernunft zu interpretieren.[9] Die Deutschen seien, beklagt er wortreich, »durch die moralische Weltanschauung gebändigt« worden. Nun käme es darauf an, diese Fesselung des Bewußtseins, die nach Hegel nichts anderes als ein »Nest gedankenloser Widersprüche« sei und ihn in die RAF geführt habe, aufzusprengen. Erst wenn die Weltanschauung der Gutmenschen überwunden sei, könne »das Vernünftige des großen Tötens« – gemeint sind neben dem Holocaust und dem Archipel GULag auch die Atombombenabwürfe auf Hiroshima und Nagasaki sowie die Killing Fields in Kambodscha – erkannt werden. Mit der militärischen Niederlage Deutschlands im Zweiten Weltkrieg, so versichert er, sei die Gestalt nicht zu brechen gewesen, die »der absolute Geist unter Adolf Hitler im deutschen Volk angenommen« habe. Ohne irgendwelche Skrupel ist er bereit, die größten Verbrechen des Jahrhun-

---

auch der Tod des Menschen [...] So ist als Folge der kulturellen Defundamentalisierung das Heidentum auferstanden: Der Kulturbetrieb, der ja weitergeht wie ein Perpetuum mobile, ist nur Schein. In ihm bewegt sich nichts. Als kulturloses Volk leben wir in einer zweiten Steinzeit.«

8 Robin Alexander, Marsch nach rechts, in: *die tageszeitung* vom 17. April 1998.

9 Horst Mahler, Annahme und Bewährung – Erwiderung auf Martin Walser: Horst Mahler über Holocaust, GULag und die RAF, in: *Junge Freiheit* vom 16. Oktober 1998, 13. Jg., Nr. 43, S. 10.

derts und ihre Urheber in das System der »Wissenschaft der Logik« zu pressen, das Hegel gerade vor dem Hintergrund einer noch unterentwickelten bürgerlichen Gesellschaft verfaßt hatte.

In zwei Interviews hat Mahler weitaus weniger verquast deutlich gemacht, wohin die politische Reise seiner Ansicht nach nun zu gehen hat. Er lehnt darin Schuldbekenntnisse wegen der NS-Vergangenheit kategorisch ab, warnt davor, »auf den blankliegenden Nerven der Deutschen herumzutrampeln«, und droht damit, daß die Deutschen auch einmal »böse« werden könnten.[10] Als Gegenmaßnahme zur »Überfremdungspolitik der Regierungskoalition« propagiert er eine »nationale Sammlungsbewegung« gegen die rot-grüne Staatsbürgerschaftsnovelle. Sie soll dort einsetzen, wo die Unterschriftenaktion der Union aufhört: als »Bewegung des deutschen Volkes zur Wahrung seiner Lebensinteressen«.[11] Dabei macht Mahler aus seiner Verachtung für Parteien keinen Hehl und erklärt gönnerhaft, Stoiber könne dabei ebenso mitmachen wie der NPD-Funktionär Günter Deckert. Auf die Parteien werde es ohnehin »nicht mehr ankommen«.

Eine strafrechtliche Verfolgung von Auschwitz-Leugnern lehnt der Jurist kategorisch ab. Diese Leute dürften nicht kriminalisiert werden; schließlich glaubten sie, was sie sagten. Da sie den Gedanken nicht ertrügen, daß Deutsche den Holocaust zu verantworten hätten, erwiesen sie sich ganz im Gegenteil »als Gutmenschen mit moralischem Kompaß«.[12] Sie seien im Grunde Märtyrer, da sie es auf sich nehmen würden, »für die nationale Sache ins Gefängnis zu gehen«. Solange es seiner Idee der Nation dient, scheint er jedes Delikt zu rechtfertigen bereit zu sein.

---

10 Horst Mahler, »Ideologisch vermintes Gelände«, in: *Focus* vom 28. Dezember 1998, 6. Jg., Nr. 53, S. 36/37; »Ein Netz von Aktivisten« – Interview: Horst Mahler kündigt im *Focus* eine Sammlungsbewegung an, in: *Junge Freiheit* vom 8. Januar 1999, 14. Jg., Nr. 2, S. 5.

11 Ebenda.

12 Ebenda.

Einer seiner früheren Mitkämpfer aus APO-Zeiten, Bernd Rabehl, heute Professor für Soziologie an der Freien Universität, hat in einem aufsehenerregenden Vortrag inzwischen eine ähnliche Richtung eingeschlagen. Vor Mitgliedern der Burschenschaft »Danubia« referierte der 60jährige im Münchner Stadtteil Bogenhausen zum Thema »Mythos 1968« im Dezember 1998 über die angeblich nationalrevolutionären Wurzeln der antiautoritären Bewegung.[13] Mit von der Partie waren außerdem der emeritierte Berliner Philosophieprofessor Peter Furth, früher einer der maßgeblichen Autoren in der Zeitschrift *Das Argument*, und, ohne daß Rabehl zuvor davon wußte, Horst Mahler, früher selbst einmal Burschenschaftler. Die Einladung war über eine Vereinigung rechtsorientierter Jungsozialisten aus Leipzig zustande gekommen, die unter dem Einfluß des ehemaligen Leiters der SPD-Parteischule, Tilman Fichter, stehen, der seit Jahren immer mal wieder die nationale Trommel rührt und in der Vergangenheit ebenfalls zur Riege der führenden Berliner SDS-Mitglieder zählte.

Rabehls Vortrag wurde postwendend in der *Jungen Freiheit* abgedruckt, ohne Autorisierung. Der frühere SDSler befürchtete anschließend, »in die neofaschistische Ecke gedrückt« zu werden.[14] Daß dies geschehen könnte, hätte ihm jedoch bereits früher klar sein müssen. Die Zeitschrift *Blick nach rechts* hatte bereits einige Tage

---

13 Bernd Rabehl, Ein Volk ohne Kultur kann zu allem verleitet werden, in: *Junge Freiheit* vom 18. Dezember 1998, 13. Jg., Nr. 52/53. Der Text weicht in einigen Passagen vom Vortrag ab; die wörtliche Rede ist inzwischen unter dem abweichenden Titel »National-revolutionäres Denken im antiautoritären Lager der Radikalopposition von 1961 bis 1980 – Denkverbote« abgedruckt in: *Mitteilungen der Gesellschaft für Kulturwissenschaft*, Juni 1999, S. 14–22. Zur Veranstaltung selbst vgl. den Bericht Baal Müllers, »Wir waren die nützlichen Idioten« – 1968: Ex-SDSler Bernd Rabehl, Peter Furth und Horst Mahler bei den »Bogenhauser Gesprächen«, in: *Junge Freiheit* vom 11. Dezember 1998, 13. Jg., Nr. 51; die Teildokumentation »›Überfremdung‹ droht«, in: *die tageszeitung* vom 24. Dezember 1998.

14 *die tageszeitung* vom 5. Januar 1999.

vor der Veranstaltung die Referenten porträtiert und vor den »Frontenwechslern« gewarnt.[15] Und am selben Ort hatten zehn Jahre zuvor drei andere ehemalige SDS-Mitglieder ihr rechtes Coming-out – der Ex-Kommunarde Rainer Langhans, der Hannoveraner Manfred Lauermann und Reinhold Oberlercher, den der *Spiegel* einst als »Hamburgs Dutschke« bezeichnet hatte.[16] Die Münchner »Danubia«, für die das Jahr 1968 wie für andere Burschenschaften auch eher ein Menetekel darstellt, setzt offenbar ihren ganzen Ehrgeiz daran, Ex-68er als bekennende Neonationalisten zu präsentieren.[17] Die »Bogenhauser Gespräche« scheinen jedenfalls ein fruchtbarer Boden für den Bekenntnisdrang derartig gewendeter ehemaliger APO-Aktivisten zu sein.

Rabehls Vortrag setzt, als hätte er geahnt, was ihn an Reaktionen erwartete, mit einer Klage über »Denk- und Diskussionsverbote« innerhalb der Linken ein. Niemand könne, stellt er fest, heute noch mit Eindeutigkeit zwischen links und rechts unterscheiden; im Extremfall gebe es lediglich »eine reaktionäre Linke und eine reaktionäre Rechte«. Was dann folgt, ist eine Schilderung Mitteleuropas in den düstersten Farben. Alles scheint darauf hinzuweisen, daß der Ausbruch eines Krieges bevorstehe, in dem Deutschland zum »Schlachtfeld« werden könne. Das seit 1945 anhaltende Friedenszeitalter gehe zu Ende, Partisanenformationen würden importiert und Deutschland samt seiner Nachbarstaaten zum Aufmarschgebiet kriegerischer Kräfte. Die Bürgerkriege im Nahen Osten, in Nordafrika, der Türkei, in Rußland und im ehemaligen Jugoslawien, davon scheint er überzeugt zu sein, würden auf kurz oder lang auch die mitteleuropäischen Staaten in den Strudel ihrer selbstzerstörerischen Dynamik hineinziehen. Religiöser Fundamentalismus, Kriminalität, Korrup-

---

15 *Blick nach rechts* vom 4. November 1998, 15. Jg., Nr. 22, S. 7.

16 *Der Spiegel* vom 18. Dezember 1967, 21. Jg., Nr. 52, S. 60.

17 Zur »Danubia« und den von ihr organisierten »Bogenhauser Gesprächen« vgl.: Jens Mecklenburg, Handbuch deutscher Rechtsextremismus, Berlin 1996, S. 323 f. Dort wird die »Danubia« als »rechtsextreme Kaderschmiede für den Hochschulbereich« bezeichnet.

tion, Bestechung, Drogen- und Menschenhandel seien nichts anderes als Vorboten dieses Schreckens. Der Furor Krieg scheint seinen Schatten vorauszuwerfen – das gezeichnete Bild, eher ein Schlachtengemälde, ist durch und durch phobisch.

In Europa, so Rabehls Ausgangsthese, bewirke »politische Überfremdung die grundlegende Zerstörung von Volk und Kultur«. Dies sei dann besonders dramatisch, wenn die »Auflösung der nationalen Identität« bereits so weit fortgeschritten sei wie in Deutschland. Ein Ausweg aus der als äußerst bedrohlich geschilderten Situation sei nur möglich, wenn die »Tabuisierung der deutschen Frage« durchbrochen und erneut zum Fixpunkt einer politischen Neubesinnung werde. Dafür wiederum habe der Aufbruch der Studentenbewegung in den sechziger Jahren einen beispielgebenden Charakter. Die »nationale Frage« hätte insbesondere für ihn und Rudi Dutschke, die zuvor beide aus der DDR geflohen waren, eine maßgebliche Rolle bei der Entstehung einer außerparlamentarischen Opposition gespielt.

Ziel der beiden »Nationalrevolutionäre« Dutschke und Rabehl sei es gewesen, »zu den nationalen Grundlagen von Sozialismus, Freiheit und Unabhängigkeit« zurückzukehren. Bei den Demonstrationen gegen die nordamerikanische Kriegspolitik in Vietnam sei es zugleich um die »nationale Befreiung« Deutschlands gegangen. Diese Zielsetzung sei von dem geteilten Land in Südostasien auf das eigene übertragen worden. Beim Vietnam-Kongreß im Februar 1968 habe man sogar gelaubt, daß die Zeit reif sei, »die Großmächte aus Zentraleuropa zu vertreiben«. Der Internationalismus, faßt Rabehl seine Retrospektive zusammen, »trug die Farben nationaler Empörung«. Dennoch seien er und Dutschke mit ihrem Versuch gescheitert, die deutsche Einheit innerhalb der Linken zum Thema zu machen. Dafür seien die gegnerischen Kräfte, die die »nationale Frage« zum Tabu gemacht hätten, einfach zu stark gewesen.

In seinem fundamentalistischen Schlußteil rechnet er mit der Idee einer multikulturellen Gesellschaft ab. Ein Volk müsse »sich das bieten lassen«, meint er, weil es über keine ausreichende Kraft mehr verfüge, seine eigenen Interessen wahrzunehmen. Ein solches Volk, schließt er daraus, sei nichts anderes als »eine Mischung aus Masse, Konsument, Käufer, Klientel«. Nicht weniger drastisch fällt die Verwerfung der europäischen Integration aus. Sie sei ein »Werk der Bürokraten«, an dem »Völker und Nationen« keinerlei Anteil hätten. Ein »Volk ohne Kultur« könne zu allem verleitet werden, ihm sei der Weg in Agonie und Anomie vorgezeichnet. Die Eliten, die es beherrschten, seien von äußeren Kräften geprägt und trügen »keine innere Verantwortung«.

Der gesamte Aufbruch in den sechziger Jahren erhält bei ihm Züge eines unfreiwillig-tragischen Scheiterns. In Wirklichkeit seien die APO-Aktivisten »nützliche Idioten« gewesen, die die Westintegration, die Amerikanisierung und somit die Politik der re-education fortgeführt hätten. Im Grunde hätten sie sich ganz im Gegensatz zu den von ihnen propagierten antiimperialistischen Zielsetzungen zu Handlangern der USA machen lassen.

Seine Argumentation hat große Ähnlichkeiten mit dem, was Caspar von Schrenck-Notzing in seinem 1965 unter dem Titel »Charakterwäsche« veröffentlichten Buch vertritt.[18] Der Vordenker der Rechtskonservativen, der seit 1970 mit Unterstützung Armin Mohlers die Zeitschrift *Criticón* herausgibt, hatte damals angeprangert, daß die US-Besatzungsmacht das deutsche Volk mit den Mitteln der psychologischen Kriegsführung umerziehe und in diesem Zusammenhang Exponenten der Frankfurter Schule eine Schlüsselrolle zugewiesen. Die Sozialwissenschaftler Franz Neumann, Herbert Marcuse, Max Horkheimer, Theodor W. Adorno und Erich Fromm erscheinen bei ihm als ideologische Agenten, die als jüdische Theoretiker kein anderes Ziel verfolgten, als die Identität des deutschen Volkes auszuhöhlen und insbesondere dessen Kultur in Mißkredit zu bringen. Diese Schlußfolgerung zieht Rabehl zwar noch nicht, jedoch würde sich eine solche Argumentationsweise im Sinne fortschreitender Konkretisierung durchaus mit seiner Positionsbestimmung in Einklang bringen lassen. Wenn Ra-

---

18 Caspar von Schrenck-Notzing, Charakterwäsche – Die Politik der amerikanischen Umerziehung, München 1965.

behl schreibt, daß die von den amerikanischen Deutschlandspezialisten 1944/45 geplante »psychologische Aktion«, die das Ziel verfolgt habe, »die nationale Tradition aufzulösen«, inzwischen als verwirklicht angesehen werden müsse, dann streift er die These von der »Charakterwäsche« des deutschen Volkes nicht nur, sondern entspricht ihr vielmehr.

Von seinem Duktus her ist der Vortrag subjektiv glaubwürdig, in gewisser Hinsicht auch stimmig. Der in vielerlei Hinsicht verbitterte Rabehl ist alles andere als ein Wendehals. Er glaubt mit dem, was er in Bogenhausen vorgetragen hat, offenbar zu seinem biographisch-politischen Ausgangspunkt zurückkehren zu können. Es klingt so, als habe jemand seine Wurzeln wiederentdeckt. Alles kreist um die Zentralbegriffe Volk, Nation, Kultur und Identität. Nichts davon wird in Frage gestellt oder in irgendeiner Weise problematisiert. Diese Termini werden völlig substantialistisch verwendet und nehmen den Status von Letztbegründungen ein. Von der NS-Vergangenheit, gar vom Holocaust ist überhaupt keine Rede mehr. Alles, was Deutschland und die Deutschen in Verruf gebracht hat oder erneut in Verruf bringen könnte, wird ausgespart. Die deutsche Geschichte bleibt im Grunde völlig schattenlos. Das deutsche Volk spielt bei ihm ausnahmslos die Rolle eines Opfers. Er argumentiert lediglich so, als käme alles nur darauf an, daß die Deutschen zur Besinnung kommen und endlich ihre eigenen Interessen vertreten müßten.

Besonders frappierend ist es, wie aus dieser Perspektive die Studentenbewegung mit einem Schlag uminterpretiert wird. Was bisher als Offensive von links verstanden worden ist, läßt sich nun auf einmal als national ausgerichtet und von deutschlandpolitischen Zielen getragen begreifen. Die Proteste gegen den Vietnamkrieg, die Rolle West-Berlins für Deutschland und Mitteleuropa, selbst die spätere Bündnispolitik der Grünen – das alles ließe sich demnach auch unter umgekehrten politischen Vorzeichen verstehen. Verwunderlich bleibt nur, warum kaum einer der damaligen Mitaktivisten das auch so oder ähnlich begriffen hat. Sicherlich war die deutsche Teilung aus psychologisch relativ einfach nachvollziehbaren Gründen ein

Tabuthema. Daß sich jedoch die gesamte radikaloppositionelle Bewegung in ihrem Internationalismus derartig getäuscht haben sollte, bleibt ziemlich rätselhaft. Tarnung, Täuschung, Selbstmißverständnis?

Eine Schlüsselrolle nimmt dabei Rudi Dutschke ein. Der vor zwanzig Jahren verstorbene Wortführer der APO ist für Rabehl mehr als nur Weggefährte und Galionsfigur gewesen – für ihn war er der Garant des nationalen Kurses. Und tatsächlich scheint auf den ersten Blick viel dafür zu sprechen, daß er die Autorität seines Freundes und Konkurrenten zu Recht für sich in Anspruch nehmen kann. Es war lange Zeit übersehen worden, daß die Ikone der APO zeitlebens an einer nationalen Option festgehalten hatte. Von seinem ersten politischen Auftritt, seiner Weigerung, Soldat in der NVA zu werden, bis zu seinem Lebensende hat Dutschke die Einheit Deutschlands wiederherstellen wollen.[19] Darin war er sich im übrigen mit dem ehemaligen Bundespräsidenten Gustav Heinemann einig, der ja in den fünfziger Jahren ein entschiedener Verfechter einer neutralistischen Position war.[20]

Rabehls Verweis auf Dutschke ist alles andere als aus der Luft gegriffen. Jedoch wäre es im nachhinein unfair, beider Positionen unmittelbar miteinander zu identifizieren. Zwar können beide mit einem gewissen Recht als nationalorientiert klassifiziert werden, jedoch unter durchaus unterschiedlichen Vorzeichen. Während es sich bei Rabehl um einen linken Nationalisten handelt, hatte es man bei Dutschke mit einem nationalen Linken zu tun. Einen Text wie den, den Rabehl in Bogenhausen vorgetragen hat, wird man in Dutschkes Nachlaß vergeblich suchen. Wie sich das alles mit dem Gedanken einer antiautoritären Bewegung, der Idee einer befreiten Gesellschaft und der Utopie eines neuen Menschen vertragen soll, zumal

---

19 Vgl. den Beitrag: Rudi Dutschke und die Wiedervereinigung, in diesem Band, S. 89–129.

20 Vgl. die Schilderung eines Treffens zwischen Heinemann und Dutschke im Juli 1972: Gretchen Dutschke, Wir hatten ein barbarisches, schönes Leben – Rudi Dutschke, Köln 1996, S. 278f.

eines solchen, für den die »Neue Sensibilität« als Charakteristikum diagnostiziert wurde, ist völlig schleierhaft.

Zugleich muß allerdings festgehalten werden, daß keiner von beiden jemals einen solch ebenso kruden wie größenwahnsinnigen Nationalismus propagiert hat, wie ihn sich Mahler in jüngster Zeit auf die Fahnen geschrieben hat. Was er politisch betreibt, daran dürfte kein Zweifel mehr sein, ist neofaschistisch. Alles andere wäre eine Verharmlosung.

Die Verunsicherung, mit der im westlichen Ausland auf den Regierungswechsel in Bonn reagiert und nach den Biographien der neuen Kabinettsmitglieder gefragt wurde, ist hierzulande aus naheliegenden Gründen nicht geteilt worden. Schließlich sind die meisten der Minister seit Jahren aus der Innenpolitik vertraut, so daß sich die Risiken von Fehleinschätzungen in Grenzen hielten. Und bei einem Mann wie Joschka Fischer, der, gemessen an seiner Biographie als Berufspolitiker, zweifelsohne ein Exot ist, blieben Warnungen vor seinem Amtsantritt als Außenminister entweder ganz aus oder verhallten mehr oder weniger ungehört.

In anderen nordamerikanischen und europäischen Organen spielten solche Fragen, sicher auch aus purer Unkenntnis, eine sehr viel größere Rolle. In der *Libération* zum Beispiel wurde behauptet, daß die Erfahrung des 68er-Bruches die neue Macht in Bonn prägen würde.[21] Andererseits wurde dort aber auch Kanzler Schröder mit der Feststellung zitiert, er sei kein 68er gewesen.

Mit Verwunderung hat die Öffentlichkeit registriert, daß der neue Bundeskanzler offenbar Wert darauf legt, eine Nation zu präsentieren, die mit unübersehbarem Stolz, gewachsenem Stärkegefühl und unverhohlenem Souveränitätsanspruch sowie frei von Schuldbewußtsein ist. Es begann damit, daß sich Schröder der Aufgabe entzog, zusammen mit dem französischen Ministerpräsidenten Jospin an einem Festakt zum Ende des Ersten Weltkrieges zu erscheinen. Dies hat im westlichen Ausland mehr als nur Verwunderung ausge-

---

21 Lorraine Millot, Allemagne: un nouveau pouvoir marqué par 68, in: *Libération* vom 2. Oktober 1998.

löst. Und hierzulande zu Spekulationen geführt, ob es der Kanzler vermeiden wolle, sich bei historischen Ereignissen zu zeigen, die mit einer militärischen Niederlage der Deutschen verbunden seien. Dort, wo rechtskonservative Jungautoren vor einigen Jahren mit dem Band »Die selbstbewußte Nation« Flagge zeigten,[22] fährt Schröder in seiner Regierungserklärung fort, in der er vom »Selbstbewußtsein einer erwachsenen Nation« spricht. Das Projekt einer Renationalisierung scheint in den Raum des politischen Handelns eingetreten zu sein. Normalität der Nation – dürfte das allseits verbindliche Stichwort werden.

Dieser Verdacht erhielt erneut Nahrung, als sich Schröder mehrfach zur Europapolitik seiner Regierung äußerte. Wichtigstes Ziel der Deutschen beim Antritt ihrer EU-Ratspräsidentschaft sei es, erklärte er mit ostentativer Verärgerung, die Nettozahlungen Deutschlands in den Brüsseler Haushalt zu reduzieren. In der EU dürfe nicht länger mehr eine »Scheckbuchdiplomatie« praktiziert werden.[23] Erst wenn der bei 60 Prozent liegende Nettobeitrag gesenkt worden sei, würde man die Osterweiterung in die Wege leiten. Auch wenn die Gefahr, darin ein Junktim der Bundesregierung zu erkennen, durch abgeschwächte Formulierungen inzwischen entkräftet worden ist, so hat es in der in- und ausländischen Presse dennoch Vorwürfe gehagelt. Zwar sei unbestreitbar, daß es an Beitragsgerechtigkeit mangele und Deutschland im Verhältnis einen zu hohen Finanzbeitrag in die EU-Kassen leiste, jedoch setze die deutsche Regierung, indem sie derartig forsch vorpresche, eine elementare Aufgabe der europäischen Integration, die Einbeziehung der östlichen Nachbarstaaten, aufs Spiel. Die beiden Grünen-Politiker Daniel Cohn-Bendit und Rupert von Plottnitz, der eine Europaab-

---

22 Heimo Schwilk / Ulrich Schacht (Hg.), Die selbstbewußte Nation – »Anschwellender Bocksgesang« und weitere Beiträge zu einer deutschen Debatte, Frankfurt am Main / Berlin 1994.

23 Vgl. Richard Meng, Harte Arbeit, keine Träume, in: *Frankfurter Rundschau* vom 16. Dezember 1998; Paul Lersch u.a., Hände von der Hosennaht, in: *Der Spiegel* vom 14. Dezember 1998, 52. Jg., Nr. 51, S. 22–24.

geordneter, der andere Justizminister in Hessen, warfen Schröder sogar vor, er strafe eine Grundposition seines Amtsvorgängers Kohl, daß die deutsche Einheit als ein Teil des europäischen Einigungsprozesses begriffen werden müsse, mit Mißachtung.[24] Ebenso wie die deutsche Einigung werde auch die Erweiterung der EU »nicht aus der Portokasse zu bezahlen« sein. Schröders Auftreten stehe zwar nicht unbedingt für einen »neuen Nationalismus von links«, wie manche europäische Nachbarn befürchteten, jedoch »für politische Gedankenlosigkeit und burschikosen Umgang mit der Geschichte«.

Zu dieser Einschätzung paßt auch eine der ersten Äußerungen, die Schröder nach seiner Wahl zum Kanzler gemacht hat. Selbstbewußt erklärte er in »Talk im Turm«, daß das von seiner Regierung repräsentierte Deutschland »unbefangen«, ja »in einem guten Sinne vielleicht sogar deutscher« sein werde. Und als die Kritiken zur Friedenspreisrede Martin Walsers[25] niederprasselten, sprang ihm der frischgebackene Regierungschef mit der doppelsinnigen Bemerkung bei, ein Schriftsteller müsse »das sagen dürfen«, ein Bundeskanzler hingegen nicht. Mit anderen Worten: Schröder billigt, was Walser bekannt hat. Der einzige Unterschied besteht darin, daß Schröder glaubt, aus Rücksichtnahme auf seine staatspolitische Rolle auf ein direkteres Bekenntnis verzichten zu müssen.

Walsers Bekenntnis bestand bekanntlich darin, wieder stolz sein zu können, ein Deutscher zu sein, ohne dabei von Gewissensskrupeln geplagt zu werden. Beabsichtigt wurde, die vermeintliche Normalität der eigenen Nation zurückzugewinnen.[26] Deshalb mußte er

---

24 Daniel Cohn-Bendit / Rupert von Plottnitz, Der arme deutsche Michel, in: *Die Zeit* vom 16. Dezember 1998, 53. Jg., Nr. 52, S. 13.

25 Martin Walser, Erfahrungen beim Verfassen einer Sonntagsrede – Friedenspreis des Deutschen Buchhandels 1998, Frankfurt am Main 1998.

26 Am deutlichsten wurde das, als sich Walser mit seiner Dankesrede für den Friedenspreis des Deutschen Buchhandels auf die Titelseiten neurechter Gazetten katapultierte. Vgl. Ein ganz normales Volk – Provokation: Martin Walsers Rede auf der Frankfurter Buchmesse erregt Widerspruch, in: *Junge Freiheit* vom 16. Oktober 1998, 13. Jg., Nr. 43, S. 1.

von »Meinungssoldaten« und »Meinungsdienst« sowie einer »Moralkeule« und »vorgehaltener Moralpistole« zetern. Denn Auschwitz stellt für ein als erneuerungsbedürftig angesehenes nationales Selbstwertgefühl eine Blockade dar, die sich bislang als unüberwindbar erwiesen hat. Obwohl die durch Walsers Rede ausgelöste Debatte über Monate hinweg durch die Gazetten geisterte, ist darin übersehen worden, daß sie mit antiwestlichen Affekten gespickt war.

Seine Gefühle gehören vor allem dem unter seinem Tarnnamen »Topas« bekanntgewordenen Ex-DDR-Spion Rainer Rupp. Daß dieser arme Mann, den Walser als »idealistischen Altachtundsechziger« und »idealistisch-sozialistischen Weltverbesserer« charakterisiert, im Gefängnis sitzen muß, scheint ihn offenbar um den Schlaf zu bringen. Seine an den Bundespräsidenten gerichtete Aufforderung, Rupp »um des lieben Frieden willens« freizulassen,[27] ist jedoch nicht als Zeichen von Solidarität, Altruismus oder fehlgeleiteter Nächstenliebe mißzuverstehen. Dahinter verbirgt sich ein nationales Motiv. So wie Deutsche nicht auf Deutsche schießen sollten, so sollte ein deutscher Staat keinen seiner Bürger bloß deshalb wegen Spionage verurteilen, weil er für einen anderen deutschen Staat gespitzelt hätte. Walsers Forderung, Ost-Spione sollten ebenso wie West-Spione straffrei bleiben, zeichnet sich nicht durch ein besonderes Gerechtigkeitsgefühl aus, sondern durch die Höherbewertung des Nationalen gegenüber den verschiedenen politischen Systemen und deren unterschiedlichem Freiheits- und Demokratieverständnis.

Walser erinnerte in diesem Zusammenhang auch an eine in vielfacher Hinsicht bedenkliche Rede, die er 1977 in Bergen-Enkheim gehalten hatte. Dort war von ihm verkündet worden, man dürfe »die BRD so wenig anerkennen wie die DDR«, man müsse »die Wunde namens Deutschland offenhalten«.[28] In der Verwendung der Blutmetaphorik verrät sich, was den Schriftsteller wirklich bewegt. Die Nation, die er nicht länger an den Pranger gestellt sehen möchte, ist

---

27 Martin Walser, ebenda.

28 Ebenda.

in seiner Sicht von einem Opfermal gezeichnet – damit ist aus dem Land der Täter insgeheim eines der Opfer geworden.

Die Äquidistanz, die Walser gegenüber der BRD wie gegenüber der DDR auch heute noch, ein Jahrzehnt nach der Auflösung der DDR, einzunehmen können glaubt, ist eine unverhohlene Mißtrauenserklärung gegenüber der Bundesrepublik – der verbale Anschlag eines Dichters auf die Verfassung, verübt im Symbol der von Anfang an gefährdeten deutschen Demokratie, der Paulskirche.

Vieles spricht dafür, daß es, wie von dem kalifornischen Politikwissenschaftler Andrei S. Markovits befürchtet, paradoxerweise gerade die rot-grüne Regierungskoalition, die in ihrer Mehrheit die 68er-Generation repräsentiert, sein könnte, die einen Schlußstrich unter die NS-Vergangenheit ziehen wird.[29] Mit dem gewachsenen historischen Abstand gibt es sicher eine Reihe objektiver Gründe, die für eine weniger affektgeladene Beziehung zum Holocaust, zum NS-System und dem ganzen immer noch schier unentwirrbaren Knäuel von Scham und Schuld stehen könnte, allerdings muß gerade der mit der Verweigerung symbolischer Akte einhergehende Pragmatismus der Regierung Schröder dem Verdacht weiter Nahrung geben, daß sie die historische Verantwortung für das Geschehene am liebsten wie ein unpassend gewordenes Kleid ablegen möchte.

Die illustre Reihe derjenigen, die in den sechziger Jahren zum Sturz der Republik von links aufriefen und sich heute dem Verdacht aussetzen, daß sie es nun von rechts versuchten, ist noch nicht besonders groß, ihre Zahl nimmt dennoch aber erkennbar zu. Dem Weg des Publizisten Günter Maschke, der, einst Mitglied der »Subversiven Aktion« und des SDS, angeblich durch seine Kuba-Erfahrung bereits Anfang der siebziger Jahre zum bekennenden Rechtsradikalen geworden ist, sind zunächst nur wenige gefolgt. Inzwischen jedoch sind es, wie ein in einem österreichischen Verlag unter dem Titel »Bye-bye '68« erschienener Band belegt, in dem »Renegaten der Linken, APO-Abweichler und allerlei Querdenker« zu

---

29 Andrei S. Markovits, Die Zukunft als Ende der Vergangenheit, in: *die tageszeitung* vom 12. November 1998.

Wort kommen, eine ganze Reihe, die sich mit dem Abschiedsgruß schmücken.[30] Wie weit sie dabei zu gehen bereit sind zeigt eine zum Jahreswechsel von Mahler, Maschke und Oberlercher herausgegebene »Kanonische Erklärung zur Bewegung von 1968«,[31] in der die Rebellion mit dem 17. Juni 1953 verglichen und zum »zweiten deutschen Aufstand gegen eine Besatzungsmacht« umgedeutet sowie die RAF in die Tradition der Urburschenschaft eingebettet und in »Waffen-SDS« umbenannt wird.

Wohl kein anderer hat seine politische Kehrtwendung so konsequent vollzogen wie der Hamburger Reinhold Oberlercher. Der 55jährige ehemalige SDS-Sprecher, den der *Spiegel* 1967 als »Hamburgs Dutschke« charakterisierte, begreift sich als »Nationalmarxist«. Fünf Jahre zuvor hat er unter dem Titel »Die 68er-Wortergreifung« in den von Hans-Dietrich Sander herausgegebenen *Staatsbriefen* den Versuch unternommen, über seine »politische Jugendzeit Rechenschaft« abzugeben.[32] Darin stellt der 1960 aus der DDR in den Westen Geflohene die These auf, daß die 68er-Rebellion »in ihrer geistigen Substanz von Ost- und Mitteldeutschen gegen Westdeutsche geführt« und »von den verratenen Teilen Deutschlands gegen die Verräter, gegen die Träger und Erhalter des Kollaborationsregimes der Westzone« durchgeführt worden sei. Während die »Mitteldeutschen« mit der »89er-Revolution« ihre historische Aufgabe, nämlich die DDR zu beseitigen, erledigt hätten, unterlägen die »Westdeutschen« noch einer »Bringschuld«, die erst dann getilgt wäre, wenn auch sie ihr Besatzungsregime, die BRD, beseitigt und »die innere Einigung beider Volksteile vollzogen« hätten. Die Vernichtung beider deutscher Staaten, die er als Fremd-

---

30 Claus-M. Wolfschlag (Hg.), Bye-bye '68 ... Renegaten der Linken, APO-Abweichler und allerlei Querdenker berichten, Graz 1998.

31 Horst Mahler / Günter Maschke / Reinhold Oberlercher, Kanonische Erklärung zur Bewegung von 1968, in: *Junge Freiheit* vom 5. März 1999, 14. Jg., Nr. 10, S. 7.

32 Reinhold Oberlercher, Die 68er-Wortergreifung, in: *Staatsbriefe*, 4/1994, S. 28–32.

herrschaft auf deutschem Boden stigmatisiert, ergäbe dann die Voraussetzung für die Restituierung des Deutschen Reiches. Auf der »Tagesordnung der Weltgeschichte« stehe so der »Sturz der Systemherrschaft überhaupt«. Deren Herrschaft würde abgelöst durch eine Weltordnung, deren Völkerrechtssubjekte »nach dem Grundsatz Ein-Volk-ein-Staat« konstituiert seien. Nur durch eine »fundamentalistische Kulturrevolution« sei die Reichsidee zu erneuern und das Deutsche Reich wiederherzustellen. »Jeder 68er, der heute die westliche Wertegemeinschaft bejaht«, schließt er seinen Gedankengang mit der schlichten Drohung, »ist ein Verräter.«

Erst bei Oberlercher, ebenso wie Mahler bekennender Rechtshegelianer, wird deutlich, wohin die Reise wirklich gehen soll: in Richtung auf ein »Viertes Reich«. Die Zeitphase zwischen 1945 und 1990 verkümmert aus dieser nationalrevolutionären Optik zu einer Art Interregnum zweier Besatzungsregime. DDR und BRD stehen danach als Initialen für die Unterjochung des deutschen Volkes. Mit dem Ende des einen fremden Staates auf deutschem Boden ist danach ein erster wichtiger Schritt unternommen; der zweite steht als »Bringschuld« der Westdeutschen noch an und der dritte, die Rückeroberung der Ostgebiete, steht mehr oder weniger unausgesprochen im Raum. Und für diesen Reanimierungsversuch des Deutschen Reiches soll die 68er-Rebellion beerbt werden. Als Kronzeugen für diese sinistre Unternehmung werden von Oberlercher, wie könnte es anders sein, Rudi Dutschke und Bernd Rabehl angeführt. Als Bestätigung wird eine Äußerung Rabehls zitiert, die im Februar 1994 auf einer Gedenkveranstaltung für Dutschke gefallen ist: »Unsere Vision war die nationale Befreiung. Wir kamen ja aus dem Osten.«[33] Gerade das Lakonisch-Selbstverständliche, das aus diesen Worten spricht, scheint den Reichsbefürworter zu stimulieren.

Gegen den Kursschwenk ehemaliger Galionsfiguren der Berliner Studentenbewegung haben Alt-68er im Internet vor einiger Zeit eine eigene SDS-Website eingerichtet, in der unter der Überschrift »Nationalisten waren wir nie!« zu Protesterklärungen aufgerufen

---

33 *Frankfurter Allgemeine Zeitung* vom 25. Februar 1994.

wird.[34] Diese Distanzierung ist jedoch defensiv und rückwärtsgewandt. Obwohl sie in der Abwehr des Neonationalismus in die richtige Richtung weist, kann sie nur wenig zur Klärung der 68er-Vergangenheit und zur aktuellen Auseinandersetzung beitragen. Insbesondere wird Rabehl durch die strikte Weigerung, die Bedeutung der nationalen Frage für Rudi Dutschke überhaupt zur Kenntnis nehmen zu wollen, die Möglichkeit geboten, die historisierenden Argumente für die Legitimierung seiner nationalrevolutionären Position auszubauen und damit seine an sich unhaltbare Position in dem Konflikt graduell zu verbessern.

Das grundsätzliche Problem der Unterzeichner besteht darin, daß sie offenbar auch zehn Jahre nach dem Mauerfall immer noch glauben, davon überzeugt sein zu können, es sei richtig gewesen, die Frage der deutschen Teilung der Rechten überlassen zu haben. Für diesen historischen Selbstbetrug, der mit einer partiellen Idealisierung der DDR einhergegangen ist, hat die bundesdeutsche Linke nach 1990 zu Recht die Quittung präsentiert bekommen. Es ist eine Illusion, an den vermeintlich hehren Internationalismus von 1968 direkt anknüpfen zu wollen. Ebensowenig läßt sich die sogenannte nationale gegen die sogenannte soziale Frage ein weiteres Mal ausspielen. Die Vereinigung Deutschlands hat zwar zu einem Wiederaufleben von Fremdenfeindlichkeit und Rassismus, nicht aber zu einer Politisierung des Nationalen geführt. Die deutsche Einigung vollzog sich im Kontext der europäischen Integration. Diese Verklammerung hat die Gefahr, die von einer Renationalisierung hätte ausgehen können, maßgeblich entschärft. Einem solchen historischen Faktum, das insbesondere Helmut Kohl als Verdienst angerechnet werden muß, gilt es sich zu stellen. Der Teil der Linken, der sich aus biographischen wie aus historischen Gründen auf die Tradition des SDS beruft und sich zu Recht gegen die Inanspruchnahme

34 Nationalisten waren wir nie! Ehemalige 68er SDS-Mitglieder distanzieren sich von Mahler und Rabehl, in: SDS-Website (www.partisan.net/sds/); vgl.: »Wir waren nie Nationalisten«, in: *Junge Welt* vom 15. Februar 1999.

der 68er-Rebellion durch ehemalige Kombattanten für die neue Rechte zur Wehr setzt, darf sich kein weiteres Mal durch die Tabuisierung der Spaltung und die Ausklammerung des nun vereinigten Deutschlands ins historische Abseits stellen.

Mahler, Maschke, Oberlercher, Rabehl und andere: Wie auf einem Schachbrett, auf dem die Figuren von einer unsichtbaren Hand geführt werden, ordnen sich die Positionen neu zu. Was früher als revolutionär und linksradikal galt, das erscheint heute, nur unwesentlich verändert, als rechtskonservativ, als rechtsradikal oder gar als neofaschistisch. Der Substantialismus der Kategorien und der Essentialismus ihres argumentativen Einsatzes verraten, daß es hier weniger um eine Veränderung des Intellekts als um einen Ausbruch der Mentalität geht. Als seien politische Überzeugungen jahrzehntelang lediglich auf der Oberfläche von Programmen und Bekenntnissen hergetrieben worden, dringen nun auf einmal Entitäten vom Grund des Bewußtseinsstromes nach oben und beanspruchen mit Nachdruck ihren Platz in der Politik. Es könnte sein, daß Berlin der Magnet ist, der sich in der unsichtbaren Hand befindet.

Die Herolde, die zum Marsch in eine neue Republik, eine »Berliner Republik« blasen, nehmen jedenfalls seit dem Machtwechsel in Bonn ständig zu.[35] Inzwischen ist beim Gebrauch des politischen Etiketts bereits ein gewisser Gewöhnungseffekt eingetreten. Weil fast alle davon reden, glauben viele, um nicht länger abseits stehen zu wollen, sich den Jargon selbst aneignen zu müssen. Die intellektuellen Protagonisten dieser schleichenden Umbenennung müssen sich jedoch fragen lassen, welches Gepäck sie eigentlich mit sich führen. Denn offenkundig rücken sie mit ihrer Bezeichnung von der Bundesrepublik ab. Diese, die sogenannte alte Bundesrepublik, ist ja 1990 nicht abgeschafft, sondern nur erweitert worden. Der Ortswechsel von Bonn nach Berlin allein kann die Redeweise von der »Berliner Republik« jedenfalls nicht begründen. Das semantische Feld wird damit weit geöffnet, zu weit, um nicht befürchten zu müs-

35 Inzwischen existiert bereits eine unter diesem, vermeintlich programmatischen, Namen von Jungsozialisten herausgegebene Zeitschrift.

sen, daß damit auch ganz andere Werte, als sie bislang von der Verfassung gedeckt sind, ins Selbstverständnis einer deutschen Republik eingeschmuggelt werden könnten.

Zur Erinnerung: Die Reduktion der deutschen Republik auf Weimar stammt keineswegs von Befürwortern, sondern von erklärten Gegnern der repräsentativen Demokratie. Allein deshalb, weil die politische Situation im Sommer 1919 noch zu instabil war, trat die Nationalversammlung in der Stadt der deutschen Klassik zusammen und verabschiedete dort am 11. August die neue Reichsverfassung. Mit der Redeweise von der »Weimarer Republik« sollte das neue politische System delegitimiert und in Mißkredit gebracht werden. Der Zusammenbruch des demokratischen Staates und die Etablierung des NS-Systems haben dann ja gezeigt, wie erfolgreich diejenigen waren, die den Parlamentarismus diskreditieren, unterminieren und letztlich abschaffen wollten. Das Etikett »Weimarer Republik« war in den zwanziger Jahren wie ein der Inflation ausgesetzter Geldschein – sein Wert ging mehr und mehr in den freien Fall über. Die Demokratie stürzte, von Notverordnungen nicht zu bremsen, ins Bodenlose.

Und wenn in den fünfziger Jahren die Frage aufgeworfen wurde, ob Bonn nicht Weimar sei,[36] dann geschah das nicht nur aus Beängstigung um die Stabilität der Nachkriegsrepublik – zugleich schwang darin auch immer ein Moment der Herabwürdigung mit. Die als provinziell angesehene Universitätsstadt am Rhein galt vielen, die die Monumente nationaler Größe vermißten, in denen sie sich hätten spiegeln können, als stille Beleidigung. Bonn wurde in seiner Rolle als Bundeshauptstadt im Grunde als Herabwürdigung des Nationalstolzes empfunden. Daß nach 1945 der Weg nach Berlin, eine Restituierung seiner alten Rolle als Kapitale, objektiv versperrt war, spielte bei den gekränkten Gefühlsvalenzen nur eine untergeordnete Rolle. Da die ehemalige Reichshauptstadt aufgespalten war und von den Siegermächten verwaltet wurde, gab es bekanntlich

---

36 Daraus bezog die damalige Publikation eines Schweizer Zeitungskorrespondenten auch ihren ultimativen Titel: Fritz René Allemann, Bonn ist nicht Weimar, Köln 1956.

keine Möglichkeit, sie 1949 mit der Gründung der Bundesrepublik erneut zur Hauptstadt zu machen.

Die Entscheidung, im Anschluß an die deutsche Einigung von 1990 wieder nach Berlin zurückzukehren, war, auch wenn sie im Bundestag nur mit knapper Mehrheit zustande gekommen ist, richtig. Ein Festhalten an Bonn wäre nicht nur ein Schlag ins Gesicht der Verfassungsväter und -mütter gewesen, sondern hätte die gesellschaftliche Spaltung zwischen alten und neuen Bundesländern weiter vertieft und so für eine noch gefährlichere Schlagseite des föderalen Systems gesorgt, als sie ohnehin schon vorhanden war. Wer nun aber ohne Not und ohne gute Gründe von der »Berliner Republik« spricht, betreibt, ob willentlich oder unwillentlich, ein gefährliches Spiel.

Die »Berliner Republik« ist ein Trojanisches Pferd. Mit dieser Bezeichnung wird die Rückkehr zu einem mehr oder weniger unverhohlenen Machtanspruch suggeriert, der aus der Mittellage in Europa, der Brückenfunktion zwischen West und Ost sowie der ökonomischen und finanzpolitischen Dominanz innerhalb der Europäischen Union als eine sich quasi automatisch einstellende Resultante angesehen wird. Eine Nation in alter Größe, neuer Stärke und wiedergewonnenem Selbstbewußtsein. Doch verletzter Nationalstolz war noch nie ein guter Ratgeber für die neuen Aufgabenstellungen einer Demokratie, die ihre Bewährungsproben trotz aller Unkenrufe bislang bestanden hat. Damit der »Berliner Republik«, diesem hölzernen Koloß, nicht erneut die Verfechter eines gefährlichen Nationalismus entsteigen, ist es geboten, auch weiterhin von der Bundesrepublik zu sprechen. Schlicht und einfach. Auch für Gerhard Schröder, den sozialdemokratischen Kanzler, nun mit Amtssitz in Berlin.

Die Westorientierung, die mit einem Jahrzehnt Verspätung auch von der Sozialdemokratie nachvollzogen wurde, war die Klammer um die Erfolgsgeschichte der alten Bundesrepublik. Zugleich hat sie für eine grundlegende Veränderung der politischen Kultur gesorgt, die die Exponenten des christlichen Abendlandes in der Regierung Adenauer gewiß nicht für möglich gehalten hätten.

Nun aber besteht die Aufgabe in der Außen- und Sicherheitspolitik darin, mit der Osterweiterung der Europäischen Union und der NATO einen Prozeß zu vollziehen, der als Abrücken von der Westorientierung, als eine Reaktivierung der Mittellage und als Neuauflage einer deutschen Hegemonialrolle mißdeutet werden könnte.

Der zentrale Widerspruch für die neue, die seit 1990 erweiterte Bundesrepublik besteht darin, wie eine nordatlantische Grundorientierung, die sich der Systemeinbindung aus der Ära des Ost-West-Konflikts verdankt, in eine europaintegrative Option transformiert werden könnte, ohne aufgelöst werden zu müssen. Im Januar 1999 hat der frühere 68er und heutige Bundesaußenminister Joschka Fischer eine Ansprache vor dem Europaparlament in Straßburg mit einem Satz beendet, der die Richtung vorgeben könnte: »Es wird die Aufgabe unserer Generation sein, dieses Europa der Integration zu vollenden.«[37]

Eine Bewährungsprobe für diese historische Aufgabenstellung bestand darin, wie sich diese Generation, die in der Bundesrepublik einen nicht zu unterschätzenden Einfluß auf die mediale Öffentlichkeit besitzt, in dem seit langem schwelenden Konflikt um den Kosovo, der zum offenen Krieg geworden war, verhalten würde. Ein Jahr nach Beendigung des Militäreinsatzes der NATO ist deutlich geworden, daß eine transnationale Option immer noch nicht mehrheitsfähig ist und die Befürworter einer Universalisierungsperspektive in der Verteidigungs- und Sicherheitspolitik immer noch um die Glaubwürdigkeit ihrer Legitimation ringen müssen.

---

37 Joschka Fischer, Rede vor dem Europäischen Parlament am 12. Januar 1999 in Straßburg, in: www.auswaertiges-amt.de.

Symbolzertrümmerung

Der Angriff der Studentenbewegung auf die Insignien universitärer Macht

Kein anderer Slogan aus der Zeit der Studentenbewegung hat sich so sehr ins Gedächtnis eingegraben wie jener, der am 9. November 1967 im Auditorium maximum der Universität Hamburg den Teilnehmern einer Rektoratsfeier präsentiert wurde: »Unter den Talaren Muff von 1000 Jahren«. Die Zielscheibe der Protestaktion waren unmißverständlich die Ordinarien, denen gegenüber der Vorwurf erhoben wurde, daß sich unter ihren akademischen Traditionsgewändern der Ungeist des Nationalsozialismus verberge. Die beiden Studenten, die das schwarze Transparent mit den weißen Lettern vor sich hertrugen, waren die beiden stellvertretenden AStA-Vorsitzenden Detlev Albers und Gert Hinnerk Behlmer. Das berühmte Photo, das die beiden zeigt, wie sie sich an die Spitze des Zuges der in Talaren gekleideten Professoren setzen und die Treppe zum Versammlungsort hinuntersteigen, wirkt heute auf eigentümliche Weise brav. Die beiden studentischen Akteure sind feierlich gekleidet, sie tragen dunkle Anzüge und Krawatten. Während sie in einer Mischung aus Hilflosigkeit und Verschmitztheit grinsen, blicken der Rektor und ein weiterer Ordinarius, die wie zur unfreiwilligen Illustrierung der Klageformel hinterherstapfen, ernst und beinahe grimmig. Niemand macht Anstalten, den Studenten das Spruchband zu entreißen. Die Professoren scheinen sich ihrem Schicksal, wie Nasenbären der Geschichte in den Ring geführt zu werden, widerspruchslos zu fügen. Das Ganze wirkt inszeniert wie bei einer eher mittelmäßigen Theateraufführung.

Doch die Aufnahme hat einen trügerischen Charakter. Zwar gibt sie einen wichtigen Moment wieder, den Höhepunkt einer symbolischen Aktion, sie vermittelt jedoch kaum etwas davon, was sich zu jener Stunde im Audimax tatsächlich abgespielt hat. Die akademische Feierstunde begann bereits unter dramatischen Vorzeichen und vollzog sich in einer selbst für jene Tage außerordentlichen Turbulenz. Durch einige Vorfälle auf dem Universitätsgelände alarmiert, hatten sich der Rektor und der Innensenator darauf verständigt, eine Gruppe von Polizeibeamten in Zivil – nach Aussagen des AStA über zwanzig Personen – der akademischen Feier beiwohnen zu lassen, um im Bedarfsfalle für die Sicherheit der Beteiligten zu sorgen. Mehreren Mitgliedern des Sozialistischen Deutschen Studentenbunds (SDS) wurde bereits der Eintritt zum Audimax verwehrt. Als diese ihre Eintrittskarten vorwiesen und deutlich machten, daß sie sich das nicht gefallen lassen würden, kam es zu einem Handgemenge. Einer der Studenten wurde dabei so hart in die Mangel genommen, daß er einen Arzt aufsuchen mußte. Ein anderer wurde vorläufig festgenommen, in einen der Kellerräume abgeführt, durchsucht und verhört. Doch vergeblich – er führte nichts bei sich, was das Mißtrauen der Ordnungshüter hätte bestätigen können.

Nach der Transparentaktion hielt der neue Rektor, der Wirtschaftswissenschaftler Professor Dr. Werner Ehrlicher, wie vorgesehen seinen Antrittsvortrag über die Wirtschaftsrezession der Jahre 1966/67 und ihre politischen Folgen. Er konnte sich jedoch in dem mit über tausend Personen besetzten Saal kaum verständlich machen. Zahlreiche Studenten riefen dazwischen, intonierten Sprechchöre und verlangten, durch rhythmisches Klatschen immer wieder unterstützt, nach einer Hochschulreform. Angeprangert wurde insbesondere das »starre Festhalten an undemokratischen Formen und Traditionen« der Universität. Unmittelbar nach Beendigung seines Vortrags verließ der Rektor, von seinem gesamten Lehrkörper treu gefolgt, fluchtartig das Audimax. So entging ihnen, was der AStA-Vorsitzende Björn Pätzold in seiner Rede an Mängeln und Mißständen der Hamburger Universität aufzuzeigen wußte. Zu der auf Flugblättern geforderten Diskussion über Reformmaßnahmen konnte es wegen des vorzeitigen Auszugs der Professoren dann ohnehin nicht mehr kommen.

Bemerkenswert an den Berichten über die ungewöhnliche Rektoratsfeier war insbesondere, daß Springer-Zeitungen wie die *Welt* und *Bild* lediglich vom »Muff von 100 Jahren« schrieben. Der Bezug zum »Tausendjährigen Reich« der Nazis war damit getilgt. Was manche Zeitungen nicht zu melden bereit waren, das wurde allerdings durch einen Zwischenfall um so nachhaltiger in Erinnerung gerufen. Der Islamwissenschaftler Professor Dr. Berthold Spuler, Direktor des Orientalischen Seminars, hatte den Protestierern während der verunglückten Feierstunde kurzerhand entgegengeschleudert: »Ihr gehört alle ins KZ!« Damit hatte er in seinem Zorn unfreiwillig eine Bestätigung für den Slogan der beiden Studentenschaftsvertreter geliefert. Der Ordinarius geriet dieser Äußerung wegen so sehr unter Druck, daß er ein Disziplinarverfahren gegen sich selbst einleitete und schließlich trotz einiger »Ehrenerklärungen« seiner Kollegen vorläufig suspendiert wurde. Drei Monate später durfte der Wissenschaftler, der nicht nur, wie sich schon bald herausstellte, SA- und NSDAP-Mitglied gewesen war, sondern während des Krieges auch im Reichsministerium für die besetzten Ostgebiete gearbeitet hatte, seine Lehrtätigkeit wiederaufnehmen, weil sich, wie die Hamburger Schulbehörde meinte mitteilen zu müssen, »zahlreiche Schüler« für seine Rückkehr in den Hörsaal ausgesprochen hätten. Wie kurze Zeit später bekannt wurde, hatten sich lediglich 14 Studenten bereit gefunden, dem Wunsch Ausdruck zu verleihen, den Veranstaltungen des unter Kollegen als »erzkonservativ« geltenden Orientalisten auch in Zukunft als Hörer beiwohnen zu wollen.

Universitäten sind nach einem Wort des Historikers Hans-Werner Prahl »historisch sedimentierte Institutionen«, in denen sich »geschichtliche Konstellationen abgelagert« und zu einem gewissen Teil »gegenüber Wandlungen resistent gemacht« haben. »Die Beharrungstendenzen«, schreibt Prahl weiter, »sind schon im äußerlichen unübersehbar: Kleidung, Insignien, Rituale, Sprachgewohnheiten und Titel verweisen auf Vergangenes, obwohl Hochschulen längst zu bürokratisierten Großbetrieben geworden sind.«[1] Die Initia-

---

1 Hans-Werner Prahl, Sozialgeschichte des Hochschulwesens, München 1978, S. 10.

tionsriten einer solchen Eliteinstitution sind insofern ebenso wie ihre Rechts- und Verwaltungspraktiken versteinerte Zeugen von Herrschaftsgeschichte.

Im Unterschied zu den Universitäten in Italien und Frankreich etwa, die als Ausdruck eines sich bereits früh emanzipierenden städtischen Bürgertums begriffen werden können, sind die deutschen Universitätsgründungen von Anfang an obrigkeitliche Gründungsakte gewesen, die von fürstlichen oder städtischen Stiftern initiiert wurden. Der Soziologe Helmut Schelsky hat darauf hingewiesen, daß dieser Charakter der Staats-, Landes- oder Stadt-Universitäten »eine Territorialisierung der deutschen Universitäten, ja der Wissenschaften und des geistigen Lebens überhaupt«[2] begründet habe. Bezeichnenderweise folgten die deutschen Universitäten in ihren innerorganisatorischen Prinzipien nicht etwa dem Vorbild von Bologna, sondern dem der als besonders autoritär verschrienen »Kanzler-Universität« von Paris. Es waren Magisterkorporationen mit einem Rektor an der Spitze, in denen der Kanzler den Kirchenvertretern eine besonders einflußreiche Machtposition sicherte.

Mitte der sechziger Jahre galten die Universitäten in ihrer Struktur als antiquiert, ineffizient und legitimationsschwach. Der Bildungsnotstand, der zum geflügelten Wort geworden war und am schmerzlichsten in den Hochschulen empfunden wurde, drückte einen materiellen Mangel ebenso wie eine strukturelle Schwäche aus. Um einen Ausweg aus dieser Situation zu finden, schien anderes nötig zu sein, als nur mehr Geld in den lange Zeit vernachlässigten Sektor zu stecken. Als entscheidender Schlüssel wurde eine Demokratisierung der in weiten Bereichen immer noch feudal strukturierten Universitäten angesehen.

Da die politisch radikalen Studenten mit dem aus der SPD hinausgeworfenen SDS an ihrer Spitze nicht über die Macht verfügten, Reformen in Gang zu bringen, bei der die Studentenschaft drittelparitätisch in den Entscheidungsgremien vertreten wäre, begannen sie

---

2 Helmut Schelsky, Einsamkeit und Freiheit – Idee und Gestalt der deutschen Universität und ihrer Reformen, Reinbek 1963, S. 18.

mit einem Sturm auf die Insignien der überholten Macht. Wo immer es ihnen möglich war, versuchten sie die akademischen Institutionen und ihre Repräsentanten bloßzustellen.

Dabei ging es ihnen jedoch nicht nur darum, zwischen legitimen und nichtlegitimen Autoritäten zu unterscheiden sowie überholte Autoritäten vom Sockel zu stürzen, sondern die Institutionen als solche anzugreifen. Das Gehäuse wissenschaftlicher Lehre war ihnen mehr als nur verdächtig, es galt ihnen wegen seiner Verwendung durch das NS-Regime als diskreditiert. Man versuchte, wo irgend möglich, die verborgenen Kontinuitäten von Professoren zur NS-Zeit nachzuweisen, um damit die Einrichtung als Ganzes zu treffen.

Die Studentenbewegung war in ihrem Kern antiinstitutionell ausgerichtet. Es existierte eine regelrechte Antinomie zwischen Institution und Bewegung. Was zählte, war die Vollversammlungsdemokratie, das gesprochene Wort, die Bedeutung einer Person unter Absehung von Funktion, Rolle und Titel. Nicht ohne Grund stand Spontaneität besonders hoch im Kurs. Die Furcht vor falschen Festlegungen, vor Verdinglichung und Entfremdung, vor anonymen und kaum transparenten Prozessen in unüberschaubaren Bürokratien war allgegenwärtig.

Ein weiterer Gesichtspunkt war der veränderte soziale Status der akademischen Bildung. Mit wachsendem Bruttosozialprodukt stieg die Nachfrage nach höherer Qualifizierung im allgemeinen ebenso wie die nach Studienplätzen im besonderen. Ausbildung war immer weniger ein bloßes Mittel zur Absicherung eines Status, der durch die Familie, zumeist durch den Vater, ererbt wurde; Ausbildung wurde selbst zum Medium sozialer Mobilität. Nun sollte es nur noch darauf ankommen, die gebotenen Chancen durch die Erbringung individueller Leistungen zu nutzen. Nur die Qualifikation konnte das Tor zu einer neuen Berufswelt aufstoßen.

Kaum jemand dürfte den Angriff auf die Ordinarienuniversität und die alten Bildungsprivilegien mit drastischeren Worten beschrieben haben als der Schriftsteller Gerhard Zwerenz: »Ja, wir kommen, aufgepaßt Ihr akademischen Traditionstrottel und Universitäts-Erbhofbesitzer, Eure Exklusivität ist im Eimer, Eure Zeit läuft ab. Aufgepaßt, wir kommen, kriechen aus den Gullys, den muffigen Mietskasernen, Hinterhofpißwinkeln, Kellerlöchern, Wanzendachkammern, kommen aus letzten Landschaften, die vor Jahrhunderten vergessen worden sind, aus beschränkten Kleinstädten und Kaffs, entlaufen Fabriken, Meistern, Maschinen, Besitzern. Wir kommen [...]«[3]

Der ehemalige Leipziger Student, der bei Ernst Bloch Philosophie studiert hatte und 1957 in den Westen geflohen war, lag im objektiven Trend der Zeit. Nicht zufällig erkannte er sich in den wichtigsten Zielsetzungen der Studentenbewegung wieder.

Zu ähnlichen Zwischenfällen wie in Hamburg kam es im Wintersemester 1967/68 und im Sommersemester 1968 auch bei anderen akademischen Feierlichkeiten an westdeutschen Universitäten wie Göttingen, Heidelberg, Kiel, Marburg, Tübingen. Den Vogel bei den zumeist happeningartig verlaufenden Aktionen schossen dabei zweifelsohne Studenten der Freien Universität in West-Berlin ab. Im Anschluß an eine Vollversammlung besetzten dort am 27. Juni 1968 rund hundert Studenten das Rektorat und verbarrikadierten sich bei der Ankunft der von Universitätsangehörigen eilends herbeigerufenen Polizei. Als dann mit Daniel Cohn-Bendit einer der Anführer der Pariser Studentenrevolte auf einer Abendveranstaltung im Audimax vor 2000 Zuhörern eine »Neuordnung aller Institute und der ganzen Universität« forderte, preschte der Kommunarde Fritz Teufel mit einer skurril-eigenwilligen Aktion vor. Das schon von seiner Haarpracht und seinem Vollbart her unübersehbare Idol der antiautoritären Bewegung schnappte sich kurzerhand die Robe des Rektors, die im Laufe der Rektoratsbesetzung aus dem Amtszimmer geworfen worden war, hängte sie sich über und fuhr in dieser Verkleidung mit einem Fahrrad lautstark klingelnd im Mittelgang des Saales auf und ab. Dabei gab er sich als »neuer Rektor« aus und erklärte unter Ge-

---

3 Gerhard Zwerenz, Kopf und Bauch. Die Geschichte eines Arbeiters, der unter die Intellektuellen gefallen ist, Frankfurt am Main 1971, S. 132.

lächter und Beifall seiner Kommilitonen, er wolle sich großzügig erweisen und den Studenten alle Institute zur Verfügung stellen.

Im Laufe der nächsten Tage staunten einige Professoren nicht wenig, als die Post ihnen ein Dokument zuschickte, in dem ihnen die fristlose Kündigung mitgeteilt wurde. Die Schreiben stammten dem Anschein nach aus dem Rektorat, sie waren ordnungsgemäß adressiert und mit dem Dienstsiegel versehen. Erst beim Blick auf die Unterschrift des für die überraschende Maßnahme verantwortlichen Rektors fiel einigen auf, daß es sich bei der Entlassungsaktion um die »erste Amtshandlung des neuen Rektors Fritz Teufel« gehandelt hatte. Erst jetzt begann sich der Schreck, der einigen Ordinarien, wie sie später kleinmütig bekannten, in die Glieder gefahren war, wieder zu legen.

Verglichen mit dem, was sich während derselben Zeit auch an anderen Universitäten, insbesondere bei Inaugurations- und Immatrikulationsfeiern, abspielte, war die Entwendung professoraler Insignien keineswegs ungewöhnlich, sie unterschied sich lediglich durch die Konsequenz, mit der die Zweckentfremdung an der FU beim Wort genommen und so weit durchgespielt wurde, daß, wie seinerzeit üblich, von einer »Umfunktionalisierung« gesprochen werden konnte. Regelverstöße dieser Art, die über bloße Regelverletzungen hinausgingen und bereits den Tatbestand eines Strafdelikts erfüllten, gehörten zum Metier der Kommune I. Die Gruppierung, die erstmals im April 1967 durch das sogenannte Puddingattentat auf den US-Vizepräsidenten Hubert Humphrey für Schlagzeilen sorgte, hatte es sich zum Prinzip gemacht, durch Provokationen die verborgenen Reaktionsmuster einer autoritär strukturierten Einrichtung wie der Universität herauszukitzeln, ihre Herrschaftsmechanismen aufzudecken und wenn möglich der Lächerlichkeit preiszugeben. Von Happening-Künstlern wie Wolf Vostell, Bazon Brock und Joseph Beuys entwickelte Darstellungsformen, die auf die Einmaligkeit des gelebten Augenblicks abzielten, vermischten sich hier mit Motiven des traditionellen Studentenulks, dem schon immer an der Bloßstellung professoraler Attitüden gelegen war.

Dieter Kunzelmann, Rainer Langhans, Fritz Teufel und die anderen Kommunarden waren die Protagonisten einer Aktionsmethode, die für eine gewisse Zeit außerordentlich erfolgreich war, obwohl sie von den meisten Zeitgenossen nicht verstanden wurde. Sie betrieben Bluff, Imitation, Simulation – immer das Gegenteil von dem, was Realpolitik zu sein beanspruchte. Ihre Absicht war es, falsche Autoritäten, insbesondere deren Popanz, zu treffen und ihre Legitimationsunfähigkeit aufzudecken. Es ging vor allem darum, Symbole der Macht zu attackieren und wenn möglich zu destruieren. Wenn der Satz, daß Lächerlichkeit töten könne, jemals seine Berechtigung hatte, dann unter den Aktivisten der Kommune I.

Es blieb jedoch nicht bei der Destruktion alter Symbolwelten. Zumeist war sie verknüpft mit der Schaffung neuer. Die Identifikation mit revolutionären Programmen und Personen ging einher mit der Einübung anarchistischer, sozialistischer und kommunistischer Symbolwelten. Rote und schwarze Fahnen, Kampfparolen und Lieder, Buttons und Embleme, gereckte Fäuste und genossenschaftliche Anrede – eine Fülle von historisch besetzten Zeichen und Gesten wurde reaktiviert. Ebenso rasant, wie sich die Entwertung bürgerlich tradierter Symbole vollzog, folgten ihr die Szenarios revolutionärer Bildwelten und die Kultivierung neuer Vor- und Leitbilder.

In kürzester Zeit wurde außerdem eine sozialistische Ahnengalerie aus dem Hut gezaubert, die von den Stammvätern des Marxismus, Karl Marx und Friedrich Engels, bis zu den seinerzeit gerade aktuellen Heroen der Befreiungsbewegungen in der Dritten Welt, Ho Chi Minh und Che Guevara, reichte. Zugleich symbolisierten sie als Grundüberzeugungen den Antikapitalismus sowie den Antiimperialismus. Die Identifikationssucht machte auch vor bereits damals überführten Massenmördern wie Stalin und Mao Tse-tung nicht halt. Besonders hoch in der totalitären Ikonologie standen allerdings jene im Kurs, die unmittelbar im Kampf standen oder bereits ihr Leben für die revolutionären Ziele geopfert hatten. Idealfigur war zweifelsohne der argentinische Arzt Guevara, der an der Seite Fidel Castros einen revolutionären Umsturz auf Kuba herbeigeführt hatte und 1967 in Bolivien ermordet worden war. Wie kein anderer eignete er sich als Projektionsfigur für die ungestillten Veränderungswünsche und Umsturzphantasien der Studenten. In seiner jesusähnlichen Physiognomie, die ihn als globales Popidol hat überleben lassen, spiegeln sich die Unerfülltheit einer revolutionären Romantik ebenso wie der nicht nur für das Christentum besonders charakteristische moralische Rigorismus.

Als einer der ersten hatte der Sozialphilosoph Jürgen Habermas, der mehrere Jahre lang als einer der Mentoren des SDS galt, führenden Sprechern der Studentenbewegung auf dem Höhepunkt ihrer Revolte die Verwechslung von symbolischen mit realen Handlungen vorgeworfen. Auf dem Schüler- und Studentenkongreß Pfingsten 1968 in der Frankfurter Universität warf er den Akteuren vor, eine »Scheinrevolution« zu betreiben, die den Zielen einer Demokratisierung letztendlich nur schaden könne. »Die neuen Demonstrationstechniken, die nur symbolische Handlungen einschließen können«, trug er seine Einwände vor, »verwandeln sich in den Köpfen altgedienter SDSler zu Mitteln des unmittelbaren revolutionären Kampfes. Eine rote Fahne im richtigen Augenblick auf dem richtigen Dach kann eine aufklärende Wirkung haben; sie kann eine Tabuschranke durchbrechen, eine Barriere gegen Aufklärungsprozesse aus dem Wege räumen. Etwas anderes ist es aber, wenn ein solches Symbol diejenigen, die es setzen, darüber betrügt, daß es heute um einen Sturm auf die Bastille nicht gehen kann. Wie die Vorgänge in den Räumen der Frankfurter Universität [...] unmißverständlich zeigen, verwechseln einige führende Akteure den virtuellen Vorgang einer Universitätsbesetzung mit einer faktischen Machtergreifung. Eine so gravierende Verwechslung von Symbol und Wirklichkeit erfüllt im klinischen Bereich den Tatbestand der Wahnvorstellung. Derjenige, der sich der aus der Protestpsychologie von Jugendlichen stammenden Techniken nicht als Erwachsener, nämlich im Bewußtsein ihres virtuellen Charakters bedient, wer sie vielmehr, wie das Kind selber, ernst nimmt, verfällt damit einem Infantilismus. Die Verwechslung von Realität und Wunschphantasie hat ferner zur Folge, daß an Stelle der allein gebotenen Strategie massenhafter Aufklärung die Taktik der Scheinrevolution tritt.«[4]

Habermas sprach in diesem Zusammenhang eine Rektoratsbesetzung an, zu der es im Rahmen von Aktionen gegen die Verabschiedung der Notstandsgesetze gekommen war. Dabei waren mehrere Insignien rektoraler Machtausübung entwendet worden.

Unter den Kritikern, die durch diese Kritik wiederum auf den Plan gerufen wurden, setzte sich insbesondere der ehemalige SDS-Bundesvorsitzende und spätere Psychoanalytiker Reimut Reiche mit dem Vorwurf der Verwechslung von Symbol und Realität auseinander. »In den Symbolen der neuen Bewegung, vielmehr in der provokativen Verwendung historischer und exotischer Symbolzeichen«, verteidigte er in dem Band »Die Linke antwortet Jürgen Habermas« das studentische Vorgehen, »wird eine neue Form der psychologischen Beziehung zur Umwelt erprobt, eben jenes neue Realitätsprinzip, das ihnen permanent verweigert wird [...] Die Symbolbildungen erleichtern unmittelbare und spontane Identifikationsprozesse. Es hängt vom Sublimierungsgrad in der Art und der Verwendung der Symbole ab, wie ich-fördernd diese Identifikationsprozesse sind [...] Die rote Fahne in der Hand von Beethoven auf dem Bonner Münsterplatz und in den Händen von Tausenden von Menschen, die am Vormittag des 11. Mai in kleinen Gruppen durch Bonn rannten, hatte außer der phallisch-aggressiven noch eine andere Funktion: nämlich eine autoritätslösende, kollektiv befreiende und Identität herstellende Funktion. Nur auf dieser Basis können die kognitiven Prozesse stabil und massenhaft einsetzen [...] Die Symbole der gegenwärtigen antiautoritären Bewegung werden nicht in einer rigiden Form von oben eingesetzt, nicht von einem klassi-

---

4 Jürgen Habermas, Die Scheinrevolution und ihre Kinder. Sechs Thesen über Taktik, Ziele und Situationsanalysen der oppositionellen Jugend, in: *Frankfurter Rundschau* vom 5. Juni 1968.

schen Partei-Über-Ich angeordnet; sie sind wirklich das spontane Produkt dieser Bewegung.«[5]

Das von Reiche erwähnte Beispiel bezieht sich auf den Sternmarsch auf Bonn, mit dem die Kampagne für Demokratie und Abrüstung bundesweit gegen die Notstandsgesetze mobilisierte. Bemerkenswert ist an seiner Argumentation, wie er den Kanon einer linken Politsymbolik, die selbst von autoritären Zügen geprägt ist, so umzuinterpretieren versucht, daß ihr eine positive, die Subjektautonomie stärkende Funktion beigemessen werden kann.

Nicht erst seit den richtungweisenden Analysen des französischen Soziologen Pierre Bourdieu weiß man, daß sich über Graduierungen, Titel und andere symbolische Güter soziale Macht reproduziert.[6] Das universitäre Graduierungswesen entstand bezeichnenderweise erst in dem Moment, als mit dem Zusammenschluß der Magister und Scholaren zu einer genossenschaftlichen Korporation organisatorische Regelungen notwendig wurden, um den Zugang zur Korporation zu begrenzen. Der Eintritt in die Korporation stand also nicht allen offen, sondern wurde an bestimmte Kriterien wie Lebensalter, Lateinkenntnisse, spezifische Fachqualifikationen usw. geknüpft. »Jeder gradus, d.h. Stufe im wissenschaftlichen Bereich, ist gleichzeitig ein status, Berufsstand, Lebensstand, dem entsprechende Ehrenvorrechte gebühren.«[7] Das akademische Graduierungssystem hat Prahl zufolge die Funktion, »die interne Differenzierung der Hochschulen mit der Gesellschaftsstruktur kompa-

---

5 Reimut Reiche, Verteidigung der »neuen Sensibilität«, in: Wolfgang Abendroth u.a., Die Linke antwortet Jürgen Habermas, Frankfurt am Main 1968, S. 99–101.

6 Siehe: Pierre Bourdieu/Luc Boltanski/Monique de Saint Martin/Pascale Maldidier, Titel und Stelle. Über die Reproduktion sozialer Macht, Frankfurt am Main 1981.

7 Ludwig Boehm, Die Verleihung akademischer Grade an den Universitäten des 14.–16. Jahrhunderts, in: Chronik der Ludwig-Maximilian-Universität München 1958/59, S. 172.

tibel« zu machen. Bereits Max Weber hatte in »Wirtschaft und Gesellschaft« die zunehmende Rolle von Bildungszertifikaten als Instrumente der Sozialprivilegierung erkannt. »Wenn wir auf allen Gebieten«, schreibt er, »das Verlangen nach der Einführung von geregelten Bildungsgängen und Fachprüfungen laut werden hören, so ist selbstverständlich nicht ein plötzlich erwachender ›Bildungsdrang‹, sondern das Bestreben nach Beschränkung des Angebots für die Stellungen und deren Monopolisierung zugunsten der Besitzer von Bildungspatenten der Grund. Für diese Monopolisierung ist heute die ›Prüfung‹ das universelle Mittel, deshalb ihr unaufhaltsames Vordringen. Und da der zum Erwerb des Bildungspatents erforderliche Bildungsgang erhebliche Kosten und Karenzzeiten verursacht, so bedeutet jenes Streben zugleich die Zurückdrängung der Begabung (des Charisma) zugunsten des Besitzes, – denn die ›geistigen‹ Kosten der Bildungspatente sind stets geringe und nehmen mit der Massenhaftigkeit nicht zu, sondern ab.«[8]

Um einiges radikaler hatte Marx schon Mitte des 19. Jahrhunderts das Graduierten- und Prüfungswesen als »Hierarchie des Unsinns« gegeißelt. An einer wirklich egalitären Allgemeinbildung könne das Bürgertum ja gar nicht interessiert sein. Denn das würde voraussetzen, daß »die ganze Gesellschaft sich in der Situation dieser Klasse befindet, also zum Beispiel Geld und Bildung besitzt oder beliebig besitzen« könne. Die Examina stellten nichts anderes, so argumentiert er, als eine staatliche Konstruktion dar. »Das ›Examen‹ ist nichts als eine Freimaurereiformel, die gesetzliche Anerkennung des staatsbürgerlichen Wissens als eines Privilegiums.«[9]

An diese ebenso antibürgerliche wie antistaatliche Vorstellung haben die radikalsten Teile der Studentenbewegung anzuknüpfen versucht.

---

8 Max Weber, Wirtschaft und Gesellschaft. Grundriß der verstehenden Soziologie, 2. Halbband, hrsg. von Johannes Winckelmann, Tübingen 1976, S. 577.

9 Karl Marx, Kritik des Hegelschen Staatsrechts, in: Karl Marx/Friedrich Engels, Werke, Bd. 1, Ost-Berlin 1970, S. 253.

Die Idee einer radikalen Demokratisierung der Universitäten ist gescheitert. Der Versuch, eine auf sozialer Ungleichheit basierende Gesellschaft über eine grundlegende Reform ihrer Bildungseinrichtungen zu verändern, konnte nicht zum Erfolg führen. Desgleichen war auch der Versuch zum Scheitern verurteilt, die Universität als einen Ort herrschaftsfreier Kommunikation und Interaktion zu etablieren – dazu mangelte es an einem fundamentum in re. Das in den siebziger Jahren an bundesdeutschen Hochschulen ubiquitäre Sich-Duzen, die Verwerfung fast aller akademischen Formen und die systematische Höherbenotung von Examina konnten nur zum Schein der alten Institution ihre Herrschafts-, Differenzierungs- und Leistungsfunktion nehmen.

In der DDR gelang es zahlreichen Formen der Ordinarienuniversitäten im Schatten der SED-Herrschaft zu überwintern. Einerseits war zwar eine Entnazifizierung des Lehrkörpers betrieben worden, andererseits wurde jedoch die traditionelle Rektorats- und Senatsstruktur beibehalten. Dieser Übernahme einer autoritativen Grundorientierung entsprach die zentrale Lenkung des Hochschulwesens durch ein eigenes Ministerium. Die SED bediente sich der feudalen Überbleibsel in der Universitätsstruktur, um sie als Transmissionsriemen für ihre eigenen Herrschaftsinteressen zu benutzen.

Die Ansicht, daß es sich bei akademischen Formen weder um Äußerlichkeiten noch um Relikte überholter Zeiten handle, ist heute sicherlich weniger verbreitet als vor der studentischen Revolte am Ende der sechziger Jahre. Trotzdem kann nicht ausgeschlossen werden, daß die Überzeugung, Universitäten benötigten in ihrer Selbstdarstellung einen Kanon bestimmter Rituale und Symbole, wieder zunimmt. Der Universitätshistoriker Hans-Werner Prahl vertritt, obwohl er die unübersehbaren Elemente sozialer Ungleichheit in den Graduierungsprozessen selbst angeprangert hat, die Überzeugung, daß Hochschulen aus ihrer besonderen Funktion heraus »die Brücke zur Vergangenheit herstellen« müßten. »Der Appell an die Geschichte«, gibt er zu bedenken, »an die Traditionen des Wissens, der in den Ritualen, Zeremonien und Titeln enthalten ist, verschafft den Hochschulen eine Legitimation, die rational – also durch vernunftbetontes Gespräch, durch Überlegung, Differenzierung und Diskussion – so nicht erzeugt werden könnte. Hochschulen leben also nicht bloß in ihrer Geschichte, für sie ist die Geschichte lebensnotwendig.«[10]

Es gebe keine völlige Synchronität zwischen den Einrichtungen der höheren Bildung und der modernen Gesellschaft. Gerade aus ihrer relativen Ferne zu Politik und Gesellschaft bestimme sich ihr Ort in der Geschichte.

Die Reaktivierung von längst als überholt angesehenen universitären Herrschaftssymbolen könnte dennoch auch als Indiz für das Wiedereinsetzen restaurativer Tendenzen im Hochschulwesen ebenso wie in der Gesellschaft bewertet werden. Der Philosoph und Schriftsteller Walter Benjamin, dem eine akademische Karriere versperrt blieb und der auf der Flucht vor den Nazis Selbstmord beging, hatte sein Mißtrauen gegenüber den universitären Symbolwelten bereits als Student zum Ausdruck gebracht. »Es führt zu nichts Gutem«, schrieb er in seinem Aufsatz über »Das Leben der Studenten«, »wenn Institute, wo Titel, Berechtigungen, Lebens- und Berufsmöglichkeiten erworben werden dürfen, sich Stätten der Wissenschaft nennen.«[11]

Diese Skepsis muß nicht unbedingt geteilt werden, Anlaß zum Nachdenken sollte sie dennoch geben.

---

10 Hans-Werner Prahl, Sozialgeschichte des Hochschulwesens, München 1978, S. 10.

11 Walter Benjamin, Das Leben der Studenten, in: ders., Gesammelte Schriften, Bd. II,1, hrsg. von Rolf Tiedemann und Hermann Schweppenhäuser, Frankfurt am Main 1977, S. 76.

Finalisierung des Protests

Der Umschlag von Fortschrittsglauben in Zukunftspessimismus im Gefolge der 68er-Bewegung

Soziale Bewegungen und historischer Fortschritt

Bekanntlich hat es zwar bereits in der Antike Sklavenaufstände, im Mittelalter die verschiedensten Strömungen der Ketzer und zur Zeit der Reformation die Bauernrevolten gegeben, jedoch ist das, was in Abgrenzung von Aufstand, Aufruhr und Revolte als »soziale Bewegung« verstanden wird, ein überaus moderner Begriff.[1] Durchzusetzen vermochte er sich erst im Anschluß an die Französische Revolution, genauer während der napoleonischen Restaurationsperiode. Mit der Akzentuierung des Sozialen wurde der Bewegungsbegriff Isaac Newtons von der Physik auf die Gesellschaft übertragen. Die Frühsozialisten versuchten damit zugleich an das euphorische Geschichtsverständnis Turgots,[2] Condorcets[3] und der Enzyklopädisten anzuknüpfen, für die der historische Fortschritt im Sinne einer allmählichen Vervollkommnung quasi naturnotwendig war. Sie hatten ihre Aufgabe vor allem darin gesehen, die Schranken einer restaurativen Gesellschaft beiseite zu räumen.[4] Dabei beriefen sie sich auf die

1 Vgl.: Otthein Rammstedt, Soziale Bewegung, Frankfurt am Main 1978, S. 33 ff.

2 Anne Robert Jacques Turgot, Œuvres de Turgot et Documents le concernant, hrsg. von Gustav Schelle, Paris 1913.

3 (Marie Jean Antoine Nicolas de) Condorcet, Entwurf einer historischen Darstellung der Fortschritte des menschlichen Geistes, hrsg. von Wilhelm Alff, Frankfurt am Main 1963.

4 Vgl.: Johannes Rohbeck, Die Fortschrittstheorie der Aufklärung, Frankfurt am Main / New York 1987.

5 Vgl. vor allem: Charles Fourier, Theorie der vier Bewegungen und der allgemeinen Bestimmungen, hrsg. von Theodor W. Adorno, Frankfurt am Main 1966.

Schriften Charles Fouriers[5] und Claude-Henri Saint-Simons, der sich die Gesellschaft als »eine wirklich belebte Maschine« vorstellte und für den Industrialisierung und Emanzipation noch unmittelbar zusammenfielen.[6]

Unter diesem prägenden Einfluß war dem Begriff »soziale Bewegung« in der ersten Hälfte des 19. Jahrhunderts eine Auffassung inhärent, die in der Vorstellung einer Evolution gipfelte, in der die gesellschaftliche Veränderung als geradezu unvermeidliche Folge industrieller Entwicklung gedacht wurde.[7] Ein Sekretär und Schüler Saint-Simons hat darauf entscheidenden Einfluß genommen. Es war der Begründer der Soziologie, Auguste Comte, der mit dem Drei-Stadien-Gesetz ein evolutionäres Schema formuliert hat, in dem Bewegungen als integraler Bestandteil gesellschaftlichen Wandels gedacht werden.[8] Dieses Verständnis schlägt sich noch in Werner Sombarts vor hundert Jahren erschienenen Schrift »Sozialismus und soziale Bewegung« nieder, in der er von der »historischen Notwendigkeit der sozialen Bewegung« spricht und sie mit der Stärke des Dampfdrucks vergleicht, dessen Ventile man nur für eine begrenzte Zeit verschließen könne.[9]

Obwohl sich Marx von den Frühsozialisten immer scharf distanziert hat, so propagierte er dennoch ein Bild gesellschaftlicher Umwälzungen, das auf die schier unbändige Kraft der Industrialisierung setzte. 1850 schrieb er ebenso wuchtig wie lapidar: »Die Revolutionen sind die Lokomotiven der Geschichte.«[10] Die Eisenbahn war zu

---

6 Michael Vester (Hg.), Die Frühsozialisten 1798–1848, Reinbek 1970, S. 163; siehe auch den Abschnitt »Industrie und Proletariat« in: (Claude-Henri) Saint Simon, Ausgewählte Werke, hrsg. von Jean Dautry, Ost-Berlin 1957, S. 178–199.

7 Vgl. dazu auch den evolutionstheoretischen Entwurf: Klaus Eder, Geschichte als Lernprozeß? Zur Pathogenese politischer Modernität in Deutschland, Frankfurt am Main 1985.

8 Auguste Comte, Rede über den Geist des Positivismus, hrsg. von Iring Fetscher, Hamburg 1956, S. 5 ff.

9 Werner Sombart, Sozialismus und soziale Bewegung, Jena 1896.

10 Karl Marx, Die Klassenkämpfe in Frankreich, in: Karl Marx / Friedrich

jener Zeit, ähnliche Formulierungen lassen sich auch bei Heinrich Heine und anderen finden,[11] das Symbol für einen unablässig zunehmenden Fortschritt. Insofern indizierte die Verwendung der Lokomotivenmetapher sogar noch eine Steigerung.[12] Revolutionen wurden in einem Bildraum gedacht, in der die Dampfmaschine den Fortschrittszug zieht und anführt.

Das »Ende der Utopie«

Mehr als ein Jahrhundert später galt die Lokomotive samt der dazugehörigen Metaphorik als antiquiert. Der SDS als treibende Kraft der Studentenrevolte verspottete 1967 auf einem Plakat die Werbung der Bundesbahn und deren Slogan »Alle reden vom Wetter – Wir nicht«.[13] Die antiautoritäre Revolte schien regelrecht vom Himmel gefallen zu sein. Kaum etwas hatte auf sie hingewiesen. Noch 1961 hatten Jürgen Habermas u.a. in einer empirischen Studie die These untermauert, daß die bundesdeutschen Studenten in ihrer überwiegenden Mehrheit unpolitisch und angepaßt seien.[14] Doch plötzlich, mit einer geradezu eruptiven Gewalt, löste sich ein erheblicher Teil

---

Engels, Werke, hrsg. vom Institut für Marxismus-Leninismus beim ZK der SED, Bd. 7, Ost-Berlin 1971, S.85.

11 Vgl.: Heinrich Heine, Sämtliche Schriften, hrsg. von Klaus Briegleb, Bd. 9, München 1976, S.448f.

12 Zum allgemeinen Gebrauch der Lokomotivenmetapher: Ulrich Erckenbrecht, Metaphernlogik, in: ders., Die Unweisheit des Westens, Göttingen 1998, S.126–148.

13 Das von der Werbeagentur McCann gestaltete Bundesbahnplakat ist ebenso wie das SDS-Plakat, auf dem – ob es stürmt oder schneit – Marx, Engels und Lenin zur Grundorientierung empfohlen werden, abgebildet in: Reiner Diederich, Richard Grübling (Hg.), Stark für die Freiheit – Die Bundesrepublik im Plakat, Hamburg 1989, S.76/77.

14 Jürgen Habermas / Ludwig von Friedeburg / Christoph Oehler / Friedrich Weltz, Student und Politik – Eine soziologische Untersuchung zum politischen Bewußtsein Frankfurter Studenten, Neuwied / West-Berlin 1961.

von ihnen aus dem Gespinst der Nachkriegszeit, aus dem Nebel von Verdrängung der NS-Vergangenheit und deren Kompensation im Konsumrausch. Schmerzlich für die Revoltierenden war jedoch, daß man keine Verbündeten, keine Vorgeschichte und keinen angemessenen Interpretationsrahmen besaß. Nichts und niemand schien ihnen in dieser Situation beistehen zu wollen.

Da tauchte plötzlich mit Herbert Marcuse ein jüdischer Emigrant und deutschamerikanischer Philosoph auf. Er war bereit, den protestierenden, aber gesellschaftlich wie politisch isolierten Studenten beizuspringen, die sich mit ihren Demonstrationen gegen den Vietnamkrieg und die Notstandsgesetzgebung zugleich gegen ihre Eltern, Professoren und Politiker, gegen die personell und institutionell geronnene Unfähigkeit, sich mit dem Nationalsozialismus auseinanderzusetzen, auflehnten. Marcuse war – obwohl an einer Universität auf der anderen Seite des Globus lehrend – demonstrativ in die Bresche gesprungen und von Kalifornien nach Berlin, seine Geburtsstadt, gekommen. Er sprach dort vom »Ende der Utopie«. Aber nicht etwa, weil er damit seine politischen Hoffnungen aufgegeben hätte, sondern – genau umgekehrt – weil er mit dem entfalteten Kapitalismus eine gesellschaftliche Voraussetzung für die Konkretisierung der Utopien gegeben hielt.[15] Im Zentrum seiner Überlegungen stand die Herausbildung einer neuen Subjektivität, die durch den materiellen Reichtum des Systems zwar objektiv möglich geworden sei, aber durch eine repressive Organisierung der Bedürfnisse hintangehalten werde.

Durch Marcuses Auftreten setzte sich das Bewußtsein durch, daß die Individuen nicht länger mehr fatalistisch das Objekt undurchschaubarer Machtinstanzen bleiben müssen. Sofern es ihnen gelän-

---

15 Horst Kurnitzky / Hansmartin Kuhn (Hg.), Das Ende der Utopie – Herbert Marcuse diskutiert mit Studenten und Professoren Westberlins an der Freien Universität über die Möglichkeiten und Chancen einer politischen Opposition in den Metropolen in Zusammenhang mit den Befreiungsbewegungen in den Ländern der Dritten Welt, West-Berlin 1967.

ge, den libidinös verlängerten Zirkel gesellschaftlicher Unterdrükkung, die Manipulation ihrer Triebe, zu durchbrechen, könnten sie, was objektiv bereits längst möglich geworden sei, Subjekt ihres politischen Handelns werden. Das Signal lautete: Geschichte ist machbar,[16] die Gegenwart bestimmbar, das Glück liegt – im Gegensatz zur privaten Idylle – als öffentlich-kollektives zum Greifen nahe.

Um in das eingangs erwähnte Bild zurückzukehren: Der Zug war durchaus noch fahrbereit. Es kam allerdings nicht nur darauf an, ihn aufs richtige Gleis zu setzen, sondern ihn auch vom richtigen Personal führen zu lassen.

Die Gründung des Club of Rome

Im Schatten der sich 1968 weltweit ausbreitenden Rebellionen stand die Gründung einer Einrichtung, deren Bedeutung erst einige Jahre später erkannt wurde. Stichwort war das seinerzeit eher harmlos klingende Phänomen der Umweltverschmutzung. Es galt als eine Art Schönheitsfehler und wurde bestenfalls als Nebenwiderspruch akzeptiert.

Auf Initiative von Aurelio Peccei, einem Vorstandsmitglied des Fiat-Konzerns, trafen im April 1968 in Rom 30 Wissenschaftler, Industrielle und Manager zusammen, um eine Stiftung zur Erforschung der weltweiten Krisenprozesse und der Sicherung der globalen Existenzgrundlagen ins Leben zu rufen. Die Teilnehmer waren tief beunruhigt von der exponentiell zunehmenden Umweltzerstörung, der anhaltenden Bevölkerungsexplosion, der ungesicherten Nahrungsmittelproduktion und der absehbaren Erschöpfung der natürlichen Ressourcen. Sie gründeten den Club of Rome und beauftragten das renommierte Massachusetts Institute of Technology (MIT) damit, eine computergestützte Prognose über die glo-

---

16 Der voluntaristische Unterton kam vor allem bei Rudi Dutschke zum Vorschein. Vgl.: Rudi Dutschke, Geschichte ist machbar – Texte über das herrschende Falsche und die Radikalität des Friedens, hrsg. von Jürgen Miermeister, West-Berlin 1980.

balen technologischen, sozialen, ökonomischen und ökologischen Entwicklungstendenzen anzufertigen.

Als erstes Forschungsergebnis wurde 1972 die von Dennis L. Meadows u.a. verfaßte Studie »Die Grenzen des Wachstums« veröffentlicht. Deren Hauptthese lautete kurzgefaßt, daß die Welt bei einer unvermindert anhaltenden Dynamik ihrer Reproduktionsstrukturen spätestens am Ende des 21. Jahrhunderts vor einer Katastrophe stehe.[17] Diese mit den Mitteln und Methoden der modernsten Naturwissenschaften gestützte Warnung löste ein großes Echo in der Öffentlichkeit aus. Zugleich wurde der Wert dieser Negativ-Prognose aber auch öffentlich gewürdigt. Ein Jahr später erhielt der Club of Rome in der Frankfurter Paulskirche den Friedenspreis des Deutschen Buchhandels.

Die Trendwende

Im selben Monat, im Oktober 1973, erschien in einer Zeitschrift, deren Name sich ebenfalls metaphorisch auf die Welt der Eisenbahnen bezieht, ein Titelaufsatz, in dem sich der Schriftsteller Hans Magnus Enzensberger wieder einmal als Seismograph intellektueller Bewegungen bewährte. Sein im *Kursbuch* gegebenes Stichwort lautete Ökologie, genauer: »Kritik der politischen Ökologie«. Zunächst würdigte Enzensberger die Ergebnisse des Club of Rome. Im Unterschied zu früheren Katastrophentheorien, so führte er aus, beruhe ihre Studie nicht auf einer angreifbaren monokausalen Argumentation, sondern auf dem überzeugenden Zusammenspiel synergetischer Faktoren. Dann gab er die Prognose ab, daß die ökologischen Aktionsgruppen trotz aller sie kennzeichnenden Borniertheiten zu einem »innenpolitischen Faktor ersten Ranges« würden. »Wenn die ökologische Hypothese zutrifft«, faßte er sein Plädoyer zusammen, »dann haben die kapitalistischen Gesellschaften diese Chance, das Marxsche Projekt der Versöhnung von

---

17 Dennis Meadows u.a., Die Grenzen des Wachstums – Bericht des Club of Rome zur Lage der Menschheit, Stuttgart 1972.

Mensch und Natur, wahrscheinlich definitiv verwirkt. Die Produktivkräfte, welche die bürgerliche Gesellschaft freigesetzt hat, sind von den gleichzeitig entfesselten Destruktivkräften eingeholt und überholt worden [...] Der Kampf gegen den Mangel ist ein Erbe, das sie der ganzen Menschheit hinterlassen, auch dort, wo sie die Katastrophe übersteht. Was einst Befreiung versprach, der Sozialismus, ist zu einer Frage des Überlebens geworden. Das Reich der Freiheit aber ist, wenn die Gleichungen der Ökologie aufgehen, ferner gerückt denn je.«[18]

Im selben Monat Oktober überfielen Ägypten und Syrien an einem jüdischen Feiertag den Staat Israel. Der Jom-Kippur-Krieg brachte das Land an den Rand einer Katastrophe. Die damalige Ministerpräsidentin Golda Meir hatte, wie später bekannt wurde, zur Rettung ihres Landes zeitweilig sogar den Einsatz von Atomwaffen in Erwägung gezogen. Durch den Nahostkrieg wurde ein Ölpreisschock und durch diesen wiederum eine Weltwirtschaftskrise ausgelöst, deren Folgen bis auf den heutigen Tag noch zu spüren sind. Die Konjunktur brach in der Bundesrepublik nahezu schlagartig in sich zusammen, eine Rezession breitete sich aus und führte zu einem gravierenden Anstieg der Arbeitslosigkeit. Symbol für die Trendwende war der autofreie Sonntag im November 1973. Kein Zweifel, die Reformära war zu Ende. Obwohl sich die Wirtschaft nach drei Jahren wieder erholt hatte, blieb eine Nachwirkung erhalten – die Massenarbeitslosigkeit. Auch wenn hierbei andere Faktoren – wie Rationalisierungsschübe, die Ausweitung des tertiären Sektors und der Siegeszug der Mikroelektronik – von nicht zu unterschätzender Bedeutung waren, so ist der Beginn der strukturellen Arbeitslosigkeit auf die Entscheidung der OPEC-Staaten zu datieren, den Preis des Rohöls nach oben zu schrauben.

---

18 Hans Magnus Enzensberger, Zur Kritik der politischen Ökologie, in: *Kursbuch*, 9. Jg., Nr. 33, Oktober 1973, S. 41.

Dies alles hatte enorme Folgen für das Denken und die damit verbundenen Zukunftserwartungen. Mitte der siebziger Jahre verabschiedeten sich zahlreiche Linksintellektuelle nicht nur vom Revolutionsmodell, sondern auch von einer am Fortschrittsdenken der Aufklärung orientierten Geschichtsphilosophie. Der Umschlag von einem utopisch geprägten in ein apokalyptisch bestimmtes Denken ist kaum bündiger als in der Zurückweisung der bereits eingangs erwähnten Metapher zum Ausdruck gebracht worden: »Marx sagt, die Revolutionen sind die Lokomotiven der Weltgeschichte. Aber vielleicht ist dem gänzlich anders. Vielleicht sind die Revolutionen der Griff des in diesem Zuge reisenden Menschengeschlechts nach der Notbremse.«[19] Die Worte stammen von Walter Benjamin, dem Schriftsteller und Philosophen, der während der studentischen Revolte zu einer Art Ikone geworden war. Das Zitat ist 1974 erstmals im Anhang zu den zu Recht als Vermächtnis angesehenen Thesen »Über den Begriff der Geschichte«[20] publiziert worden.

Die darin apodiktisch formulierte Kritik galt vor allem einem Revolutionsverständnis, das die Sozialdemokratie aus dem aufklärerisch begründeten Fortschrittsglauben des 19. Jahrhunderts bezogen und das sich auch im Sowjetkommunismus, dort allerdings als besonders brutale Entfaltung der Produktivkräfte, durchzusetzen vermocht habe. Angefangen mit einem Begriff der Arbeit, der in seiner Fetischisierung schon von Marx in der »Kritik des Gothaer Programms« desavouiert worden sei, über eine Idealisierung der Kultur, die die Koinzidenz von Kunst und Barbarei übersehe, die Historisierung von Geschichte, die an der Vorstellung von Zeit als einem

---

19 Walter Benjamin, Gesammelte Schriften, Bd. I,3, hrsg. von Rolf Tiedemann und Hermann Schweppenhäuser, Frankfurt am Main 1974, S. 1232.

20 Walter Benjamin, Über den Begriff der Geschichte, in: ders., Gesammelte Schriften, Bd. I,2, hrsg. von Rolf Tiedemann und Hermann Schweppenhäuser, Frankfurt am Main 1974, S. 691–704.

homogenen und qualitätslosen Kontinuum festklebe, denunzierte er alles, was dem tradierten Verständnis von Revolution als einem quasi natürlichen, mit Notwendigkeit eintretenden Automatismus entsprach.

Benjamins Thesen figurierten für den prononciertesten Teil der 68er-Bewegung als eine Art Projektionsleinwand. Was er, der sich im September 1940 auf der Flucht vor der Gestapo das Leben nahm, bereits damals in höchster Not wie unter einem Brennspiegel sah, das ist im Laufe der siebziger Jahre stärker ins öffentliche Bewußtsein getreten.

Dies ist zunächst einmal die grundlegende Krise im Verhältnis von Natur und Gesellschaft, die an der zunehmenden Gefährdung des ökologischen Systems deutlich geworden ist, darüber hinaus die zentrale Rolle der Technologie im Arbeitsprozeß, die die Arbeitslosigkeit zu einem mehr als nur konjunkturellen, zu einem strukturellen Problem gemacht hat, und insbesondere die Brisanz des Energieproblems, das mit der Nutzung der Atomenergie Katastrophen hat möglich werden lassen, die selbst ein Ende der Gattungsgeschichte nicht mehr völlig unwahrscheinlich hat werden lassen. Das Bild der Notbremse, das Benjamin geliefert hat, trägt apokalyptische ebenso wie messianische Züge. Es ist der Prospekt zu einem qualitativ anderen Verständnis von gesellschaftlicher Veränderung, das weder von der blinden Ausbeutung der Natur noch vom bewußtlosen Fortschritt der Geschichte, weder von der Idealisierung der Kultur noch von der Fetischisierung der Arbeit geprägt ist.

Die Apokalypse-Fixierung

Im Mai 1978 trat Enzensberger erneut als Zeitdiagnostiker hervor und machte »Zwei Randbemerkungen zum Weltuntergang« – wiederum im *Kursbuch*, das diesmal dem »Zweifel an der Zukunft« gewidmet war. Die Hand wie fast immer am Puls der Zeit, schrieb Enzensberger: »Die Apokalypse gehört zu unserem ideologischen Handgepäck. Sie ist ein Aphrodisiakum. Sie ist ein Angsttraum. Sie ist eine Ware wie jede andere [...] Sie tritt uns in allen möglichen

Gestalten und Verkleidungen entgegen, als warnender Zeigefinger und als wissenschaftliche Prognose, als kollektive Fiktion und als sektiererischer Weckruf, als Produkt der Unterhaltungsindustrie, als Aberglauben, als Trivialmythos, als Vexierbild, als Kick, als Jux, als Projektion. Sie ist allgegenwärtig, aber nicht ›wirklich‹: eine zweite Realität, ein Bild, das wir uns machen, eine unaufhörliche Produktion unserer Phantasie, die Katastrophe im Kopf.«[21]

Im zweiten Teil, einem fiktiven Brief an einen gewissen Balthasar, geißelte Enzensberger einerseits zwar Technokraten mit der Bemerkung, sie seien die einzigen, die dem Jahr 2000 »mit der Unbeirrbarkeit von Lemmingen« entgegenschritten, verdammt andererseits aber generalisierende Gesellschaftstheoretiker als »Irrenwärter von links«, deren Arroganz nur noch durch ihre Ohnmacht übertroffen würde. Gefesselt an die Traditionen des deutschen Idealismus, weigerten sie sich zuzugeben, was jeder Passant längst verstanden habe: »Daß es keinen Weltgeist gibt; daß wir die Gesetze der Geschichte nicht kennen; daß auch der Klassenkampf ein ›naturwüchsiger‹ Prozeß ist, den keine Avantgarde bewußt planen und leiten kann; daß die gesellschaftliche wie die natürliche Evolution kein Subjekt kennt und daß sie deshalb unvorhersehbar ist; daß wir mithin, wenn wir politisch handeln, nie das erreichen, was wir uns vorgesetzt haben, sondern etwas ganz anderes, das wir uns nicht einmal vorzustellen vermögen; und daß die Krise aller positiven Utopien eben hierin ihren Grund hat. Die Projekte des 19. Jahrhunderts«, heißt es apodiktisch, »sind von der Geschichte des 20. samt und sonders falsifiziert worden.«[22]

Inzwischen hatte eine Zäsur stattgefunden, von der bei Enzensberger allerdings keine Rede ist, die des Deutschen Herbstes. Die radikale Linke war nach der Schleyer-Entführung, der Flugzeugentführung nach Mogadischu und den Selbstmorden der führenden RAF-Mitglieder in Stammheim mit ihrem Latein am Ende. Den-

---

21 Hans Magnus Enzensberger, Zwei Bemerkungen zum Weltuntergang, in: *Kursbuch*, 13. Jg., Nr. 52, Mai 1978, S. 1.

22 Ebenda, S. 7.

noch aber ging es für einen Teil ihrer Anhänger unter veränderten Vorzeichen weiter. Aus der gegen die Atomkraftwerke gerichteten Bewegung entstanden grün-bunt-alternative Gruppierungen und daraus wiederum die Partei der Grünen. Im Zuge dieser Transformation hatte sich etwas vollzogen, was als ein nichtexplizierter Paradigmenwechsel in den geschichtsphilosophischen Prämissen des Projekts, die Gesellschaft zu verändern, bezeichnet werden kann. Soziale Bewegung wurde nicht mehr als eine in den historischen Fortschritt eingebettete Strömung gedacht, sondern als der Versuch, die scheinbar unmittelbar bevorstehende Katastrophe zu verhindern.

Die Finalisierung des Protests

Mit ihrer Konstitution in den Spannungs- und Konfliktfeldern der von den etablierten Parteien zumeist an den Rand gedrängten oder gar ausgegrenzten Problemzonen hatte die ökologische Bewegung ein Denk- und Argumentationsmuster übernommen, das als Finalisierung des Protests bezeichnet werden kann. In dieser Figur wird der Gegenstand der Kritik einer fortwährenden Steigerung seiner negativen Beschreibungselemente unterzogen. Der Protest zielt in der Darstellung des Kritisierten tendenziell auf einen Superlativ an Negativität ab. Seien es Bedrohungen der Umwelt, der Gesellschaft oder der eigenen Existenz, ihre Darstellung scheint einem immanenten Zwang zur Optimierung des Gefährdungspotentials zu unterliegen. Nachrichten, Informationen, auch die Wahrnehmungsformen selber erfahren eine ständige Dramatisierung. Ganz so, als hätten sie sich den Hölderlin-Vers »Wo aber Gefahr ist, wächst das Rettende auch« zum geflügelten Wort erkoren, schienen sich die alternativen Strömungen eine Durchbrechung des zerstörerisch-bedrohlichen Banns nur vom Erreichen eines imaginären Tiefstpunktes zu erhoffen, an dem es ohnehin nicht mehr schlimmer kommen konnte. Insgeheime Fluchtpunkte im tagtäglichen Krisenszenario waren die Umweltkatastrophe, der kollabierende Lebenszusammenhang, der individuelle Suizid und letztlich die atomare Selbstvernichtung, das, was E.P. Thompson mit schauriger Perfektion als »Exterminismus« bezeichnet hat.[23]

Diese untergründige, ständig spürbare Finalisierung des Protests, das Anvisieren eines vermeintlich apokalyptischen Fixpunktes machte die Angst zum Ratgeber der Politik. Der Figur der self-fulfilling *prophecy* folgend schien Hoffnung nur dann aufzukommen, wenn der sich anbahnende Schrecken als totalisierende Vision, als Menetekel aufgezeigt werden konnte. Genau diese fixe Idee jedoch, daß im Moment des Erreichens jenes Punktes eine Erschütterung durch die Bevölkerung gehe und es der großen Mehrheit im Angesicht drohender Gefahr plötzlich wie Schuppen von den Augen falle, hat sich – am drastischsten wohl 1986 im Falle Tschernobyl – als Illusion erwiesen.

Von dieser schockierenden Erfahrung, daß selbst das Eintreten des Super-GAU zu keinerlei Veränderungen der politischen Mehrheitsverhältnisse führte, ging eine Erschütterung aus, die bis an die Wurzeln des ökopolitischen Selbstverständnisses reichte. Das Gedankenmodell, daß im Moment wirklicher Gefahr, in dem Augenblick, in dem der Schleier der Wohlstandsgesellschaft zerreißt und ihre selbstzerstörerischen Grundlagen sichtbar werden, ein erheblicher Teil der Bevölkerung zu einer raschen Umorientierung bereit sei, hat damals mehr als nur Risse bekommen. Das Vertrauen in die Einsichtsfähigkeit aller potentiell Betroffenen, das seinen Ausdruck im euphemistischen Gebrauch des Basisbegriffs und der entschiedenen Forderung nach der Durchführung von Volksbegehren und Volksentscheiden fand, hatte sich als pure Wunschvorstellung erwiesen.

---

23 Edward P. Thompson, ›Exterminismus‹ als letztes Stadium der Zivilisation, in: *Befreiung – Zeitschrift für Politik und Wissenschaft*, 1980, 8. Jg., Nr. 19/20, S. 12–43. Der Titel spielt auf ironische Weise auf Lenins Buch »Der Imperialismus als höchstes Stadium des Kapitalismus« an.

Ungeplante Zukunftsoption

Heute, rund anderthalb Jahrzehnte danach, ist nicht nur das Vertrauen auf die Kraft einer solchen Basisbewegung verschwunden, der gesamte Kontext politischen Handelns hat sich maßgeblich verändert. Der Wirtschaftsliberalismus definiert nahezu ungebremst die Grenzen und Spielräume der Politik. Die gesellschaftliche Dynamik geht nicht mehr von irgendeiner sozialen Bewegung, sondern von den globalisierten Finanzmärkten aus. Die kapitalistische Welt, die ihre destruktiven Seiten keineswegs eingebüßt hat, ist schattenlos und eindimensional geworden. Trotz aller Krisen, Kriege und Katastrophen hat sich das, was seit Ulrich Becks gleichnamiger Publikation als »Risikogesellschaft« bezeichnet wird,[24] in einem nachutopischen Zeitalter eingerichtet.

Allein eine Aufgabe der gegenwärtigen Bundesregierung, in der mit den Grünen als Juniorpartner schließlich eine aus der Protestbewegung entstandene Partei vertreten ist, erinnert noch an den Versuch, einen zu entgleisen drohenden Zug zu stoppen: der als Koalitionsziel definierte Ausstieg aus der Atomenergie. Der Streit jedoch, ob die Notbremse in mehreren Jahren oder erst in einigen Jahrzehnten heruntergezogen werden soll, zeigt, daß auch eine solch grundlegende Entscheidung, eines der unabsehbarsten Gefahrenpotentiale moderner Industriegesellschaften zu bändigen, vor allem von wirtschaftlichen und nicht von gesellschaftlichen Interessen determiniert wird. Weder utopische noch apokalyptische Bilder, sondern ökonomische Kalküle sind es, die den Weg in eine Zukunft vorzeichnen, die sich aller Voraussicht nach äußerst naturwüchsig Bahn brechen wird.

---

24 Ulrich Beck, Risikogesellschaft – Auf dem Weg in eine andere Moderne, Frankfurt am Main 1986.

Die Anti-Elite als Avantgarde

»**Elite** (f.) Zentraler Begriff des Zeitgeistes. In den nivellierten Massengesellschaften bringt die Forderung nach neuen *Eliten* vor allem das Unbehagen an der befürchteten eigenen Mittelmäßigkeit zum Ausdruck. In Deutschland ist der Begriff der *Elite* unglücklicherweise durch historisch bezeugtes Versagen früherer Führungsschichten in Verruf geraten. Auch steht er in einem Spannungsverhältnis zu der Grundforderung der Demokratie nach Gleichheit. Die Befürworter neuer Elitebildung tragen diesem Umstand Rechnung, indem sie die Herausbildung neuer *Eliten* nicht mehr, wie in der Vergangenheit, von sozialer Zugehörigkeit abhängig machen wollen. *Eliten* rekrutieren sich in diesem Verständnis aus den Trägern von Spitzenleistungen in verschiedenen gleichberechtigten Funktionsbereichen, daher auch der Plural. Es sind *Funktionseliten*. – Als Angehöriger dieser neuen *Eliten* müssen sie es in Kauf nehmen, daß sie in einem Zuge mit Talk-Mastern, Porno-Stars, Tennis-Größen, Fußball-Idolen oder auch Kirchen-Prominenz genannt werden. Dazu sollten sie eine sportlich-lockere Haltung einnehmen. Denn entscheidend ist, daß sie einen guten Job machen, egal welchen.«

»**Achtundsechziger** (m. pl.) Kein Jahrgang französischer Rebsorten, sondern Generation, die mit den sogenannten Flakhelfern zu beiderseitigem Verdruß eines gemein hat: Beide Jahrgänge haben die kurze Geschichte der Bundesrepublik geprägt. Aus Sicht konservativer und liberaler Eliten verkörpern die *Achtundsechziger* eine Reihe von Werten, die im Gegensatz zu entschlossener sozialer Differenzierung stehen: Gleichheit, Solidarität, Antiautoritarismus. Wenn sie sich diesen Eliten nähern wollen, so ist es opportun, die *Achtundsechziger* für alles verantwortlich zu machen: für Rücksichtslosigkeit im Straßenverkehr, verspätete Züge, Talk-Shows, Gewalt in den Schulen, Porno-Welle, Kirchenaustritte, Analphabetismus, Rechtschreibreform, Handtaschenraub; überhaupt für Schlendrian, Korruption und Verwahrlosung. Doch Vorsicht! Einiges heute Unverzichtbare hat die Generation dem ausgehenden Jahrhundert überliefert: → Dialogbereitschaft, → Offenheit und Psycho-Seminare.«

Roland Kaehlbrandt, »Deutsch für Eliten« (1999)

Eines der Kultbücher der Studentenbewegung war ursprünglich unter Pseudonym erschienen. Es trug den Namen »Dämmerung« und war weder im gut noch im weniger gut sortierten Buchhandel erhältlich. Es stammte aus dem Jahre 1934, war von einem gewissen Heinrich Regius verfaßt, im Schweizer Exil gedruckt worden und so gut wie in Vergessenheit geraten. Da es für einen kleinen Kreis im SDS jedoch eine Art Vademekum des jungen Linksradikalen darstellte, griffen einige zur Selbsthilfe und produzierten 1967 einen Raubdruck. Dieser geriet zwar grau und häßlich, was aber niemanden davon abhielt, bei jeder passenden oder unpassenden Gelegenheit den schmalen Band aus der Tasche zu ziehen und das eine oder andere Bonmot zum besten zu geben.

Von dem Band ging eine gewisse Magie aus. Mit seiner melancholisch-pessimistischen, gleichwohl aber emphatisch-aktivistischen Einstellung traf er die Stimmung unter den immer unruhiger werdenden Soziologie- und Philosophiestudenten besonders gut. Einer der Aphorismen lautete: »Die revolutionäre Karriere führt nicht über Bankette und Ehrentitel, über interessante Forschungen und Professorengehälter, sondern über Elend, Schande, Undankbarkeit, Zuchthaus ins Ungewisse, das nur ein fast unmenschlicher Glaube erhellt. Von bloß begabten Leuten wird sie daher selten eingeschlagen.«[1] Diese Sätze appellierten an eine latente Neigung zur heroischen Selbstdeutung. Sie hätten wohl am besten zu Che Guevara gepaßt, der in Bolivien einen aussichtslosen Kampf für die Weltrevolution führte und bald darauf erschossen werden sollte.

Das Pathos, das aus jenen Sätzen sprach, schien zu dem Autor, bei dem einige der SDS-Studenten noch studiert hatten, überhaupt nicht mehr zu passen. Max Horkheimer, le grand chef des Frankfurter Instituts für Sozialforschung, emeritierter Professor für Sozialphilosophie, war längst jeglicher Liebäugelei mit revolutionären Tugenden abhold. Ein Jahrzehnt nachdem er aus seinem Exil in den USA

---

1 Heinrich Regius, Dämmerung, Zürich 1934, S. 74 f.; wiederabgedruckt in: Max Horkheimer, Notizen 1950 bis 1969, und Dämmerung – Notizen in Deutschland, Frankfurt am Main 1974, S. 221–354.

nach Frankfurt zurückgekehrt war, hatte er es vorgezogen, sich ins Tessin, in die Nähe des Luganer Sees, genauer nach Montagnola, dem Wohnort Hermann Hesses, zurückzuziehen. Als einer, der den Holocaust überlebt hatte, war er von einem tiefsitzenden Mißtrauen gegenüber dem deutschen Volk erfüllt. Ihn ängstigten auch und gerade Protestbewegungen, die eine Massenbasis zu gewinnen schienen, wie zum Beispiel die Anti-Atomtod-Bewegung im Jahre 1958. Als die linken Studenten dabei waren, sich Gehör zu verschaffen, stieß er ihre Wortführer mit Bekenntnissen vor den Kopf, die nicht wenige meinten nur als Ausdruck einer senilen Geisteshaltung verstehen zu können. Er gab sich auf dem Höhepunkt des Vietnamkrieges proamerikanisch, pessimistisch konservativ, gläubig und antirevolutionär. Insofern konnte es nicht überraschen, daß er die meisten seiner überaus radikalen Texte aus den dreißiger und frühen vierziger Jahren nicht mehr gedruckt sehen wollte.

Von den Studenten, dic zwischen wütender Ablehnung und tiefer Verehrung hin und her gerissen waren, kannte kaum jemand noch die Aufnahmen, die Horkheimer Anfang der fünfziger Jahre in einer repräsentativen Rolle zeigten. Der Institutsdirektor war 1951 zum Rektor der Frankfurter Universität gewählt worden und hatte in dieser Funktion im Jahr darauf in einem akademischen Zeremoniell auch Bundeskanzler Adenauer empfangen. Die Szenerie wirkte wie ein lebensgeschichtliches Dementi jenes Aphorismus aus der »Dämmerung«: Der Vordenker der antiautoritären Bewegung zeigte sich mit allen Insignien der Macht – Barett, Amtskette und Talar – und hofierte den wegen seines konservativ-klerikalen Kurses zu dieser Zeit besonders umstrittenen Bundeskanzler.[2] Nicht die revolutionäre, sondern die akademische Karriere schien über Empfänge, Hofierungen und Bankette nach oben zu führen. Der Gesellschaftskritiker, der in vielen seiner Arbeiten immer wieder die Außenseiter zu würdigen wußte, hatte sich allem Anschein nach zumindest den For-

---

2 Vgl.: Wolfgang Kraushaar (Hg.), Frankfurter Schule und Studentenbewegung – Von der Flaschenpost zum Molotowcocktail 1946–1995, Bd. I: Chronologie, Hamburg 1998, S. 83 f.

men und Spielregeln der Mächtigen angepaßt. Er war jedoch auch selbst Teil einer Funktionselite geworden, die im akademischen Bereich über Macht und Einfluß verfügte.

Der Begriff der Elite steht seit langem unter Ideologieverdacht. Ihm eilt der Ruf voraus, mit den Normen einer demokratischen Gesellschaft nur schwer vereinbar zu sein.[3] Dennoch hat der Terminus, in dem utopische, ideologische und qualifikatorische Aspekte bis zur Ununterscheidbarkeit zusammenfließen und der insofern schon immer eine Mischung aus Schlagwort und Begriff war,[4] seit einiger Zeit unzweifelhaft Konjunktur.[5] Ihn jedoch im Zusammenhang mit der 68er-Bewegung thematisieren zu wollen scheint überaus paradox zu sein. Denn wohl keine andere Protestbewegung hat sich in der alten Bundesrepublik energischer von einem Gesellschaftsbild abgesetzt, das durch Hierarchien, Privilegien und Führungszirkel geprägt war, als diejenige, die am Ende der sechziger Jahre für Furore sorgte.

Um nur ein x-beliebiges Beispiel zu nehmen: Am 14. Juli 1968 diskutierten mehrere hessische SPD-Politiker, unter ihnen der Finanzminister und spätere Ministerpräsident Albert Oswald, mit Studenten der Technischen Hochschule Darmstadt über die von allen Seiten als nötig erachtete Hochschulreform. Als der Fraktionsvorsitzende der SPD im Wiesbadener Landtag, Erwin Lang, danach gefragt wurde, welche Funktion er der Hochschule in der Gesell-

3 Zur totalitären Dimension von Elitebegriffen immer noch vorbildlich: Hans Peter Dreitzel, Elitebegriff und Sozialstruktur – Eine soziologische Begriffsanalyse, Stuttgart 1962, S. 24–43.

4 Zur Prägung des Elitebegriffs in seiner historischen Entwicklung durch diese drei Elemente: Hans Peter Dreitzel, ebenda, S. 13–62.

5 Jüngste Beispiele sind die Themenhefte: *Kursbuch* 139: Die neuen Eliten und: *Berliner Debatte INITIAL*, Heft 11: Eliten im Zeitalter des Populismus; siehe auch: Dieter Grimm, Vergiß die Besten nicht – Das Denken in Zusammenhängen und die Bereitschaft, langfristig die Folgen zu beachten, sind Merkmale einer modernen Elite, in: *Frankfurter Allgemeine Zeitung* vom 1. Dezember 1999.

schaft einräume, und er zaghaft antwortete: eine »Elite« heranzubilden, gingen seine folgenden Worte in Gelächter, Protestrufen und Zischlauten unter.[6]

Es ist insofern alles andere als Zufall, daß die Elitediskussion innerhalb der Soziologie mit dem Aufkommen der APO verebbt und erst mit dem Beginn der Ära Kohl und der Durchsetzung des Neoliberalismus langsam wieder in Gang gekommen ist. Gleichwohl ist dem Elitebegriff gegenüber in erheblichen Teilen der Öffentlichkeit eine mentale Reserviertheit zurückgeblieben. Noch immer stellt sich derjenige, der Eliten im Kontext der parlamentarischen Demokratie thematisiert, mehr oder weniger unter Verdacht.

Die Studentenbewegung als Antielite

Die Ablehnung der Eliten speiste sich vor allem aus der Tatsache, daß es einem erheblichen Teil der NS-Eliten gelungen war, sich nach 1945 erneut in Wirtschaftsunternehmen, Banken, Verbänden und nicht zuletzt im Staatsapparat zu verankern. Das Eliteverständnis in Politik, Militär, Wissenschaft, Presse, Kultur usw. war so gründlich desavouiert, daß sich manch jüngerer Zeithistoriker im nachhinein die Augen reibt und verwundert fragt, wie mit einem solchen Personal eine neue demokratische Ordnung aufgebaut werden konnte.[7] Die Problematik einer Rehabilitierung von Eliten, insbesondere jener, die aus dem wissenschaftlich-technischen Bereich stammten, war nicht zu übersehen.

---

6 Ein Student im blauen Freizeithemd verwirrt acht Herren von der SPD – Politiker stellen sich zur Diskussion, in: *Die Welt* vom 15. Juli 1968.

7 So zum Beispiel Ulrich Herbert: »Wie sollte sich in Westdeutschland eine stabile Demokratie herausgebildet haben, wenn sein Führungspersonal mit demjenigen der NS-Diktatur so weitgehend identisch war und große Teile der politischen, wirtschaftlichen, militärischen und sozialen Eliten des Nationalsozialismus, vor denen bis 1945 fast ganz Europa gezittert hatte, dort unbehelligt herumliefen?« Ulrich Herbert, Deutsche Eliten nach Hitler, in: *Mittelweg 36*, 8. Jg., Nr. 3, Juni/Juli 1999, S. 66.

Angelsächsische Sozialwissenschaftler hatten in der Nachkriegszeit zeitweilig eine These favorisiert, die sich jedoch nach eingehender Überprüfung nicht aufrechterhalten ließ. Man ging von der nicht unplausiblen Vorstellung aus, daß nach dem Zusammenbruch eines Staates wie dem Naziregime die totalitäre Elite im Falle der Bundesrepublik durch eine während dessen Herrschaft unterdrückte bzw. zurückgedrängte Gegenelite abgelöst worden sei[8]. Der Sozialforscher Lewis J. Edinger kam in einer Mitte der fünfziger Jahre durchgeführten Studie über die bundesdeutsche Machtelite jedoch zu dem Schluß, daß sich im Falle Westdeutschlands »die These von der Gegenelite als Mythos« erweise.[9] In den Führungsgruppen der Bundesrepublik werde ein erhebliches Maß an Kontinuität zum NS-System an den Tag gelegt. Die Angehörigen der Machtelite könnten auf keinen Fall von sich behaupten, daß sie in der NS-Zeit einer unterdrückten Gegenelite angehört hätten.

Die Theorie von der Machtelite und der partizipatorischen Demokratie

Besonders einflußreich im Hinblick auf das Eliteverständnis war, was den SDS und die damalige Neue Linke anbetraf, der bereits 1962 verstorbene Soziologe C. Wright Mills. Mit seinem Buch »The Power Elite« hatte er eine fundierte Studie über die Mächtigen in der

---

8 Zum Begriff der Gegenelite: Harold D. Laswell / Abraham Kaplan, Power and Society – A Framework for Political Inquiry, London 1952, S. 266; Peter Christian Ludz, Parteielite im Wandel – Funktionsaufbau, Sozialstruktur und Ideologie der SED-Führung – Eine empirisch-systematische Untersuchung, Köln / Opladen 1968, S. 43 f.

9 Lewis J. Edinger, Post-Totalitarian Leadership: Elites in the German Federal Republic, in: American Political Science Review, LIV/1, 1960, S. 76. Er faßt sein Urteil in dem Satz zusammen: »In der deutschen Bundesrepublik wurde die totalitäre Elite nicht von einer Gegenelite abgelöst, sondern von einer Koalition von Eliten, deren Mitglieder sich im wesentlichen aus den Gruppen jener Individuen rekrutierten, die weder starke und ständige Verfechter noch Gegner des totalitären Regimes waren.« (Ebenda)

US-Gesellschaft vorgelegt. Dieser Begriff war von ihm erstmals 1942 verwendet worden, um in einer Rezension von Franz Neumanns unter der Bezeichnung »Behemoth« berühmt gewordenen Analyse des NS-Systems[10] dessen Führungsgruppen zu charakterisieren.[11] Zur Erinnerung: Neumann hatte darin als Lehre aus dem Nationalsozialismus ultimativ gefordert: »Um die Aggression zu beseitigen, muß außer der Entmachtung von Partei, Wehrmacht und hoher Bürokratie die Macht der Monopolwirtschaft endgültig gebrochen und die ökonomische Struktur Deutschlands endgültig beseitigt werden.«[12] Mills sah nun in der zunehmenden Verflechtung der politischen, wirtschaftlichen und militärischen Elite auch eine Gefahr für die Demokratie in den Vereinigten Staaten. Ein Gedanke, den im übrigen bereits US-Präsident Dwight D. Eisenhower 1961 in seiner berühmten Warnung vor der immer unkontrollierbarer werdenden Macht des »militärisch-industriellen Komplexes« vorweggenommen hatte.[13] Die Machtträger, die die gesellschaftlichen Schlüsselpo-

---

10 Die deutsche Übersetzung erschien erst 35 Jahre später: Franz Neumann, Behemoth – Struktur und Praxis des Nationalsozialismus 1933–1944, Frankfurt am Main 1977.

11 Die Rezension wurde wiederabgedruckt in: C. Wright Mills, Power, Politics and People, hrsg. von Irving Louis Horowitz, New York 1963.

12 Franz Neumann, ebenda, S. 549f.

13 Eisenhower hatte anläßlich seiner Amtsübergabe an John F. Kennedy erklärt: »Unsere Regierungsstellen müssen vor jedem übermäßigen gewollten oder unbeabsichtigten Einfluß von seiten der Militärs und der Industrie auf der Hut sein. Die Voraussetzung für ein katastrophales Anwachsen falsch verteilter Macht existiert und wird weiterhin vorhanden sein. Wir dürfen unsere demokratischen Freiheiten durch eine derartige Gewichtsverlagerung nicht in Gefahr bringen. Auch sollen wir nichts als selbstverständlich erachten. Nur eine wachsame und aufgeklärte Bürgerschaft kann die richtige Verknüpfung einer riesigen industriellen und militärischen Verteidigungsmaschinerie mit unseren friedlichen Methoden und Zielen erzwingen, auf daß Sicherheit und Freiheit zusammen gedeihen können.« (*Archiv der Gegenwart* vom 17. Januar 1961, XXXI. Jg., S. 8868)

sitionen einnahmen, entstammten den Oberschichten der großen Metropolen und bildeten eine soziale ebenso wie eine soziologische Einheit. Es waren Angehörige ein und desselben Sozialtyps, die in der Lage waren, die mangelhaft gebildeten, lückenhaft informierten und apathischen Massen zu manipulieren.

Machtelite und Massengesellschaft waren für Mills zwei Seiten einer Medaille. Obwohl er skeptisch gegenüber einer grundlegenden Demokratisierung der amerikanischen Industriegesellschaft war, so sah er doch gewisse Chancen für die Einleitung von Demokratisierungsprozessen. Für ihn war es allerdings evident, daß die Elitenstruktur abgebaut werden müsse. Die Hauptaufgabe sollten dabei Intellektuelle spielen. In Schriftstellern, Journalisten, Wissenschaftlern, Kulturkritikern und Künstlern sah er eine »unmittelbare Agentur sozialen Wandels«.[14] Sie sollten die Lücke zwischen Wissen und Macht – jene unselige Voraussetzung für die Etablierung von Machteliten – verringern und so als Ferment der Demokratisierung wirken.

Für die Mitglieder des amerikanischen SDS war diese Monographie mindestens ebenso wichtig wie »Der Strukturwandel der Öffentlichkeit« von Jürgen Habermas für den bundesdeutschen SDS. Im Juni 1962 verabschiedete der SDS in Port Huron (Michigan) ein neues Programm. Es war eine »Agenda for a Generation«, die der Journalistikstudent und Aktivist der Bürgerrechtsbewegung Tom Hayden verfaßt hatte; in ihrem Mittelpunkt stand der Begriff der partizipatorischen Demokratie. Dieses Schlüsseldokument der amerikanischen Studentenbewegung[15] ist maßgeblich durch die soziolo-

---

14 C. Wright Mills, The New Left, in: ders., Power, Politics and People, ebenda.

15 Das Port Huron Statement soll in den ersten vier Jahren eine Auflage von 60000 Exemplaren erreicht haben. Eine deutsche Übersetzung erschien 1969: Die Erklärung von Port Huron, in: Paul Jacobs / Saul Landau, Die Neue Linke in den USA – Analyse und Dokumentation, München 1969, S. 144–160.

gischen Analysen von Mills geprägt. Hayden, der auch gleich zum Präsidenten des SDS gewählt worden war, hatte zuvor seine Diplomarbeit (Graduate Theses) über Mills geschrieben.[16] Die Ausweitung demokratischer Partizipation war darin als eine unbedingt erforderliche Antwort auf die Ausbreitung der Machteliten betrachtet worden.

Doch auch hierzulande war Mills nicht ohne Einfluß. Schließlich gehörte er zu den intellektuellen Begründern der »new left«,[17] und seine Elitenstudie war bereits 1962 ins Deutsche übersetzt worden. Einer der wichtigsten Vermittler war der ehemalige stellvertretende SDS-Bundesvorsitzende Michael Vester (1960/61), der als Gast dem Konvent in Port Huron beigewohnt hatte. Auch er, Soziologiestudent in Frankfurt, schrieb 1964 seine Diplomarbeit über Mills. Kurz darauf kritisierte er im SDS-Bundesorgan *neue kritik* allerdings die seiner Ansicht nach nur unzureichende kategoriale Erfassung der Machtelite. Mills könne Autonomie und Determination der Eliten nur als Alternativen, nicht aber als begriffliche Einheit fassen. Mit seinem an Institutionen fixierten Machtbegriff sei er nur in der Lage, manifeste Formen der Macht zu bestimmen, sie nicht jedoch als Ausdruck gesamtgesellschaftlicher Widersprüche zu deuten.[18] Damit hatte er vor allem die für Mills nicht mehr gegebenen Voraussetzungen für eine klassenkämpferische Praxis im Auge.

---

16 Vgl. Tom Hayden, Reunion – A Memoir, New York 1988, S. 76ff.

17 Besonders wichtig war in diesem Zusammenhang sein »Brief an die Neue Linke«. Er war eine Antwort auf das von E.P. Thompson u.a. herausgegebene Buch »Out of Apathy«. Mills hatte darin das Festklammern an der Arbeiterklasse als einzig revolutionärem Subjekt als »Metaphysik« bezeichnet und der Intelligenz die Rolle eines Katalysators im Prozeß der Gesellschaftsveränderung zugeschrieben: C. Wright Mills, Letter to the New Left, in: *New Left Review*, Nr. 5, Sept./Okt. 1960, S. 18–23.

18 Michael Vester, Das Dilemma von C. Wright Mills, in: *neue kritik*, 5. Jg., Nr. 27, Dezember 1964, S. 20–23.

Der SDS und die anderen Gruppierungen im Zentrum der 68er-Bewegung, daran kann kein Zweifel sein, waren antielitär eingestellt. Diese Haltung führte zu einer grundsätzlichen Elitenverweigerung. Zum einen hatten sie nicht die Absicht, die alten Funktionseliten, die zu einem nicht unerheblichen Teil in den Nationalsozialismus verwickelt waren, zu ersetzen. Sie wollten in ihrer Mehrheit vielmehr das ökonomische System, das solche Eliten hervorgebracht, gestürzt und nach nur wenigen Jahren rehabilitiert und wieder eingesetzt hatte, stürzen. Mit Ausnahme einiger kleinerer Strömungen hielten sich die 68er der parlamentarischen Politik fern. Bei den Bundestagswahlen 1969 votierten sie für keine der angetretenen Parteien, sondern sprachen sich für Wahlenthaltung aus. Schließlich lehnten sie die staatlichen Institutionen als solche ab. Zum anderen aber beabsichtigten sie auch nicht, eine Gegenelite zu bilden.[19] Im Unterschied zu der Periode von 1946 bis 1961, in der der SDS seiner Mutterpartei SPD ein nicht unwichtiges Rekrutierungsfeld für den politischen Spitzennachwuchs bot,[20] schien schon jenen Mitgliedern, die dem

---

19 Zu diesem Urteil gelangt auch der Politikwissenschaftler Roland Roth: »Die neuen sozialen Bewegungen haben weder qua Generation oder Klasse noch durch Organisation eine eigene (Gegen-)Elite hervorgebracht.« Roland Roth, Eliten und Gegeneliten – Neue Soziale Bewegungen als Herausforderung »demokratischer Elitenherrschaft«, in: Thomas Leif / Hans-Joachim Legrand / Ansgar Klein (Hg.), Die politische Klasse in Deutschland – Eliten auf dem Prüfstand, Bonn / Berlin 1992, S. 370.

20 Prominentestes Beispiel ist der spätere Bundeskanzler Helmut Schmidt, der 1948 SDS-Bundesvorsitzender war. Vgl.: Jürgen Briem, Der SDS – Die Geschichte des bedeutendsten Studentenverbandes der BRD seit 1945, Frankfurt am Main 1976; Tilman Fichter, SDS und SPD – Parteilichkeit jenseits der Partei, Opladen 1988; Willy Albrecht, Der Sozialistische Deutsche Studentenbund (SDS) – Vom parteikonformen Studentenverband zum Repräsentanten der Neuen Linken, Bonn 1994.

Verband nach dem Unvereinbarkeitsbeschluß treu geblieben waren, der Weg in künftige Herrschaftspositionen versperrt zu sein. Dies galt um so mehr für jene, die von einem neuen Aktivismus geprägt waren und sich als Antiautoritäre begriffen. Wer von ihnen dennoch einen politischen Führungsanspruch vertreten wollte, der konnte dies nur tun, indem er die Haltung der kategorischen Eliteverweigerung unterlief.

Ein Konkurrenzbegriff zur Elite ist der der Avantgarde. Im Grunde genommen ist sie nichts anderes als eine transitorische Elite. Sie existiert nur vorübergehend und ist insofern von einem kontrafaktischen Grundzug geprägt. Die Avantgarde versteht sich als Initiator und zeitweiliger Motor einer Bewegung. Wenn diese jedoch von allein läuft, hat sie ihre Aufgabe vollbracht. Sie kann sich wieder auflösen. Es geht ihr gerade nicht darum, sich als Gegenmacht zu etablieren und auf diese Weise ein Führungspersonal zu konservieren. Richtig verstanden ist sie nichts anderes als ein Katalysator.

Die Geschichte der Avantgarde im 20. Jahrhundert ist bekanntlich durch Futurismus, Dadaismus, Surrealismus, Lettrismus und Situationismus geprägt. Der Surrealismus hat dabei das Paradigma aller avantgardistischen Bewegungen im 20. Jahrhundert vorgegeben – den Versuch, die ästhetische Sphäre zu transzendieren und Kunst in Lebenspraxis zu transformieren.

In gewisser Weise war der Situationismus das Enkelkind der Surrealisten.[21] Auch ihm ging es in einem emphatischen Sinne um Freiheit. Die surrealistische »ecriture automatique« sollte bei ihm jedoch im sozialen Raum freigesetzt werden. Das Bewußtsein, die als repressiv angesehene Rationalität, nach Möglichkeit auszuschalten, war das Ziel. Denn das Bewußtsein galt als Reservat des Über-Ichs, in dem die Instanzen und Werte der traditionellen Gesellschaft re-

---

21 Zur Geschichte des Situationismus vor allem: Roberto Ohrt, Phantom Avantgarde – Eine Geschichte der Situationistischen Internationale und der modernen Kunst, Hamburg 1990.

präsentiert waren. Ihre Hauptaufgabe sahen sie darin, dem Es, den libidinösen Energien, freie Bahn zu verschaffen.[22]

Die situationistische Gruppe SPUR verstand sich als Verlängerung der europäischen Avantgardebewegung, genauer als ein Versuch, daran wieder Anschluß zu finden. Ein im Januar 1961 von ihr in München verteiltes Flugblatt trägt den Titel »Avantgarde ist unerwünscht!« Das Problem sahen die Mitglieder der Gruppe SPUR darin, einen Weg zu finden, den sich gesellschaftlich ständig weiter durchsetzenden Integrationstendenzen zu entziehen. Ästhetische Produkte wie Bilder, Filme, Gedichte usw. seien neutralisiert und deshalb zur Wirkungslosigkeit verdammt. Den Künstlern obliege kaum noch eine andere Aufgabe, als die »Rolle der früheren Hofnarren« zu übernehmen und der Gesellschaft eine bestimmte kulturelle Freiheit vorzuspiegeln. Doch die moderne Kunst sei »substanzlos« und die Existenz des Künstlers das »Ferment zur Metamorphose unserer absterbenden europäischen Kultur«. Dieser Prozeß könne nicht mehr aufgehalten werden, er müsse, ganz im Gegenteil, beschleunigt werden. [23] Die situationistische Bewegung sei als einzige in der Lage , den kulturellen Zustand aufzuheben. »Die Aufgabe

22 Daher rührte auch die spätere Begeisterung der von ihnen inspirierten Antiautoritären für Wilhelm Reichs Vorstellungen einer sexuellen Revolution und sein Werk über »Die Funktion des Orgasmus« als ihrem Herzstück. Dieter Kunzelmanns Bonmot »Was geht mich der Vietnamkrieg an, wenn ich Orgasmusprobleme habe« war mehr als nur ein provokativer Gag, es entsprach vielmehr der in der antiautoritären Kerngruppe angelegten avantgardistischen Grundintention.

23 »Die europäische Kultur«, heißt es an entscheidender Stelle, »ist ein krankes, altes, schwangeres Weib, das sterben wird. Sollen wir den absolut aussichtslosen Versuch unternehmen, die Mutter zu retten – oder soll das Kind leben? – Die Restaurativen wollen noch die Mutter retten – und töten damit auch das Kind. Die Avantgarde hat sich entschieden: die Mutter muß sterben, damit das Kind leben kann!« Avantgarde ist unerwünscht! (Flugblatt der Situationistischen Internationale), in: Frank Böckelmann / Herbert Nagel (Hg.), Subversive Aktion – Der Sinn der Organisation ist ihr Scheitern, Frankfurt am Main 1976, S. 47.

der Avantgarde«, heißt es am Ende, »besteht einzig und allein darin, ihre Anerkennung zu erzwingen, ehe ihre Disziplin und ihr Programm verwässert worden sind. Das ist es, was die Situationistische Internationale zu tun gedenkt.«[24]

Aus der Gruppe SPUR ist 1963 die »Subversive Aktion« hervorgegangen, die zweifelsohne bedeutendste Gruppierung, die es im Vorfeld der Studentenrevolte gegeben hat. In ihr schlossen sich Intellektuellenzirkel, sogenannte »Mikrozellen«, zusammen, die sich in München, Stuttgart, Tübingen, Frankfurt und West-Berlin gegründet hatten. Zu ihren wichtigsten Mitgliedern zählten Frank Böckelmann, Dieter Kunzelmann, Günter Maschke, Rudi Dutschke und Bernd Rabehl. Schon im Titel ihrer Zirkularien, die mal »Unverbindliche Richtlinien«, mal »Suchanzeige«, mal »Anschlag« hießen, drückte sich ein strikt antikategorischer und aktivistischer Duktus aus. Charakteristisch war für sie die vehemente Ablehnung aller totalisierenden Theorieentwürfe. In öffentlichen Manifestationen stellte sie staatliche, kirchliche und kulturelle Institutionen provokativ bloß. Ausgangspunkt war die Einsicht, daß nur in der Befreiung der innersten Triebe und Strebungen die Möglichkeit zum Ausbruch aus einer als Repressionszusammenhang erfahrenen Gesellschaft liege. Stichpunkt innerer wie äußerer Unterdrückung war die Sexualität, Objekt der Auseinandersetzung vor allem die Kirche mit ihrer Doppelmoral. Die »Subversive Aktion«, deren wichtigste Mitglieder 1965 in München und in West-Berlin in den SDS gingen, um ihn zu radikalisieren, verstand sich dabei explizit als Avantgardemodell. Ihr Grundprinzip bestand darin, sich so lange einzumischen, bis man in dieser Interventionsrolle überflüssig war.

Ihre Kritik an der Wirkungslosigkeit der künstlerischen Avantgarde überschnitt sich mit der eines Schriftstellers, der zuvor bereits im Rundfunk mit den avantgardistischen Bewegungen überhaupt abgerechnet hatte. Hans Magnus Enzensberger, der die Entwicklung der Bundesrepublik wie ein intellektueller Seismograph beglei-

24 Ebenda.

tet hat,[25] beschrieb 1962 in einem aufsehenerregenden Beitrag »Die Aporien der Avantgarde«. Er kritisiert darin das Avantgardemodell aus grundsätzlichen Erwägungen: »Was vorn ist, weiß niemand, am wenigsten, wer unbekanntes Terrain erreicht hat. Gegen diese Ungewißheit gibt es keine Versicherung. Mit der Zukunft kann sich nur einlassen, wer den Preis des Irrtums zu erlegen bereit ist. Das *avant* der Avantgarde enthält seinen eigenen Widerspruch: es kann erst *a posteriori* markiert werden.«[26] Jeder Versuch, in der Gegenwart an die Geschichte der avantgardistischen Bewegungen anknüpfen zu wollen, sei schlichtweg eine Wiederholung und laufe auf Betrug oder Selbstbetrug hinaus.

Enzensberger bezieht seine Kritik jedoch nicht nur auf die Künste, sondern auch auf die Politik. In der ersten avantgardistischen Bewegung, dem Futurismus, habe sich ein »doktrinärer Clan« organisiert, der blinden Aktionismus und offene Gewaltanwendungen gepredigt habe. Daß diese Bewegung dann 1924 kollektiv ins faschistische Lager übergelaufen sei, wäre alles andere als Zufall gewesen. Doch er hat noch eine andere Bewegung im Auge, die die Metapher von der Avantgarde für sich adaptiert und als historischen Fortschrittsbeweis herausgestellt hat. Im Bolschewismus, für den die mit eiserner Disziplin ausgestattete und straff organisierte Partei als elitäre Kampfgruppe von überragender Bedeutung war, sei die Avantgardemetapher »bis zur schneidenden Konsequenz durchdacht« worden.

Die Avantgarde des Proletariats

Es ist diese Pervertierung des Avantgardemodells gewesen, die am Ausgang der Studentenbewegung eine ungeahnte Aktualität gewann – die Herausbildung neoleninistischer bzw. maoistischer Kaderorganisationen. In dem Moment, als die antiautoritäre Bewegung

---

25 Vgl. dazu die jüngst erschienene Biographie: Jörg Lau, Hans Magnus Enzensberger – Ein Öffentliches Leben, Berlin 1999.

26 Hans Magnus Enzensberger, Die Aporien der Avantgarde, in: ders., Einzelheiten, Frankfurt am Main 1962, S. 301.

zerfiel und der SDS sich aufzulösen begann, schien es nur noch eine Lösung für die nachlassende Mobilisierungs- und politische Durchschlagskraft zu geben – die Praktizierung eines effizienten Organisationsmodells sowie dessen Ausrichtung auf jene soziale Bewegung, die als der einzige Garant für den vermißten politischen Erfolg galt, die Arbeiterbewegung. Die verschiedensten Fraktionen aus dem Zerfallszusammenhang der Protestbewegung versuchten nun auf dem raschesten Weg das zu werden, was erfolgreichere Revolutionäre ein halbes Jahrhundert zuvor für sich beansprucht hatten: »Avantgarde des Proletariats« zu sein.

Die teleologisch aufgeladene Formel, die bekanntlich Eingang in das terminologische Arsenal kommunistischer Parteien und Staaten gefunden hat, stammt von Lenin. In seiner 1920 verfaßten Schrift »Der ›linke Radikalismus‹, die Kinderkrankheit im Kommunismus« spricht er vom »Klassenbewußtsein der proletarischen Avantgarde«, das es der bolschewistischen Partei in erster Linie ermöglicht habe, seit Jahren zu existieren.[27]

Lenins Vorstellung von einer revolutionären Partei ist ebenso wie die Mussolinis maßgeblich von Sorels Idee einer proletarischen, mit revolutionärer Tugend ausgestatteten Elite beeinflußt. In seinem berühmten Traktat »Über die Gewalt« unterteilt Sorel die Gesellschaft in zwei Gruppen: »Die eine bildet eine als politische Partei organisierte Elite, die es sich zur Aufgabe macht, an Stelle einer nicht denkenden Masse zu denken, und die wunder was zu tun glaubt, wenn sie dieser etwas von ihren überlegenen Einsichten mitzuteilen für gut befindet – die andere ist die Gesamtheit der Produzenten. Die politische Elite hat keinen anderen Beruf als den, ihre Intelligenz anzuwenden, und findet es den Grundsätzen der immanenten Gerechtigkeit (deren Eigentümer sie ist) sehr entsprechend, daß das Proletariat arbeitet, um sie zu ernähren und ihr ein Leben zu berei-

---

27 Wladimir I. Lenin, Der ›linke Radikalismus‹, die Kinderkrankheit im Kommunismus, in: ders., Werke, Bd. 31, April–Dezember 1920, hrsg. vom Institut für Marxismus-Leninismus beim ZK der KPdSU, Ost-Berlin 1974, S. 9.

ten, das nicht eben allzusehr an das der Asketen erinnert.«[28] Der Berliner Soziologe Otto Stammer hat zur Rolle Sorels für den Bolschewismus einmal angemerkt, die leninistischen Kader seien »reine Werteliten machiavellistischer Prägung«, die durch den Schleier der »Volksdemokratie« verhüllt würden.[29]

Die Kommunistische Partei verstand sich idealtypisch also ebenfalls als Avantgarde. Jedoch unterschied sich diese Avantgarde von Anfang an grundlegend von jener, die aus dem Radikalisierungsprozeß der Kunst hervorgegangen war. Sie war nicht als transitorische Elite gedacht, sondern als kontinuitätssetzende. Als eine elitäre Kampforganisation begriff sie sich als Vollstreckerin des historischen Fortschritts.[30] Die für den Kommunismus charakteristische Unfähigkeit, einen kontrollierten Wechsel im Führungspersonal herbeizuführen, hängt mit dieser kategorialen Prägung zusammen. Die unvermeidliche Tendenz zur Gerontokratie ist bereits in der Erstarrung des Avantgardebegriffs vorhanden.

Was die verschiedenen, sich gegenseitig auf das heftigste bekämpfenden pseudoproletarischen Parteien aus der Studentenbewegung anbelangte, dauerte es rund ein Jahrzehnt, bis sie sich aufgelöst oder in Teile der sich konstituierenden Partei der Grünen transformiert hatten. Aus den vermeintlichen Avantgarden des Proletariats waren Sekten geworden und aus einigen ihrer Mitglieder Politiker.

---

28 Georges Sorel, Über die Gewalt, Frankfurt am Main 1969, S. 190f.

29 Otto Stammer, Das Elitenproblem in der Demokratie, in: ders., Politische Soziologie und Demokratieforschung – Ausgewählte Reden und Aufsätze zur Soziologie und Politik, West-Berlin 1965, S. 69.

30 In der Postmoderne sind die politischen Avantgarden bezeichnenderweise historisch gegenstandslos geworden – sie haben sich überlebt. Da der Fortschritt richtungslos geworden ist, kann es auch keine Vorhut mehr geben, die eine Richtung weisen könnte.

Was »die 68er« anbetrifft, ein Etikett, das wegen seines amorphen Bezugs ohnehin Unschärfen und vielerlei Fragwürdigkeiten aufweist, so ist das Mißverhältnis zwischen Meinungen und Vorurteilen gegenüber empirisch gesicherten Erkenntnissen besonders auffällig. Die Äußerungen klaffen außerdem zumeist extrem weit auseinander. Während die einen pauschal behaupten, sie hätten Karriere gemacht, ist von anderen nicht weniger pauschalisierend zu hören, sie seien mit ihren Projekten auf der ganzen Linie gescheitert.

Es mangelt auch heute, mehr als drei Jahrzehnte danach, immer noch an einer quantitativen empirischen Sozialstudie, die genauer Aufschluß über soziale Herkunft, Schichten- und Konfessionszugehörigkeit sowie andere wichtige Sachverhalte wie Qualifikation, Berufs- und Karrieremuster bieten könnte.[31] Wenn hierzulande mit empirisch grundierten Interpretationsmustern gearbeitet wurde, dann zumeist unter unmittelbarem Rekurs auf die Forschungsergebnisse amerikanischer Sozialwissenschaftler.[32]

Dort war es insbesondere nach der Revolte von Berkeley (1964/65) zu einem regelrechten Boom an Untersuchungen gekommen.[33] Es sprachen jedoch bereits damals zwei wesentliche Punkte

---

31 Das einzige europäische Land, für das eine solche Analyse vorgelegt wurde, ist die ehemalige Tschechoslowakei. Unter dem Titel »The Career Trajectories of Czech and Slovak Elites: The 1968 Purges and their Consequences« wurde diese Studie 1997 von Gil Eyal an der University of California vorgelegt.

32 Einer der ersten, der davon ausgiebig Gebrauch gemacht hat, war Jürgen Habermas. Vgl. Jürgen Habermas, Protestbewegung und Hochschulreform, Frankfurt am Main 1969.

33 Einen Überblick über die in den sechziger Jahren entstandene sozialwissenschaftliche Literatur zur amerikanischen Studentenbewegung findet sich im Anhang des Bandes: Susanne Kleemann, Ursachen und Formen der amerikanischen Studentenopposition, Frankfurt am Main 1971, S. 155–226. Ein erster Versuch, das Phänomen der sogenannten Campus-Revolten mit soziologischen Kategorien zu analysieren, stammte von

gegen eine direkte Übernahme der dort zutage geförderten Ergebnisse. Zum einen, weil diese Untersuchungen nicht unabhängig durchgeführt wurden. Ihre Auftraggeber – wie die RAND Corporation – sahen die protestierenden Studenten schlicht als Störfaktor, als institutionellen Unruheherd an und verfolgten das explizite Interesse, derartige Reibungsquellen auszuräumen.[34] Zum anderen, weil das amerikanische Gesellschafts- und mehr noch das Bildungssystem derartig gravierende Unterschiede aufweisen, daß eine Übertragung kaum in Frage kommen konnte und kann.

Nun hat ein deutsches Magazin unter dem Titel »Was aus den 68ern geworden ist« eine Recherche vorgelegt, die zumindest als Absicherung für eine Hypothesenbildung dienen kann. Die Zeitschrift *Focus* hat im September 1996 120 ehemalige APO-Aktivisten, in der Regel frühere SDS-Mitglieder, nach ihren Biographien, Berufsentwicklungen und Karriereverläufen befragt.[35] Das Ergebnis ist durchaus aufschlußreich. Von den 120 APO-Aktivisten sind:

– 20 Prozent Hochschullehrer geworden,[36]

---

einem SDS-Mitglied: Lothar Hack, Am Beispiel Berkeley: Rigider Funktionalismus und Neue Unmittelbarkeit, in: *neue kritik*, 8. Jg., Nr. 41, April 1967, S. 36–52.

34 Mit der »Student Unrest«-Forschung verfolgten Sozialwissenschaftler die explizite Aufgabe, den Staats- und Universitätsbehörden Konzepte an die Hand zu geben, mit der eine Disziplinierung der Protestierenden zu erreichen war.

35 Doris Köpf, Was aus den 68ern geworden ist, in: *Focus* vom 2. September 1996, 4. Jg., Nr. 36, S. 66–78.

36 Die Liste der von mir ergänzten Einzelpersonen: **Professoren, Wissenschaftler**: Klaus Alheim, Elmar Altvater, Hans-Georg Backhaus, Martin Baethge, Gerhard Bauer, Egon Becker, Regina Becker-Schmidt, Joachim Bergmann, Heide Berndt, Ulrich Billerbeck, Bernhard Blanke, Thomas Blanke, Gisela Bock, Frank Böckelmann, Heiner Boehncke, Silvia Bovenschen, Peter Brandt, Claudia von Braunmühl, Heinrich Brinkmann, Margit Brückner, Micha Brumlik, Hauke Brunkhorst, Michael Buckmiller, Detlev Claussen, Manfred Clemenz, Helmut Dahmer, Eberhard Dähne, Martin Dannecker, Frank Deppe, Christoph Deutschmann, Dan

– 35 Prozent im Medien- und Kulturbereich[37] und

Diner, Wolfgang Dressen, Angelika Ebbinghaus, Christel Eckart, Gisela Erler, Wolfgang Eßbach, Tilman Fichter, Ute Frevert, Thomas von Freyberg, Michaela von Freyhold, Hajo Funke, Georg Fülberth, Uta Gerhardt, Heide Gerstenberger, Peter Gorsen, Antonia Grunenberg, Lothar Hack, Frigga Haug, Wolfgang Fritz Haug, Hartmut Häußermann, Christof Helberger, Ulrich Herbert, Sebastian Herkommer, Klaus Hermann, Rudolf Hickel, Lutz Hieber, Ansgar Hillach, Joachim Hirsch, Klaus Holzkamp, Karl-Otto Hondrich, Klaus Horn, Dietrich Hoß, Jörg Huffschmid, Otto Jacobi, Ursula Jaerisch, Uwe Japp, Ulf Kadritzke, Jörg Kamlah, Herbert Klaas, Christoph Köhler, Gerd Koenen, Rüdiger Kriepenburg, Ekkehart Krippendorff, Alfred Krovoza, Claus Leggewie, Elisabeth Lenk, Hellmut Lessing, Manfred Lauermann, Bernd Leineweber, Thomas Leithäuser, Gisbert Lepper, Helmut Lethen, Manfred Liebel, Burkhardt Lindner, Rudolf zur Lippe, Siegward Lönnendonker, Peter Martin, Günther Mensching, Klaus Meschkat, Ernst Theodor Mohl, Urs Müller-Plantenberg, Frieder Nake, Klaus Naumann, Arnhelm Neusüß, Christel Neusüß, Oskar Negt, Wolfgang Nitsch, Bernd Nitzschke, Claus Offe, Joachim Perels, Hermann Pfütze, Alexander von Plato, Ulrich K. Preuss, Dieter Prokop, Ulrike Prokop, Bernd Rabehl, Xenia Rajewsky, Helmut Reinicke, Tilman Rexroth, Hajo Riese, Rainer Rilling, Ulrich Rödel, Claus Rolshausen, Roland Roth, Hubertus Rottleuthner, Carola Sachse, Gert Schäfer, Jens Scheer, Friedrich W. Schmidt, Ute Schmidt, Ingrid Schmidt-Harzbach, Rudi Schmiede, Ursula Schmiederer, Bruno Schoch, Klaus Schröder, Michael Schumann, Gudrun Schwarz, Wolfgang Sofsky, Jochen Staadt, Dieter Sterzel, Irene Stöhr, Richard Stöss, Eckart Teschner, Manfred Teschner, Christoph Tholen, Christina Thürmer-Rohr, Karl-Hermann Tjaden, Sibylle Tönnies, Annemarie Tröger, Michael Vester, Gerhard Vinnai, Thomas von der Vring, Falco Werkentin, Lutz von Werder, Rolf Wiggershaus, Manfred Wilke, Reinhard Wolff, Thomas Ziehe.

37 **Journalisten, Lektoren, Verleger, Kritiker, Korrespondenten:** Götz Aly, Stefan Aust, Lothar Baier, Frank Berberich, Rainer Bieling, Klaus Binder, Karl D. Bredthauer, Michael Buselmeier, Rainer Erd, Wieland Eschenhagen, Hans-Peter Gente, Matthias Greffrath, Hermann Grem-

– 15 Prozent in der Politik tätig.[38]

Alle anderen Berufsgruppen – wie Juristen,[39] Mediziner,[40] Psychologen[41] etc. – rangieren unter 10 Prozent.

---

litza, Georg W. Hafner, Jürgen Harrer, Thomas Hartmann, Klaus Hartung, Edmund Jacoby, Niels Kadritzke, Reinhard Kahl, Eberhard Knödler-Bunte, Klaus Lange, Bernd Lunkewitz, W. Martin Lüdke, Peter Märthesheimer, Lothar Menne, Jürgen Miermeister, Bahman Nirumand, Wolfgang Pohrt, Malte Rauch, Michael Rutschky, Samuel Schirmbeck, Thomas Schmid, Joscha Schmierer, Christian Semler, Barbara Sichtermann, Tilman Spengler, Cora Stephan, Ahmed Taheri, Georgia Tornow, Rudolf Walther, Karl Dietrich Wolff, Arno Widmann, David Wittenberg, Peter Zudeick. **Autoren**: Günter Amendt, Inga Buhmann, Peter O. Chotjewitz, Barbara Duden, Hans Magnus Enzensberger, Volker Erbes, Horst Kurnitzky, Sibylle Plogstedt, Erika Runge, Gaston Salvatore, Michael Scharang, Robert Schindel, Michael Schneider, Peter Schneider, Karin Struck, Klaus Theweleit, Renate Wiggershaus, Michaela Wunderle, Peter Paul Zahl. **Kultursektor** (Schauspieler, Musiker, Filmemacher, Kabarettisten): Matthias Beltz, Iris Berben, Hark Bohm, Rainer Werner Faßbinder, Claus Theo Gärtner, Heiner Goebbels, Hannes Heer, Bruno Jonas, Ursula Keller, Thomas Mitscherlich, Helke Sander, Volker Schlöndorf, Ernst-Henning Schwedt, Frank Wolff.

38 **Politiker** (Minister, Staatssekretäre, Abgeordnete, Parteiführer): Detlev Albers, Daniel Cohn-Bendit, Herta Däubler-Gmelin, Christoph Ehmann, Joschka Fischer, Hartmut Holzapfel, Karl-Heinz Klär, Tom Koenigs, Udo Knapp, Michael Naumann, Knut Nevermann, Heide Pfarr, Rezzo Schlauch, Jürgen Trittin, Karsten Voigt, Antje Vollmer, Dietrich Wetzel.

39 **Juristen** (Rechtsanwälte, Staatsanwälte, Richter): Anette Bauer, Wolfgang Bock, Sebastian Cobler, Johnny Eisenberg, Klaus Eschen, Rainer Geulen, Armin Golzem, Chris Hein, Mike Knöss, Christoph Krämer, Horst Mahler, Jerzy Montag, Rupert von Plottnitz, Dorothea Schiefer, Eberhard Schultz, Hans-Christian Ströbele, Harald Wisselinck.

40 **Mediziner**: Matthis Bromberger, Ellis Huber, Dorothea Ridder, Karl-Heinz Roth.

41 **Psychologen, Psychoanalytiker**: Jörg Bopp, Dierk Juelich, Reimut Reiche, Jochen Toussaint, Michael Wolff.

Gefragt wurde nicht nur nach den Aufsteigern, sondern auch nach den Aussteigern und den Gescheiterten. Genannt werden in dem von Doris Köpf verfaßten Artikel nur zwei Personen, der ehemalige Münchner AStA-Vorsitzende und spätere Anhänger des bewaffneten Kampfes Rolf Pohle, der sich nach Athen zurückgezogen hat, und ein Frankfurter SDS-Mitglied, das zu dieser Zeit arbeitslos war.

Die Dominanz des Bildungs-, Medien- und Kulturbereichs scheint ein Bild zu bestätigen, daß ein konservativer Soziologe in Reaktion auf die Auswirkungen der 68er-Bewegung Mitte der siebziger Jahre gegeben hat. Helmut Schelsky hat in seiner gegen die Neue Linke gerichteten Kampfschrift »Die Arbeit tun die anderen« die unterschiedlich ausdifferenzierten Gruppen der Intelligenz unter dem Terminus der »Reflexionselite« zusammengefaßt.[42] Auf seine Weise hat er genau gesehen, über welche Qualifikationen und Berufsfelder die bundesdeutsche Gesellschaft langfristig in einer Weise verändert wurde, die er als »Klassenherrschaft der Sinn-Vermittler« diffamierte und als neue Form der »Heilsgläubigkeit« ablehnte.

Die postmaterialistische Wertelite

Für den Begriff der politischen Elite gibt es eine ebenso einfache wie nicht ganz unproblematische Definition. Als Angehörige einer politischen Elite können sich nach Ansicht des Soziologen Wolfgang Zapf diejenigen ansehen, die sich »in Positionen befinden, von denen aus sie Gesetze machen können«.[43] Der Kreis derjenigen, die danach der politischen Elite zugerechnet werden, ist damit überaus einge-

42 Helmut Schelsky, Die Arbeit tun die anderen – Klassenkampf und Priesterherrschaft der Intellektuellen, Opladen 1975, S. 98 ff. und 167 ff.

43 Wolfgang Zapf, Wandlungen der deutschen Elite – Ein Zirkulationsmodell deutscher Führungsgruppen, 1919–1961, München 1965, S. 35.

schränkt und zudem sehr formalisiert.[44] Wenn also die politische Führungsgruppe durch eine Identifikation mit den Gesetzesmachern zu bestimmen ist, dann scheint die Sache ziemlich einfach zu sein.

Dies mögen sich auch die Autoren einer Studie gedacht haben, die für die Gegenwart das folgende Bild gemalt haben: »Niemals zuvor waren ›die 68er‹ auf den Regierungsbänken und den Abgeordnetensitzen von Landes- und Bundesparlamenten so zahlreich vertreten wie in dem 1998 gewählten 14. Deutschen Bundestag und der neuen Bundesregierung. Von knapp [?] 669 Abgeordneten gehören 172, wie die meisten Aktivisten der 68er-Bewegung, den Geburtsjahrgängen 1941 bis 1945 an. Nimmt man die nächsten fünf Altersjahrgänge hinzu, so liegt der Gesamtanteil bei 322 Abgeordneten. Sie haben in der Mehrheit in den späten sechziger Jahren studiert. Der Außenminister und Vizekanzler, Joschka Fischer, ist in jungen Jahren erstmals 1967 im Beirat einer Arbeitsgemeinschaft sozialistischer Schülergruppen öffentlich hervorgetreten. In den siebziger Jahren besetzte er als Führer einer in Straßenkämpfen mit der Polizei wohlorganisierten Truppe zum Abbruch bestimmte Frankfurter Bürgerhäuser. Der eine Studentengeneration jüngere Umweltminister unterwarf sich hingegen in Göttingen als Studentenfunktionär der Disziplin einer kommunistischen Splittergruppe. Der Innenminister hat sich als Verteidiger von Studenten und RAF-Terroristen einen Namen gemacht, die Justizministerin 1967 in Berlin den Republikanischen Club mitbegründet. Der zweite Finanzminister im Kabinett Schröder hat im Marburg der späten sechziger Jahre studiert und bezeichnet sich als Abendroth-Schüler. Wie die Ministerin für wirtschaftliche Zusammenarbeit hat

44 Eine weitaus weniger eingeschränkte Definition bietet Klaus von Beyme an: »Politische Elite bezeichnet funktional und positionell abgrenzbare Führungsgruppen des politischen Systems, deren Macht in der Demokratie nur als Derivat der Volkssouveränität gerechtfertigt werden kann.« Klaus von Beyme, Die politische Elite in der Bundesrepublik, München 1971, S. 10.

auch der Bundeskanzler seine politische Karriere auf dem linken Flügel der Jungsozialisten begonnen. An der Spitze der beiden Regierungsfraktionen stehen ebenfalls Politiker, die in der 68er-Bewegung oder deren Umfeld aktiv waren. Die Bundestagsvizepräsidentin Antje Vollmer [...] ist auf Fotos aus dem Jahre 1968 in den ersten Reihen einer der zahlreichen Demonstrationen gegen die Notstandsgesetze zu sehen.«[45]

Mit anderen Worten: Da sich die Spitzenämter der Exekutive und die Hälfte der Legislative in den Händen von 68ern befinden, liegt die Staatsmacht heute bei jenen, die den bundesdeutschen Staat früher bekämpft haben. Sollte der oft beschworene »lange Marsch durch die Institutionen«[46] also doch etwa Erfolg gehabt haben? Die Passage, die im übrigen für Pressespekulationen über die neue Bundesregierung nicht untypisch ist, stammt aus der Einleitung zu einem Band, in dem der Frankfurter Schule – wie der Titel bereits signalisiert – »die intellektuelle Gründung der Bundesrepublik« zugerechnet wird. Um es in der gebotenen Deutlichkeit zu sagen: Ich halte beide Urteile für das Ergebnis einer fragwürdigen Empirie. Weder die eine noch die andere These hält einer näheren Überprüfung stand.[47] Es geht ja nicht, wie C. Wright Mills einmal bemerkt hat, um Fakten oder gar um »Fakten, Fakten, Fakten«, sondern um die *Bedeutung* von Fakten. Die Aufgabe besteht darin, Informatio-

---

45 Clemens Albrecht / Günter C. Behrmann / Michael Bock / Harald Homann / Friedrich H. Tenbruck, Die intellektuelle Gründung der Bundesrepublik – Eine Wirkungsgeschichte der Frankfurter Schule, Frankfurt am Main / New York 1999, S. 13 f.

46 Zum historischen Hintergrund der berühmten Formel Rudi Dutschkes siehe: Der lange Marsch durch die Institutionen, in diesem Band, S. 81–88.

47 Hinter diesen beiden Behauptungen verbirgt sich übrigens die revisionistische Kernthese, die »Vergangenheitsbewältigung« sei den Deutschen äußerlich, weil sie überflüssig und von den Besatzungsmächten »verordnet« worden wäre. Vgl.: Wolfgang Kraushaar, Die Kritische Theorie in der Bundesrepublik – Zwei Studien über die Wirkungsgeschichte der Frankfurter Schule, in: *Musik und Ästhetik*, 4. Jg. Nr. 15, Juli 2000, S. 90–97.

nen einer kritischen Analyse zu unterziehen und sie in ihrem jeweiligen Kontext aufzuschlüsseln.

Konkret: Die pauschale Zuordnung von Parlamentariern nach Geburtsjahrgängen, die dem Generationenprofil der 68er zugerechnet werden, entgrenzt die Bezugsgrundlage. Außerdem ist die Vorstellung einer Art Generationenkohorte, die über mehr als drei Jahrzehnte hinweg ihre politischen Positionen vor sich her getragen haben könnte, fiktiv. Eine derartig formale Subsumptionsweise macht blind für die Prozesse, die sich tatsächlich unter den 68ern und innerhalb der Gesellschaft abgespielt haben.

Es ist alles andere als Zufall, daß das Suggestivbild von der Machterringung der 68er vor allem von Exponenten der konservativen Presse gepflegt wird. Nach einem Symposium über den SDS an der Freien Universität meinte Jürgen Busche 1985 in einem Kommentar auf der Titelseite der FAZ einen »späten Sieg des SDS« konstatieren zu müssen.[48] Nach dem Wahlsieg von SPD und Grünen im Herbst 1998 fragte Klaus Rainer Röhl, sichtlich beunruhigt, in der *Welt am Sonntag*: »Siegte Dutschke in Bonn?«[49] Und nun meint eine Gruppe von Tenbruck-Schülern verkünden zu müssen, Adorno und Horkheimer hätten die Bundesrepublik »intellektuell« konstituiert. Die Kritische Theorie als Staatsideologie einer selbstaufgeklärten deutschen Republik. Zuviel der Ehre. Für solche Botschaften gibt es sicherlich auch immer genügend Kunden, die meinen, sie einfach goutieren zu können. Die Horrorvision der einen Seite – die Staatsmacht in den Händen der Staatsgegner – ist bestens dazu geeignet, das Wunschdenken der anderen – das Erfolgsphantasma der rot-grünen Koalition – zu bestätigen.

Dennoch bleibt die Frage, ob ehemalige Exponenten der 68er-Bewegung in verschiedene Elitesektoren eingesickert oder gar Teil einer politischen Elite geworden sind?

---

48 Jürgen Busche, Später Sieg des SDS?, in: *Frankfurter Allgemeine Zeitung* vom 28. Juni 1985.

49 Klaus Rainer Röhl, Siegte Dutschke in Bonn?, in: *Welt am Sonntag* vom 4. Oktober 1998.

Meine *Hypothese* lautet: Die einstmalige Antielite der 68er-Bewegung ist weder zu einer Funktionselite noch zu einer Führungselite, auch nicht zu einer Weltanschauungselite mutiert, sondern zu einer Wertelite anderen Typs.

Was heißt das? Dieser Begriff der Wertelite unterscheidet sich naheliegenderweise von demjenigen, der wegen seiner aristokratischen Prägung und antidemokratischen Tendenz von Raymond Aron, Otto Stammer und anderen einer nachhaltigen Kritik unterzogen und durch den der Funktionselite ersetzt worden ist. Der traditionelle Begriff der Wertelite stand für den Gesichtspunkt der Auslese der vermeintlich Besten einer Gesellschaft und ihrer sich daraus ableitenden Herrschaftsfunktion.[50] Die Wertelite anderen Typs steht hingegen nicht für Auslese, sondern für die Vermittlung anderer, nichtmaterialistischer Werte. Ihr geht es nicht in erster Linie um die Wahrnehmung von Macht, auch nicht um die Erringung von Aufmerksamkeit,[51] sondern um die Durchsetzung von Einfluß im Sinne der Ausprägung ziviler Wertvorstellungen.

---

50 Vgl. Otto Stammer, Zum Elitenbegriff in der Demokratieforschung, in: ders., Politische Soziologie und Demokratieforschung – Ausgewählte Reden und Aufsätze zur Soziologie und Politik, West-Berlin 1965, S. 176f.

51 Claus Leggewie hat aus einem vergleichbaren Problemzusammenhang heraus als Ergänzung von Wert-, Macht- und Funktionselite den Begriff der »Aufmerksamkeitselite« vorgeschlagen: »Meine These ist, daß die herkömmlichen Kandidaten für Eliten – die Reichen und die Mächtigen – durch eine Gruppe von (aus ihrer Sicht:) ›Parvenus‹ verdrängt werden, die vor allem über eines verfügen: Prominenz. Prominenz ist das wesentliche und bisweilen einzige Kapital, von dem die neuen ›Aufmerksamkeitseliten‹ zehren.« (Claus Leggewie, What's Next? Junge Eliten in den USA, in: Heinz Bude / Stephan Schleissing [Hg.], Junge Eliten – Selbständigkeit als Beruf, Stuttgart / Berlin / Köln 1997, S. 27) Dieser Begriff hat jedoch den offenkundigen Nachteil, daß er einen objektiven Aspekt, den des sozialen Status, vernachlässigt. Seine Verwendung erweckt den Anschein, als ob eher der Narzißmus der Prominenten für deren Status ausschlaggebend sei als deren Erfolg, in einer je spezifischen, medial vermittelten Rolle aufzutreten.

Mittels ihrer Multiplikatorenrollen im Bildungs-, Medien und Kulturbereich haben die Exponenten der 68er-Bewegung Schneisen in die traditionalistische, von den Bedürfnissen nach Sicherheit geprägte Wertelandschaft geschlagen und selbstreflexiven, postmaterialistisch orientierten Wertemustern, in deren Zentrum die Lebensqualität steht, zum Durchbruch verholfen. Ich halte es deshalb für angemessen, hier von einer postmaterialistischen Wertelite zu sprechen.

Wie Ronald Inglehart in seinen Studien über den Wertewandel in der westlichen Welt bereits in den siebziger und achtziger Jahren attestierte, haben postmaterialistische Einstellungen dort mehr und mehr Einzug in die Eliten gehalten.[52] Danach dominierten 1981 in den meisten Elitegruppen der Bundesrepublik bereits postmaterialistische Wertvorstellungen.[53] Was als lautstarke Rebellion gescheitert war, das hat als »silent revolution« offenbar einen Langzeiterfolg beschert.

Um deutlich zu machen, was hier unter postmaterialistischen im Gegensatz zu materialistischen Werten verstanden wird, soll an den von Inglehart verwendeten Item-Index erinnert werden, den er im Zuge seiner Untersuchungen mehrmals ausgeweitet hat. In seinem 1977 verwendeten Zwölf-Item-Katalog [54] unterscheidet er zwischen zwei Gruppen von Bedürfnissen – physiologischen Bedürfnissen, die er als *materialistisch* und sozialen Bedürfnissen sowie Bedürfnissen nach Selbstverwirklichung, die er als *postmaterialistisch* kennzeichnet. Während sich die physiologischen Bedürfnisse in die nach

---

52 Siehe vor allem den Abschnitt »Postmaterialisten dringen in die Eliten vor«, in: Ronald Inglehart, Kultureller Umbruch – Wertwandel in der westlichen Welt, Frankfurt / New York 1995, S. 398–411.

53 Ronald Inglehart, ebenda, S. 403; er stützt sich dabei auf eine an der Universität Mannheim durchgeführte empirische Studie: Rudolf Wildenmann u. a., Führungsschicht in der Bundesrepublik Deutschland, 1981: Tabellenband, Mannheim 1982.

54 Ronald Inglehart, The Silent Revolution: Changing Values and Political Styles Among Western Publics, Princeton 1977, S. 42.

physischer und nach wirtschaftlicher Sicherheit unterscheiden, die sich in Wertorientierungen wie die nach starken Verteidigungskräften, Kampf gegen Verbrechen und Aufrechterhaltung der Ordnung sowie stabiler Wirtschaft, Wirtschaftswachstum und Kampf gegen steigende Preise ausdifferenzieren, stehen ihnen auf der anderen Seite soziale und emanzipatorische Bedürfnisse gegenüber, die an Ästhetik und Intellekt sowie an Zugehörigkeit und Achtung ausgerichtet sind und sich in Wertorientierungen wie Schönheit von Städten und Natur, Dominanz von Ideen und Redefreiheit sowie weniger Unpersönlichkeit in der Gesellschaft, mehr Mitspracherechten am Arbeitsplatz und in der Kommune als auch bei Regierungsentscheidungen weiter untergliedern. Anhand dieser zwölf Optionen wurden die beiden konträren Wertemuster in verschiedenen westlichen Industriegesellschaften untersucht.

Das Bild eines langfristigen, postmaterialistisch dominierten Wertewandels läßt sich durch die Ergebnisse der größten Elitenstudie, die in den neunziger Jahren in Deutschland durchgeführt worden ist, in seinen Grundzügen bestätigen. Schüler Rudolf Wildenmanns haben 1995 unter dem Titel »Elitenrekrutierung und -zirkulation im vereinten Deutschland« in Potsdam ein DFG-Projekt durchgeführt, dessen Ergebnisse zwei Jahre darauf unter der Überschrift »Eliten in Deutschland« veröffentlicht worden sind.[55] Die von Wilhelm Bürklin angeführten Forscher hatten in einem knappen Dutzend an Elitesektoren[56] rund 4000 Positionsinhaber ausgewählt; davon stellten sich 2350, etwa 60 Prozent, den von Infratest durchgeführten Interviews.

Zwar geht es in der sogenannten Potsdamer Elitestudie nicht spezifisch um die Karriereverläufe ehemaliger Angehöriger der 68er-Bewegung, jedoch nimmt die Protestgeneration in dieser Unter-

55 Wilhelm Bürklin u.a., Eliten in Deutschland – Rekrutierung und Integration, Opladen 1997.

56 Es wird zwischen den folgenden Sektoren unterschieden: Politik, Verwaltung, Wirtschaft, Verbände, Gewerkschaften, Massenmedien, Wissenschaft, Militär, Kultur und einer Rubrik Sonstige; Bürklin u.a., ebenda, S. 104.

suchung einen so herausragenden Platz ein, daß daraus durchaus Rückschlüsse gezogen werden können.

Zunächst einmal ist auffällig, daß es in der Zusammensetzung der Sektoreliten bezogen auf die Verteilung nach Generationen – es wird hier zwischen fünf verschiedenen Generationen unterschieden[57] – die mit Abstand stärksten Abweichungen in der letzten, der Protestgeneration, gibt. Die markantesten Abweichungen vom Elitendurchschnitt treten in den Sektoren Massenmedien, Politik, Kultur und Gewerkschaften auf. Überall dort sind die Postmaterialisten besonders stark vertreten. Das deckt sich zum überwiegenden Teil mit den auf einer sehr viel geringeren quantitativen Basis durchgeführten *Focus*-Recherche.

Da es zu weit führen würde, diese sektorale Differenzierung im Detail zu verfolgen, zitiere ich zwei Passagen aus dem in Thesen zusammengefaßten Gesamtergebnis der Studie:

»Die Mehrheit der deutschen Führungsschicht kommt heute aus der Protest- und Wohlstandsgeneration. Diese neue Führungsgeneration unterscheidet sich in ihren demokratischen Einstellungen von der Kriegs- und Vorkriegsgeneration. Sie vertritt sowohl in der Wert- als auch in der Normdimension der Politik – also hinsichtlich der Ziele und der Formen der Beteiligung – abweichende Konzeptionen: Die in der Nachkriegszeit sozialisierten Eliten stehen für die Ziele der Neuen Politik, für einen stärker konfliktbetonten Interessenausgleich und das Konzept einer plebiszitären, auf alle gesellschaftlichen Sektoren ausgeweiteten Demokratie [...] Der lange Marsch durch die Institutionen hat die Protestgeneration der 1960er Jahre in die Ämter gebracht. Für die Eliten aus der Wohlstands- und Protestgeneration, die in Führungspositionen der traditionellen Sektoren wechselten, war damit auch eine stärkere Veränderung ihrer Einstellung zur plebiszitären Demokratie in Deutschland verbunden. Der lebenszyklischen Anpassung an traditionelle Werte weni-

57 Im einzelnen sind dies: Weimarer Republik (Geburtsjahrgänge 1904–17), Drittes Reich (1918–30), Nachkrieg (1931–40), Wirtschaftswunder (1941–50), Protest / Neue Soziale Bewegungen (>1950); ebenda.

ger ausgesetzt waren bisher jene Eliten, die sich über die Partei der Grünen und die Neuen Sozialen Bewegungen alternative Netzwerke und eine neue Sektorelite eingerichtet haben. Für diese Eliten ist die Doppelstrategie der Studentenbewegung letztlich aufgegangen.«[58]

Diese Schlußfolgerungen sind in der Deutlichkeit ihres Tenors überraschend. Auch hier spielt der Formalismus der Subsumption bestimmter Jahrgänge unter ein nicht weiter differenziertes Generationenprofil eine ausschlaggebende Rolle. Das Resümee sollte jedoch vor allem nicht darüber hinwegtäuschen, daß der Überrepräsentation von Angehörigen der Protestgeneration in bestimmten Sektoren, die im weitesten Sinne der Kultur und damit einer Sphäre symbolischer Macht zuzurechnen sind, eine nicht minder gravierende Unterrepräsentation in anderen Sektoren wie Wirtschaft, Banken, Verwaltung und Verbänden entspricht, die um Ökonomie und Finanzen zentriert und damit den traditionellen Machtsphären zuzuordnen sind. Am drastischsten ist dieser Mangel übrigens im militärischen Sektor nachgewiesen. In der dortigen Elite, also unter den Generälen und Kommandeursrängen, ist überhaupt keine prozentual feststellbare Etablierung der Protestgeneration aufgeführt.

Doch auch diese eklatanten Defizite bestätigen lediglich von anderer Seite das Bild von der postmaterialistischen Wertelite. Ihrer Ohnmacht in klassischen Sphären der Macht entspricht umgekehrt ein überproportionaler Einfluß in denen der Deutungskultur. Einstige 68er sind sicherlich auch in die eine oder andere Funktionselite hineingerutscht. Es spricht jedoch vieles dafür, daß sie nur in jenen Sektoren Machtfunktionen haben übernehmen können, in denen es um Entscheidungen für nichtmaterielle Aufgaben geht, die für die anhaltende Entwicklung zu einer Informationsgesellschaft von Bedeutung sind. Im Zuge der unterschiedlichen Transformationsprozesse verringern sie, ganz ähnlich wie es C. Wright Mills einst gefordert hat, die Kluft zwischen Wissen und Macht. Die wesentliche Rolle des Impulses von 1968 scheint jedenfalls darin bestanden zu

58 Bürklin u.a., ebenda, S. 417f.

haben, daß es ihren Protagonisten zu einem nicht unerheblichen Teil gelungen ist, sich in Feldern und Institutionen zu verankern, die im weitesten Sinne der Kultur zuzurechnen sind, und dort für die Etablierung und Durchsetzung postmaterialistischer Werte gesorgt zu haben.

Der Zeitzeuge als Feind des Historikers?

Ein Literaturüberblick zur 68er-Bewegung

Der Tag, an dem der Germanistikstudent Benno Ohnesorg im Anschluß an eine Demonstration gegen den Schah von Persien in West-Berlin von einem Polizisten erschossen worden ist, der 2. Juni 1967, ist inzwischen eine Art Gründungsmythos. Früher glaubte man in dem Datum die Geburtsstunde einer Bewegung zu erkennen, später den Zeitpunkt für eine Art Nachgründung der Bundesrepublik. Der Tenor lautete, um mit dem Titel der Autobiographie Bommi Baumanns, eines Mitglieds der Guerillaorganisation »Bewegung 2. Juni«, zu sprechen: »Wie alles anfing«.[1] Manche sind heute noch davon überzeugt, daß die Bundesrepublik bis zu diesem Zeitpunkt ein angepaßtes, unselbständiges und restauratives Land gewesen sei und es Proteste, Demonstrationen und Auseinandersetzungen mit der Staatsgewalt zuvor kaum oder gar nicht gegeben habe. Es existiert das Bild von einer Stunde Null des Protests. Dies ist jedoch ein gehöriger Trugschluß. In wenigstens zwei Phasen der fünfziger Jahre hat es Demonstrationen und Kundgebungen von einem Ausmaß gegeben, daß diese zumindest in quantitativer Hinsicht einen Vergleich mit der Protestmobilisierung zur Zeit der Großen Koalition nicht zu scheuen brauchen.[2]

Trotzdem wird der Studentenbewegung, die einen erheblichen Kumulationseffekt erzielte, indem sie eine landesweite Jugendrevolte auslöste und zum Zentrum einer außerparlamentarischen Bewegung wurde, inzwischen auch von der Zeitgeschichte die Rolle einer bedeutenden, in mancher Hinsicht sogar einzigartigen historischen

---

1 Michael »Bommi« Baumann, Wie alles anfing, München 1975.

2 Vgl.: Wolfgang Kraushaar, Die Protest-Chronik 1949–1959 – Eine illustrierte Geschichte von Bewegung, Widerstand und Utopie, Bd. I–IV, Hamburg 1996.

Zäsur eingeräumt. Mehr und mehr Historiker haben sich inzwischen darauf besonnen, daß »1968« die Rolle eines Knoten-, Scheitel- und Umschlagpunktes in der Geschichte der alten Bundesrepublik spielt. Und kaum eine der aktuellen Fragen und Problemstellungen – wie etwa die Legitimität zur militärischen Intervention im Kosovo-Krieg – kommt ohne den Vergleich mit der 68er-Bewegung aus.

Publikationsschübe

Bereits der Ablauf der Revolte in den Jahren 1967 bis 1969 war von einer Flut von Veröffentlichungen begleitet, mit denen zum Teil Einfluß auf deren Verlauf genommen werden sollte. Teilnehmer und Mentoren, Befürworter und Gegner, Kritiker und Kommentatoren sahen sich seinerzeit motiviert oder auch genötigt, Position zu beziehen. Ein breites Spektrum meldete sich zu Wort.[3] Unter den Pu-

---

3 Wolfgang Abendroth u.a., Die Linke antwortet Jürgen Habermas, Frankfurt am Main 1968; René Ahlberg, Akademische Lehrmeinungen und Studentenunruhen in der Bundesrepublik – Linker Irrationalismus in politologischen und soziologischen Theorien, Freiburg 1970; Detlev Albers, Demokratisierung der Hochschule – Argumente zur Drittelparität, Beuel 1968; Horst Baier (Hg.), Studenten in Opposition – Beiträge zur Soziologie der deutschen Hochschule, Bielefeld 1968; Uwe Bergmann / Rudi Dutschke / Wolfgang Lefèvre / Bernd Rabehl, Rebellion der Studenten oder Die neue Opposition, Reinbek 1968; Rolf R. Bigler, Enteignet Deutschland – Der Bankrott des Marxismus oder der Aufstand der Studenten, Wien / München / Zürich 1968; Wolfgang Büsch, Die Protestbewegung unter den Studenten der Freien Universität Berlin – Analyse der Senatsverwaltung für Inneres, West-Berlin 1967; Detlev Claussen / Regine Dermitzel (Hg.), Universität und Widerstand – Versuch einer Politischen Universität in Frankfurt, Frankfurt am Main 1968; Gabriel und Daniel Cohn-Bendit, Linksradikalismus – Gewaltkur gegen die Alterskrankheit des Kommunismus, Reinbek 1968; Hans Dichgans, Der Gegensatz der Generationen: Die außerparlamentarische Opposition, Düsseldorf 1968; Hans Dollinger (Hg.), Revolution gegen den

blikationen, die im damaligen Kontext der Ereignisse erschienen, sind durchaus einige, die als Quellenmaterial auch heute noch Bedeutung für die historische Forschung besitzen könnten.[4]

Staat? Die außerparlamentarische Opposition – Die neue Linke – Eine politische Anthologie, Bern / München / Wien 1968; Theodor Ebert / Hans-Jürgen Benedict (Hg.), Macht von unten – Bürgerrechtsbewegung, außerparlamentarische Opposition und Kirchenreform, Hamburg 1968; Hermann Glaser, Radikalität und Scheinradikalität – Zur Sozialpsychologie des jugendlichen Protests, München 1970; Hermann Glaser / Axel Silenius (Hg.), Protest der Jugend – Analysen, Meinungen, Retrospektive, Diskussion, Frankfurt am Main 1968; Heinz Grossmann / Oskar Negt, Die Auferstehung der Gewalt – Springerblockade und politische Reaktion in der Bundesrepublik, Frankfurt am Main 1968; Jürgen Habermas, Protestbewegung und Hochschulreform, Frankfurt am Main 1969; Kai Hermann, Die Revolte der Studenten, Hamburg 1967; Werner Hofmann, Zur Soziologie der Studentenrevolte, West-Berlin 1969; Walter Hollstein, Der Untergrund – Zur Soziologie jugendlicher Protestbewegungen, Neuwied 1969; Jürgen Jeziorowski, Studenten im Aufbruch – Motive, Methoden, Modelle, Stuttgart 1968; Fritz Leonhardt, Studentenunruhen – Ursachen, Reformen – Ein Plädoyer für die Jugend, Stuttgart 1968; Jens Litten, Eine verpaßte Revolution? Nachruf auf den SDS, Hamburg 1969; Fred Luchsinger / Arnold Künzli / Marcel Beck, Opposition – Aufgaben und Möglichkeiten einer Opposition heute – Vortragszyklus der Studentenschaft Basel, Sommersemester 1968, Zürich 1968; Friedrich Mager / Ulrich Spinnarke, Was wollen die Studenten?, Frankfurt am Main 1967; Friedrich-Wilhelm Marquardt, Studenten im Protest, Frankfurt am Main 1968; Günther Nenning, Die Jugendrevolte – Protest oder reale Utopie?, Zürich 1970; Franz Nuscheler, Studenten: Störenfriede oder Demokraten?, Mannheim 1968; Heinz-Dietrich Ortlieb, Die mißverstandene Revolte – Gesellschaftsreform, Hochschulreform und Studentenrevolte, Hamburg 1968; Walter Rüegg, Die studentische Revolte gegen die bürgerliche Gesellschaft, Erlenbach-Zürich / Stuttgart 1968; Hartmut Sander / Christian Ulrich, Subkultur Berlin – Selbstdarstellung, Text-, Ton- und Bilddokumente – Esoterik der Kommunen, Rocker, subversive Gruppen, Darmstadt 1969; Erwin K. Scheuch (Hg.), Die Wiedertäufer der Wohlstandsgesellschaft – Eine kri-

Mit den jeweiligen »Jubiläen« setzten schubartige Publikationswellen ein. Der erste »Geburtstag« erfolgte allerdings bereits 1977 und nicht erst 1978. Als Fixpunkt der außerparlamentarischen Bewegung wurde nicht das Attentat auf Rudi Dutschke am 11. April 1968, sondern der Tod Benno Ohnesorgs am 2. Juni 1967 betrachtet. Auch die Redeweise von »den 68ern« und der »68er-Bewegung« waren damals noch völlig unbekannt. Als Bezeichnung dominierte

---

tische Untersuchung der ›Neuen Linken‹ und ihrer Dogmen, Köln 1968; Winfried Schlaffke, Die studentische Linke – Motive, Gruppen und Ziele, Köln 1968; Alexander Schwan / Kurt Sontheimer (Hg.), Reform als Alternative – Hochschullehrer antworten auf die Herausforderung der Studenten, Köln / Opladen 1969; Wilfried F. Schoeller (Hg.), Die neue Linke nach Adorno, München 1969; Wulf Schönbohm, Die Thesen der APO – Argumente gegen die radikale Linke, Mainz 1969; Wulf Schönbohm / Jürgen Bernd Runge / Peter Radunski, Die herausgeforderte Demokratie – Deutschlands Studenten zwischen Reform und Revolution, Mainz 1968; Julius Schoeps / Christopher Dannemann (Hg.), Die rebellischen Studenten – Elite der Demokratie oder Vorhut eines linken Faschismus?, München / Esslingen 1968; Caspar von Schrenck-Notzing, Zukunftsmacher – Die neue Linke in Deutschland und ihre Herkunft, Stuttgart 1968; Wolfgang Schwerbrock, Proteste der Jugend – Schüler, Studenten und ihre Presse, Düsseldorf 1968; Rolf Seeliger, Die außerparlamentarische Opposition, München 1968; Ulrich Sonnemann, Institutionalismus und studentische Opposition – Thesen zur Ausbreitung des Ungehorsams in Deutschland, Frankfurt am Main 1968; Kurt Sontheimer, Der Überdruß an der Demokratie – Neue Linke und alte Rechte – Unterschiede und Gemeinsamkeiten, Köln 1970; Stephen Spender, Das Jahr der jungen Rebellen – New York, Paris, Prag, Berlin, München 1969; Kurt Lothar Tank (Hg.), Proteste, Proteste, Proteste – Dokumentation, Analyse, Kritik, Witten 1968; Helmut Thielicke, Kulturkritik der studentischen Rebellion, Tübingen 1969.

4 Ludwig von Friedeburg u.a., Freie Universität und politisches Potential der Studenten – Über die Entwicklung des Berliner Modells und den Anfang der Studentenbewegung in Deutschland, Neuwied / West-Berlin 1968; Jens Hager, Die Rebellen von Berlin – Studentenpolitik an der Freien Universität – Eine Dokumentation, hrsg. von Hartmut Häusser-

trotz der seinerzeit bereits geläufigen Kritik, daß die Revolte nicht auf die Universitäten beschränkt geblieben sei, immer noch »Studentenbewegung«. Akzentverschiebungen waren erkennbar, wenn von der »Studentenrevolte« oder mit einem stark romantisierenden Unterton von »*der* Revolte« gesprochen wurde. Dies geschah zumeist aus einer undogmatisch linken, libertären oder anarchistischen Perspektive heraus. Eine umgekehrte Perspektive nahmen hingegen jene Autoren ein, die von der Außerparlamentarischen Opposition ausgingen. Für sie war der politische Bündnischarakter dominant.[5]

Ein Jahrzehnt darauf hatte sich die historische Interpunktion um ein Jahr verschoben. 1987 fiel als »Jubiläumsjahr« aus. Die ehemaligen Aktivisten orientierten sich nun ebenso wie die Öffentlichkeit

---

mann, Niels Kadritzke, Knut Nevermann, Köln / West-Berlin 1967; Hans-Adolf Jacobsen / Hans Dollinger (Hg.), Die deutschen Studenten – Der Kampf um die Hochschulreform – Eine Bestandsaufnahme, München 1968; Horst Kurnitzky / Hansmartin Kuhn (Hg.), Das Ende der Utopie – Herbert Marcuse diskutiert mit Studenten und Professoren Westberlins an der Freien Universität Berlin über die Möglichkeiten und Chancen einer politischen Opposition in den Metropolen in Zusammenhang mit den Befreiungsbewegungen in den Ländern der Dritten Welt, West-Berlin 1967; Bernard Larsson, Demonstrationen – Ein Berliner Modell – Fotos und Texte, West-Berlin 1967; Knut Nevermann, Der 2. Juni 1967: Studenten zwischen Notstand und Demokratie – Dokumente zu den Ereignissen anläßlich des Schah-Besuchs, hrsg. vom Verband Deutscher Studentenschaften, Köln 1967; Sibylle Plogstedt (Red.), Der Kampf des vietnamesischen Volkes und die Globalstrategie des Imperialismus – Internationaler Vietnam-Kongreß 17./18. Februar 1968, West-Berlin 1968; Hans-Joachim Winkler (Hg.), Das Establishment antwortet der APO – Eine Dokumentation, Opladen 1968; Zoller (d. i. Peter Zollinger, Hg.), Aktiver Streik – Dokumentation zu einem Jahr Hochschulpolitik am Beispiel der Universität Frankfurt am Main, Darmstadt o. J.

5 Gerhard Bauß, Die Studentenbewegung der sechziger Jahre in der Bundesrepublik und West-Berlin – Handbuch, Köln 1977; Frank Deppe

insgesamt am Jahr 1968. Was war geschehen? Eine neue Jugendbewegung, die zwischen 1980 und 1982 vor allem durch Hausbesetzungen Aufsehen erregte, hatte für eine Umetikettierung und die damit verbundene Jahrgangsverschiebung gesorgt.[6] Deren Protagonisten hatten sich lautstark vom »Erbe der APO« distanziert und für sich beansprucht, eine gesellschaftspolitische Avantgarderolle zu spielen. Schon der Verweis auf den historischen Abstand sollte zeigen, wie antiquiert die Vertreter der früheren Revolte-Generation seien. Die Rede war nun fast ausschließlich von der »68er-Bewegung« und den »68ern«. Diese Etikettierung besaß aus der Sicht ihrer Befürworter zwei große Vorteile – sie entschied das Changieren zwischen mehreren Alternativen auf die scheinbare Eindeutigkeit einer Jahrgangsziffer und sie drückte eine historische Distanzierung aus, die mit einer impliziten Abwertung verknüpft war. Presse und Medien insgesamt griffen die digitalisierte Umbenennung mit ihrer subkutanen Umwertung umgehend auf. Das Kürzel setzte sich in der bundesdeutschen Öffentlichkeit rasch durch. Es etablierte sich so fest, daß sich auch die einstigen Aktivisten der Verschiebung immer weniger entziehen konnten. Mehr oder weniger widerstrebend paßten sie sich

---

(Hg.), 2. Juni 1967 und die Studentenbewegung heute, Dortmund 1977; Tilman Fichter / Siegward Lönnendonker, Kleine Geschichte des SDS – Der Sozialistische Deutsche Studentenbund von 1946 bis zur Selbstauflösung, West-Berlin 1977; Hermann Lübbe, Endstation Terror – Rückblick auf lange Märsche, Stuttgart 1978; W. Martin Lüdke (Hg.), Literatur und Studentenbewegung – Eine Zwischenbilanz, Opladen 1977; Stephan Marks, Studentenseele – Erfahrungen im Zerfall der Studentenbewegung, Hamburg 1977; Peter Mosler, Was wir wollten, was wir wurden, Reinbek 1977; Karl A. Otto, Vom Ostermarsch zur APO – Geschichte der Außerparlamentarischen Opposition in der Bundesrepublik 1960–1970, Frankfurt / New York 1977; Frank Wolff / Eberhard Windaus (Hg.), Studentenbewegung 1967–69 – Protokolle und Materialien, Frankfurt am Main 1977.

6 Vgl. Michael Haller (Hg.), Aussteigen oder rebellieren – Jugendliche gegen Staat und Gesellschaft, Reinbek 1981.

schließlich der neuen Sprachregelung an.[7] Deren Dominanz reicht inzwischen so weit, daß sich kaum noch jemand an eine Zeit erinnert, in der es eine andere Namensgewohnheit gegeben hat.

Als dann 1988 die dritte Publikationswelle durch die Öffentlichkeit wogte, setzte sich eine eher positive Konnotation durch. Einerseits kam kaum einer der Autoren umhin, ganz erhebliche Differenzen des früheren Politikverständnisses gegenüber dem der Gegenwart zu markieren, andererseits aber ging der Tenor der meisten Darstellungen dahin, der 68er-Bewegung einen insgesamt demokratisierenden Effekt beizumessen.[8]

---

7 Einer der wenigen, die sich dem heute noch unverändert widersetzen, ist der frühere Frankfurter SDS-Sprecher Günter Amendt. Bei einer Podiumsdiskussion im März 1998 im dänischen Lousiana begründete er seine Weigerung, das Etikett »68er« zu benutzen, sarkastisch damit, daß bereits sein Großvater »das immer als Regimentsnummer benutzt« habe.

8 Lothar Baier u. a., Die Früchte der Revolution – Über die Veränderung der politischen Kultur durch die Studentenbewegung, West-Berlin 1988; Rainer Bieling, Die Tränen der Revolution – Die 68er zwanzig Jahre danach, West-Berlin 1988; Volkhard Brandes / Bernhard Schön (Hg.), Wie der Stein ins Rollen kam – Vom Aufbruch in die Revolte der sechziger Jahre, Frankfurt am Main 1988; Heinz Bude / Martin Kohli (Hg.), Radikalisierte Aufklärung – Studentenbewegung und Soziologie in Berlin 1965 bis 1970, Weinheim 1989; Dany Cohn-Bendit / Reinhard Mohr, 1968 – Die letzte Revolution, die noch nichts vom Ozonloch wußte, West-Berlin 1988; Ingo Juchler, Rebellische Subjektivität und Internationalismus – Der Einfluß Herbert Marcuses und der nationalen Befreiungsbewegungen in der sog. Dritten Welt auf die Studentenbewegung in der BRD, Marburg 1989; Fritz Keller, Wien, Mai 68 – Eine heiße Viertelstunde, Wien 1988; Werner Kohn, In der Provinz, 1968, West-Berlin 1988; Tobias Mündemann, Die 68er ... und was aus ihnen geworden ist, München 1988; Karl A. Otto, APO – Außerparlamentarische Opposition in Quellen und Dokumenten (1960–1970), Köln 1989; Wilhelm Pevny, Die vergessenen Ziele – Wollen sich die 68er davonstehlen?, Wien 1988; Bernd Rabehl, Am Ende der Utopie – Die politische Geschichte der Freien Universität Berlin, West-Berlin 1988; Carsten Seibold (Hg.), Die 68er – Das Fest der Rebellion, München 1988.

Das nächste »Jubiläum« folgte dann bereits fünf Jahre später. Die politischen Vorzeichen für den 25. Geburtstag hatten sich rapide verändert. Als Folge des Epochenwandels von 1989/90 erfuhren alle Strömungen des Jahrhunderts, die kommunistische, sozialistische oder ganz allgemein linke Zielsetzungen verfolgten, eine dramatische Abwertung.[9] Davon war die 68er-Bewegung nicht ausgenommen. Ihr wurde nach dem Mauerfall und der deutschen Einigung vorgeworfen, sie habe mit der Propagierung der antiautoritären Erziehung für einen Werteverfall gesorgt und dadurch die fremdenfeindlichen Übergriffe von Jugendlichen möglich gemacht. Insofern bot die zu diesem Zeitpunkt auf den Markt gekommene Literatur ein eher zwiespältiges Bild.[10]

Historisierung

In den achtziger Jahren waren die ersten Anzeichen für eine Historisierung der 68er-Rebellion zu erkennen. Insbesondere in Frankreich und in den Vereinigten Staaten wurden umfangreichere historische Darstellungen vorgelegt. In einem 1987 von George Katsiaficas verfaßten und ein Jahr später in einem von Ronald Fraser herausgegebe-

9 Sie führte zu autobiographischen Bekenntnissen wie: Reginald Rudorf, Nie wieder links – Eine deutsche Reportage, Frankfurt am Main / Berlin 1990; Klaus Rainer Röhl, Linke Lebenslügen – Eine überfällige Abrechnung, Frankfurt am Main / Berlin 1994.

10 Klaus Briegleb, 1968 – Literatur in der antiautoritären Bewegung, Frankfurt am Main 1993; Karl-Heinz Heinemann / Thomas Jaitner, Ein langer Marsch – 1968 und die Folgen, Köln 1993; Rainer Hoffmann / Ulrich Mückenberger (Hg.), Die Wahrheit der Träume – 1968 und heute – Ein Kaleidoskop, Münster 1994; Edmund Jacoby / Georg M. Hafner (Hg.), 1968 – Bilderbuch einer Revolte, Frankfurt am Main 1993; Norbert Kozicki, Aufbruch im Revier – 1968 und die Folgen, Essen 1993; Reinhard Mohr, Zaungäste – Die Generation, die nach der Revolte kam, Frankfurt am Main 1992; Franz Schneider (Hg.), Dienstjubiläum einer Revolte – »1968« und 25 Jahre, München 1992; Cora Stephan, Der Betroffenheitskult – Eine politische Sittengeschichte, Berlin 1993.

nen Band wurden gar erste Versuche unternommen, im zweiten Fall mit den Mitteln der oral history, die Internationalität der Protestbewegung zu erfassen.[11] In der Bundesrepublik konzentrierte sich zur selben Zeit die sozialwissenschaftliche Forschung noch auf die Untersuchung der Friedens- und Ökologiebewegung.[12] Erst mit der deutschen Einigung hat sich die historische Interpunktion verändert. Um die Zeit zwischen 1949 und 1990, die Phase der deutschen Spaltung und der Zweistaatlichkeit, wird eine Klammer gezogen. Unter dieser veränderten Optik setzte dann auch ein starker Schub zur zeitgeschichtlichen Erforschung der alten Bundesrepublik ein, in deren Rahmen die 68er-Bewegung ein nicht zu ignorierendes Deutungsfeld darstellt. Inzwischen hat das Deutsche Historische Institut in Washington unter der Überschrift »1968 in West Germany« einen kleinen Archiv- und Literaturführer herausgegeben.[13] Und unter dem Titel »Quellenkunde zur Geschichte der Studentenproteste 1965–1970« ist sogar ein eigener Archivführer als Nachschlagewerk angekündigt worden, der die Forscher über die Bestände informieren soll.[14]

In Bielefeld hat die Sozialhistorikerin Ingrid Gilcher-Holtey, der wir die bislang gründlichste Studie über die Ereignisse des »Pariser Mai« verdanken,[15] im November 1997 am Zentrum für interdisziplinäre Forschung eine internationale Fachtagung durchgeführt, auf

---

11 George Katsiaficas, The Imagination of the New Left – A Global Analysis of 1968, Boston 1987; Ronald Fraser (Hg.), 1968 – A Student Generation in Revolt, New York 1988.

12 Lothar Rolke, Protestbewegungen in der Bundesrepublik: Eine analytische Sozialgeschichte des Widerspruchs, Opladen 1987.

13 Philipp Gassert / Pavel A. Richter, 1968 in West Germany – A Guide to Sources and Literature of the Extra-Parlimentarian Opposition, Washington 1998.

14 Thomas Becker / Ute Neumann (Hg.), Quellenkunde zur Geschichte der Studentenproteste 1965–1970, Bonn 2000.

15 Ingrid Gilcher-Holtey, »Die Phantasie an die Macht« – Mai 68 in Frankreich, Frankfurt am Main 1995.

der unter einem an eine Formulierung François Furets anspielenden Titel[16] ein Überblick über die bisherigen Forschungsergebnisse in den wichtigsten Ländern gegeben wurde:

Ingrid Gilcher-Holtey (Hg.), 1968 – *Vom Ereignis zum Gegenstand der Geschichtswissenschaft, Göttingen 1998*

Wie die Herausgeberin bereits in ihrem Prolog zum Ausdruck bringt, steht der Titel für ein ehrgeiziges Programm. Dreißig Jahre danach, betont sie, sei es an der Zeit, eine »neue Deutung zu entfalten«, die nicht mehr »durch den Blick der Akteure auf die Geschehnisse« dominiert werde, sondern »analytischen Kriterien« folge, die wissenschaftlichen Ansprüchen standzuhalten in der Lage seien. Bereits das Ziel des Sammelbandes sei es, mit ihm »eine erste systematisch-vergleichende Untersuchung der Protestbewegungen«, die 1968 in den westlichen Industriegesellschaften ihren Kulminationspunkt erreicht hätten, vorzulegen. Die Proteste würden als »Ausdruck einer sozialen Bewegung« gefaßt. Sie stützt sich dabei auf eine Definition von Friedhelm Neidhardt und Dieter Rucht[17] und rekurriert damit auf Konzepte, die im Laufe der letzten beiden Jahrzehnte im Zuge der Erforschung neuer sozialer Bewegungen entwickelt worden sind.

Damit jedoch könnte sie sich zur Gefangenen eines theoretischen

---

16 Der Band des Namengebers, der sich auf die Französische Revolution bezog, lautete: François Furet, 1789 – Vom Ereignis zum Gegenstand der Geschichtswissenschaft, Frankfurt am Main 1980.

17 Nach dieser Definition handelt es sich bei einer sozialen Bewegung um »[...] ein auf gewisse Dauer gestelltes und durch kollektive Identität abgestütztes Handlungssystem mobilisierter Netzwerke von Gruppen und Organisationen, welche sozialen Wandel mittels öffentlicher Proteste herbeiführen, verhindern oder rückgängig machen«. Friedhelm Neidhardt / Dieter Rucht, The Analysis of Social Movements: The State of the Art and some Perspectives of further Research, in: Dieter Rucht (Hg.), Research on Social Movements: The State of the Art in Western Europe and the USA, Frankfurt am Main 1991, S. 450.

Gehäuses gemacht haben, das für eine Analyse des 68er-Phänomens nur bedingt tauglich ist. Denn es ist keineswegs ausgemacht, ob es sich bei den um 1968 radikalisierenden verschiedenen Strömungen im Kern tatsächlich um soziale Bewegungen gehandelt hat. Schon allein die Frage, ob es bei deren Zielsetzungen tatsächlich um die Absicht gegangen sei, »sozialen Wandel mittels öffentlicher Proteste« herbeizuführen, muß bezweifelt werden. Zumindest ein erheblicher Teil der Akteure, dem es um mehr als ein evolutionäres Konzept ging, weil sie gerade von der Unzulänglichkeit politischer und sozialer Reformen überzeugt waren, kann darunter nicht gefaßt werden.

Im ersten Beitrag, in dem sich Gilcher-Holtey dem »Mai 68 in Frankreich« widmet, beginnt sie mit einer Behauptung, die zwar einem in der Öffentlichkeit hinlänglich verbreiteten Bild entspricht, jedoch zumindest in einem Fall einer näheren Überprüfung nicht standhält. Die Aussage, daß es 1968 in Frankreich, den USA und in der Bundesrepublik zur jeweils »größten Protestmobilisierung in der Nachkriegszeit« gekommen sei, trifft zumindest für das eigene Land nicht zu. So lagen die Teilnehmerzahlen bezogen auf Demonstrationen und Kundgebungen bei der im Frühjahr 1958 durchgeführten Kampagne »Kampf dem Atomtod« bedeutend höher als bei denen, die zehn Jahre später stattfanden.[18] Auch im Falle der Vereinigten Staaten bedürfte es einer genaueren Überprüfung, ob sich die

18 Die quantiative Differenz wird allein schon durch den Vergleich der beiden Höchstwerte deutlich. Die größte Kundgebung im Rahmen der Anti-Atom-Bewegung war die vom 17. April 1958 auf dem Hamburger Rathausmarkt; an ihr beteiligten sich nach einer rein städtischen Mobilisierung mindestens 150000 Bürger, manche Angaben reichen sogar bis 170000 bzw. 200000. Die größte Kundgebung fand 1968 in der Bundesrepublik im Rahmen der Anti-Notstands-Bewegung statt; es war die vom 11. Mai 1968 im Bonner Hofgarten; an ihr beteiligten sich nach einer bundesweiten Mobilisierung, die unter der Überschrift »Sternmarsch nach Bonn« stand, nicht mehr als 60000 Bürger. Zur Anti-Atom-Bewegung siehe die beiden Bewegungskarten mit jeweils lokal aufgeschlüsselten Teilnehmerzahlen in: Wolfgang Kraushaar, Die Protest-Chronik, ebenda, Bd. IV, S. 2510–2516.

Maximalmobilisierung tatsächlich in dem genannten Jahr abgespielt hat. Die Klärung der numerischen Dimension ist für die Beurteilung des 68er-Phänomens von erheblicher Bedeutung. Gerade die Anzahl derjenigen Interpreten nimmt zu, die nicht so sehr in quantitativer Hinsicht davon überzeugt sind, daß es sich dabei um einen historisch außergewöhnlichen Ereigniszusammenhang gehandelt habe, sondern vor allem wegen seiner schwer faßbaren qualitativen Dimension.

Trotz dieses Einwands sind die von Gilcher-Holtey für die Entstehung, den Verlauf und die Folgen des »Pariser Mai« entwickelten Hypothesen von erheblicher Plausibilität – insbesondere was die Unterscheidung zwischen kognitiver Konstitution der Bewegung, ihrer einzigartigen Mobilisierungsdynamik und ihren Auswirkungen auf das politische System im ganzen, die Neue Linke sowie die Lebensformen anbetrifft. Ihr Beitrag besitzt den offenkundigen Vorzug, daß er die Auswertung einer größeren, bereits fertiggestellten Studie darstellt[19] und nicht das Konzept für eine erst zu erstellende Untersuchung.

Sehr viel problematischer muß hingegen der Beitrag von Pavel A. Richter erscheinen, der sich mit der APO befaßt (S. 35–55). Dies hängt nicht nur damit zusammen, daß er die quantitative wie auch qualitative Rolle der Ostermarschbewegung für die APO weitaus überschätzt,[20] sondern auch damit, daß er die Verschmelzung von Ostermarsch-, Studenten- und Anti-Notstands-Bewegung nicht angemessen darstellt. Er qualifiziert alle drei Strömungen als single-purpose-movements, was für die Ostermarschbewegung nur begrenzt zutrifft, da sie nicht nur gegen die Atombewaffnung, sondern gegen die Aufrüstung im allgemeinen auftrat, für die Studentenbewegung jedoch mit Sicherheit irreführend ist. Denn es war ein gan-

19 Gilcher-Holtey, »Die Phantasie an die Macht«, ebenda.

20 Dies ist bereits bei der von Karl A. Otto verfaßten Arbeit der Fall, die eine zu monokausale Entwicklung zeichnet: ders., Vom Ostermarsch zur APO – Geschichte der Außerparlamentarischen Bewegung in der Bundesrepublik 1960–1970, Frankfurt am Main / New York 1977.

zes Bündel von zum Teil höchst unterschiedlichen Interessen und Motiven, die in ihr zur Geltung gebracht worden sind – die Ablehnung der Ordinarienuniversität, das Eintreten für eine Hochschulreform ebenso wie eine Bildungsreform insgesamt, die Kritik am Vietnamkrieg der USA, die Kritik an der SPD wegen ihrer Beteiligung an der Großen Koalition, der Versuch, die Verabschiedung der Notstandsgesetze zu verhindern, die Kampagne gegen den Pressekonzern Axel Springers, die Bekämpfung der rechtsradikalen NPD usw. Auffallend ist außerdem, daß Richter mit keinem Wort erwähnt, welches Aktionsfeld die Ostermarschbewegung für Kader der illegalen KPD darstellte, die ihre Direktiven zum Teil direkt aus Ost-Berlin erhielten. Das Aktenmaterial, das hierzu im SAPMO,[21] das inzwischen dem Bundesarchiv angegliedert wurde, lagert, ist bislang noch nicht spezifisch ausgewertet worden. Dies würde auch Richters Unterscheidung zwischen linkssozialistischen und antiautoritären Aktionsstrategien tangieren. Denn der Konflikt zwischen diesen beiden Richtungen ist nicht zu begreifen ohne die Einflußnahme des MfS, dessen Kräfte freilich vom SED-Politbüro jeweils beauftragt wurden, auf die Ausrichtung der außerparlamentarischen Bewegung, insbesondere den Flügelstreit im SDS.[22]

Ein anderer Bewegungsforscher, der am Berliner Wissenschaftszentrum tätige Dieter Rucht, beginnt seinen Beitrag mit einer Reformulierung des Konzepts sozialer Bewegungen und schlägt vergleichsweise vorsichtig vor, das 68er-Phänomen »zumindest tentativ« als eine soziale Bewegung zu behandeln. Er täuscht sich dabei jedoch, wenn er meint, festhalten zu können, daß durch diese kategoriale Vorgabe »nicht schon a priori starke Aussagen über Rich-

---

21 Stiftung Archiv der Parteien- und Massenorganisationen der DDR (SAPMO).

22 Zu diesem Komplex hat ein wissenschaftlicher Mitarbeiter der Gauck-Behörde inzwischen die erste systematisch ansetzende Studie vorgelegt: Hubertus Knabe, Die Unterwanderung der Republik – Stasi im Westen, Berlin 1999; darin insbesondere der Abschnitt: Mythos und Wirklichkeit – Die Studentenbewegung, S. 182–233.

tung, Trägerschaft oder gesellschaftliche Bedeutung des Gegenstandes« getroffen würden. Sosehr sich Historiker und Sozialwissenschaftler einig sind, daß es von Einzelstudien abgesehen noch keine empirisch gestützte Gesamtdeutung des Phänomens gibt, so sehr herrscht Uneinigkeit darüber, ob es sich bei der 68er-Bewegung um eine soziale Bewegung gehandelt hat, die mit dem konventionellen Evolutionskonzept aus dem Arsenal der Bewegungsforscher angemessen interpretiert werden kann.

Denn der Begriff »soziale Bewegung« entstammt einem bestimmten historischen Kontext, dessen Verlängerung auf die jüngere Zeit als fraglich erscheinen muß. Der Terminus, der in der Zeit nach der Französischen Revolution seine maßgebliche Prägung erfahren hat,[23] ist bis in seine letzten semantischen Nischen hinein von den Hoffnungen und Illusionen der Industrialisierung bestimmt – er ist ganz unverkennbar ein Kind des 19. Jahrhunderts. In ihm sind das optimistische Geschichtsverständnis der Aufklärung mit dem Produktivismusglauben der Maschinisierung auf das unmittelbarste verschmolzen. Physikalische, industrielle und soziale Bewegung schienen lediglich unterschiedliche Erscheinungsformen ein und desselben Fortschrittstrends zu sein, der sich in Natur, Technik und Gesellschaft gleichermaßen ungestüm durchsetzte. Sozialen Bewegungen schien insofern ein Objektivitätsgehalt zu eigen zu sein, der letztlich in dem der Physik entlehnten Naturgesetz fundiert war. Diese Überzeugung, Teil eines naturgesetzlich verbürgten Wandels zu sein, vermittelte den Akteuren das Selbstbewußtsein, die eigene Bewegung als Agentin einer historischen Entwicklung zu begreifen, deren Potential in der Niederreißung restaurativer Schranken erst zur Wirklichkeit gebracht werden könnte.

Jeder, der heute noch den Begriff »soziale Bewegung« uneingeschränkt verwendet, übernimmt deshalb zugleich auch dessen geschichtsteleologischen Implikationen und trifft für damit operierende Forschungsprojekte eine Reihe weitreichender Vorentschei-

---

23 Vgl. Otthein Rammstedt, Soziale Bewegung, Frankfurt am Main 1978, S. 33 ff.

dungen. Es muß bezweifelt werden, ob unter dieser Terminologie, die den fortschrittsphilosophischen Ballast aus dem 19. Jahrhundert – Industrialisierung, sozialer Wandel, Evolution – nicht verleugnen kann, eine unverstellte Erforschung des 68er-Phänomens möglich ist. Die nicht nur von Rucht, sondern von den Autorinnen und Autoren des gesamten Bandes systematisch vorgenommene Festlegung, daß es sich bei der 68er-Bewegung um eine »soziale Bewegung« handle, geht daher ein überflüssiges kategoriales Risiko ein. Bei Rucht selbst findet sich allerdings ein Rest an Selbstzweifel. Einerseits soll es nur um einen »tentativen« Gebrauch des Begriffs soziale Bewegung gehen, andererseits aber wird er nicht müde zu betonen, daß es »evident« sei, die 68er-Bewegung als eine solche begreifen zu können.[24]

Eine andere Schwierigkeit besteht in der Reklamierung dessen, was von Rucht als »Empirie« in Aussicht gestellt wird. Er führt dazu eine Datenbasis an, die er zusammen mit anderen Mitarbeitern des Wissenschaftszentrums unter dem Titel »Dokumentation und Analyse von Protestereignissen in der Bundesrepublik, 1950–1993«, abgekürzt »Prodat« genannt, erstellt hat. Bei genauerem Hinsehen stellt sich dabei jedoch heraus, daß dafür lediglich die überregionalen Teile zweier bundesweit erscheinender Tageszeitungen, der *Frankfurter Rundschau* und der *Süddeutschen Zeitung* ausgewertet worden sind; diese allerdings auch nicht durchgängig, sondern jeweils nur die Montagsausgaben und außerdem in jeder vierten Wo-

---

24 Besonders kritikwürdig muß in diesem Zusammenhang seine Feststellung erscheinen: »Dem sozialen und ideologischen Kern derer, die die Aktivitäten in der Hochphase um das Jahr 1968 anstießen, ging es in der Tat um nicht weniger als einen grundlegenden sozialen Wandel.« (S. 121) Dem Kern der Akteure, insbesondere jenen SDS-Sprechern, die Rucht an dieser Stelle anführt – Rudi Dutschke, Bernd Rabehl und Christian Semler –, ging es jedoch explizit um mehr als eine Vorstellung aus dem Godesberger Programm der SPD, es ging ihnen um ein Konzept revolutionärer Veränderung, das weder sozialdemokratisch noch sowjetkommunistisch bestimmt war.

che die Ausgaben von Dienstag bis Samstag. Wie anhand einer solchen Wochentagsarithmetik empirisch zuverlässige Aussagen möglich sein sollen, muß schleierhaft erscheinen.[25] Überhaupt: Die Vorstellung, daß zwei Tageszeitungen bereits ausreichend sein könnten, um ein repräsentatives Bild von Protestbewegungen zu ergeben, ist unhaltbar. Erst in der Kumulation einer ganzen Reihe von Zeitungen, Zeitschriften und anderer Organe, die nicht nur ein kleines, zumeist in einer jeweils bestimmten politischen Hinsicht grundiertes Segment des journalistischen Spektrums abdecken, können Darstellungen ausgewertet, miteinander verglichen und so auch einer punktuellen Überprüfung zugänglich gemacht werden, um repräsentative Aussagen treffen zu können, die mehr als nur vage Annäherungswerte darstellen.[26]

Trotz gravierender Probleme in den kategorialen Voraussetzungen der einzelnen Untersuchungsvorhaben und zum Teil auch in der Vergewisserung der dafür geltend gemachten empirischen Grundlagen vermittelt der von Ingrid Gilcher-Holtey herausgegebene Band den bislang genauesten Einblick in den gegenwärtigen Forschungsstand der in den verschiedenen westeuropäischen Staaten vorliegenden Untersuchungen zum Kapitel »1968«. Es existieren darin eine Reihe von Aufsätzen, die – wie die Texte von Michelle Zancarini-Fournel, Richard Flacks, Michael A. Schmidtke und Jacob Tanner etwa – zu Recht für sich beanspruchen können, das Gelände künftiger Forschungen zu sondieren.

---

25 Auch die in eine Fußnote (Nr. 22) verbannte Rückversicherung, daß von »Prodat« »keine repräsentative Abbildung aller Proteste« zu erwarten sei, hilft hier nicht weiter. Ebensowenig wie das Bekenntnis, daß das auf diesem Wege ermittelte Bild zwar »hochselektiv«, aber »weder beliebig noch belanglos« sei. Mit einer solchen Feststellung werden die empirischen Grundlagen der eigenen Bewegungsforschung in Zweifel gezogen.

26 Vgl. zu den empirischen Grundlagen einer Darstellung von Protestereignissen den Abschnitt »Die Quellen« in der Einleitung der Protest-Chronik: Wolfgang Kraushaar, Die Protest-Chronik, ebenda, S. 15 f.

Sehr viel versteckter zwar ist ein anderer Band erschienen, der es in der Qualität seiner Beiträge jedoch durchaus mit dem der Bielefelder Tagung aufnehmen kann. Eine Autorin und ein Autor haben sogar bei beiden Publikationen mitgewirkt. Von der beinahe 900 Seiten umfassenden Ausgabe eines regionalgeschichtlichen Jahresbands sind mehr als ein Drittel, genau 357 Seiten, dem Thema »Der gesellschaftliche Ort der ›68er‹-Bewegung« gewidmet:

Karl Teppe (Hg.), Westfälische Forschungen – *Zeitschrift des Westfälischen Instituts für Regionalgeschichte des Landschaftsverbandes Westfalen-Lippe, 48/1998, Münster 1998*

Der wichtigste Beitrag, der mit einer Erörterung historischer Mythen und deren Rolle bei der geschichtswissenschaftlichen Forschung beginnt, ist ein kommentierter Literaturbericht, den Franz-Werner Kersting unter der Überschrift »Entzauberung des Mythos?« verfaßt hat.[27] Wer auf knappem Raum einen zuverlässigen und ausgewogenen Überblick über den Stand der Forschungsliteratur erhalten möchte, der sollte zu diesem informativen Text greifen.

Zu empfehlen sind aber auch Michael A. Schmidtkes instruktiver Text über den Zusammenhang zwischen Happening-Kunst und Protestbewegung,[28] Hans-Ulrich Thamers Beitrag über »Die NS-Vergangenheit im politischen Diskurs der 68er-Bewe-

---

27 Franz-Werner Kersting, Entzauberter Mythos? Ausgangsbedingungen und Tendenzen einer gesellschaftsgeschichtlichen Standortbestimmung der westdeutschen ›68er‹-Bewegung, in: Karl Teppe (Hg.), Westfälische Forschungen – Zeitschrift des Westfälischen Instituts für Regionalgeschichte des Landschaftsverbandes Westfalen-Lippe, 48/1998, Münster 1998, S. 1–19.

28 Michael Schmidtke, »Die Kunst des radikalen Nebeneinanders« – Die künstlerischen Avantgarden der Happening-Kunst und die politische Protestbewegung der sechziger Jahre, in: Karl Teppe (Hg.), ebenda, S. 21–37.

gung«[29] sowie der von Kristina Schulz über die »Bräute der Revolution«.[30]

Bildbände

Wer Photos von Demonstrationen aus den fünfziger und den späten sechziger Jahren miteinander vergleicht, dem werden, was den Habitus der Teilnehmer anbetrifft, markante Unterschiede auffallen. Während man früher auch bei durchaus passablen Witterungsverhältnissen mit Hut und Mantel ging, waren später alle Akzidentien, die auf eine bürgerliche Herkunft hätten verweisen können, verpönt. Der unaufgeregte Habitus war durch einen expressiv-selbstdarstellerischen Gestus abgelöst worden. Innerhalb nur weniger Jahre mußte sich Entscheidendes im Selbstverständnis von Demonstrierenden verändert haben. Nicht mehr die Verfolgung eines bestimmten Interesses schien nunmehr im Vordergrund zu stehen, sondern die Exponierung der Protestierenden, der Agierenden selber. Der öffentliche Raum und insbesondere die modernen Massenmedien schienen ihnen einen Rahmen, eine Bühne, ein Forum für ihre Selbstdarstellung zu bieten. Das Subjekt war nun ins Zentrum gerückt: direkt, hier und jetzt. Einklagend und fordernd.

Und in der Tat: Subjektiv und objektiv begann eine jugendliche Bewegung den Rahmen des Politischen oder das, was man üblicherweise darunter zu verstehen gewohnt war, aufzusprengen: Befreiung galt von nun an als umfassendes Ziel – gesellschaftspolitische Systemveränderung und individuelle Emanzipation in einem, als ein Spannungszusammenhang.

Die Ausdehnung der Politik reichte bis in die Intersubjektivität, bis in die Intimsphäre hinein: Das Schlagwort von der sexuellen Re-

---

29 In: Karl Teppe (Hg.), ebenda, S. 39–53.

30 Kristina Schulz, »Bräute der Revolution«: Kollektive und individuelle Intervention von Frauen in der 68er-Bewegung und ihre Bedeutung für die Formierung der neuen Frauenbewegung, in: Karl Teppe (Hg.), ebenda, S. 97–116.

volution machte überall die Runde. Der Prozeß der Befreiung war plötzlich nur noch unter libidinösen Vorzeichen denkbar. Das Private war politisch, wie ein neues Schlagwort lautete, und das Politische privat. Indem sich beide Sphären wechselseitig durchdrangen, wurde der Politikbegriff totalisiert.

Die Körperlichkeit geriet mit einem Schlag ins Zentrum des Geschehens. Die Körper selber, zuvor nur als eine Art Hülle der Person wahrgenommen, wurden zum Medium der Politisierung. Das drückte sich nicht nur in Kleidung, Habitus, Gesichtsausdruck und Gestik aus, sondern auch in der Art und Weise zu demonstrieren.[31] Weder schlendern noch marschieren waren angesagt, sondern eine besondere Dynamisierung der zum Ritual tendierenden Bewegungsform. Halb spielerisch, halb ernst wurden vielerorts »Kampfdemonstrationen« inszeniert. Die Teilnehmer hakten sich untereinander fest ein, gingen in die Knie, wogten mehrmals auf und ab, spurteten dann mit einem ohrenbetäubenden Geheul los und legten so eine gewisse Distanz, zumeist bis zur nächsten Straßenkreuzung, als Gemeinsamkeit stiftender Block zurück. Die Choreographie dieser Pulks, die für beobachtende Passanten skurril bis furchteinflößend gewirkt haben muß, schuf ein neues, geradezu euphorisierendes Gruppengefühl. Demonstrieren wurde so für eine Zeitlang die Teilnahme an einer kollektiven Rauscherfahrung.

Diese neuartige Körperdimension, die der Bewegung alles andere als äußerlich war, läßt sich am angemessensten in filmischen oder photographischen Bildern dokumentieren. Indem sie den historischen Augenblick festhalten, vermitteln sie zumindest punktuell eine Präsenz von Ereignissen, wie sie in Textdarstellungen kaum zu erreichen ist. Der 40jährige französische Journalist und Schriftsteller Marc Weitzmann schreibt ganz zutreffend, daß 1968 mehr noch als Transparente »die Körper selbst« gesprochen hätten: »Jeder Körper bewegt sich und scheint das zu sagen, was die Prager den russischen

31 Zur historischen Varianz von Demonstrationsformen: Bernd Jürgen Warneken (Hg.), Massenmedium Straße – Zur Kulturgeschichte der Demonstration, Frankfurt / New York 1991.

Soldaten, die im August in die Stadt einmarschierten, entgegenriefen: ›Schau mir in die Augen!‹ Ob bei einer Homosexuellen-Demonstration in New York, bei der Besetzung der Sorbonne oder sogar beim gaullistischen Aufmarsch, jeder einzelne verleiht dem Foto durch eine überaus starke Präsenz Ausdruck.«[32] Sein Beitrag führt zusammen mit einem anderen Essay von Eric Hobsbawm in einen Band ein, in dem 33 Photographen der Magnum-Agentur auf höchst anschauliche Weise eine Ahnung davon vermitteln, wie die verschiedenen Erdteile, weit voneinander entfernte Länder und Städte miteinander verknüpft worden sind. Für eine solche Aufgabe wäre wohl keine andere Bildagentur besser geeignet gewesen als die von dem berühmtesten, aber vielleicht auch tragischsten Kriegsbildberichterstatters Robert Capa gegründete.[33]

Magnum-Photos: 1968 – *Ein Jahr, das die Welt bewegt, Heidelberg 1998*

Der Ereignisstrang führt von Washington nach Saigon, von Havanna nach Berlin, von Mailand nach London, von Huë nach New York,

---

32 Marc Weitzmann, Das Jahr, in dem Coca-Cola den Kalten Krieg gewonnen hat, in: Magnum-Photos: 1968 – Ein Jahr, das die Welt bewegt, Heidelberg 1998, S. 13.

33 Der als Endre Ernö Friedmann in Budapest geborene Photograph, der am Ende der Weimarer Republik an der Deutschen Hochschule für Politik in Berlin studiert und für den Ullstein-Konzern gearbeitet hatte, gründete nach seiner Flucht vor den Nazis in Paris die Agentur »Magnum«. Capa machte sich mit Aufnahmen vom Spanischen Bürgerkrieg, der Landung der Alliierten in der Normandie und dem Ende des Zweiten Weltkrieges in Deutschland einen Namen. Eine Reihe seiner zumeist unter Lebensgefahr geschossenen Bilder gehören zur Ikonographie des 20. Jahrhunderts. Im Mai 1954 kam er in Nordvietnam ums Leben, als er auf eine Mine trat. Zur Biographie: Richard Whelan, Die Wahrheit ist das beste Bild – Robert Capa – Photograph, Köln 1989; zur Geschichte der Agentur: Zeitblende – Fünf Jahrzehnte Magnum-Photographie, München / Paris / London 1989.

von Prag nach Paris, von Miami nach Chicago und von Mexiko nach Tokio. Der Band beginnt mit der berühmten, bereits zum Klischee erstarrten Aufnahme Marc Ribouds, die eine Demonstrantin vor dem Pentagon in Washington zeigt, die mit verschränkten Händen eine Blume den Bajonetten unzähliger Soldaten entgegenhält. Das Bild vom Oktober 1967 wurde seinerzeit rasch zum Symbol für den gewaltfreien Widerstand der amerikanischen Vietnamkriegsgegner. Der Band endet mit einer gespenstisch anmutenden Aufnahme, die Demonstranten zeigt, die im Januar 1969 mit einem Porträt Jan Palachs durch die nächtlichen Straßen Prags ziehen, um an den Studenten zu erinnern, der sich aus Protest gegen die Niederschlagung des »Prager Frühlings« angezündet hat.

Einige der herausragendsten Aufnahmen stammen von dem französischen Photographen Bruno Barbey. Zum Beispiel eine Reihe von Bildern, die die mit Helmen und Mundtüchern bestückten Studenten Tokios zeigen, die ihrer Militanz wegen weltweit Bewunderung ausgelöst haben. (S. 241–245) Er hat auch in jener Nacht vom 10. auf den 11. Mai photographiert, die als »Barrikadennacht« in die französische Geschichte eingegangen ist.[34] Eine seiner offenbar aus dem oberen Stockwerk eines Gebäudes gemachten Aufnahmen zeigt ein Szenario, das ebensogut für ein Hollywood-Studio entworfen worden sein könnte, in dem gerade ein Film der Schwarzen Reihe abgedreht werden soll. (S. 154/155) Eine umgestürzte Litfaßsäule, die vom gleißenden Licht am stärksten akzentuiert wird, führt in das Bildgeschehen ein, das sich auf einer Straßenkreuzung im Quartier Latin abspielt. Unter dem Schutz von rund einem Hundert der berüchtigten Sonderpolizei CRS fährt eine Reihe dunkler Limousinen über die typischen Pflastersteine. Das Auge des Betrachters, der Mühe hat, die chaotisch wirkende Szenerie zu durchblicken, wird

---

34 Zur historischen Bedeutung vgl.: Ingrid Gilcher-Holtey, Die Nacht der Barrikaden – Eine Fallstudie zur Dynamik sozialen Protests, in: Friedhelm Neidhardt (Hg.), Öffentlichkeit, öffentliche Meinung, soziale Bewegungen, Sonderheft der *Kölner Zeitschrift für Soziologie und Sozialpsychologie*, Nr. 34, 1994, S. 375–392.

von den Lichtreflexen, die sich auf den düsteren Karossen und der Unzahl von blankpolierten Helmen zeigen, unruhig hin- und hergejagt. Dem ziellos umherirrenden Blick gelingt es kaum, zur Ruhe zu kommen. Eine rätselhaft anmutende Nervosität liegt über dem Ganzen. Wohl keine spektakuläre Barrikadenszene hätte die gespenstische Atmosphäre jener Nacht optisch bannen können.

Barbey, der im übrigen einige Jahre zuvor als Kameramann für den Regisseur Eric Rohmer gearbeitet hatte, gehörte auch zu jener Gruppe von Filmemachern und Photographen, die während des »Pariser Mai«, als das staatliche Fernsehen drei Wochen bestreikt wurde, Flugblattfilme hergestellt haben. »Die ›Cinétracts‹«, erinnert Barbey an anderer Stelle, »bestanden einfach aus Spulen mit dreißig Meter Film, zwei, drei Minuten lang, die eine Reihe von Standbildern zeigten. Diese Minifilme wurden im Untergrund in ganz Frankreich verteilt. So stellten die Photographen ihre Bilder den Filmern zur Verfügung. Manche produzierten ihre eigenen Flugblattfilme, ich übrigens auch einen. Meine Bilder wurden von Alain Resnais verwendet, von Chris Marker, ich glaube, auch von Godard.«[35] Im Mai und Juni 1968 sind auf diese Weise etwa 200 kleine Filme entstanden.[36]

Der britische Sozialhistoriker Eric Hobsbawm hat sich in demselben Band der Herausforderung gestellt, die internationale Signatur des ominösen Jahres zu fassen.[37] Um keinen Zweifel an der Globalität der Proteste aufkommen zu lassen, stellt er gleich zu Beginn seines Essays über »Das unwahrscheinliche Jahr« fest, daß »1968«

---

35 Alain Bergala, Magnum und der Film, in: Magnum-Cinema – Ein halbes Jahrhundert Kino in Magnum-Photographien, München / Paris / London 1994, S. 18.

36 Vgl.: François Albera u. a., Jean-Luc Godard, München / Wien 1979, S. 172 ff.

37 Eine der wenigen gelungenen Arbeiten zur Globalität des 68er-Phänomens stellt ein Essay von Norman Birnbaum dar: ders., 1968 im internationalen Kontext, in: Edmund Jacoby / Georg M. Hafner (Hg.), 1968 – Bilderbuch einer Revolte, Frankfurt am Main 1993, S. 13–44.

eine herausragende Bedeutung für die »Erste«, die »Zweite« und die »Dritte Welt« gehabt habe. Das Jahr sei so ungewöhnlich gewesen, schildert er mit einem gewissen Augenzwinkern, daß es selbst seinen französischen Kollegen Albert Soboul nicht mehr länger am Schreibtisch habe halten können. Der Historiker der Französischen Revolution, der von einer starken Abneigung gegenüber der undogmatisch-anarchistischen ebenso wie der heterodoxen Linken geprägt gewesen sei, habe sich »moralisch verpflichtet« gefühlt, mit einem tadellos sitzenden Anzug und Krawatte gekleidet, an den studentischen Demonstrationen teilzunehmen.

Niemand habe die dramatischen Ereignisse, in Paris zum Beispiel, voraussehen können. Alles sei völlig überraschend gekommen. Diese Unerwartetheit und Plötzlichkeit, mit der sich Ereignisse wie die Tet-Offensive des Vietcong, die Reformbestrebungen im »Prager Frühling«, die Massenmobilisierung während des »Pariser Mai«, der Konflikt zwischen Protestanten und Katholiken in Nordirland, die Wirren der chinesischen Kulturrevolution, die Massaker in Mexiko, die Streikbewegungen in Italien und der Bürgerkrieg in Nigeria, der zu der furchtbaren Hungerkatastrophe in Biafra führte, überschnitten und zum Teil ineinander verzahnten, habe zu einer außerordentlichen Dramatik des internationalen Geschehens geführt. Das bedeutendste Faktum jenes Jahres glaubt er jedoch in der Parallelität von Studentenbewegungen diesseits und jenseits des »Eisernen Vorhangs« zu erkennen. Die im Kalten Krieg seit zwei Jahrzehnten gültige Spaltung in unterschiedliche Konfliktsphären sei damit durchbrochen worden.

Obwohl »1968« auch politische Auswirkungen gezeitigt habe, so sei es nicht durch politische Phänomene im traditionellen Sinne geprägt gewesen. Die »natürlichen Waffen« seien in jener Zeit weder Schußwaffen noch politische Resolutionen gewesen, sondern »die graffitiverschmierte Wand, das improvisierte Plakat, das Mikrophon«. Die Studentenrevolte sei ein »Phänomen jenseits aller Wirtschaft und Politik« gewesen. Die Bildungsrevolution, die alle drei Welten erfaßt habe, und die Globalisierung der Kommunikationsprozesse, die in kürzester Zeit über Kontinente und Weltmeere hinweggegangen sei, gehörten zu den wichtigsten Indizien für die außerordentliche Beschleunigung des gesellschaftlichen Wandels.

Hobsbawm, der mit seinem letzten Werk über das 20. Jahrhundert großen Einfluß auf die historische Interpunktion genommen hat, indem er das »lange« 19. Jahrhundert vom »kurzen« 20. unterschied,[38] vergleicht das Jahr 1968 mit einem anderen, das historisch sicher folgenreicher war: »Wie 1848 hatte auch 1968 große, oft romantische Hoffnungen erweckt. Wie 1848 endete es auch in Enttäuschung. Die dramatischen Ereignisse, die sich in der Öffentlichkeit abspielten, hatten allem Anschein nach nur sehr wenig bewirkt.«[39] Dies sei möglicherweise, mutmaßt der Historiker, einer der Gründe, warum die Photoreportage besonders geeignet sei. Sie fange »den lebendigen Augenblick« ein und gebe damit besonders gut die geschichtliche Färbung und Atmosphäre jener Ereignisse wieder, die sich ihrer Mißerfolge wegen kaum in objektivierbaren Ergebnissen niederschlugen.

So imposant der Magnum-Band auch seiner Photographien wegen ist, so schludrig recherchiert sind einige der darin wiedergegebenen Fakten. Einige der Bildunterschriften geben völlig verkehrte Personen an. So wird zum Beispiel behauptet, daß auf einer Doppelseite, die sich den spektakulären Protesten schwarzer US-Leichtathleten während der Sommerolympiade in Mexico City widmet, die beiden Medaillengewinner im 200-Meter-Lauf, Tommie Smith und John Carlos, zu sehen seien. (S. 238/239) Dort sind jedoch nicht die beiden Sprinter zu sehen, die mit ihren erhobenen Fäusten während der Siegerehrung für einen handfesten Skandal sorgten, sondern die Gewinner des Weitsprung-Wettbewerbs, Bob Beamon, Klaus Beer und Ralph Boston. Und auf einer anderen Abbildung (S. 238, oben) sind ebenfalls nicht Smith und Carlos abgebildet, sondern die Sieger im 400-Meter-Lauf, Lee Evans, Larry James und Ronald Freeman, die sich den Protesten gegen die Unterdrückung der Schwarzen und Farbigen in den USA

---

38 Eric Hobsbawm, Das Zeitalter der Extreme – Weltgeschichte des 20. Jahrhunderts, München / Wien 1995

39 Eric Hobsbawm, Das unwahrscheinliche Jahr, in: Magnum-Photos: 1968 – Ein Jahr, das die Welt bewegt, Heidelberg 1998, S. 9.

anschlossen, indem sie mit schwarzen Baretten auf das Podest stiegen. Sehr viel gravierender ist allerdings die von Weitzmann getroffene Feststellung, es habe am 1. März 1968 in Rom bei Zusammenstößen zwischen Polizei und Studenten »200 Tote, darunter 47 Polizisten« gegeben. (S. 12) In der ihrer Militanz wegen schlagartig berühmt gewordenen »Battaglia di valle Giulia« hat es jedoch überhaupt keine Todesopfer gegeben. Rund 150 Polizisten und mehrere hundert Studenten wurden bei den mit großer Erbitterung geführten Kämpfen verletzt.[40]

Kein anderer deutscher Photograph hat das Gesicht der Rebellion so sehr geprägt wie Michael Ruetz. Wer kennt sie nicht, die Aufnahmen der heroischen APO-Gestalten, aus SDS und Kommune I – Rudi Dutschke und Dieter Kunzelmann, Fritz Teufel und Rainer Langhans, Herbert Marcuse und Jacob Taubes, Horst Mahler u. a.? Wer kennt sie nicht, die Szenen aus der »Schlacht am Tegeler Weg«, die Ohrfeige Beate Klarsfelds für Bundeskanzler Kiesinger, den Ex-Nazi, Herbert Marcuse, den wie einen Propheten wirkenden Philosophen im Audimax inmitten seiner Zuhörerschar, usw.?

Ruetz war zum richtigen Zeitpunkt an der richtigen Stelle, nicht immer, aber meistens. Zwei Bilderalben zum gleichen Thema sind bereits von ihm erschienen.[41] Nun hat er einen weiteren großformatigen Band mit einem ultimativen Titel vorgelegt:

Michael Ruetz, 1968 – *Ein Zeitalter wird besichtigt, Frankfurt am Main 1997*

Kein Zweifel, der Mann beabsichtigt offenbar, der damaligen Zeit wie ein Herodot der Photographie seinen Stempel aufzudrücken.

---

40 Vgl.: Wolfgang Kraushaar, 1968 – Das Jahr, das alles verändert hat, München 1968, S. 67f.

41 Michael Ruetz, »Ihr müßt diesen Typen nur ins Gesicht sehen ...«, Frankfurt am Main 1980; Michael Ruetz, Sichtbare Zeit, Frankfurt am Main 1995.

Doch mit Historiographie hat das im Unterschied zu seinem ersten, 1980 erschienenen Band nur noch wenig zu tun. Lediglich das Material ist historiographisch. Seine Anordnung gehorcht offensichtlich ganz anderen Kriterien.

Es sind 333 Photos aus der Zeit zwischen 1964 und 1974, die Ruetz für sein ehrgeiziges Unternehmen ausgewählt hat. Obwohl »1968« in roter Farbe auf dem Titel des Schwarzweißbandes prangt, stammen die wenigsten der Abbildungen aus diesem Jahr. Im Vordergrund stehen die Jahre 1966 und 67, die Inkubations- und Aufbruchszeit der Studentenbewegung in West-Berlin. Es wäre jedoch ein Irrtum, den Band deshalb für eine photojournalistische Illustration jener eruptionsartigen Genese zu halten. Ein erheblicher Teil der Aufnahmen ist in Ost-Berlin gemacht und ähnlichen Motiven aus West-Berlin gegenübergestellt worden. Und bei nicht wenigen Photos handelt es sich schlicht und einfach um Alltagsszenen in der geteilten Stadt. Es geht also nicht um die politische Geschichte der insbesondere an ihrem Ursprungsort, der Frontstadt des Kalten Krieges, von der übergroßen Mehrheit der Bevölkerung als außerordentlich provokativ wahrgenommenen Bewegung. Um was aber geht es?

Bereits das Titelbild verrät, daß es dem Photographen offenbar selbst um eine Provokation, zumindest aber um eine Herausforderung geht. Zu sehen ist ein glatzköpfiger Herr, der mit weit auseinandergestreckten Armen und einem vom Windzug aufgeblähten Jackett von einem Grabstein springt. Direkt hinter ihm ist eine Verkehrsmaschine zu sehen, die sich, wenn der Eindruck nicht täuscht, im Steigflug befindet. Das Ganze wirkt seiner scharf geschossenen Einzelelemente wegen wie eine Montage. Die von dem Mann vollführte Bewegung sieht fast so aus, als wäre er gerade aus dem Flugzeug gesprungen. Es handelt sich, wie einem Anmerkungsapparat zu entnehmen ist, um eine im September 1968 in Berlin-Neukölln aufgenommene Szene. Der Galerist Rudolf Springer macht auf dem in der Einflugschneise des Flughafens Tempelhof gelegenen Friedhof St. Thomas – nomen est omen – einen Sprung. Ein Spleen, ein Gag, eine Werbeaufnahme oder etwa der Sprung in ein neues Zeitalter?

Für die Beantwortung solcher Fragen ist Rolf Sachsse zuständig, der dem Album eine aus verschiedenen Gründen lesenswerte »Gebrauchsanleitung« vorangestellt hat. Sinn und Zweck der Bildersammlung, von der weniger die – zumeist an anderer Stelle bereits abgedruckten – Aufnahmen, sondern die Arrangements neu sind, bestehe in der Hervorrufung von Erinnerungen, genauer der »Evozierung des kollektiven Gedächtnisses«. Dabei gehe es nicht um die Abbildung von historischen Großereignissen, sondern um die Herausbildung von Mythen, Legenden und Traditionen. Sachsse unterscheidet zwischen zwei Tradierungsformen, aus denen sich das kollektive Gedächtnis speist – den Ikonen und den Geschichten. Die Ikonen verwiesen auf die »Leitbilder einer Epoche« und die Geschichten figurierten für eine pluralisierte Geschichte, eine Geschichte, die, ihres Monopolanspruchs entkleidet, assoziativ in verschiedene Varianten zerfalle. Jedes Bild sei »Teil einer großen Partitur«, deren Grammatik es zu beherrschen gelte. Und Ereignisse seien weniger durch die Abstraktion historischer Aussagen miteinander verbunden als durch die »Montage symbolischer Zeichen«, die sich zu »Bildern eines Zeitalters« zusammensetzten.

Ruetz' Absicht ist es danach also nicht, mit seinen Photos die Wirklichkeit der Geschichte, gar deren vermeintliche Wahrheit wiederzugeben, sondern deren symbolische Repräsentanz in verschiedenen gesellschaftlichen Gruppen sichtbar zu machen. Zwar kann die Authentizität des Abgebildeten nicht angezweifelt werden, jedoch ist dessen Rolle im gesamten Arrangement eher sekundär. Worauf es ihm ankommt, das ist die Stiftung einer neuen Beziehung zwischen alten Bildobjekten. Die informierenden Bildunterschriften sind nebensächlich geworden und deshalb in den Annex verbannt worden. Die neuen, äußerst knapp gehaltenen Bildunterschriften wirken dagegen wie eine Mischung aus Ironie, Poesie und Sarkasmus. In diesem Gemisch spiegelt sich unzweifelhaft der Gemütszustand des Photographen beim heutigen Betrachten seiner mehrere Dezennien zurückliegenden Aufnahmen.

Auf einer Doppelseite im Abschnitt »Ikonen« (S. 40/41) ist Rudi Dutschke vor mehreren Mikrophonen am Rednerpult zu sehen:

schwarzer Haarschopf, stechender Blick, Drei-Tage-Bart, lange bevor er in Mode gekommen war, weit aufgerissener Mund, die eine Hand lässig in der Hosentasche versteckt, mit der anderen wild gestikulierend – allesamt Elemente, die zum Phänotyp eines Demagogen passen würden, wenn nicht der berühmte Ringelpullover wäre, der dem Ganzen im wortwörtlichen Sinne etwas Selbstgestricktes gibt und damit die Wuchtigkeit des Auftritts dämpft. Sein Kopf wird von einer Lichtquelle illuminiert, die verdeckt ist und ihre Strahlen deshalb wie einen Heiligenschein wirken läßt. Die Unterschrift lautet »Aura«. Sonst nichts, kein Wort mehr, lediglich die Jahreszahl wird angegeben, 1967.

Auf zwei gegenüberliegenden Seiten im Abschnitt »Große Gesten« stehen sich Rudi Dutschke und Willy Brandt gegenüber. (S. 112/113) Beide haben sich an Mikrophonen aufgebaut; der Ex-Kanzler in Anzug und Krawatte, der SDS-Wortführer wiederum im selbstgestrickten Ringelpullover. Während Dutschke den Mikrophonständer mit seiner rechten Hand umklammert, ballt Brandt beide Hände zu Fäusten, um seiner Rede offenbar mehr Nachdruck zu verleihen. Die Unterschrift unter beiden Photos ist identisch: »Faustkampf«.

Noch sehr viel unterschiedlicher sind zwei Personen, die sich gegenseitig anlächeln. (S. 262/263) Auf der linken Seite blickt der SED-Chef Walter Ulbricht von einer überdimensionalen Plakatwand, auf der anderen Seite der Kommunarde Fritz Teufel ins Leere. Der eine trägt eine randlose Brille, der andere eine Nickelbrille. Kommentar: »Brillenträger«.

An anderer Stelle werden zwei Vertreter ein und derselben Berufsgruppe miteinander konfrontiert. (S. 264/265) Links der Westberliner Rechtsanwalt Horst Mahler zusammen mit seinem Klienten Fritz Teufel nach dessen Freilassung aus der Untersuchungshaft im August 1967, rechts der Ostberliner Rechtsanwalt Friedrich Karl Kaul, der mit seinem Finger auf eine Abbildung in der Illustrierten *Stern* deutet. Die Unterschrift »Rechtspfleger« wirkt im Falle Mahlers inzwischen unfreiwillig doppelsinnig und zugleich komisch.

Die Reihe der Beispiele ließe sich beliebig verlängern. Mal sind es Prominente, sogenannte »Ikonen«, mal sind es Szenen, sogenannte »Geschichten«, die durch etikettenartige Bildunterschriften identifiziert, aufgespießt, überführt, konterkariert oder entlarvt werden. Unter Demonstrationsphotos steht, um die Teilnahme offenbar als Ausdruck einer spätpubertären Neigung oder einer totalitären Haltung zu deuten, mal »Sturm und Drang« (S. 86), mal »Sieg im Volkskrieg« (S. 87), mal »Wandertag« (S. 42/43), mal »Volksfront« (S. 72), mal »Langemarck« (S. 73). Mit den Titeln soll ein als naiv unterstelltes Vorverständnis aufgelöst werden. Dieselben Bilder, die den ehemaligen Aktivisten früher als Identifikationsobjekte ebenso wie als Projektionsleinwand dienten, werden nun in ein Säurebad gelegt, um sie zu entgiften, um ihnen die Ideologie zu entziehen. Oder um es mit einer von Sachsse gebrauchten, an Walter Benjamins Sprachvermögen erinnernden Metapher auszudrücken: »[...] Überschriften sind klassische Wurfgeschosse des politischen Alltags«.[42]

Auch in diesem Band geht es um Körpersprache und Gesichtsausdruck, um Gesten und Gebärden, um Figuren und Konfigurationen vornehmlich der 68er-Bewegung. Nach Sachsses Überzeugung gehören sie allesamt zum »Mosaik eines kollektiven Gedächtnisses«. Die Körpersprache sei eine »Mischung aus Haltung, Gestik, Mimik in Kombination mit Frisur, Hautfarbe oder Schminke und Accessoires«. Mit Hilfe dieser Facetten sei es möglich, Typisierungen von ungeahnter Treffsicherheit vorzunehmen.

Sachsse glaubt überdies in der Anlage der Sammlung Elemente eines anderen Projekts wiederzuerkennen, mit dem Ruetz unter dem Titel »Deutsche Charaktere« eine Antithese zu August Sanders berühmter Porträtsammlung »Menschen des 20. Jahrhunderts«[43] habe

---

42 Sachsse, ebenda, S. 18. Bei Walter Benjamin hatte es noch zugespitzter geheißen: »Zitate in meiner Arbeit sind wie Räuber am Weg, die bewaffnet hervorbrechen und dem Müßiggänger die Überzeugung abnehmen.« Walter Benjamin, Einbahnstraße, Berlin 1928, S. 71.

43 August Sander, Menschen des 20. Jahrhunderts – Porträtphotographien 1892–1952, hrsg. von Gunther Sander, München 1980.

entfalten wollen. Während dieser, wie Kurt Tucholsky es formuliert hat, keine Menschen, »sondern Typen« photographiert habe und insofern das jeweilige Individuum auf den Bildern seine Klasse, seinen Stand oder seine Kaste repräsentiere, entziehe sich Ruetz der Zuordnung der von ihm abgebildeten Personen zu bestimmten sozialen Gruppierungen. »Der spätmoderne Mensch ist selbst typologisch allein«, meint er im Gegensatz zu Sanders Blick, »kann nur noch mittels einer ausdifferenzierten Körpersprache und situativ zum Charakter werden. Die Prägung hat sich verschoben: Man ist nicht mehr, was man tut oder trägt, sondern man ist, wie man sich gibt. Keine Frage von Schein und Sein, sondern allein eine Frage der Oberfläche und der Haltung, jeweils gültig für den Moment – der Aufnahme.«[44] In gewisser Weise eine der Sicherheit sozialer Zuordnungen und Definitionen entratende postmoderne Person.

Was Ruetz danach zu collagieren beansprucht, das ist – für einen winzigen historischen Moment zwar und an einem durch seine geopolitische Lage ganz besonders exponierten Ort – nichts weniger als eine Zivilisationsgeschichte in Bildern. Daher rührt sein außerordentliches Interesse an den Mentalitäten, am Gestisch-Mimischen und am Habituellen. In der Phänomenologie solcher Akzidenzien glaubt er die historischen Prägungen seiner Zeit fixieren und sichtbar machen zu können.

Zu seinen als Implikation unterstellten Zielsetzungen bekennt sich Michael Ruetz, der damals nicht nur photographiert, sondern auch mitgemacht hat und insofern den vielgescholtenen »68ern« auch selbst zuzurechnen ist, in seinem Nachwort auch explizit: »Was hörten wir? Seit 68, seit jenen APO-Tagen, prasselt es auf uns herab: ›Kapitalismus! Sozialismus! Vietnam! Apartheid! Faschismus! Antifaschismus! Freiheit für! Raus aus! Hinterfragen! Kritisch! Mehr! Weniger! Cuba! Cabora Bassa! Chile! Kurden! Ulrike! Bruder Saddam! Holger! Gudrun! Isolationsfolter! Dritte Welt! Umwelt! Ozonloch! Repressive Toleranz! Wale! AKW! Solidarität mit! Hoch

---

44 Rolf Sachsse, ebenda, S. 14.

lebe! Nieder mit! Kein Blut für Öl! Frieden! Ja zu! Nein zu! Nie wieder! Enteignet Springer! Waldsterben! Formaldehyd! Kindesmißbrauch! Gruppe Schwup. Brent Spar. Ausländer. Inländer. Asyl. Anti. Sponti. Tu nix! Tu was!‹ und so weiter. Der Katalog dieser Schreiparolen vermengt sich zum großen deutschen Urschrei, wenn man die der anderen Epochen gleichzeitig hört. Es ist der Grundton des Jahrhunderts, das Ostinato der undemokratischen Meinungs- und Willensbildung [...] Dreißig Jahre nach Achtundsechzig ist die Zeit weitgehend parolenfrei. Das hat ja auch sein Gutes. Es ist kurios und bedenklich, daß manche das Geschrei vermissen.«[45]

Kein Zweifel: Hier meldet sich ein Photograph zu Wort, der sich gegen die Mythen wehrt, die er auf Zelluloid gebannt und insofern selbst mitproduziert hat. Da er seine Photos nicht ändern kann, versucht er die Blickrichtung darauf in eine andere Richtung zu lenken – durch die Auswahl, die Unterschriften, die Anordnung, die Montage, das gesamte Arrangement. Mit seiner ostentativen Entideologisierung schießt er dabei öfter über das Ziel hinaus. Insbesondere die gnadenlose Parallelisierung von ostdeutschen Staats- und westdeutschen Bewegungsideologemen wirkt an mancher Stelle überzogen. Indem er Parolen und Embleme umstandslos miteinander zu identifizieren können glaubt, fällt er zugleich ein zweites Mal auf deren Klischeehaftigkeit hinein. Wer Fritz Teufel mit Walter Ulbricht und Walter Ulbricht mit Fritz Teufel zu beleuchten versucht, der verwischt mehr als nur Grenzen und läuft Gefahr, den Betrachter in die Irre zu führen. Obwohl er gesteht, daß »1968« sein Leben und »nicht irgendein Thema« sei und er sich und seine Szene »für die Geschichte selbst« gehalten habe, drückt seine Publikation eine grundlegende »Distanzierung von 1968« aus. Es ist ein Abgesang unter der Parole: »Ende der Solidarisierung, es war eine schöne Idee.«[46] Leider hat sie sich vor der Wirklichkeit blamiert, so könnte der Nachtrag lauten.

---

45 Michael Ruetz, Diese, Jene – jetzt und damals, in: ders., 1968 – Ein Zeitalter wird besichtigt, Frankfurt am Main 1998, S. 379.

46 Rolf Sachsse, ebenda, S. 18.

Die Bildersammlung von Michael Ruetz weist eine empfindliche Lücke auf – es existieren keinerlei Photos von ihm zum 2. Juni 1967, dem Tag, an dem der Kriminalobermeister Karl-Heinz Kurras einen tödlichen Schuß abgegeben hat, der sich im nachhinein als makabrer »Startschuß« für die außerparlamentarische Bewegung herausstellen sollte. Was bei Ruetz fehlt, das kann ergänzt werden durch die Aufnahmen eines anderen Berliner Photographen, der bereits 1967 mit einem Bildband über die Frühzeit der Studentenbewegung an die Öffentlichkeit getreten war.[47] Der schwedische Photograph Bernard Larsson hat seine Berlin-Aufnahmen im Frühjahr 1998 im Münchener Haus der Kunst gezeigt. Seine Photos liegen nun in einem opulent gestalteten Ausstellungskatalog vor:

Bernard Larsson, Berlin – Hauptstadt der Republik –
Fotografien aus einer geteilten Stadt 1961–1968, Göttingen 1998

Würde man den Titel wörtlich nehmen, dann könnte genaugenommen nur Ost-Berlin gemeint sein. Denn nur die östliche Hälfte der einstigen Reichshauptstadt beanspruchte zu jener Zeit Hauptstadt einer Republik, der DDR, zu sein. Gemeint ist damit jedoch kein nachträgliches Bekenntnis zum untergegangenen SED-Staat. Wie Hubertus Gaßner und Christoph Vitali in ihrem Vorwort hervorheben, zeichneten sich Larssons beste Aufnahmen dadurch aus, daß sie den Konformismus der Adenauer-Gesellschaft ebenso durchbrächen wie den der Ulbricht-Ära. Es ist also eine Art Äquidistanz zu beiden deutschen Staaten, die sich der Photograph zu jener Zeit zu eigen gemacht hatte.

Der 1939 in Hamburg als Sohn eines Schweden und einer Polin geborene Bernard Larsson hat eine wechselvolle Lebensgeschichte. Während des Krieges aus dem zerbombten Hamburg evakuiert, hat er von 1948 bis 1954 in Stockholm die Schule besucht, nach dem Abbruch seiner Gymnasialzeit ließ er sich in München zum Photo-

47 Bernard Larsson, Demonstrationen. Ein Berliner Modell – Fotos, Voltaire-Flugschrift 10, West-Berlin 1967.

graphen ausbilden. Mit seinem frisch erworbenen Diplom ging er dann nach Paris, arbeitete dort eine Zeitlang als Assistent bei der Modeillustrierten *Vogue* und wechselte 1961 kurz nach dem Mauerbau nach West-Berlin über. Die Photos, die der »Querseher und Querdenker« in den nachfolgenden sieben Jahren in der »Frontstadt« des Kalten Krieges gemacht hat, sind in dem Band versammelt.

Von den sechs Abschnitten ist lediglich einer der Bewegung gewidmet, die zu jener Zeit noch unbestritten als Studentenbewegung bezeichnet wurde. Unter der Überschrift »Nieder mit ...« sind Aufnahmen aus der Zeit zwischen dem Dezember 1966 und dem Juni 1967 versammelt. Mit anderen Worten, es geht um die Inkubationszeit, eine Phase, in der die internen Konflikte an der Freien Universität noch eine dominierende Rolle spielten und sich mit den Protesten gegen den US-Krieg in Vietnam und das Schah-Regime im Iran schubartig der Horizont öffnete.

Wie ein Abschied aus den Jahren des handzahmen Protests wirkt eine Aufnahme, die den damaligen AStA-Vorsitzenden Knut Nevermann zusammen mit Bundeskanzler Kurt Georg Kiesinger zeigt. (S. 243) Der Studentenschaftsvertreter überreicht im März 1967 dem Regierungschef der Großen Koalition nach einer Sitzung im Reichstag eine gegen die Notstandsgesetzgebung gerichtete Resolution. Der Sohn des zu jener Zeit Ersten Bürgermeisters in Hamburg und der ehemals stellvertretende Abteilungsleiter im Reichspropagandaministerium lächeln sich gegenseitig an. Auch ohne die Momentaufnahme überinterpretieren zu wollen, so scheint zu diesem Zeitpunkt noch kein offener Konflikt ausgebrochen zu sein. Die auf dem Bild wiedergegebene Atmosphäre signalisiert zumindest Einverständnis über die Form, in der Differenzen zur Sprache gebracht und ausgetragen werden. Zu jener Zeit, das sollte nicht vergessen werden, waren die AStA-Vorsitzenden noch dafür prädestiniert, eine politische Laufbahn einzuschlagen und eines Tages selbst einmal öffentliche Ämter zu übernehmen. Einer von Nevermanns Vorgängern war der heutige Regierende Bürgermeister von Berlin, Eberhard Diepgen, ein anderer Berlins ehemaliger Innensenator Heinrich Lummer. Knut Nevermann, damals SHB-Funktionär, ist heute Staatssekretär im Kultusministerium Michael Naumanns.

Wie der Typus des designierten Nachwuchspolitikers an der Universität von einem Revoltierenden abgelöst wird, der nie ein öffentliches Amt übernommen hat, das läßt sich einer anderen Aufnahme entnehmen. (S. 252/253) Sie zeigt eine Situation während eines sit-ins im April 1967 im Foyer des Henry-Ford-Baus im Hauptgebäude der FU. Im Mittelpunkt steht Rudi Dutschke, das Mikrophon in der Hand, den Mantelkragen hochgeschlagen, einen der beiden Ärmel aufgekrempelt. Er wirkt hochkonzentriert, überaus ernst. Ein direkt vor ihm sitzender Student applaudiert. Direkt neben Dutschke steht Nevermann mit Jackett und Rollkragenpullover, beide Hände in den Hosentaschen vergraben. Sein Gesichtsausdruck ebenso wie seine Körperhaltung verraten Distanz gegenüber dem, was der Redner mit dem aktivistischen Gestus offenbar gerade über Megaphone an die Menge der Sitzstreikenden verbreitet.

Im Zentrum von Larssons Bildersammlung stehen Aufnahmen rund um den Staatsbesuch des Schahs von Persien. Zu sehen ist Bahman Nirumand beim teach-in am Vorabend des 2. Juni im Audimax der FU, der Empfang der Staatsgäste durch den Regierenden Bürgermeister Heinrich Albertz im Schöneberger Rathaus, die dramatischen Szenen während der Demonstration vor der Oper und eine Reihe von Sequenzen in der Krummen Straße, mit dem zwischen parkenden Autos liegenden, von einer Kugel in den Kopf tödlich niedergestreckten Benno Ohnesorg. Die letzte Aufnahme des Abschnitts zeigt, wie sich wenige Tage später Hunderte von Menschen im Hof eines Studentenwohnheims um ein Holzkreuz versammelt haben. An einem Balkon des dahinterliegenden Wohnblocks ist auf einem Transparent zu lesen: »Peter Fechter / Benno Ohnesorg / Warum?« Das Maueropfer von 1962 und das Demonstrationsopfer von 1967 werden zu diesem Zeitpunkt noch in einem Atemzug genannt.

Mit einem Zerfalls- und Folgeprodukt der 68er-Bewegung befaßt sich ein anderer Bildband. Auf dem in Weinrot gehaltenen

Titelbild ist ein Ausschnitt aus dem ersten RAF-Fahndungsplakat zu sehen. Zu erkennen sind Andreas Baader, Gudrun Ensslin, Holger Meins und Ulrike Meinhof. Verfaßt ist der Band von einer Angehörigen jener ersten Terroristengeneration, von der viele nicht mehr leben.

Astrid Proll (Hg.), Hans und Grete - *Die RAF 67–77, Göttingen 1998*

Bei den eher an Grimms Märchen erinnernden Namen handelt es sich um die Decknamen von Baader und Ensslin, dem Paar, das am Morgen des 18. Oktober 1977 in Stuttgart-Stammheim tot in seiner Zelle aufgefunden wurde. Der Titel signalisiert bereits Vertrautheit, eine ganz persönliche Beziehung der Herausgeberin zu den beiden Schlüsselfiguren der RAF. Wenn es um eine Personalisierung gegangen wäre, die den dominanten Rollen Rechnung getragen hätte, dann wäre es sicher angemessener gewesen, die bewaffnete Gruppierung als »Baader-Ensslin-Gruppe« zu bezeichnen. Proll meint gar, sie hätte nicht »Rote Armee Fraktion«, sondern »Befreit-Baader-Fraktion« heißen müssen. Schließlich sei es bereits bei ihrer Gründung im Mai 1970 und auch bei der Schleyer-Entführung im September 1977 um die Befreiung von Andreas Baader gegangen.

In ihrem Vorwort schildert Astrid Proll unter dem doppelsinnig-abgründigen Titel »Auslöser« die Schwierigkeit, sich mit ihrem eigenen Lebensthema zu befassen. Der Bilderzyklus »18. Oktober 1977« des Malers Gerhard Richter habe es ihr erleichtert, führt sie an, sich mit bestimmten Szenen und Sequenzen zu befassen. Sie skizziert den Weg, der sie als 20jährige zunächst aus der nordhessischen Provinz nach West-Berlin an die Peripherie der antiautoritären Bewegung und über Frankfurt, Paris und mehrere andere Stationen schließlich in die Illegalität führte, die Anfänge des bewaffneten Kampfes. Sie hätten sich als Avantgarde gefühlt und eine »Art bewaffneten Existentialismus« gelebt – ihr Mitgliedsausweis sei die Waffe gewesen. Nachdem sie im Mai 1971 verhaftet worden war, lieferte man sie in das Gefängnis Köln-Ossendorf ein. Dort war sie ebenso wie Ulrike Meinhof im »toten Trakt« untergebracht, in dem sie an den Rand der Verzweiflung geriet, weil die Zellen völlig schallisoliert waren. Nach ihrem Prozeß in Frankfurt-Sindlingen erhielt sie wegen ihrer Herz-Kreislauf-Probleme Haftverschonung. Über Italien flüchtete sie dann nach England. Im September 1978 wurde sie, nachdem sie unter falschem Namen als Mechanikerin gearbeitet hatte, in London verhaftet und ausgeliefert. Doch bald darauf kam sie frei. Seitdem arbeitet sie als Photographin. Sie läßt anklingen, welches Glück sie letztendlich hatte, »dieses aberwitzige Projekt des bewaffneten Kampfes« lebend zu überstehen.

Der Wert des Bandes, der keine neuen Informationen über die Entstehung und die Entwicklung der RAF in den siebziger Jahren enthält, liegt in zwei Aspekten:

Erstens erlaubt er einen weitgehend unbekannten Blick auf die dramatis personae. Indem hier die für Staat und Medien jahrelang übliche Dämonisierung unterlassen wird, können hinter den einstigen Monstren der öffentlichen Meinung die einzelnen Personen wieder sichtbar werden. Nach Fahndungs-, Festnahme-, Haft- und Leichenphotos sind Aufnahmen zu sehen, die ihres Privatcharakters wegen eine Ahnung von den Eigenheiten der beiden Schlüsselfiguren der RAF vermitteln. Obwohl nur ein Teil der Aufnahmen von der Herausgeberin stammt, so ist doch der Blick an vielen Stellen persönlich, fast intim. Es ist beinahe so, als hätte jemand ein familiäres Photoalbum zu führen versucht.

Zweitens wird die Genese der RAF aus einer jugendlichen Subkultur heraus sichtbar gemacht. Es ist die Phase nach der Haftentlassung der Kaufhausbrandstifter im Sommer und Herbst 1969, die Baader und Ensslin inmitten einer kleinen Protestbewegung zeigt, die noch ganz dem Randgruppenkonzept des SDS verhaftet war, der »Staffelberg-Kampagne«.[48] Die Aufnahmen aus der Inkubationszeit der RAF vermitteln einige Eindrücke davon, aus welchen Zusam-

48 Zu den Einzelheiten: Wolfgang Kraushaar, Frankfurter Schule und Studentenbewegung – Von der Flaschenpost zum Molotowcocktail 1946–1995, Bd. I: Chronik, Hamburg 1998, S. 441–444.

menhängen einige ihrer Mitglieder hervorgegangen sind. Einer der jugendlichen Fürsorgezöglinge, die damals aus dem in der Nähe von Biedenkopf gelegenen Erziehungsheim geflüchtet sind und in Wohngemeinschaften der linksradikalen Szene in Frankfurt untergebracht wurden, ist Peter-Jürgen Boock. Er war u. a. an der Entführung des Arbeitgeberpräsidenten Hanns-Martin Schleyer beteiligt und sitzt heute noch in einem Hamburger Gefängnis eine lebenslange Haftstrafe ab.

In der Einleitung zu einem anderen Bildband werden grundsätzliche Fragen zur Rolle von Photodokumenten aufgeworfen: »Ausstellungen mit Photographien, die in Bildwelten einiges von der wirklichen Welt zeigen wollen, befinden sich im Spannungsfeld von phototheoretischen und historiographischen Diskursen. Sie haben es einerseits mit ›realer‹ Geschichte und den Konventionen ihrer textlichen Darstellung zu tun, andererseits mit dem Medium Photographie, dessen Eigenschaft es ist, Partikel dieser Geschichte in ein zweidimensionales Bild zu projizieren und sie auf diese Weise zu bewahren. Werden solche Bilder dann aus dem Archiv geholt und gezeigt, sind Fragen zu beantworten wie: Um welche Ausschnitte aus der Geschichte und um welche Art von Photographie handelt es sich; nach welcher Maßgabe tauchen bestimmte Bilder aus dem Dunkel des Depots ans Licht, während andere verborgen bleiben? Schließlich: Welche Geschichte läßt sich aus den präsentierten Bildern konstruieren?«[49] Die Fragen stammen von Sigrid Schneider, der Leiterin des Photoarchivs im Essener Ruhrlandmuseum. Sie hat eine Ausstellung zum Wandel des Ruhrgebiets in den sechziger Jahren konzipiert, die dort vom Oktober 1998 bis zum Februar 1999 gezeigt und zu der ein instruktiver Katalog vorgelegt worden ist:

---

49 Sigrid Schneider, Bild – Geschichte, Photographien aus dem Ruhrgebiet der sechziger Jahre, in: dies. (Hg.), Als der Himmel blau wurde – Bilder aus den 60er Jahren. Eine Ausstellung des Ruhrlandmuseums Essen, Bottrop / Essen 1998.

Sigrid Schneider (Hg.), Als der Himmel blau wurde – *Bilder aus den 60er Jahren. Eine Ausstellung des Ruhrlandmuseums Essen, Bottrop / Essen 1998*

Es ist selten, daß eine Ausstellungsmacherin sich so behutsam und reflektiert über den Umgang mit photographischen Exponaten zu äußern weiß. Da Museumsbesucher oder Bildbetrachter im allgemeinen davon überzeugt sind, »das Abbild ganz selbstverständlich als Stellvertreter für die abgebildete Sache« halten zu können, setzt sie sich insbesondere mit den unterschiedlichen Stationen des Objekts Photographie auseinander.

Wenn Photos, die in der Bildsprache der an Tagesaktualitäten orientierten Pressephotographie konditioniert waren und kaum eine andere Aufgabe hatten, als Texte zu illustrieren, in die Archive wandern und nach einem Zeitraum von Jahrzehnten wieder hervorgeholt werden, dann habe sich der Wahrnehmungskontext, gibt sie zu bedenken, in der Regel so sehr gewandelt, daß es zu erheblichen »Sinndifferenzen« kommen könne. Der historische Abstand zwischen der Produktion bzw. Publikation einer Aufnahme und ihrer Rezeption im Rahmen einer Ausstellung lasse das Bildobjekt häufig in einem völlig anderen Licht erscheinen. »Im musealen Kontext zeigt das Foto sein ihm eingeschriebenes Verhältnis zur Wirklichkeit«, schreibt Schneider in einer an Roland Barthes orientierten Passage, »anders als im Ursprungszusammenhang, offenbart seinen Doppelcharakter als indexalisches Zeichen: Es ist zugleich eine reale physikalische ›Spur‹ der Sache, auf die es verweist (der tatsächlichen Existenz des Gegenstands vor der Linse zum Zeitpunkt der Aufnahme), und ein ›Hinweis‹ auf diese Sache im Sinne einer Bedeutungszuweisung.«[50] Dieser Differenz eingedenk wird zwischen Ursprungs- und jeweiligem Verwendungszusammenhang unterschieden.

---

50 Sigrid Schneider, ebenda, S. 12; sie bezieht sich dabei auf: Roland Barthes, Die helle Kammer – Bemerkungen zur Photographie, Frankfurt am Main 1985.

Die Photosammlung des Essener Ruhrlandmuseums enthält allein aus den sechziger Jahren rund 90 000 Negative. Mit den Nachlässen von Anton Tripp (1911–1991)[51] und Manfred Scholz (1934–1996) verfügt sie über die Arbeiten von zwei der bedeutendsten Photographen sozialer Bewegungen in der Nachkriegszeit. Es ist insofern kein Zufall, daß sich eine außergewöhnlich hohe Zahl von Demonstrations- und Protestphotos in der Sammlung befindet. Dies hat sich auch in der Ausstellung und im Katalog niedergeschlagen.

Der soziale und ökonomische Wandel des Ruhrgebiets steht zwar im Zentrum der Bilderschau, die unterschiedlichen Erscheinungsformen des Protests jedoch spiegeln darin wiederum wie in einem Zeitraffer die Beschleunigung jener an einer Konfliktlinie entlang verlaufenden Entwicklungsphase.[52] Die Veränderung von Demonstranten indiziert das auf sinnfällige Weise: »Von den statisch wirkenden Sandwich-Trägern, die vornehmlich über Texte argumentieren, und Familien mit Kinderwagen als Plakatträgern, über Sitzblockaden bis zu vorwärtsstürmenden Pulks mit politischen Ikonen als Ersatz für Texte; schließlich Barrikaden und Straßenschlachten.«[53] Ähnliches vollzieht sich in derselben Zeit mit den Polizisten, die von Hütern der Verkehrsordnung zu Gegnern im Straßenkampf mutieren, und mit den Passanten, die zunächst als Zuschauer am Straßenrand verharren und schließlich, je mehr sich das Geschehen zuspitzt und das Risiko auch für Unbeteiligte ansteigt, vollends von der Bildfläche verschwinden.

Das Ruhrgebiet war in Deutschland zweifelsohne das Eldorado der klassischen Arbeiterbewegung. Wenn sich Krisen im Bergbau oder in der Stahlindustrie abzeichneten, dann führten sie am ehesten hier, in der Region zwischen Duisburg und Dortmund, zu Verwer-

---

51 Anton Tripp hatte in der Nachkriegszeit in Düsseldorf ein Photoatelier und eine eigene Agentur, den TT-Bilderdienst (TT = Toni Tripp), gegründet.

52 Zur Geschichte der Protestbewegungen im Ruhrgebiet: Norbert Kozicki, Aufbruch im Revier – 1968 und die Folgen, Essen 1993.

53 Sigrid Schneider, ebenda, S. 15.

fungen – und zu Manifestationen der Gegenwehr. In den sechziger Jahren kam das besonders eruptiv im Niedergang des Ruhrbergbaus – dem sogenannten Zechensterben – zum Ausdruck. Zahlreiche Photos legen Zeugnis davon ab, welche Endzeitstimmung Teile des Ruhrgebiets nicht erst in den achtziger, sondern bereits in der Mitte der sechziger Jahre ergriffen hatte. (S. 75–88) Der kleine Junge, der im Oktober 1964 auf einer Demonstration gegen die Schließung der Zeche Waltrop sein selbstbeschriftetes Schild mit der Ermahnung »Papi braucht seine Arbeit – denkt dran« hochhielt, zeigt, worum es in mancher Region damals bereits ging.

Andererseits aber blieb das Ruhrgebiet, in dem die ersten Universitäten gerade in der Gründung begriffen waren, von den dramatischen Veränderungen in der Jugend- und Protestkultur keineswegs ausgespart. Der Kulturschock, den beispielsweise der Auftritt der kalifornischen Rockband Mothers of Invention bei den Internationalen Essener Song-Tagen im September 1968 ausgelöst hat,[54] die samt ihres Sängers und Lead-Guitarristen Frank Zappa mit entblößtem Oberkörper auf der Bühne agierten (S. 189), kann heute kaum noch nachvollzogen werden. Pressesprecher der Veranstaltung (S. 263–265), die fünf Tage dauerte und 35 000 Besucher anzog, war übrigens der Kölner Journalist Henryk M. Broder. Auch die Konzerte der Beatles 1966 (S. 262) und der Rolling Stones in den Jahren 1965 und 1970 (S. 254–260) waren Kristallisationspunkte eines anderen Lebensgefühls und somit zugleich Indikatoren für einen breiten soziokulturellen Wandel.

Ins Zentrum dieses Prozesses zielt die für einen Essay eher ungewöhnliche Frage: »Was hatte Wanne-Eickel mit Berkeley zu tun?«[55] Sie wird von dem Gießener Politikwissenschaftler Claus Leggewie gestellt, der in der Ruhrgebietsstadt – diesem, wie er selber sagt,

---

54 Siehe: Wolfgang Kraushaar, 1968 – Das Jahr, das alles verändert hat, München 1998, S. 248–250.

55 Claus Leggewie, Aus der Tiefe des Westens oder: Von Berkeley nach Wanne-Eickel – »1968« als transatlantisches Ereignis, in: Sigrid Schneider, ebenda, S. 235.

»Synonym der deutschen Industrieprovinz« – zufällig das Licht der Welt erblickt hat, und nur zum Teil beantwortet. Er erklärt den von ihm als ohnehin evident unterstellten Zusammenhang zwischen der nordrhein-westfälischen Industrie- und der kalifornischen Universitätsstadt mit der These von der globalen Amerikanisierung. Leggewies These lautet: »›1968‹ bezeichnet einen globalen, von etwa 1963/64 bis 1972/73 verlaufenen Protestzyklus, der nach seiner Form nach als dritte Welle der ›Amerikanisierung‹ der Welt und seinem Inhalt nach als Vorläufer der kulturellen ›Globalisierung‹ gedeutet werden kann [...] Der Protest, der je nationale Ausdrucksformen annahm und im Ruhrgebiet ein ganz spezielles Lokalkolorit besaß, ging vom Westen aus. Er transportierte eine umfassende, sekundäre Modernisierung, deren Folgen heute, fast zwei Generationen später, sichtbar geworden sind.«[56] Es habe zwar keine politische Revolution stattgefunden, dafür aber eine »kulturelle Evolution«. »1968«, schreibt er, sei »ein Laboratorium der postindustriellen Gesellschaft« gewesen,[57] dessen Experimente »auch im Herzen des Ruhrgebiets zur Serienreife gelangt« seien. Sein mit einem gewissen Augenzwinkern formulierter Slogan lautet: »Wo Kohle war, wurde Kultur.«[58]

So plausibel der Erklärungs*horizont* auch sein mag, es muß jedoch fraglich erscheinen, welchen Erklärungs*wert* solche Monumentalbegriffe wie Modernisierung und Evolution für derartige Prozesse wie die Veränderungen im soziokulturellen Selbstverständnis Jugendlicher einer bestimmten Region in concreto beanspruchen dürfen. Es bedarf sicher genauerer Distinktionen und einer stringenteren Argumentationsweise, um die Plausibilität sol-

---

56 Ebenda.

57 Siehe: Claus Leggewie, 1968: Ein Laboratorium der nachindustriellen Gesellschaft? Zur Tradition der antiautoritären Revolte seit den sechziger Jahren, in: *Aus Politik und Zeitgeschichte* vom 13. Mai 1988, B 20/88, S. 3–15.

58 Claus Leggewie, Aus der Tiefe des Westens, in: Sigrid Schneider, ebenda, S. 240.

cher schablonenartiger, aber möglicherweise dennoch zutreffenden Thesen erhöhen zu können.

Einer, der die sechziger Jahre ästhetisch zumindest indirekt beeinflußt hat, ist Otto Steinert, der seit 1959 an der Folkwangschule in Essen Photographie gelehrt und so seine Ansichten vom »neuen Sehen« vermittelt hat. Unter seinem Einfluß stand auch der Gestalter Willy Fleckhaus. Er hat nicht nur die Umschläge der regenbogenfarbenen Taschenbuchreihe *edition suhrkamp* entworfen, sondern auch das Layout der Zeitschrift *twen*, die von 1959 bis 1971 erschienen ist und deren stilbildender Einfluß auf die Jugendkultur erheblich war.[59]

In einer anderen Ausstellung, die in Düsseldorf, Frankfurt und Hamburg zu sehen war, ging es um die Veränderung der Alltagsästhetik, den Einfluß von Pop-art, Op-art und anderer Kunst- und Modestile auf die Formgebung von Gebrauchsobjekten. Gezeigt wurden Plastikmöbel jeglicher Art, Sessel, Sofas, Stühle usw., in schrillen Bonbonfarben, ohne Ecken und Kanten, in überdimensionierten Rundungen gehalten, elastisch und schwingend, die Tastsinne herausfordernd. Zu sehen waren aber auch Plastikgeschirr und in Plastikgehäusen eingefaßte Elektrogeräte, synthetische Kleidung, flower-power-artige Dekorstoffe, provokative Werbeanzeigen, poppig-spleenige Plakate, psychedelisch getrimmte Plattencover und anderes mehr. Sichtbar gemacht wurden wie auf einer Zeitreise die häuslichen Objektgruppen, die wie von einer unsichtbaren Hand Formen und Farben angenommen hatten, als ob deren Impulse entweder von San Franciscos Haight Ashbury oder der Londoner Carnaby Street ausgegangen wären. Auch dazu ist ein Katalog herausgegeben worden. Beim Durchblättern wirkt er zuweilen, als könnte das verwundern, wie ein Warenhauskatalog jener Jahre.

---

59 Vgl.: Michael Koetzle (Hg.), *twen* – Revision einer Legende, München 1997.

Wolfgang Schepers (Hg.), '68 – ***Design und Alltagskultur zwischen Konsum und Konflikt, Köln 1998***

Der Herausgeber nimmt die unter jungen Leuten allenthalben grassierende Mode der »Retros« und »Revivals« zum Anlaß, um in seiner Einleitung die Frage aufzuwerfen, warum »'68 so symbolisch besetzt« sei. Anstelle einer Antwort stellt er dem Leser vier Thesen zur Diskussion: Erstens hätten von den politischen Ideen aus jener Zeit »allenfalls die ästhetischen Phänomene überlebt«; zweitens sei die Kultur in einem bis dahin nicht gekannten Ausmaß von der Jugend geprägt gewesen; drittens habe sich ein »Crossover« von »Low und High«, von Subkultur und etablierter Kultur, von Underground und Hochkultur vollzogen; viertens seien die auf Konflikt und Veränderung ausgerichteten kulturellen Strategien im Konsum adaptiert worden. Deren Negation und Kritik sei wirkungslos verpufft: »Inzwischen saugt die Mainstream-Kultur immer rascher und selbstverständlicher alle kritischen, alternativen, meist jugendlichen Impulse auf, nobilitiert, entschärft und vereinnahmt sie.«[60] Seine Thesen würden, versichert er, durch das in dem Band ausgebreitete Material belegt.

Was auch immer man von dieser Auskunft halten mag – der Band bietet eine ungeahnte Fülle von Beispielen an, die belegen, wie flexibel, integrativ und absorbierend die Kommerzialisierungs- und Verwertungsstrategien auf die ästhetischen Herausforderungen reagiert haben, die einst unter den Vorzeichen der Sub- und Gegenkultur standen.

Stadtbände

Für die Wahl einer historischen Perspektive ist die geographische Orientierung, genauer die Auswahl des Ortes, auf den oder von dem aus der Blick auf einen Ereigniszusammenhang geworfen wird, vor-

60 Wolfgang Schepers, Back to the Sixties?, in: ders. (Hg.), Design und Alltagskultur zwischen Konsum und Konflikt, Köln 1998, S. 7.

entscheidend. Was die Thematisierung der 68er-Bewegung in der Bundesrepublik anbelangt, stand bislang unzweifelhaft West-Berlin im Vordergrund. Seine einzigartige Rolle für die Genese der Studentenbewegung ist von Anfang an unbestritten gewesen und zu Recht mit der besonderen geopolitischen Lage im Kalten Krieg und der deutschen Teilung in Verbindung gebracht worden; zugleich hat es aber auch nicht an Stimmen gefehlt, sie in fragwürdiger Ironie zur NS-Vergangenheit als »Hauptstadt der Bewegung« zu mystifizieren. Lediglich Frankfurt, wo der Bundesvorstand des SDS seinen Sitz hatte und mit der Kritischen Theorie eine sozialwissenschaftliche Denkrichtung mehr als nur Impulse gab, hat sich zuweilen in einer gewissen Konkurrenz zu West-Berlin üben können. Nachdem bereits erste Arbeiten zur 68er-Geschichte anderer Orte entstanden sind,[61] folgen weitere nach. Es gibt ganz offensichtlich nicht nur Nachholbedarf, um ein jeweiliges Kapitel Lokalgeschichte nachzuliefern, sondern auch um die Perspektiven, die bislang insgesamt eingeschlagen wurden, zu überprüfen und, falls nötig, zu korrigieren.

Anlaß, um solche Arbeiten auf den Weg zu bringen, ist oftmals die Verärgerung derjenigen, die sich als ehemalige Beteiligte an Retrospektiven, die einen aus ihrer Sicht einseitigen oder verzerrenden Blick einnehmen, stören. So heißt es zum Beispiel in einem Vorwort: »Der ritualisierte Medien-Rückblick auf die 68er Ereignisse, wenn gestreßte JournalistInnen aus den Archiven die immer gleichen Bilder, Sprüche, Figuren und Tatorte zusammenschneiden, bereits zur 25jährigen Wiederkehr. Es ist die Polizeiperspektive, die immer nur Rädelsführer und geistige Väter kennt, es ist der Kult der Metropolen (Berlin, Frankfurt, Paris), die alles andere zur Provinz nivelliert, und es ist die Geilheit auf die immer gleichen Bilder von angeblichen Sexkommunen und Gewaltorgien, die den Voyeurismus der Nachgeborenen bedienen will.«[62] Die Schelte stammt

61 Zum Beispiel: Dietrich Hildebrandt, »... und die Studenten freuen sich!« – Studentenbewegung in Heidelberg 1967–1973, Heidelberg 1991.

62 Kurt Holl / Claudia Glunz (Hg.), 1968 am Rhein: Satisfaction und Ruhender Verkehr, Köln 1998, S. 8.

aus einem großformatigen, opulent gestalteten und ausgestatteten Band, in dem sich Dokumentation und Kommentar die Waage halten:

Kurt Holl / Claudia Glunz (Hg.), 1968 am Rhein: Satisfaction und Ruhender Verkehr, *Köln 1998*

Um keinen Zweifel an ihrer durchaus unterschiedlichen Rolle im Strudel der damaligen Ereignisse aufkommen zu lassen, präsentiert sich das Herausgeber-Duo auf zwei Photos aus dem ominösen Jahr, die kaum unterschiedlicher ausfallen könnten. Während die damals dreijährige Claudia Glunz sich noch ganz frühkindlichen Vergnügungen hingibt und auf einem Spielzeugpferd reitet, zeigt sich der 30jährige Kurt Holl in provokant lässiger Pose als Rektoratsbesetzer auf dem Titelbild einer katholischen Studentenzeitschrift.

Im Mittelpunkt des Bandes stehen vor allem Ereignisse, die sich in Köln abgespielt haben, wo im Oktober 1966 mit den Protestaktionen gegen die Erhöhung von Fahrpreistarifen der städtischen Verkehrsbetriebe auf die Studentenbewegung vorgegriffen wurde. Darüber hinaus geht es aber auch um Sequenzen und Impressionen aus Bonn, Düsseldorf, Essen und Aachen. Dabei stehen nicht nur politische Auseinandersetzungen im Vordergrund, sondern mehr noch künstlerische Aktivitäten. Der Blick wird vor allem auf die kulturelle Produktivität im Raum Köln–Düsseldorf gelenkt, in dem zum Beispiel das Zentrum der »Fluxusbewegung« gelegen hat, die in ihren Experimenten einige Formen der antiautoritären Bewegung vorweggenommen hat.[63] Das alles hat die schillerndsten Blüten hervorgebracht und von seiner Ausstrahlung bis auf den heutigen Tag kaum etwas verloren. Was hier präsentiert wird, das ist nichts anderes als das Panoptikum einer kulturellen Revolte.

Die Domstadt Köln gab dafür mehr als nur die Kulisse ab. Schließlich war sie in gewisser Weise die kulturelle Hauptstadt der

63 Siehe den von Kölnischen Kunstverein herausgegebenen Ausstellungskatalog: happening & fluxus – materialien, Köln 1970.

Adenauer-Ära. Aus einem Dauerkonflikt mit Würdenträgern der katholischen Kirche und Exponenten des sogenannten Kölschen Klüngels ging ein Milieu hervor, das nicht nur reich an Einfällen und Initiativen, sondern auch an Kuriositäten und Skurrilitäten war. In mancher Hinsicht erinnern die Konfigurationen an die wegen ihrer Literaten und Aktionskünstler berüchtigten Wiener Szene. Für die Bundesrepublik ist Köln 1968 zweifelsohne ein einzigartiger Fall.

Es genügt, ein paar Namen zu nennen, um eine Ahnung von der besonderen Rolle dieser politisch bedeutsamen kulturellen Szenerie zu vermitteln. Unter den damals bereits etablierten Schriftstellern waren es Heinrich Böll, Dieter Wellershoff und Jürgen Becker, deren Stimme Gewicht hatte (S. 250/251), von den Jüngeren spielte Rolf Dieter Brinkmann, der mit »Keiner weiß mehr« wie kaum ein zweiter den Ton seiner Zeit traf,[64] die Rolle des enfant terrible (S. 252/253), und auch Günter Wallraff, der Undercover-Autor, war damals bereits umstritten – der nordrhein-westfälische Ministerpräsident Heinz Kühn (SPD) versuchte vergeblich, ihm den Förderpreis des Landes wieder abzuerkennen, weil er in dem von ihm selbst Ausgezeichneten plötzlich einen »Feind der Demokratie« zu erkennen glaubte (S. 254/255). Doch auch der Kunstavantgardist Joseph Beuys (S. 205–209), der Aktionskünstler Wolf Vostell (S. 210/211), Underground-Filmemacher wie Birgit und Wilhelm Hein, das Kabarett Floh de Cologne und die Rockband The Can spielen am Niederrhein eine nicht ungewichtige Rolle.

Die graphische Gestaltung, die für einen Band wie diesen besonders wichtig sein muß, ist außerordentlich gelungen. Wie in keiner anderen Publikation wird die Aufbruchsatmosphäre jener Jahre bereits in ihrer Form antizipiert. Nicht Dutzende, sondern Hunderte von Details sind es, die Aufschluß über Konstellationen, Situationen und Personen vermitteln. Der Gefahr, sich in einem beliebig wirkenden Impressionismus zu verlieren, hat das Herausgeber-Duo entgegengearbeitet. Durch unterschiedliche Grautöne wurde zwischen

64 Rolf Dieter Brinkmann, Keiner weiß mehr, Köln 1968.

Zitaten aus Dokumenten und ihren eigenen Kommentaren unterschieden. So ist für den Leser auf Anhieb zu erkennen, was aus der Vergangenheit und was aus der Gegenwart stammt.

Um einen ganz anderen, ebenfalls sehr eigenen Fall handelt es sich bei der 68er-Bewegung in der Hansestadt Bremen. Da die dortige Universität erst 1971 gegründet wurde, konnten die Impulse für gesellschaftspolitische Veränderungen nicht von Studenten ausgehen. In die Bresche sprangen deshalb Schüler. Mit ihren Verkehrsblockaden, die sich gegen die Fahrpreiserhöhungen im städtischen Nahverkehr richteten, machten sie im Januar 1968 bundesweit Schlagzeilen. Als der Senat nach tagelangen Auseinandersetzungen schließlich eine Preissenkung bekanntgab, hatten sie einen der wenigen politischen Erfolge erzielt, die in diesem Jahr errungen werden konnten.[65] Ihre Aktion wurde rasch zum Modellfall. Innerhalb nur weniger Wochen führten in zahlreichen anderen Städten West- und Norddeutschlands Schüler und Studenten weitere Verkehrsblockaden durch.

In einem umfangreichen Band, der ausschließlich Beiträge von Zeitzeugen enthält, kommen auch die ehemaligen Anführer dieser Schülerbewegung zu Wort:

Olaf Dinné / Jochen Grünwaldt / Peter Kuckuk (Hg.), anno dunnemals: 68 in Bremen, *Bremen 1998*

Die von dem früheren Bürgerschaftsabgeordneten der Grünen, Olaf Dinné,[66] initiierte Publikation stellt in einer bestimmten Hinsicht ein Novum dar. Sie ist mehr als das, was einer ihrer Herausgeber, Peter Kuckuk, für sie als »Dokumentation von Erlebnisberichten Bremer Zeitzeugen« beansprucht; sie müßte von ihrer Form her als

65 Vgl.: Wolfgang Kraushaar, 1968 – Das Jahr, das alles verändert hat, München 1968, S. 22–25.

66 Vgl.: Olaf Dinné, 15 Jahre SPD in Bremen, dann grün – Ein Beitrag zur Bremischen Geschichte jüngerer Vergangenheit, Bremen 1979.

eine Sammel-Autobiographie bezeichnet werden. Gerade die schonungslose Subjektivität einiger der darin enthaltenen Texte macht lebensgeschichtliche Dimensionen sichtbar, die in den sonst üblichen Publikationen ausgespart werden. Es sind – wie es in der Einleitung heißt – Aktivisten, Mentoren und Initiatoren, Mitläufer und Opportunisten, Beobachter und Kommentatoren, die hier zu Wort kommen, aber auch – wie zu ergänzen wäre – Konkurrenten und sogar Gegner.

Der SPD-Politiker Klaus Wedemeier hat einen Beitrag mit dem Titel »Vom 68er zum Bürgermeister« verfaßt (S. 273–291) und der ehemalige Polizeihauptkommissar Ullrich Panzer hat über »Die Bremer Polizei und die 68er-Bewegung« geschrieben (S. 335–340). In welcher anderen Stadt – so ist zu fragen – wäre es möglich, einen ehemaligen Einsatzleiter der Polizei dazu zu bewegen, sich in einem solchen Zusammenhang zu äußern? Doch Bremen ist in mancherlei Hinsicht ein Sonderfall. Die meisten der politischen Konflikte wurden, was in anderen Städten völlig undenkbar gewesen wäre, damals *innerhalb* der Sozialdemokratischen Partei ausgetragen. Polarisierungen, deren Brisanz anderenorts die Integrationsfähigkeit der SPD heillos überfordert hätten, blieben hier zumindest eine Zeitlang in einem vorgegebenen Rahmen.

Dennoch entwickelte sich auch in Bremen rund um die »Lila Eule« ein eigenes Milieu, aus dem unterschiedliche Strömungen der siebziger Jahre hervorgingen. Eine besondere politische Rolle spielte auch das Bremer Theater. Seit der Verpflichtung Kurt Hübners als Intendant wurde es zu einem der wichtigsten Zentren des Aufbruchs. Zu dem Ensemble zählten mit den Regisseuren Wilfried Minks, Peter Stein und Peter Zadek sowie den Schauspielerinnen Edith Clever und Jutta Lampe, ihren Kollegen Rolf Becker und Bruno Ganz einige der innovativsten Gestalter und Darsteller. Ein Zeugnis dieser Ära stellt der unter Zadeks Regie produzierte und mit den ungewöhnlichen Stücken von Velvet Underground eindrucksvoll musikalisch unterlegte Spielfilm »Ich bin ein Elefant, Madame« dar. Er greift die Schülerrevolte auf und spielt am Alten Gymnasium der Hansestadt. Am Ende sitzen die Rebellen brav auf ihren Schulbänken und schreiben ihre Abitursarbeiten. Zadeks Streifen, der 1969 in die Kinos kam, ist der einzige, der aus der 68er-Szene heraus entstanden ist.

Memoiren

So bedeutsam der SDS als Motor der außerparlamentarischen Bewegung in der Bundesrepublik auch gewesen sein mag, er hätte ganz sicher keine so starke Wirkung entfalten können ohne die subkulturelle Gruppierung Kommune I.[67] Gegründet um die Jahreswende 1966/67 in West-Berlin, war sie das Produkt einer kleinen Strömung westeuropäischer Künstler und Intellektueller, die in der Tradition von Dadaisten und Surrealisten standen und sich als »Situationisten« bezeichneten. Ihr Zentrum lag im Pariser Quartier Latin, ihre Wortführer waren der Franzose Guy Debord und der Däne Asger Jorn. Die deutsche Sektion der »Situationistischen Internationale«, zu der sich die Aktivisten 1957 zusammengeschlossen hatten, setzte sich aus Künstlern der Münchner »Gruppe Spur« zusammen. Nach den Schwabinger Krawallen im Sommer 1962 wurde einigen von ihnen der ästhetische Rahmen zu eng. Es entstand die »Subversive Aktion«, die bei unterschiedlichen Anlässen die Öffentlichkeit durch Provokationen herauszufordern versuchte. Die hauptsächlich aus Studenten bestehende Gruppe, die in rascher Abfolge Dependancen in Stuttgart, Frankfurt und West-Berlin gegründet hatte, beschloß 1965, den SDS zu unterwandern. Während das Vorhaben in München mißglückte, gelang es in West-Berlin, eine antiautoritäre Keimzelle zu etablieren.

---

67 Dies betont auch Wolfgang Matthias Schwiedrzik: »Die Situationisten (und ähnliche Kräfte) waren aber – so klein ihre Zahl war – so etwas wie das Salz in der Suppe oder wie die Hefe im trägen Teig. Ohne sie, als einheitlicher sozialistischer Verband, hätte der SDS niemals den Einfluß erlangt, den er erlangte.« Ders., Theater als «Aktion«, in: Ingrid Gilcher-Holtey (Hg.), 1968 – Vom Ereignis zum Gegenstand der Geschichtswissenschaft, Göttingen 1998, S. 232.

Dieser Erfolg war nicht zuletzt auf zwei sogenannte Abhauer zurückzuführen, auf die beiden aus der DDR geflohenen Soziologiestudenten Rudi Dutschke und Bernd Rabehl. An dem in der Wohnung des Schriftstellers Uwe Johnson gestarteten Kommune-Experiment, mit dem ein Gegenmodell zur bürgerlichen Kleinfamilie mit ihrer repressiven Sexualmoral geschaffen werden sollte, beteiligten sich Dutschke und Rabehl jedoch nicht. Während sie nach Möglichkeiten zur Auslösung eines revolutionären Prozesses suchten, machten Kommunarden wie Fritz Teufel und Rainer Langhans die Presse mit merkwürdigen Aktionen wie dem angeblichen »Puddingattentat« auf den US-Vizepräsidenten Hubert Humphrey auf sich aufmerksam. Als es deshalb zum Konflikt kam, zeigte sich der Westberliner SDS auch nicht toleranter als seine Mutterpartei. Er griff zum selben drakonischen Mittel wie die SPD und schloß die Kommune I bereits nach wenigen Monaten wegen »Realitätsflucht« und »falscher Unmittelbarkeit« aus. Der wichtigste Ideengeber in der Kommune war der aus dem Fränkischen stammende Dieter Kunzelmann.

Dieter Kunzelmann, Leisten Sie keinen Widerstand! Bilder aus meinem Leben, *Berlin 1998*

In seinen Erinnerungen läßt sich der Weg des Mannes verfolgen, der auf den Tag genau, wie er mit sichtlichem Stolz zu vermelden weiß, hundertfünfzig Jahre nach dem Sturm auf die Bastille geboren worden ist und der in gewisser Weise den Prototyp der antiautoritären Bewegung darstellt. Über Jahrzehnte hinweg hat er wie kein zweiter ihre einzelnen Stationen durchdekliniert: Als Clochard unter den Seine-Brücken in Paris beginnend, stieß er in München zur »Gruppe Spur«, wurde ebenfalls Mitglied der »Situationistischen Internationale«, begründete die »Subversive Aktion«, wechselte während der »Viva-Maria-Phase« nach West-Berlin über, stieg in den SDS ein und rief die Kommune I mit ins Leben. Bereits 1961 hatte Kunzelmann von einem Bauernhof in Südschweden aus seiner Familie in Bamberg geschrieben: »Wir versuchen hier eine kollektive kommunistische und situationistische Keimzelle innerhalb der kapitalistischen Gesellschaft aufzurichten.«[68] An keinem anderen läßt sich der in den sechziger Jahren ablaufende Radikalisierungsprozeß auf so exemplarische Weise nachvollziehen wie an dem Sohn eines Bamberger Sparkassendirektors.

Als im April 1998, rechtzeitig zur Welle der 68er-Revivals, im Berliner *Tagesspiegel* eine kryptisch anmutende Todesanzeige erschien, in der ohne Orts- und Datumsangabe behauptet wurde, Kunzelmann habe nicht nur über sein Leben, sondern nun auch über seinen Tod »frei bestimmt«, hatte der »Obermufti des Chaos«, wie er sich selbst einmal bezeichnete, seine Wiederauferstehung in gewisser Weise bereits hinter sich. Während der Trauerfeier für den früheren Reichstagspräsidenten Paul Löbe am 9. August 1967 in West-Berlin hatten Demonstranten, die »Freiheit für Fritz Teufel« forderten, einen Sarg mit sich geführt. Als sich der Deckel öffnete, erhob sich der bärtige Kommunarde, verteilte Flugblätter und schloß sich auf solch makabre Weise der Forderung an.

Obwohl von Freunden sogar noch ein Requiem für den vermeintlich aus dem Leben Geschiedenen veranstaltet worden war, meldete der *Stern* im Januar 1999, daß der Totgeglaubte lebe und mit seinem baldigen Wiederauftauchen zu rechnen sei. Der 60jährige ist inzwischen wiederaufgetaucht und hat sich, nicht ohne daraus ein öffentliches Spektakel zu machen, in einer Strafvollzugsanstalt eingefunden, um eine noch ausstehende einjährige Haftstrafe abzusitzen.

Auch wenn manche das Ganze peinlich finden mögen – Untertauchen, Täuschung, Geheimniskrämerei, Simulation und Selbstinszenierung haben schon immer Kunzelmanns Lebenselixier und zum Teil auch das der antiautoritären Bewegung ausgemacht.

---

68 Brief Dieter Kunzelmanns an seine Familie vom 22. Juli 1961, in: Dieter Kunzelmann, Leisten Sie keinen Widerstand! Bilder aus meinem Leben, Berlin 1998, S. 27.

Ein anderer Exponent der 68er-Bewegung ist hierzulande nur durch seine Teilnahme am Internationalen Vietnam-Kongreß im Februar 1968 in West-Berlin bekannt geworden. Ein Pakistani, der in Oxford studierte und zum Wortführer der britischen Studentenbewegung avancierte.

Tariq Ali, Street Fighting Years – *Autobiographie eines 68ers, Köln 1998*

In den Erinnerungen des 1943 in Lahore geborenen Mannes aus der pakistanischen Oberschicht, der aus seiner antikolonialistischen Haltung und seinem emphatischen Internationalismus heraus in Großbritannien zum Trotzkisten wurde, brechen sich ganz unterschiedliche biographische Einflüsse. Die überraschendste Komponente stellen dabei Kontakte zu prominenten Exponenten der Popmusik dar. Daher rührt auch der Titel seiner Autobiographie, der sich auf den berühmten Song »Street Fighting Man« aus der im Herbst 1968 auf den Markt gekommenen Rolling Stones-LP »Beggar's Banquet« bezieht.[69]

Obwohl sich in dem Band die gesamte politische Biographie Tariq Alis nachvollziehen läßt, sind es vor allem Einzelstationen, die etwas von den überraschenden internationalen Kontakten und Konstellationen in der zweiten Hälfte der sechziger Jahre verraten. Der erste wichtige Auftritt Alis geschah im Dezember 1965 in einer vom Fernsehen live übertragenen Debatte. Thema war die kontroverse Auseinandersetzung um die Militärintervention der USA in Vietnam. BBC und CBS übertrugen die Diskussion zwischen Angehörigen der Universitäten von Oxford und Harvard via Satellit.

69 Dort heißt es allerdings genau umgekehrt: »Hey! Think the time is right for a palace revolution / [...] Well, then, what can a poor boy do / Except to sing for a rock'n roll band / Cause in sleepy London town / There's just no place for street fighting man!«, Street Fighting Man, in: The Rolling Stones – Songbook, dt. von Teja Schwaner, Jörg Fauser und Carl Weissner, Frankfurt am Main 1977, S. 194.

(S. 81–83) Auf britischer Seite war als Senior der Labour-Abgeordnete Michael Foot und auf der amerikanischen der Politikwissenschaftler und spätere Außenminister Henry Kissinger mit von der Partie. Als Kissinger den Nordvietnamesen vorwarf, sie seien zu Verhandlungen über einen Friedensschluß nicht bereit, fiel ihm Ali mit der Bemerkung ins Wort, er halte diese Behauptung für obszön. Als Reaktion darauf, so schildert Ali die Szene, hätten ihm selbst einige der Harvard-Vertreter Beifall gespendet. Später stellte sich heraus, daß zwar CBS die für die USA sehr viel brisantere Debatte landesweit ausgestrahlt hatte, nicht jedoch die BBC. Ali erhielt als Reaktion auf seine Kissinger-Kritik aus den USA nicht nur Hunderte von Dankesschreiben, sondern auch eine Einladung von Marlon Brando. (S. 90/91) Als sich dieser zu einem Besuch in London aufhielt, erklärte er ihm, daß er ein überzeugter Gegner des Vietnamkrieges sei. Er stimme dem zu, was er in der Fernsehdebatte erklärt habe, und halte die Einmischung seines Landes für genauso unmoralisch wie die Nazi-Deutschlands 1936 im Spanischen Bürgerkrieg.

Einen großen Raum nimmt in seinen Erinnerungen die Schilderung einer Reise ein, die Ali Anfang 1967 im Auftrag der Russell Peace Foundation unternahm und die ihn von Prag über Phnom Penh nach Hanoi führte. (S. 99–131) Als Vorbereitung für das Russell-Tribunal gegen den Vietnamkrieg untersuchte er im Rahmen einer Delegation Kriegsverbrechen, die von den USA in Kambodscha und in Nordvietnam begangen worden waren. Als das Russell-Tribunal im August desselben Jahres in Stockholm durchgeführt wurde, trat er dort selbst als Zeuge auf. (S. 142–145) Er schilderte nicht nur, was er auf seiner Reise gesehen hatte, sondern behauptete außerdem, daß die Kriegführung der US-Amerikaner nicht frei von rassistischen Aspekten sei. Während ihm Jean-Paul Sartre in dieser Einschätzung zustimmte, lehnte sie Isaac Deutscher vehement ab; trotz aller Bemühungen war er nicht davon zu überzeugen.

Eine andere Reise führte Ali im Herbst 1967 nach Lateinamerika. (S. 153–178) Nach der Ermordung Che Guevaras war die Russell

Peace Foundation besonders besorgt, wie nun sein bereits Monate zuvor verhafteter Kampfgefährte Régis Debray von den bolivianischen Behörden behandelt werden würde. Zu der Beobachtergruppe gehörten neben den beiden Herausgebern der Zeitschrift *New Left Review*, Perry Anderson und Robin Blackburn, und dem Russell-Assistenten Ralph Schoenman auch Lothar Menne, der eine Zeitlang zum Umfeld der »Subversiven Aktion« zählte, später bei verschiedenen Verlagen arbeitete und heute Leiter des Ullstein Verlags ist. In La Paz erlebten sie mit, wie der Mailänder Verleger Giangiacomo Feltrinelli, der großspurig ankündigte, er werde die Reste der Guerilla durch den Kauf von Waffen und Arzneimitteln unterstützen, zusammen mit einer Begleiterin innerhalb weniger Stunden des Landes verwiesen wurde.

Zu einer eher komischen Begegnung Tariq Alis kam es 1969 mit John Lennon. Der Kopf der Beatles war darüber verärgert, daß in der trotzkistischen Zeitschrift *Red Mole* (Roter Maulwurf) eine Kritik an seinem Song »Revolution« publiziert worden war. Um die Differenzen auszudiskutieren, wurde er eines Tages zusammen mit Robin Blackburn von einer Speziallimousine abgeholt und zu Lennons in der Nähe von Windsor gelegenem Landhaus transportiert. Dort erklärte der Songschreiber im Beisein Yoko Onos: »Ich bin immer politisch bewußt gewesen und gegen den Status quo. Das ist einfach eine Grundeinstellung, wenn Du, so wie ich, dazu erzogen wirst, die Polizei als einen natürlichen Feind zu hassen und zu fürchten und die Armee als etwas zu verachten, das alle von zuhause wegholt und sie irgendwo tot zurückläßt [...] Ich habe seit meiner Kindheit über das System gespottet und war mir meiner Klasse immer sehr bewußt [...]«[70] Das Interview wurde in der nächsten Ausgabe der Zeitschrift abgedruckt. Lennon, der kurz zuvor »Working Class Hero« getextet hatte, schreibt Ali, habe dann unter dem Eindruck des Gesprächs seinen Song »Power to the People« verfaßt. Lennon sei im Unterschied zu anderen Rockmusikern allerdings weit davon entfernt ge-

70 John Lennon, in: Tariq Ali, Street Fighting Years – Autobiographie eines 68ers, Köln 1998, S. 272.

wesen, Songtexte für revolutionär zu halten. In seiner damaligen Lebensphase hätten Auffassungen der radikalen Linken lediglich bestimmte Gewißheiten aus seiner Kindheit reaktiviert und verstärkt.

Um eine andere, vielleicht noch überraschendere Verknüpfung zwischen Popmusik und Politik geht es in einem anderen Band mit eher assoziativ angelegten Reisereflexionen:

Paul Berman, Zappa meets Havel – *1968 und die Folgen – Eine politische Reise, Hamburg 1998*

Im Januar 1990, nur wenige Wochen nachdem Václav Havel Präsident der Tschechoslowakei geworden war, reiste der Gitarrist und Bandleader Frank Zappa nach Prag, um dem zum höchsten Repräsentanten seines Staates aufgestiegenen Schriftsteller und Dissidenten einen Besuch abzustatten. Er wollte dem Staatsmann, von dem er wußte, daß er seit Jahren ein begeisterter Anhänger von »Bongo Fury«[71] und anderen seiner Platten war, Vorschläge unterbreiten, die mit dazu beitragen sollten, dem Land einen gewissen wirtschaftlichen Aufschwung zu bescheren.

Hintergrund für die Außenstehenden völlig ungewöhnlich erscheinende Kontaktaufnahme war die Tatsache, daß Havel im Frühling 1968 sechs Wochen in New York verbracht hatte, um am Shakespeare-Festival teilzunehmen, auf dem sein Stück »Das Memorandum« aufgeführt wurde. Dabei hatte er die Gelegenheit wahrgenommen, den Streik an der Columbia University zu verfolgen[72] und auch den Auftritt von Frank Zappa und seiner Mother of Invention in dem von Bill Graham gegründeten »Fillmore East« zu besuchen. Als Havel nach Prag zurückflog, hatte er Dutzende von Platten, insbesondere einige von Velvet Underground, und mehrere psy-

---

71 Titel einer LP, deren Texte veröffentlicht sind in: Frank Zappa, Plastic People – Songbuch, Frankfurt am Main 1977, S. 452–475.

72 Vgl.: Wolfgang Kraushaar, 1968 – Das Jahr, das alles verändert hat, München 1968, S. 114f.

chedelische Poster in seinem Gepäck. Für ihn war zu jener Zeit die amerikanische Popmusik eine Quelle der Inspiration.

Zappa wurde zwar von mehreren tausend Pragern begeistert am Flughafen empfangen, jedoch kam es bei seiner Ankunft zu einer merkwürdigen Begegnung. Zur selben Zeit war nämlich die Botschafterin der Vereinigten Staaten gerade dabei, das Land zu verlassen. Ein Fernsehteam, das Aufnahmen von Zappas Ankunft machte, wollte sich die Gelegenheit nicht entgehen lassen und bat die Botschafterin um ein Interview zum Besuch des kalifornischen Rockstars. Als diese Sequenz in der abendlichen Nachrichtensendung des tschechoslowakischen Fernsehens ausgestrahlt wurde, glaubten viele der Zuschauer, ihren Augen nicht mehr trauen zu können. Denn die von dem Reporter Angesprochene wandte sich ab und vergrub ihr Gesicht wortlos in ihren Händen. Die Botschafterin hieß, wie sich spätestens jetzt herausstellte, Shirley Temple Black und war Jahrzehnte zuvor Hollywoods größter Kinderstar. Nun aber galt sie als der ungekrönte Liebling der Republikanischen Partei, dem es schon bei dem Gedanken daran, mit einem seiner Obszönitäten wegen berüchtigten Musiker wie Frank Zappa konfrontiert zu werden, offenbar nur grauen konnte.

Berman nimmt dieses mehrfache »Crossover« zwischen Diplomatie und Rockmusik, zwischen Trivial- und Gegenkultur, zwischen Ost und West zum Anlaß, um über die Globalität der 68er-Bewegung zu reflektieren. In mehreren Anläufen und aus verschiedenen Richtungen versucht er eine Antwort auf die Frage zu finden, warum es in jenem Jahr zu einer solch großen Zahl von Rebellionen gekommen ist, obwohl die sozialen und ökonomischen Ausgangsbedingungen in keinem der betroffenen Länder gleich gewesen sein dürften. Eine dieser Studentenbewegungen, auf die er immer wieder zurückkommt, ist die mexikanische. Unter Bezugnahme auf ein Werk des Historikers César Gilabert[73] schreibt er:» Jeder Aspekt der mexikanischen Revolte – ihr Geist von Unverschämtheit, die spek-

73 César Gilabert, El hábito de la utopía: análisis del imaginario sociopolítico en el movimiento estudiantil de México 1968, Mexico City 1993.

takulären Märsche durch die Straßen der Hauptstadt, die Graffiti, die Flugblätter, die Kulturfeste an jedem Wochenende, die Studentenversammlungen – brachte die Teilnehmer dazu, ihre Bewegung als eine Gegengesellschaft zu sehen, die sich mit dem autoritären Staat im Kriegszustand befand. Die neue demokratische Gesellschaft, die jeder in der Bewegung so glühend herbeisehnte, schien schon Wirklichkeit geworden zu sein. Mit den Worten Gilaberts war es ›ein utopischer Moment‹.«[74] Einer, der dieses Experiment mitgemacht hat, ist der in Spanien geborene, seit 1958 in Mexiko lebende Schriftsteller Paco Ignacio Taibo II. Dem deutschsprachigen Publikum ist er nicht nur als Verfasser verschiedener Kriminalromane bekannt, sondern auch als Autor einer voluminösen Che-Guevara-Biographie.[75] Nachdem die mexikanische Studentenrevolte am 2. Oktober 1968 auf dem Platz der drei Kulturen so blutig niedergeschlagen worden war,[76] hatte er damit begonnen, seine Erinnerungen an die 123 Tage dauernde Bewegung aufzuzeichnen. Erst jetzt hat er diese Notizen, die ursprünglich das Rohmaterial für einen Roman abgeben sollten, publiziert:

Paco Ignacio Taibo II, 1968 – Gerufene Helden - *Ein Handbuch zur Eroberung der Macht, Hamburg / Berlin 1997*

Es hatte alles am 26. Juli 1968 begonnen, als 7000 Studenten losgezogen waren, um des Beginns der kubanischen Revolution, jene fehlgeschlagene Eroberung der Moncada-Kaserne im Jahre 1953, zu gedenken. Doch aus dem, was zunächst nach einem der üblichen Rituale der Linken ausgesehen hatte, wurde das Signal zu einer Rebellion, durch die sich der mexikanische Staat, der wegen der bevor-

74 Paul Berman, Zappa meets Havel – 1968 und die Folgen – Eine politische Reise, Hamburg 1998, S. 49.

75 Paco Ignacio Taibo II, Che – Die Biographie des Ernesto Guevara, Hamburg 1997.

76 Vgl.: Wolfgang Kraushaar, 1968 – Das Jahr, das alles verändert hat, München 1998, S. 252–256.

stehenden Sommerolympiade einen internationalen Gesichtsverlust befürchtete, zu brutalen Gegenmaßnahmen veranlaßt sah. Er setzte bei jeder sich bietenden Gelegenheit die kasernierte Bereitschaftspolizei, die landesweit gefürchteten Grenaderos, ein. Bereits nach wenigen Tagen hatte es einen ersten Toten, Hunderte von Verletzten und über 1100 Verhaftungen gegeben.

Je näher die Eröffnungsfeier der Olympiade heranrückte, desto repressiver wurde das Auftreten von Polizei und Militärs. Was sich jedoch am späten Nachmittag des 2. Oktober im Tlatelolco-Viertel abspielte, stellte alles in den Schatten, was sich irgendwo auf der Welt 1968 zugetragen hat. Es war, wie unabhängige Beobachter bestätigten, ein geplantes und mit strategischer Genauigkeit durchgeführtes Massaker – bei hellichtem Tage auf einem belebten Platz in einer Hauptstadt verübt, in der bereits zahlreiche ausländische Journalisten zugegen waren.

Der CIA-Agent Philipp Agee, der den gesamten Ablauf der mexikanischen Studentenbewegung und ihrer Niederschlagung beobachtet hatte, notierte einen Tag später in sein Tagebuch: »Heute kam es zu einer Massenhysterie, als Tausende von Eltern die Leichen ihrer Kinder suchten, die in Krankenhäusern und Gefängnissen nicht zu finden sind.«[77] Offiziell, merkte er an, hätten die mexikanischen Behörden 28 Tote und 200 Verwundete angegeben. Weder in der mexikanischen Presse noch im Fernsehen waren allerdings Bildaufnahmen von dem erschienen, was sich auf dem Platz im Tlatelolco-Viertel abgespielt hatte. Das Blutbad hatte wohl Hunderte das Leben gekostet – eine genaue Zahl wird sich wahrscheinlich nie ermitteln lassen, da nicht bekannt ist, wohin man die Leichen geschafft hat.

Paco Ignacio Taibo II hatte Glück. Er war nach einer Verhaftung wenige Tage zuvor noch einmal freigekommen. Durch Vermittlung seines Vaters war es ihm gelungen, einen Tag vor dem Massaker Mexiko zu verlassen. Als er auf dem Flughafen von Madrid eintraf, fiel ihm eine Zeitung mit den ersten Berichten darüber in die Hände.

---

77 Philipp Agee, CIA intern – Tagebuch 1956–1974, Frankfurt am Main 1981, S. 430.

Vor Schreck verlor er seine Stimme. Der Arzt, der ihn behandelte, schreibt er, habe das »hysterische Stummheit« genannt. Noch lange Zeit danach hat er sich Vorwürfe gemacht, nicht in Tlatelolco gewesen zu sein. Nicht dort gewesen zu sein, versichert er, wäre »schlimmer als nicht gestorben zu sein«. Am Ende seiner Erinnerungen bezeichnet er sich als eines der »Gespenster von 68«.

Dokumentationen

Es gibt solche und solche Dokumentationen. Die einen dienen der historischen Ablage, sie gehören zur Abteilung »Erledigte Fälle« und gleichen in mancher Hinsicht eher einer kriminalistischen Kammer als einer historischen Sammlung, die anderen dienen niemandem, sie versuchen nichts anderes, als der toten Zeit zu widerstehen. Zur letzteren Kategorie gehört zweifelsohne ein Band, dessen Titel bereits jenen emphatischen Gestus verrät, der damals nicht nur, aber vor allem in Paris, dort ganz besonders, in der Luft lag:

Lutz Schulenburg, Das Leben ändern, die Welt verändern! **1968 –** ***Dokumente und Berichte, Hamburg 1998***

Einer der darin abgedruckten Briefe beginnt mit den Worten: »Lieber Herr Adorno, in Paris ist die physische Luft verpestet, die intellektuelle Luft ist reiner denn je. Man lebt in einer Art Rauschzustand.«[78] Das am 15. Mai 1968 verfaßte Schreiben stammt von Elisabeth Lenk. Sie schreibt ihrem Doktorvater, dem Frankfurter Philosophen Theodor W. Adorno, und versucht ihm etwas von der Atmosphäre jener Tage im »Pariser Mai« zu vermitteln.[79]

---

78 Elisabeth Lenk, Brief an Theodor W. Adorno, in: Lutz Schulenburg (Hg.), Das Leben ändern, die Welt verändern! 1968 – Dokumente und Berichte, Hamburg 1998, S. 211.

79 Zur Zusammenarbeit Lenks mit Adorno: Charles Fourier, Theorie der vier Bewegungen und der allgemeinen Bestimmungen, hrsg. von Theodor W. Adorno, eingeleitet von Elisabeth Lenk, Frankfurt am Main 1966.

Ein anderer in West-Berlin als Flugblatt verteilter offener Brief vom 10. Dezember 1969 ist an den damaligen Bundespräsidenten Gustav Heinemann gerichtet, vormals Rechtsanwalt, Syndikus sowie Innen- und Justizminister und in den fünfziger Jahren in der Bundesrepublik – mal inner-, mal außerparlamentarisch – einer der wichtigsten Oppositionspolitiker: »Amnestie hin, Amnestie her. Uns interessiert einzig und allein, was jetzt ist. Und so sieht es doch aus, lieber Gustav. Du bist ein kleiner liberaler Boss geworden, Richter und Staatsanwälte werden gefördert, die Prozeßlawine rollt und rollt.«[80] Zu den Unterzeichnern gehören eine »Palästinafront«, die »Tupamaros Westeuropa« und die »Frauenbefreiungsfront« sowie verschiedene »Kommandos« mit Namen wie »Brian Jones«, »Panthertanten« und »Viva Maria«.

»Es lag nicht in meiner Absicht«, schreibt der Herausgeber Lutz Schulenburg, der sich ironisch als »Hilfshistoriker« bezeichnet, in seinem Vorwort, »eine besondere These zu illustrieren oder einen Beitrag zum 30. Dienstjubiläum der 68er-Bewegung vorzulegen. Das eine hieße, Erwartungen zu nähren, die nicht eingelöst werden, das andere setzt sich dem Verdacht aus, ein weiteres Epitaph für die Beerdigungsfeier zu liefern. Es finden sich in dieser Sammlung auch keine besonders originellen oder neuartigen Erkenntnisse. Die einzige Botschaft, auf die es ankommt, heißt: Rebellion ist berechtigt!«[81] Das Motto findet sich, ganz so, als wolle Schulenburg seine Feststellung mangelnder Originalität bestätigen, im ersten Dokument wieder, dem von der Zürcher Jugendbewegung im Sommer 1968 herausgegebenen »1. Flugblatt der antiautoritären Menschen« (S. 11).

Auch wenn der ostentative Gestus des »Nichtsdestotrotz, nur weiter so« stören mag – es existiert keine andere Dokumentensammlung, die die Atmosphäre, den Ton und die Stimmung jener Zeit ungefilterter zum Ausdruck bringt.

---

80 Zentralkomitee der Palästinafront u. a., Offener Brief an Gustav Heinemann und andere, in: Lutz Schulenburg (Hg.), ebenda, S. 447.

81 Lutz Schulenburg, Vorwort, in: ders. (Hg.), ebenda, S. 5.

Um eine ganz andere Dokumentation geht es in einem anderen Fall. Es ist ein Katalog, dem eine Ausstellung zugrunde liegt, die von Mai bis November 1998 im Deutschen Literaturarchiv in Marbach zu sehen war. Sie ist nicht zuletzt durch die Archivierung literarischer Materialien veranlaßt worden. Nachdem im Laufe des letzten Jahrzehnts immer mehr Sammlungen aus der Zeit um 1968 – wie das März-Archiv von Jörg Schröder zum Beispiel – in die Magazine gekommen sind, bedurfte es nur noch eines Anstoßes, um die Präsentation derartiger Dokumente zu initiieren. Dieser ging von dem Heidelberger Germanisten Helmuth Kiesel aus, der sich nach einem Besuch des Literaturarchivs dafür aussprach, die Frage zu untersuchen, wie die Literatur und das literarische Leben um 1968 auf die Postmoderne eingewirkt haben. Inzwischen liegt der Katalog vor:

Ralf Bentz / Sabine Brtnik / Christoph König / Roman Luckscheiter / Ulrich Ott / Brigitte Raitz (Hg.), Protest! Literatur um 1968 – *Eine Ausstellung des Deutschen Literaturarchivs in Verbindung mit dem Germanistischen Seminar der Universität Heidelberg und dem Deutschen Rundfunkarchiv im Schiller-Nationalmuseum Marbach am Neckar, Marbacher Kataloge 51, hrsg. von Ulrich Ott und Friedrich Pfäfflin, Marbach am Neckar 1998*

Die Ausstellung beginnt mit einer Gruppe von Exponaten, die unter der Überschrift »Gegen den Tod« stehen, dem Titel einer Publikation, in der sich Schriftsteller von Karl Albrecht und Günther Anders bis Gerhard Zwerenz und Arnold Zweig gegen die Atombewaffnung wenden.[82] Der Sammelband ist von der Pastorentochter Gudrun Ensslin und Bernward Vesper, dem Sohn des NS-Schriftstellers Will Vesper, zusammengestellt worden, die beide Stipendiaten der »Studienstiftung des Deutschen Volkes« waren und Ende 1963 ihren Studienort von Tübingen nach West-Berlin verlegten. Im

82 Studio Neue Literatur (Hg.), Gegen den Tod – Stimmen deutscher Schriftsteller gegen die Atombombe, Stuttgart-Cannstatt 1964.

März 1965 gaben sie ihre Verlobung bekannt. Beide unterstützten den Kanzlerkandidaten der SPD, Berlins Regierenden Bürgermeister Willy Brandt, indem sie sich im »Wahlkontor deutscher Schriftsteller« engagierten. Soweit die weniger bekannte Vorgeschichte, die hier als Einstieg in die komplexe Thematik dient.

Die Folgegeschichte der beiden ist stärker verbreitet: Vesper gab von 1966 bis 1968 die *Voltaire-Flugschriften* heraus, die Reihe, die wohl am signifikantesten für die aus dem Umfeld der Studentenbewegung entstandenen Publikationen war. 1971 beging er in einer Psychiatrischen Klinik Selbstmord, sechs Jahre später erschien sein autobiographischer Roman »Die Reise«, der nach dem Deutschen Herbst zum großen Erfolg und von zahlreichen Kritikern als das wichtigste literarische Dokument der Revoltegeneration bezeichnet wurde. Gudrun Ensslin, die im April 1968 an der Frankfurter Kaufhausbrandstiftung beteiligt war und im Mai 1970 die RAF mitbegründete, fand man nach der Geiselbefreiung in Mogadischu am Morgen des 18. Oktober 1977 erhängt in ihrer Zelle in Stuttgart-Stammheim auf.

Das Ende der Ausstellung wird von Exponaten markiert, die um das Stichwort »Sexfront« gruppiert sind. Es geht um die sogenannte sexuelle Revolution – die Pille, Wilhelm Reichs Klassiker »Die Funktion des Orgasmus«, Reimut Reiches Schrift »Sexualität und Klassenkampf«, das Satiremagazin *Pardon*, Valie Exports provokatives »Tapp- und Tastkino«, Günter Amendts Aufklärungsbuch »Sexfront« und das seinerzeit als freizügig geltende Musical »Hair«. Das jedenfalls ist der Schlußpunkt.

Im Zentrum der Ausstellung (und des Bandes) steht allerdings ganz ohne Zweifel die Frage nach dem Zusammenhang zwischen Protest und Postmoderne. Schon seit langem beschäftigt Intellektuelle die Frage, ob es eine Beziehung zwischen der 68er-Bewegung und der Postmoderne – und wenn ja, welche – gegeben hat. War die Revolte ein Vorläufer, ihre erste Emanation oder genau umgekehrt ihre Antithese? Oder ist das Problem nur auf die totalisierende Tendenz postmoderner Theoretiker zurückzuführen, die in ihrer relativierenden Diskursstrategie vor nichts haltmachen können und auch das irritierende Bewegungsphänomen ihrem Deutungsmonopol unterwerfen möchten? Es mehren sich jedenfalls ernstzunehmende Stimmen, die behaupten, es gebe mehr als nur oberflächliche Analogien zwischen beiden Phänomenen.[83] War es Zufall oder eine historische Fügung, daß die bundesdeutsche Intelligenz erstmals mit einem entschiedenen Verfechter der Postmoderne im Sommer 1968 konfrontiert wurde?

Wer den Katalog aufmerksam studiert, wird jedenfalls zu dem Schluß kommen, daß jener aufsehenerregende Auftritt des amerikanischen Literaturwissenschaftlers Leslie A. Fiedler am 29. Juni 1968 im Theatersaal der Freiburger Universität nicht ganz unvorbereitet kam. Denn er hatte eine Art Präludium. Fiedler hatte an dem Treffen der »Gruppe 47« im April 1966 an der Princeton University teilgenommen. Es ging dort um die Frage nach dem politischen Engagement des Schriftstellers. Zusammen mit Susan Sontag hatte er sich an einer Diskussion bundesdeutscher Autoren wie Günter Grass, Hans Magnus Enzensberger, Erich Fried und Peter Weiss über das Thema »Der Schriftsteller in der Wohlstandsgesellschaft« beteiligt. Auf der Rückseite eines Exemplars der *American-German Review* notierte er den richtungweisenden Gedanken: »Die Wohlstandsgesellschaft ist per Definition eine Gesellschaft, in der die gesamte Kultur dazu tendiert, zur Massenkultur zu werden – und das Leben des Schriftstellers selbst wird Teil der Massenkultur, auch wenn er einen Großteil seines Lebens damit verbringt, das zu beklagen. In der Tat ist das Beklagen der Massenkultur oder der Massenmedien zum Standard der Pop Art geworden; ebenso wie des literarischen Symposiums oder des internationalen Künstlertreffens.«[84] Obwohl, wie

---

83 Zum Beispiel: Wolfgang Eßbach, Protestbewegung, Scheinrevolution, postmoderne Revolte? Nachdenken über »68« (Ms.), Vortrag am 19. November 1997 im Rahmen einer Veranstaltungsreihe über die 68er-Bewegung an der Universität Freiburg.

84 Handschriftliche Notiz von Leslie A. Fiedler, in: Ralf Bentz / Sabine Brtnik / Christoph König / Roman Luckscheiter / Ulrich Ott / Brigitte Raitz (Hg.), Protest! Literatur um 1968, Marbach am Neckar 1968, S. 365.

einem Tagungsbericht entnommen werden kann, den meisten der Zuhörer wegen der schlechten Akustik unklar geblieben sein muß, wie die Diskussion letztendlich verlief, so herrschte doch Einigkeit darüber, daß die Debatte um das Engagement längst noch nicht zu Ende sei.

In die Aufmerksamkeit des deutschen Publikums katapultierte sich Fiedler jedoch erst zwei Jahre darauf mit seinem Freiburger Vortrag. Der Titel des vom Freiburger Amerika-Haus zusammen mit dem Institut für Atlantische Studien der Universität von Massachusetts organisierten Symposium lautete: »Für und wider die zeitgenössische Literatur in Europa und Amerika«. Dem damals 51jährigen Fiedler, der nicht nur Ordinarius für Englische Literatur an der New Yorker State University in Buffalo, sondern auch Prosaautor war, eilte der Ruf des »wild man of American literary criticism« voraus. Der Titel seines Vortrags hob sich von denen seiner Mitreferenten stark ab und hörte sich eher an wie eine Parole: »Close the Gap – Cross the Border: The Case for Post-Modernism«.

Wie die Lücke zu schließen, der Abgrund zu überbrücken und was unter dem »Case« zu verstehen sei, faßte Annemarie Meckel kurz darauf in einem Zeitungsbericht zusammen: »Fiedler versteht darunter eine Anti-Literatur, die, aus den Träumen des Volkes aufsteigend, kaum Grenzen unterworfen, dem Pop, der Pornographie, den Comics, der Science Fiction nahe, den Spalt zwischen hoch und niedrig schließe; eine ›popular culture‹, die nicht das Geringste mit der bisherigen Tradition zu tun – die Moderne samt Proust, Mann, Joyce sei tot, nur zu Cooper gebe es eine dünne Linie – und ihre eigene Mythologie zu schaffen habe.«[85] Obwohl ein Sammelband mit den Tagungsbeiträgen vorgesehen war, ist dieser nie erschienen. Dennoch konnte Fiedlers aus dem Rahmen fallender Beitrag in einer erweiterten Fassung schon bald nachgelesen werden. Der Feuilletonredakteur der konservativen Wochenzeitung *Christ und Welt*, Wolfgang Ignée, hatte es geschafft, den Professor zu einer Ausarbei-

---

85 Annemarie Meckel, Literaturaspekte der Gegenwart – Ein Symposium in Freiburg, in: *Badische Zeitung* vom 2. Juli 1968.

tung seines als überaus provokativ empfundenen Vortrags zu überreden.

Zu den herausforderndsten Passagen, die dann im Feuilleton des Wochenblattes erschienen, zählte eine, in der jene angegriffen wurden, die sich im Gefolge der Protestbewegung gerade auf dem Vormarsch befanden: »Die Marxisten verteidigen die letzten Bastionen des Rationalismus und der Vormachtstellung des Politisch-Faktischen; sie sind daher die natürlichen Feinde des Mythischen und der Leidenschaften, der Phantasie und eines veränderten Bewußtseins.«[86] Doch die Herausforderung verhallte nicht ungehört; sie löste bei einem Teil derjenigen, die gemeint waren, Reaktionen aus. Da Ignée von vornherein daran interessiert war, mit Fiedlers Beitrag eine eigene Debatte zu initiieren, schickte er ihn an eine Reihe von Schriftstellern und bat sie um Stellungnahmen.

An dieser Auseinandersetzung, der sogenannten »Fiedler-Debatte«, beteiligten sich Reinhard Baumgart, Jürgen Becker, Rolf Dieter Brinkmann, Peter O. Chotjewitz, Wolfgang Hädecke, Helmut Heißenbüttel, Hans Egon Holthusen und Robert Neumann. Ihre Beiträge wurden zwischen dem 4. Oktober und dem 15. November in *Christ und Welt* abgedruckt. Fiedlers wichtigster Kontrahent war jedoch ein Autor, der selbst an dem Symposium teilgenommen hatte[87] und gerade dabei war, sich in der DKP zu engagieren – Martin Walser. Bereits in der Diskussion über Fiedlers Vortrag hatte der damals 41jährige dem Literaturwissenschaftler vorgeworfen, indem er die Privatmythologien hochjubele, arbeite er der Unterhaltungs-

---

86 Leslie A. Fiedler, Das Zeitalter der neuen Literatur – Die Wiedergeburt der Kritik, in: *Christ und Welt* vom 13. September 1968; der zweite Teil des Beitrags erschien in der darauffolgenden Ausgabe am 20. September 1968. Eine noch ausführlichere Version wurde dann ein Jahr später in der Weihnachtsausgabe des *Playboy* veröffentlicht: Leslie A. Fiedler, cross the border, close the gap, in: *Playboy*, 16. Jg., Nr. 12, Dezember 1969, S. 151, 230 und 252–258.

87 Der Titel seines Referats lautete: »Engagement als Pflichtfach für Schriftsteller«.

industrie in die Hände und betreibe das Geschäft der Gegenaufklärung.

Nun erklärte er unter der Überschrift »Mythen, Milch und Mut«, warum er Fiedler ein weiteres Mal in die Parade fahren müsse. Weil Amerika seit Jahren dabei sei, »die westliche Lebensart und -chance zu verderben«, sehe er sich gezwungen, »dem Schamanen-Gesang aus Neu-Wild-West« zu widersprechen: »Ich pfeife also auf ein neues Mythensoll, stelle mich aber gern als Relais zur Verfügung zur Fortpflanzung und Verstärkung des neuen und hilfreichen Gerüchts: die Kunst ist tot, es lebe aber nicht die Antikunst (denn das ist doch nur ein ästhetischer Trick), sondern die demokratische Literatur. Die angemessene Ausduckspraxis. Die nicht kanonisierte Schreibe. Die demokratische, mythenzerstörende, mutmachende Schreibe, in der sich der demokratische Befreiungsprozeß manifestiert. In diesem Prozeß werden heilige Kühe erzogen, Milch zu liefern. Denn was wir auf der Erde brauchen, ist ja vor allem mehr Milch und weniger Mythen.«[88] Einer, der sich gegen derartige Abwehrreaktionen auf Fiedlers Postmodernismus-Plädoyer wendet, ist der damalige FAZ-Feuilletonredakteur Karl Heinz Bohrer. Im *Merkur* prangert er die Haltung, die von dem Chor der Kritiker zum Ausdruck gebracht werde, als »Verteidigung des juste milieu« an.[89] Soviel zum Verlauf der »Fiedler-Debatte«.

---

88 Martin Walser, Mythen, Milch und Mut, in: *Christ und Welt* vom 18. Oktober 1968.

89 Karl Heinz Bohrer schreibt: »Die notwendigen Einwände gegen Fiedlers Thesen brauchen nicht memoriert zu werden. In der Tat: wir haben keine Indianer. Wichtiger ist, daß charakteristische Repräsentanten der westdeutschen Literatur und Kritik über alle Einwände hinaus nicht bereit waren, Fiedlers Sätze fairer zu interpolieren. Dagegen wäre von Fiedlers angebotenen Stoffen zu abstrahieren, überhaupt von diesen oder jenen Pop-Inhalten, und nur festzustellen, ob und was sie für die alte surrealistische Forderung hergeben: ›Erfahrungen und Experimente mit dem Innenleben‹.« Ders., Surrealismus und Terror, in: *Merkur*, 23. Jg., Heft 10/1969, S. 934.

Helmuth Kiesel stellt diese Kontroverse, die in mancher Hinsicht den in den achtziger Jahren geführten Debatten über Moderne und Postmoderne vorgreift, ins Zentrum seines Nachworts. Er ist der Überzeugung, daß es kein Zufall, sondern der »Zug der Zeit« gewesen sei, daß der »Postmodernismus«, von dem zuvor lediglich einige Experten gesprochen hatten, im Sommer 1968 »konturiert« und als Signal einer neuen kulturellen Epoche ausgerufen worden sei. Da der Begriff Postmoderne nicht nur umstritten ist, sondern auch ein Spektrum höchst unterschiedlicher Deutungen zuläßt, grenzt er ihn, an dem Verständnis von Wolfgang Welsch orientiert,[90] in mehrerlei Hinsicht ab. Der Angriff der Postmoderne auf die Moderne sei vor allem durch die Destruktion ihres Universalismusanspruchs und ihres teleologischen Denkens gekennzeichnet. Sie setze auf die zunehmende Entfaltung von Autonomie und Pluralität. Sie wolle die Moderne keineswegs beseitigen, sondern sie umfassend realisieren. Die von ihr ausgehenden ästhetischen Impulse sollten nicht nur den Lebensstil einiger Eliten, sondern den der Massen insgesamt bestimmen. Das postmoderne Denken sei skeptisch sowohl gegenüber »dem Machbarkeitswahn und den Freiheitsversprechungen des Kapitalismus« als auch gegenüber »dem Machbarkeitswahn und den Gleichheitsversprechungen der antikapitalistischen Utopien«.

Zunächst sieht er eine Reihe von Konvergenzen zwischen Protestbewegung und Postmoderne: in der Kritik an den traditionellen bürgerlichen Normen, der Hinwendung zu neuen Werten und Vorbildern, der Aufwertung von Minderheiten, der Entdeckung des Feminismus, der Pluralisierung von Denk- und Lebensformen, der Ästhetisierung des Alltags durch eine neue Massenkultur und der Überwindung der Diskrepanz zwischen Hoch- und Trivialkultur. Dann rühmt er den »subversiven Impetus des postmodernen Denkens« und summiert einige Motive und Tendenzen der Protestbewegung, gegen die sich dieser richte: gegen ihren Utopismus und Messianismus, den Monismus ihrer Geschichtsauffassung, ihren au-

90 Siehe: Wolfgang Welsch, Unsere postmoderne Moderne, Weinheim 1987.

toritären Gestus, die totalitären Implikationen einiger ihrer politischen Konzepte und den Zwang, »alles politisch sehen« und »sich permanent engagieren« zu müssen. Insbesondere richte sie sich gegen die politische Funktionalisierung der Literatur: »Symptomatisch dafür ist Fiedlers Haltung gegenüber der Forderung nach Engagement: Er wollte sich zwar, wenn es ihm nötig erschien, als Bürger seines Landes engagieren, nicht aber als Schriftsteller; Literatur sollte nicht im politischen und sozialen Engagement aufgehen und ihm schon gar nicht geopfert werden.«[91] Es sei verkehrt, meint Kiesel, diese Haltung als Anzeichen von Politikvergessenheit und Neokonservatismus anzugreifen. Darin manifestiere sich eher der Autonomieanspruch von Kunst und Intellekt gegenüber den verschiedenartigen politischen und sozialen Ansprüchen.

Die Schlußfolgerung, zu der Kiesel in seinem Versuch, »1968« als das »Manifestwerden einer neuen kulturellen Einstellung« zu begreifen, schließlich gelangt, ist jedoch kaum mehr als ein Gemeinplatz. Die »Helden der antikapitalistischen Revolte« hätten mit ihren Aktivitäten, ganz im Gegensatz zu ihrem Wissen und Wollen, »die postmoderne Flexibilisierung und Pluralisierung vorangetrieben«. Sie seien nicht Urheber, sondern Ausdruck eines sich in der gesamten westlichen Welt vollziehenden Prozesses der Modernisierung und des Wertewandels gewesen.

Analysen

Der erste Abend im Hörsaal B des Henry-Ford-Baus der Freien Universität in West-Berlin sollte dem Thema gewidmet werden: »Die Theorien der direkten Aktion in ihrem Gegensatz zum rationalen Aufklärungsanspruch – Rudi Dutschke und Hans-Jürgen Krahl als Theoretiker«. Er begann jedoch mit einem Fehlstart. Eine anonyme Bombendrohung zwang zum Umzug in einen anderen Hörsaal. Nach der Begrüßung durch den Soziologen und Gewerk-

---

91 Helmuth Kiesel: Literatur um 1968 – Politischer Protest und postmoderner Impuls, in: Ralf Bentz u.a. (Hg.), ebenda, S. 617.

schaftshistoriker Theo Pirker mit den Worten »Liebe Kollegen, liebe Feinde«, in der der ehemalige APO-Gegner auf den »wissenschaftspolitischen Zweck« der Veranstaltung verwies, wurden die 250 Zuhörer darum gebeten, sich zu zwei Gedenkminuten für Dutschke und Krahl zu erheben. Dann folgten zwei Referate von Bernd Rabehl und Detlev Claussen über die beiden Protagonisten des Westberliner und des Frankfurter SDS. Dies alles geschah im Juni 1985.

Siegward Lönnendonker (Hg.), Linksintellektueller Aufbruch zwischen »Kulturrevolution« und »kultureller Zerstörung« – *Der Sozialistische Deutsche Studentenbund (SDS) in der Nachkriegsgeschichte (1946–1969) – Dokumentation eines Symposiums, Opladen / Wiesbaden 1998*

Unter diesem Titel veranstaltete das Zentralinstitut für sozialwissenschaftliche Forschung 1985 ein Symposium, das wegweisend war und dessen Protokollband nun nach über einem Dutzend Jahren vorliegt. In einzelnen Schritten wurde die gesamte Geschichte des SDS mit ihren wichtigsten Einkerbungen, Aspekten und Umbrüchen bis zu dessen Auflösung behandelt. Als Referent nahm auch der rechtskonservative Stuttgarter Philosoph Günter Rohrmoser teil und als Zuhörer zeitweilig auch der Westberliner Historiker Ernst Nolte.

Der heftigste Streit wurde durch die Referate zum Thema »Parlamentarismuskritik und die Konzeption der Basisdemokratie« ausgelöst. (S. 252–301) Im Zentrum der Auseinandersetzung stand dabei die Frage nach der Einschätzung von Johannes Agnolis Schrift »Transformation der Demokratie«, in der das Parlament ja mit der Begründung grundsätzlich abgelehnt wird, daß es immer nur Instrument der bürgerlichen Klasse, nicht aber der Arbeiterklasse sein könne.[92] Während Ulrich K. Preuß, der den Mangel eines Politikbegriffs im Marxismus generell beklagte, Agnoli vorhielt, er verkenne bei al-

---

92 Johannes Agnoli / Peter Brückner, Transformation der Demokratie, Frankfurt am Main 1968.

ler notwendigen Kritik Möglichkeiten, die der Rechtsstaat biete, warf ihm Wolfgang Kraushaar vor, seine Parlamentarismuskritik vor allem aus dem Denken präfaschistischer Theoretiker wie Carl Schmitt und Vilfredo Pareto zu beziehen. Auf diese Inbezugnahme zwischen linker und rechter Theoriebildung reagierte Jacob Taubes mit der Bemerkung, daß Schmitts Überlegungen ohne eine Verarbeitung des Leninismus nicht denkbar seien und es insofern durchaus legitim sei, die linke Parlamentarismuskritik aus dem rechten Entwurf zurückzuübersetzen. Dem wiederum widersprach Rabehl, indem er konstatierte, daß es zwischen den Emanzipationsansprüchen der einen und den Herrschaftsambitionen der anderen Seite keinerlei Vermittlung gebe.

Eine mit Joschka Fischer und anderen Vertretern der Grünen geplante Podiumsdiskussion »Zur Politikfähigkeit des SDS als Vorform sozialer Oppositionsbewegungen« entfiel. Statt dessen wurde eine Fortsetzung des Treffens in Frankfurt beschlossen, die dann im November 1986 unter dem Titel »Prima Klima« stattfand.[93]

Die Westberliner Konferenz ehemaliger Aktivisten löste seinerzeit ein großes Echo in der Presse aus.[94] In einem Kommentar auf

---

93 Siehe den Protokollband: Helmut Schauer (Hg.), Prima Klima – Wider den Zeitgeist: Erste gnadenlose Debatte zur endgültigen Klärung aller unzeitgemäßen Fragen, Hamburg 1987.

94 Vgl.: Klaus Hartung, Die Rückkehr des SDS – Erstes SDS-Symposium an der Freien Universität Berlin – Zwischen Erinnerung und Selbstkritik, in: *die tageszeitung* vom 29. Juni 1985; Johannes Wendt, Zwischen Selbstprüfung und witzigen Anekdoten – Die SDS-Veteranen besinnen sich auf ihre Geschichte, in: *Frankfurter Rundschau* vom 16. Juli 1985; Jürgen Busche, Unsere Anführer haben uns nicht erklärt, warum wir diese Form der Bewegung wollten – Ehemalige SDS-Mitglieder diskutieren in Berlin über die APO von 1968, in: *Frankfurter Allgemeine Zeitung* vom 29. Juni 1985; Uwe Schlicht, Der Weg in die Gewalt – 17 Jahre danach / Das Jahr 1968 und die Außerparlamentarische Opposition – Treffen ehemaliger SDS-Mitglieder, in: *Der Tagesspiegel* vom 29. Juni 1985; Dieter Stäcker, Unter den Talaren Muff von 17 Jahren? In: *Deutsches Allgemeines Sonntagsblatt* vom 7. Juli 1985.

der Titelseite der FAZ warf Jürgen Busche gar die Frage auf, ob letzten Endes nicht doch der SDS »gesiegt« habe. Er beklagte sich darüber, daß die konservativen Eliten in der Bundesrepublik keine angemessenen Antworten auf die Herausforderungen der SDS-Generation zu geben vermocht hätten. »Das Bürgertum [...]«, schrieb Busche, »hat sich von dem Ansturm der linkssozialistischen Programmatik und der antiautoritären Ideen nie so recht erholt.«[95] Indem es sich damit zufriedengegeben habe, den Griff der »SDS-Politruks« nach der Macht abzuwehren, habe es damit jedoch zugleich versäumt, den von der antiautoritären Bewegung vertretenen Anspruch, »im Politischen eine höherwertige moralische Qualität darzustellen«, in der Öffentlichkeit wirksam bloßzustellen. Dies sei gerade im Vergleich zu den konservativen Schichten in anderen westlichen Ländern, die »resistenzfähiger« auf die »moralisch-politischen Zumutungen« ihrer akademischen Jugend reagiert hätten, eine Niederlage.

Resümee

Kein Zweifel: Es ist bereits vor Jahren, wie Gunter Hofmann einmal bemerkt hat, ein »Kulturkampf um '68« ausgebrochen,[96] dessen Ende nicht abzusehen ist. Im Gegenteil, durch die zunehmende soziokulturelle Polarisierung zwischen Ost- und Westdeutschen hat dieser Konflikt eine zusätzliche Aufladung erfahren. Dem Kräftefeld dieser zentralen Auseinandersetzung wird sich auch die historische Forschung kaum entziehen können. Ihre Ergebnisse werden, sofern sie nicht nur innerhalb der eigenen Zunft, sondern auch in der Öffentlichkeit Beachtung finden, in einem Licht erscheinen, das von dieser Front nicht unbeeinflußt ist.

Eine andere, über lange Zeit nur latent vorhandene Konfliktlinie

---

95 Jürgen Busche, Später Sieg des SDS?, in: *Frankfurter Allgemeine Zeitung* vom 28. Juni 1985.

96 Gunter Hofmann, Kulturkampf gegen die Kulturrevolutionäre, in: *Die Zeit* vom 1. Januar 1993, 48. Jg., Nr. 1, S. 3.

verläuft zwischen den ehemals historisch Beteiligten und den in aller Regel als unbeteiligt geltenden Historikern. Der Hamburger Zeitgeschichtler Axel Schildt hat auf dem Kopenhagener Sechziger-Jahre-Symposium gar von einer »natürlichen Feindschaft« zwischen Zeitzeugen und Zeithistorikern gesprochen.[97] Die Häufigkeit, mit der diese Formel inzwischen wiederholt worden ist, zeigt nicht nur an, daß es offenbar ein lange Zeit verstecktes Bedürfnis gegeben haben muß, bestehende Differenzen in Termini Carl Schmittscher Provinienz zu pressen, sondern auch, wie tief der Graben tatsächlich reicht. Es darf vermutet werden, daß diese Redeweise zu nichts anderem dienen soll, als ein Deutungsmonopol zu beanspruchen oder sich bereits im Vorfeld einen Platz für ein solches zu reservieren. Mit der Delegitimierung der einen Seite, der der Beteiligten, geht die Prälegitimierung der anderen, derjenigen einher, die qua wissenschaftlicher Rationalität glauben, für ihre Forschungsarbeiten allein Objektivität beanspruchen zu dürfen.

Der Konflikt zwischen Zeitzeugen und Historikern, der ja ganz unabhängig von dieser spezifischen historischen Konstellation existiert, kann jedoch nicht per definitionem entschieden werden. Es wäre naiv, eine Arbeitsteilung empfehlen zu wollen, nach der die einen für die subjektiven Zeugnisse – sprich: einen Teil des Materials – und die anderen für die objektive Darstellung – sprich: die angemessene Analyse – zuständig wären. Zu Recht erinnert deshalb Franz-Werner Kersting daran, daß es zwischen dem »*Erlebnis*horizont« des Zeitzeugen und dem »*Erklärungs*horizont« des Historikers aus prinzipiellen Gründen ein fortwährendes Spannungsverhältnis gebe.[98] Daß dies durchaus produktiv sein könne, hätten beispielsweise die Jahrestagungen des »Arbeitskreises Historische Jugendforschung« gezeigt.

---

97 Siehe den Tagungsbericht: Christoph Classen, Die sechziger Jahre als Suchbewegung – Ein Symposium in Kopenhagen über soziale Kultur und politische Ideen in beiden deutschen Staaten, in: *Potsdamer Bulletin für Zeithistorische Studien*, Nr. 13, Juli 1998, S. 46.

98 Franz-Werner Kersting, ebenda, S. 3, Fußnote 7.

Wer die bisher in über drei Jahrzehnten erschienene Literatur zum 68er-Phänomen Revue passieren läßt, der kommt nicht umhin, einen überaus häufigen Wandel der deskriptiven und interpretativen Topoi, einen nahezu unbeobachtet über die Bühne gegangenen Wechsel im Jubiläumsjahrgang – von 1967 auf 1968 – als auch einen mehrfachen Wechsel der Darstellungs- bzw. Analyseperspektiven zu konstatieren. Dies alles sind zweifelsohne Indizien für eine erhebliche Unsicherheit im Umgang mit der gesellschaftspolitischen Bewertung und historischen Verortung der damaligen Ereignisse. »1968« ist umstritten, aber auch schillernd.

»Protestbewegung, Scheinrevolution, postmoderne Revolte? Die diagnostische Unsicherheit hält bis heute an. Sie ist selbst noch Teil des Phänomens, wo sie die Faszination erhält. Die Analyse hat noch keinen Standpunkt außerhalb gewonnen. Gerade beim Aspekt Kontingenz und Selbstdeutung drängt sich der Eindruck auf, als sei 68 der Fahrplan, wie die Geschichte weitergeht, abhanden gekommen.«[99] Was der Freiburger Soziologe Wolfgang Eßbach, als Göttinger AStA-Vorsitzender 1967/68 einst selbst Aktivist, skeptisch formuliert, scheint überaus zutreffend zu sein.

Wider Erwarten haben die Irritationen und Valenzen auch mit dem angekündigten Historisierungsschub keineswegs abgenommen – sie sind lediglich auf eine andere Ebene, die des unter wissenschaftlichen Vorzeichen geführten Diskurses, gehievt worden. Der Ablauf der Aktensperrfristen hat zwar den Zugang zu zahlreichen neuen Quellen eröffnet, jedoch längst noch nicht zu einer Beruhigung der Forschungsfelder geführt. Auch nach 30 Jahren scheint noch kein Ende der Kontroversen abzusehen zu sein.

Dennoch gilt es nach dem Durchgang der einzelnen Titel einige Trends und Tendenzen in der Diskussion und der Erforschung des 68er-Phänomens zu markieren, um einen Zwischenstand festhalten zu können:

1. Der Kontingenzcharakter der Ereignisse um 1968 wird von im-

---

99 Wolfgang Eßbach, ebenda, S. 8.

mer mehr Autoren hervorgehoben.[100] Der »Pariser Mai« ist dafür das krasseste Beispiel. Er konnte von niemandem prognostiziert werden. Die Überraschung, daß ein politisches System innerhalb nur weniger Tage zur Disposition gestellt werden konnte, reichte so tief, daß große Teile der politischen Klasse wie in einem Schockzustand erstarrt waren. Der »Pariser Mai« besaß weder eine ausgeprägte Vor- noch Nachgeschichte. In einem Leitartikel wenige Tage vor Ausbruch der Unruhen hatte es in der Tageszeitung *Le Monde* noch geheißen: »Frankreich langweilt sich.«[101] Kaum anders war es mit der bundesdeutschen Studentenrevolte. Auch bei ihr hatten sich Kommentatoren – Journalisten wie Soziologen – gründlich verrechnet. Die Analyse des politischen Bewußtseins von Studenten, die Jürgen Habermas u.a. 1961 in einer Studie vorlegten, nach der zwei Drittel der Befragten als apolitisch eingeschätzt wurden,[102] ging in eine Richtung, die sich in einer Diagnose, in der Ludwig von Friedeburg in der Einführung zu einem jugendsoziologischen Reader 1965 behauptete, Studenten bildeten »kaum mehr ein Ferment produktiver Unruhe«, endgültig als Fehlprognose erwies.[103] Der eruptionsartige Aufbruch im Sommer 1967 kamen ebenso überraschend wie die Ausbreitung und Radikalisierung im Frühjahr 1968. In einem Zeitalter, in dem Planung größer geschrieben wurde als je zuvor oder danach, waren die sich unter Studenten und Schülern wie ein

---

100 Z.B.: Etienne François, Annäherungsversuche an ein außergewöhnliches Jahr, in: Etienne François / Matthias Middell / Emmanuel Terray / Dorothee Wierling (Hg.), 1968 – ein europäisches Jahr?, Leipzig 1997, S. 11f.

101 P. Viansson-Ponté, »Quand la France s'ennuie …«, in: *Le Monde* vom 15. März 1968.

102 Jürgen Habermas / Ludwig von Friedeburg / Christoph Oehler / Friedrich Weltz, Student und Politik – Eine soziologische Untersuchung zum politischen Bewußtsein Frankfurter Studenten, Neuwied / West-Berlin 1961.

103 Ludwig von Friedeburg (Hg.), Jugend in der modernen Gesellschaft, Köln 1965, S. 18.

Lauffeuer ausbreitenden Rebellionen in keiner Hochrechnung aufgetaucht. Ernüchterung gepaart mit einem grundsätzlichen Zweifel an einem teleologischen Geschichtsbewußtsein machte sich breit. Das hat sich auch in der historischen Forschung mehr und mehr durchgesetzt. Der Drang zur voreiligen gesellschaftspolitischen Verortung der 68er-Bewegung – sie etwa ausschließlich parteipolitisch zu betrachten und in ihr eine Art Inkubationsphase der sozialliberalen Koalition zu sehen – ist einer wachsenden Skepsis gewichen, eine solch irritierende Bewegung historisch einordnen zu können.

2. Zunehmend wird auch die Disparatheit der Strömungen und Gruppierungen, die in der 68er-Bewegung zusammengewirkt haben, konstatiert. Unter den Akteuren gab es, obgleich sie sich allesamt innerhalb eines breiten Spektrums der Linken verorteten, das von anarchistisch-libertären bis zu stalinistisch-totalitären Positionen reichte, weder eine theoretisch-ideologische noch eine organisatorisch-handlungsleitende Einheit. Keine Großorganisationen wie Gewerkschaften, kommunistische oder sozialdemokratische Jugendorganisationen waren in der Regel für die Ausrichtung der jeweiligen Bewegung ausschlaggebend, sondern eher minoritäre Gruppierungen, sogenannte Katalysatorgruppen. Es handelte sich dabei um Gruppen aus dem Bereich der wissenschaftlichen Intelligenz oder den Milieus unterdrückter Minderheiten, die sich wegen ihrer machtpolitischen Bedeutungslosigkeit zumeist auf eine Aufgabe beschränken mußten – Bewußtsein zu konstituieren. Solche Katalysatoren waren in Frankreich etwa die »Bewegung 22. März«, in den USA die »Students for a Democratic Society« und in der Bundesrepublik der »Sozialistische Deutsche Studentenbund« sowie die Kommune I. Einer der ersten, der ein ausgeprägtes Bewußtsein von der neuartigen Rolle solch minoritärer Gruppierungen besaß, war Herbert Marcuse.[104] Auch wenn er kaum Illusionen hegte, was den faktischen Einfluß der Katalysatorgruppen auf die Machtpolitik

---

104 »Was geschieht«, schreibt Marcuse auf dem Höhepunkt der internationalen Protestbewegung, »ist die Formierung von noch relativ kleinen und schwächlich organisierten (oft desorganisierten) Gruppen, die

betraf, so war er doch von der Hoffnung bestimmt, daß aus diesen desintegrierten Kleinorganisationen Impulse ausgehen würden, die Teile der Mehrheitsgesellschaft ebenfalls in Bewegung versetzen könnten. Auffällig ist, daß immer noch eine große Monographie über den wichtigsten bundesdeutschen Katalysator, den aus der SPD verstoßenen SDS, fehlt, in dem seinerzeit alle Fäden zusammengelaufen sind. Zwar liegen drei umfangreiche, quellengesättigte Untersuchungen über die Zeit von 1946 bis 1961 vor, für die Phase zwischen 1961 und 1970 jedoch, in der aus der einstigen Nachwuchsorganisation der Sozialdemokratie eine unabhängige, in ihrer Dynamik kaum zu bremsende politische Avantgarde wurde, existiert lediglich ein erster Überblick.[105] Wer auf die Wortführer der Studentenbewegungen in den westlichen Industriestaaten schaut, der wird kaum auf die Idee kommen, bei den Exponenten des Aufruhrs an Vertreter irgendeiner Elite zu denken. Im Gegenteil, die wichtigsten Sprecher waren Außenseiter im wahrsten Sinne des Wortes, es waren Flüchtlinge, Kinder von Flüchtlingen oder Stipendiaten aus fernen Ländern. Deutlich wird das, wenn man nur die vier wichtigsten Länder betrachtet. In den USA begann die Studentenbewegung mit dem free-speech-movement 1964 in Berkeley. Sein unbestrittener Sprecher war Mario Savio, Sohn italienischer Immigranten.[106] In der Bundesrepublik, wo die Revolte bekanntlich 1967 an der Freien Universität in West-Berlin ausbrach, war ihr charismatischer Wortführer Rudi Dutschke. Der Mann, der ebenso rasch zum Idol wie zur tragischen Figur werden sollte, war ein DDR-Flüchtling, der nach dem Mauerbau dem Westen den Vorzug gege-

---

kraft ihres Bewußtseins und ihrer Bedürfnisse als potentielle Katalysatoren der Rebellion innerhalb der Mehrheit wirken, zu denen sie ihrer Klassenherkunft nach gehören.« Herbert Marcuse, Versuch über die Befreiung, Frankfurt am Main 1969, S. 80.

105 Tilman Fichter / Siegward Lönnendonker, Macht und Ohnmacht der Studenten – Kleine Geschichte des SDS, Hamburg 1998.

106 Zu seiner Person: W. J. Rorabaugh, Berkeley at war – The 1960s, New York / Oxford 1989, S. 21–23.

ben hatte. In Großbritannien war die führende Gestalt der studentischen Protestbewegung ein noch exotischer wirkender Mann, der Pakistani Tariq Ali. Er hatte ein Stipendium an der Universität Oxford erhalten und war im Zuge des anwachsenden Protests gegen den Vietnamkrieg zum Sprecher und Organisator geworden.[107] In Frankreich, wo im Zuge des »Pariser Mai« seinerzeit die Machtfrage gestellt worden war, kam es wohl zur paradoxesten Personifizierung. Mit Daniel Cohn-Bendit war ein Deutscher jüdischer Herkunft, Sohn Berliner Emigranten, zur Symbolfigur geworden.[108] »Nous sommes tous des juifs allemands!« skandierten Tausende von Demonstranten, nachdem Cohn-Bendit des Landes verwiesen worden war. Und eine von einem israelischen Autor verfaßte Monographie belegt sogar, daß Cohn-Bendit keineswegs eine Ausnahme gewesen ist, sondern die Mehrzahl der führenden Aktivisten im »Pariser Mai« jüdischer Herkunft war:[109] Alain Geismar, André Glucksmann, Alain Finkielkraut, Pierre Goldman, Alain Krivine und viele andere legen davon Zeugnis ab. Das trifft z. B. auch auf Polen zu, wo etwa der Geschichtsstudent Adam Michnik, der bereits an der Warschauer Universitätsrevolte von 1966 beteiligt war, eine Schlüsselrolle spielte.[110] Aufschlußreich wäre es, die Entwicklung in Polen insgesamt zu untersuchen, wo die kommunistische Parteiführung im März 1968 auf die Studentenbewegung mit einer antisemitischen Kampagne reagierte, mit der unliebsame Intellektuelle nicht nur aus wissenschaftlichen und kulturellen Einrichtungen, sondern auch aus ihrem Land gedrängt wurden. Sicher lassen sich für manche Länder

---

107 Vgl.: Tariq Ali, ebenda.

108 Vgl. zu seiner Biographie: Wolfgang Kraushaar, Dany Cohn-Bendit, in: Edmund Jacoby (Hg.), Lexikon Linker Leitfiguren, Frankfurt am Main 1988, S. 82–84.

109 Yaïr Auron, Les juifs d'extrême gauche en mai 68 – Une génération révolutionnaire marquée par la Shoah, Paris 1998.

110 Vgl. zu dessen Biographie das Gespräch, das Daniel Cohn-Bendit mit ihm geführt hat: Daniel Cohn-Bendit, Wir haben sie so geliebt, die Revolution, Frankfurt am Main 1987, S. 183–225.

auch Gegenbeispiele finden. Die Häufung jedoch, in der Außenseiter[111] zu Sprechern einer Revolte werden konnten, gibt hinreichend Anlaß, um über deren gesellschaftliche Sonderrolle nachzudenken. Was hat jene Außenseiter, Flüchtlinge oder Kinder von Flüchtlingen zu Wortführern prädestinieren können? War es eine besondere Form von Sensibilität, die sie zu Seismographen in einer zum Schein saturierten Gesellschaft hat werden lassen? Auch dies sind Fragen, die in der historischen Forschung trotz ihrer Evidenz bislang zuwenig Beachtung gefunden haben. Dabei ist möglicherweise die Figur des jüdischen Parias von besonderer Bedeutung. Der Begriff stammt von Max Weber, der die Juden im Rahmen seiner Religionssoziologie als »Pariavolk« bezeichnet hat.[112] Parias sind für ihn durch eine Form negativer Privilegierung gekennzeichnet – je gedrückter ihre faktische Lage, um so größer seien ihre Erlösungshoffnungen gewesen. Hannah Arendt hat in ihrem Aufsatz »Die verborgene Tradition« diesen paradoxen Begriff zwar nicht definiert, ihm jedoch mit den Porträts von Heinrich Heine, Bernard Lazare, Charlie Chaplin und Franz Kafka exemplarische Geltung verschafft.[113] Für sie stand der jüdische Paria vor der Wahl, entweder als Parvenü in der Illusion von Gleichheit und Akzeptanz sozial aufzusteigen oder sich zu seiner Rolle zu bekennen und für seine eigenen Rechte ebenso wie der anderer Unterdrückter und Ausgegrenzter zu kämpfen.[114] Cohn-Bendit hat diese Figur, die nach Arendts Ansicht aller-

---

111 Zur Theorie des Außenseiters vgl.: Hans Mayer, Außenseiter, Frankfurt am Main 1975.

112 Max Weber, Wirtschaft und Gesellschaft – Grundriß der verstehenden Soziologie, hrsg. von Johannes Winckelmann, Tübingen 1976, S. 300f.

113 Hannah Arendt, Sechs Essays, Heidelberg 1948, S. 81–111.

114 Zur Ambivalenz der Figur schreibt einer ihrer Biographen: »Paria hat für Arendt sowohl eine negative als auch eine positive Bedeutung: Es kann sich um einen sozial diskriminierten, aus Fremdbestimmung an Minderwertigkeitsgefühlen leidenden Menschen handeln oder um jenen existentiellen Paria, der unauflösliche Ambivalenzen oder Paradoxien in sich birgt und so der eigentliche Mensch ist. Er ist eigenbe-

dings seit dem Holocaust ihre Bedeutung eingebüßt hat,[115] in einer Rückbetrachtung für sich explizit in Anspruch genommen.[116] Im Typus des Parias sind Diskriminierung und Privilegierung miteinander verschränkt. Es könnte sein, daß in dieser Paradoxie ein Schlüssel zur Erklärung mancher Wortführerrolle in den 68er-Bewegungen liegt.

3. Die Transnationalität war sowohl vom Ziel als auch von der Form her ein wesentlicher Gesichtspunkt vorhergehender Protestbewegungen. Von der klassischen Arbeiterbewegung einmal ganz abgesehen, die sich den Internationalismus auf ihre Fahnen geschrieben hatte, gab es bereits Ende der vierziger und Anfang der fünfziger Jahre zwei Bewegungen, die sich explizit die Abschaffung bzw. die Überwindung des Nationalstaats zum Ziel gesetzt hatten – die Weltbürger- und die Europabewegung. Während die eine rasch am Fundamentalismus ihrer supranationalen Utopie scheiterte, ging die andere mehr oder weniger in den pragmatischen Schritten der europäischen Integration auf. Eine dritte transnationale Bewegung jener

---

stimmt, weil er diese Situation frei akzeptiert.« Friedrich Georg Friedmann, Hannah Arendt – Eine deutsche Jüdin im Zeitalter des Totalitarismus, München / Zürich 1985, S. 12.

115 Sie schreibt in der Schlußbemerkung ihres Essays: »In dieser Welt des 20. Jahrhunderts kann man sich nicht mehr außerhalb der Gesellschaft, als Schlemihl und Traumweltherrscher, einrichten. Es gibt keine ›individuellen Auswege‹ mehr – weder für den Parvenu, der einst auf eigene Faust seinen Frieden mit der Welt gemacht hatte, in welcher man als Jude nicht Mensch sein durfte, noch für den Paria, der auf eine solche Welt individuell verzichten zu können gemeint hatte. Der Realismus des einen war nicht weniger utopisch als der Idealismus des anderen.« Hannah Arendt, ebenda, S. 110.

116 »Ich verstehe mich, um einen Begriff von Hannah Arendt zu übernehmen, als Paria. Der Jude als Paria. Hannah Arendt hat vier Beispiele genannt [...] Ich wäre froh, sie hätte dann mich genannt, als fünften, vielleicht als Till Eulenspiegel.« Daniel Cohn-Bendit, Ich lebe da, wo ich verliebt bin – Rede über das eigene Land, in: *Die Zeit* vom 5. Dezember 1986, 41. Jg., Nr. 50, S. 52.

Zeit, die kommunistische Weltfriedensbewegung, verfolgte ihre über den Nationalstaat hinausgehenden Ziele nur zum Schein. Sie artikulierte ihre Interessen letztlich nur zum Zweck der Stärkung des sowjetkommunistischen Blocks. Anders sah es mit zwei anderen Friedens- und Abrüstungsbewegungen aus, die am Ende der fünfziger Jahre entstanden – der Anti-Atomtod- und der Ostermarsch-Bewegung. Sie begriffen sich von Anfang an als Ausdruck antimilitaristischer Strömungen, die über die National- ebenso wie die Blockgrenzen hinweggingen. Eine besondere Rolle spielten dabei die Kooperationen mit der Anti-Nuklear-Bewegung in Japan, wo es wegen der Atombombenabwürfe auf Hiroshima und Nagasaki ein außerordentlich hohes Mobilisierungsniveau gab. Der Brückenschlag, der zwischen Europa und Japan auf der einen und zwischen Japan und Nordamerika auf der anderen Seite hergestellt wurde, hat zugleich ein erstes wichtiges Netz zur Koordinierung von Protestaktivitäten gespannt. Neben den Friedensbewegungen, die immer schon a priori transnational ausgerichtet waren, gab es in den fünfziger und sechziger Jahren eine weitere Grundströmung, aus der eine Vielzahl von Gruppen und Organisationen entstanden ist – den Antikolonialismus. Mit der Neuaufteilung der Welt nach dem Ende des Zweiten Weltkriegs, die zu einer Schwächung der beiden Kolonialmächte Frankreich und Großbritannien führte, erlebten die antikolonialistischen Bestrebungen einen großen Aufschwung. Die beiden europäischen Großmächte hatten das Kriegsende zwar auf der Seite der Sieger erlebt, gleichzeitig waren ihnen jedoch zahlreiche Niederlagen in Konflikten mit ihren Kolonien vorgezeichnet. In Indien, Afrika und Asien gelang es einem Land nach dem anderen, seine nationale Unabhängigkeit zu erringen. Im Zeitalter der Dekolonialisierung erfuhr der Internationalismus, auch wenn sich die Erringung staatlicher Souveränität unter jeweils nationalen Vorzeichen vollzog, einen Durchbruch. Als sich dann 1965 herausstellte, daß die USA zur Sicherung ihrer strategischen Interessen bereit waren, in Vietnam nicht nur einen verdeckten, sondern auch einen offenen Krieg zu führen, wurde dies in allen Erdteilen als ein schwerer Rückschlag erfahren. Die Weltmacht, die bei kaum einem internationalen Konflikt die Gelegenheit ausließ, sich hinter die Vereinten Nationen zu stellen, schien nun in die kolonialistische bzw. imperialistische Vergangenheit zurückzufallen. Dies führte in den Vereinigten Staaten innerhalb kürzester Zeit zur Entstehung einer Antikriegsbewegung, die ihre Aktivitäten rasch in Kontakt mit Gruppen anderer Länder zu organisieren begann. So kam es bereits 1965 zu ersten internationalen Protesttagen gegen den Vietnamkrieg, die sich um den gesamten Erdball spannten und sich in den Jahren darauf in einzelnen Wellen weiter verdichteten. Ohne den Einsatz größerer Organisationen und mit einem nur geringen technischen Aufwand gelang es, über Zehntausende von Kilometern hinweg gemeinsame Protestaktionen durchzuführen. Von San Francisco nach Sydney, von New York nach Tokio, von Kopenhagen nach Kairo, von Montreal nach São Paulo und von Washington nach London, Paris und Rom bedurfte es offenbar keiner großen Überredungskunst, um die Kriegsgegner auf die Straße zu bringen. Im Handumdrehen war ein Fanal gesetzt worden. Ein Zusammenhang hatte sich konstituiert, der auf dem besten Wege war, aus der Phrase des »Weltweit« Ernst zu machen. Als der SDS dann in West-Berlin »Amis raus aus Vietnam!« und »Solidarität mit dem Vietcong« forderte, war das in der Frontstadt des Kalten Krieges zwar lediglich die Stimme einer winzigen Minderheit, was diese jedoch von der einer obskuren Sekte unterschied war die Tatsache, daß vermutlich mehr als der halbe Erdball hinter den Parolen stand. Die nicht unpathetische Orientierung an den Befreiungsbewegungen der Dritten Welt verführte allerdings auch dazu, politische Modelle zu importieren, die für eine Auseinandersetzung in der Ersten Welt untauglich waren. Es war vermutlich mehr als nur ein Zufall, daß im Juni 1967 der Staatsbesuch eines ausländischen Potentaten in West-Berlin den Anlaß für Proteste und diese wiederum für eine Polizeiaktion bot, die einen Toten forderte, der schließlich zum Signal des Aufbruchs wurde. Wie dieses Ereignis zeigt, war die internationale Dimension der Studentenbewegung von Anfang an alles andere als äußerlich; sie war vielmehr ein für sie konstitutives Element. Zu Recht hat Joschka Fischer deshalb auf einer internationalen Konferenz 1993 in Prag festgestellt, daß die »transnationale Orientierung ein wesentliches Moment der

68er-Bewegung« gewesen sei.[117] Auch wenn das Bewußtsein von der Notwendigkeit gewachsen ist, die Transnationalität der 68er-Bewegung herauszuarbeiten,[118] so mangelt es vielfach immer noch an elementarsten Bedingungen, die jeweils nationalen Informationsstände und Diskurse miteinander zu verknüpfen. Eine der ersten richtungweisenden Forschungsarbeiten stammt von Ingo Juchler, der sich der Mühe unterzogen hat, die Geschichte des amerikanischen mit der des bundesdeutschen SDS zu vergleichen und dabei auf eine Reihe bemerkenswerter Ähnlichkeiten gestoßen ist.[119]

4. Was »1968« in der Tat zu einem außergewöhnlichen, wenngleich schwer zu fassenden Phänomen gemacht hat, ist vor allem die Tatsache, daß es die erste globale Rebellion war. Die Globalität der 68er-Bewegung kann inzwischen, obwohl es bislang kaum eine schlüssige Erklärung für deren Zustandekommen gibt, von kaum jemandem mehr geleugnet werden.[120] Besonders herausragend war dabei die Par-

---

117 Heinrich-Böll-Stiftung (Hg.), Prag – Berlin – Paris – 1968. Internationale Konferenz am 21./22. Mai 1993 in Prag, Prag 1993, S. 17.

118 Vgl. Donatella della Porta, »1968« – Zwischennationale Diffusion und Transnationale Strukturen – Eine Forschungsagenda, in: Ingrid Gilcher-Holtey (Hg.), 1968 – Vom Ereignis zum Gegenstand der Geschichtswissenschaft, ebenda, S. 131–150.

119 Ingo Juchler, Die Studentenbewegungen in den Vereinigten Staaten und der Bundesrepublik Deutschland der sechziger Jahre. Eine Untersuchung hinsichtlich ihrer Beeinflussung durch Befreiungsbewegungen und -theorien aus der Dritten Welt, Berlin 1996.

120 Am eindeutigsten spricht das die Berliner Sozialpsychologin Beate Fietze aus: »Die 68er-Bewegung läßt sich als eine globale Bewegung bezeichnen, die durch eine bemerkenswerte Koinzidenz von Gemeinsamkeiten und Unterschieden in den jeweils nationalen Kontexten auffällt und für die vor allem kein organisierter globaler Akteur benannt werden könnte; statt dessen wird die Bewegung von einer Vielzahl weitgehend unkoordinierter spontaneistischer Akteure getragen.« Beate Fietze, »A spirit of unrest« – Die Achtundsechziger-Generation als globales Schwellenphänomen, in: Rainer Rosenberg / Inge Münz-Koenen / Petra Boden (Hg.), Der Geist der Unruhe – 1968 im Vergleich Wissenschaft – Literatur – Medien, Berlin 2000, S. 6.

allelität von reformerischen bzw. revolutionären Gesellschaftsveränderungsprojekten in Ost *und* West, wie sie sich am zugespitztesten im »Prager Frühling« und im »Pariser Mai« niedergeschlagen hat. Beide Prozesse endeten zwar in historischen Niederlagen, zugleich aber vermittelten sie auch zwei wichtige Erkenntnisse: daß sich ein Satellitenstaat der Sowjetunion nicht reformieren ließ, ohne zuvor die Machtverhältnisse im Moskauer Kreml selbst zu ändern, und daß sich ein hochentwickelter kapitalistischer Staat trotz eines zeitweiligen Bündnisses zwischen Studenten- und Arbeiterbewegung nicht revolutionieren ließ. Die Verklammerung von Paris und Prag steht allerdings nicht nur negativ für das Scheitern von Freiheits- und Unabhängigkeitswünschen, sondern auch für einen Schritt in Richtung auf die Überwindung der Blockgrenzen. Der Brückenschlag zwischen West- und Osteuropa hat die historische Wende von 1989/90/91, die mit dem Mauerfall in Berlin begann und mit dem Zerfall der Sowjetunion endete, bis zu einem gewissen Grad antizipiert. Die zufällige zeitliche Koinzidenz von »Prager Frühling« und »Pariser Mai« hat einen Synchronisierungseffekt erzielt, der zum einen die europäische Integration nach dem Ende des Warschauer Pakts erleichtert, zum anderen aber auch noch in eine andere Richtung gewiesen hat. Zusammen mit dem Schub, der aus dem über Jahrzehnte anhaltenden Prozeß der Dekolonialisierung resultierte, ergab sich eine Koppelung zwischen Erster, Zweiter und Dritter Welt, die der heute sichtbar gewordenen Globalisierung in gewisser Weise vorausgegriffen hat. Wenngleich die durch die 68er-Bewegung hergestellte Verknüpfung unter politischen Vorzeichen noch sehr weitmaschig war, so ging sie doch mit einer erheblich engeren kulturellen Vereinheitlichung einher. Der Siegeszug der Popkultur, die sich mit der Rockmusik und dem Hollywood-Film an der Spitze unter amerikanischen Vorzeichen ausgebreitet hat, ist ein Indiz für die Globalisierung der Jugendkultur. Im Vergleich zur ökonomischen Globalisierung, die inzwischen am weitesten vorangeschritten ist, hinkt die politische noch am weitesten hinterher, die kulturelle jedoch dürfte, gemessen an der von ihr entfalteten Dynamik, dazwischen rangieren. Derjenige, der am stärksten die 68er-Bewegung unter Globalisierungsgesichtspunkten reflektiert hat, ist der

Wirtschaftswissenschaftler Immanuel Wallerstein. Bereits 1988 hat er auf dem am Brooklyn College veranstalteten Colloquium »1968 as a Global Event« den Einführungsvortrag gehalten.[121] Obgleich die damals präsentierten Thesen in vieler Hinsicht überzeichnet sind, so ist an ihnen doch die Wahl der Perspektive bemerkenswert. Er verbannt bei der Analyse des 68er-Phänomens lokale Entstehungsfaktoren von vornherein ins zweite Glied und begibt sich systematisch auf eine globale Interpretationsebene. 1968, behauptet er, sei »eines der großen formenden Ereignisse in der Geschichte des modernen Weltsystems« gewesen. Das Jahr markiere einen Bruch, seitdem würden sich die Strukturen dieses Systems langfristig ändern. Die Hauptzielscheibe der sich in dieser Zeit formierenden Bewegungen sei die zwischen 1945 und 1967 unangefochten gültige amerikanische Hegemonie gewesen. Eine zweite Zielscheibe sei die alte Linke gewesen, die kommunistische ebenso wie die sozialdemokratische und die linksnationalistische, die in ihren jeweiligen Ländern von der 68er-Bewegung in Frage gestellt bzw. bekämpft worden seien. Indem Wallerstein bereits der Nachkriegszeit durch die Vormachtstellung der USA eine Globalisierungstendenz unterstellt, ist es ihm möglich, die gleichzeitige Entstehung von 68er-Bewegungen – er nennt die USA, Frankreich, die Tschechoslowakei und Mexiko als herausragende Beispiele – in einen Kontext zu stellen, der die Bedingungen zu einer gemeinsamen Deutung erkennbar werden läßt.[122] Auch wenn seine Skizze viele Fragen offen läßt, so stellt sie eine Art Matrix vor, mit der völlig kontingent

121 Immanuel Wallerstein, 1968: Revolution in the World-System, in: Theory and Society, Bd. 18/1989, S. 431–449; dt. Fassung in: Etienne François / Matthias Middell / Emmanuel Terray / Dorothee Wierling (Hg.), ebenda, S. 19–33.

122 Dies hebt auch Fietze an Wallersteins Analyse hervor: »Diese Kontextualisierung nimmt den äußerlich zufälligen Parallelaktionen den Schein unverbundener Synchronie und zeigt ihre Abhängigkeit von den Verschiebungen der weltpolitischen Machtkonstellationen und damit ihre Vermitteltheit über die makrosoziale Ebene.« Beate Fietze, ebenda, S. 9.

erscheinende Bewegungen auf einmal einen Stellenwert innerhalb einer Logik der kulturellen, politischen oder ökonomischen Globalisierung gewinnen.

5. Eine zwingende Voraussetzung der Globalität war die Berichterstattung in den Massenmedien. Wäre in Rundfunk, Fernsehen, Tages- und Wochenzeitungen nicht expressiv und intensiv über bestimmte Ereignisse und Zusammenhänge berichtet worden, dann hätten sich auch weder Erschrecken noch Empörung über Kriege, Ausbeutung und Unterdrückung einstellen und keine entsprechenden Interessen und Ziele artikulieren können. Der Vietnamkrieg als ein über die Fernsehkanäle global reproduzierter Schauplatz war das Musterbeispiel für die neue Qualität der Berichterstattung.[123] Der Blick auf die Verbrechen war nicht mehr versperrt, die Arena war geöffnet, ein Teil des Schauplatzes öffentlich. Jeder wurde im Grunde zum Augenzeugen gemacht. Niemand konnte sich dem Nachrichtenwirbel entziehen. Selbst der, der nichts gesehen hatte, mußte davon ausgehen, daß Nachbarn, Kollegen oder Freunde zu Betrachtern geworden waren. Das Medium Fernsehen war nicht nur mehrheitsfähig geworden, sondern setzte die Themen, dominierte den öffentlichen Blick und schuf eine Qualität der Emotionalisierung, wie sie zuvor nur der Privatsphäre eigen gewesen war.[124] Auch wenn die These, daß die 68er-Bewegung »eine TV-Bewegung« gewesen sei,[125] si-

---

123 Vgl. Todd Gitlin, The Whole World is Watching – Mass Media in the Making and Unmaking of the New Left, Berkeley / Los Angeles / London 1980.

124 Vgl. Knut Hickethier, Geschichte des deutschen Fernsehens, Stuttgart / Weimar 1998.

125 Die Hypothese stammt von dem Philosophen Uwe C. Steiner: »Man wollte überall dabeisein, konnte darum aber nirgends ankommen. Aus der sicheren Entfernung von heute kann man darum feststellen, daß der blinde Fleck der 68er das Medium war, ohne das es die Bewegung nicht gegeben hätte, weil es mit Hilfe der Trennung von realem und symbolischem Raum die realitätsschaffende Fiktion von der Einheit der Bewegung überhaupt erst ermöglicht hatte: das Fernsehen. Die 68er-Bewegung war eine TV-Bewegung.« Uwe C. Steiner, »68–89« Literari-

cherlich überzogen ist, schließlich war die große Mehrzahl ihrer Aktivisten intellektuell über das Medium Buch sozialisiert worden, so trifft sie dennoch einen wichtigen Punkt – ohne das Medium Fernsehen wäre sie in dieser Form gewiß nicht zustande gekommen. Es wäre allerdings eine unzulässige Eingrenzung, wenn durch die Fixierung auf das Fernsehen die Rolle der anderen Medien aus den Augen geriete. Denn eine ganz zentrale Rolle spielten Publikationen und Verlage. Die 68er-Revolte war zugleich eine Medienrevolte.[126] Ja, sie war es in einem solchen Maße, daß einige ihrer Kernereignisse nicht zu begreifen wären, ohne deren Stellenwert im öffentlichen Streit um die Rolle von Presseorganen anzuführen. Alles andere als Zufall war es, daß gerade die *Spiegel*-Affäre 1962 eine Welle studentischer Proteste auslöste, die von vielen als Auftakt zur späteren Revolte angesehen wird. Eine funktionierende Öffentlichkeit wurde nicht nur von der linken Intelligenz als Instanz demokratischer Kontrolle gegenüber der politischen Herrschaft aufgefaßt. Daher rührten politische Eingriffe in die Pressefreiheit zugleich auch an den Nerv der Demokratie. Dieses im SDS besonders stark ausgebildete Selbstverständnis war durch die im Sommer 1962 erschienene Habilitationsschrift von Jürgen Habermas untermauert worden.[127] Die Öffentlichkeit konnte allerdings

---

sche und mediale Wendungen der Wende, in: Jochen Hörisch (Hg.), Mediengenerationen, Frankfurt am Main 1997, S. 30.

126 Insbesondere Verlage und Organe, die für das Selbstverständnis der 68er-Bewegung von großer Bedeutung waren, wurden deshalb – wie etwa der *Spiegel* oder der Suhrkamp Verlag – 1968/69 von Mitbestimmungsforderungen erschüttert, die entweder zu Abspaltungen, Kündigungen oder zu veränderten Leitungsmodellen führten. »Die Revolte der 68er und ihrer terroristischen Nachfahren von RAF & Co. war in wesentlichen Aspekten eine Medienrevolte: mit den Medien, gegen die Medien, vor den Medien.« Stefan Aust, 1968 und die Medien, in: Edmund Jacoby / Georg M. Hafner (Hg.), 1968 – Bilderbuch einer Revolte, Frankfurt am Main 1993, S. 81–96.

127 Jürgen Habermas, Strukturwandel der Öffentlichkeit – Untersuchungen zu einer Kategorie der bürgerlichen Gesellschaft, Neuwied / West-Berlin 1962.

auch durch deren Organe selbst gefährdet werden. In der immer unkontrollierbarer werdenden Macht von Pressekonzernen wurde eine von der Privatwirtschaft ausgehende Gefährdung der Demokratie gesehen. Insbesondere in den auflagenstarken Organen des Axel-Springer-Verlags ballte sich ein Einflußpotential, dem andere Faktoren der Öffentlichkeit gegenüber kaum gewachsen waren. Die Annahme, daß sich Presseorgane in Medien der Machtausübung pervertieren könnten, ließ sich mit einer Überzeugung verknüpfen, die in der älteren Kritischen Theorie besonders verbreitet war – ein autoritärer Staat könne dann auf den Einsatz von Repression zur Herstellung von Massenloyalität weitgehend verzichten, wenn es ihm gelänge, das Bewußtsein der Bevölkerung dauerhaft zu manipulieren.[128] Diese These von der Manipulation der Öffentlichkeit spielte Mitte der sechziger Jahre eine Schlüsselrolle in der Kritik an der Massenpresse. Sie diente ganz maßgeblich dazu, die Anti-Springer-Kampagne zu begründen, mit der der Versuch unternommen wurde, ein vermeintliches Pressemonopol zu zerschlagen. Durch das Attentat auf Rudi Dutschke erfuhr die auch von Teilen der Öffentlichkeit aufgenommene Kritik an der Pressekonzentration[129] eine schlagartige Radikalisierung. Da die Anhänger der außerparlamentarischen Bewe-

---

128 So schrieb Max Horkheimer 1942 über den autoritären Staat, »[...] daß die Isolierung der Individuen voneinander mit allen Verkehrsmitteln, mit Zeitung, Kino, Radio, systematisch betrieben werden muß, gehört zum Katechismus der autoritären Regierungskunst«. Max Horkheimer, Autoritärer Staat, in: ders., Gesellschaft im Übergang – Aufsätze, Reden und Vorträge 1942–1970, hrsg. von Werner Brede, S. 20; vgl. zum Begriff der Manipulation auch: Max Horkheimer / Theodor W. Adorno, Kulturindustrie – Aufklärung als Massenbetrug, in: dies., Dialektik der Aufklärung – Philosophische Fragmente, Frankfurt am Main 1981, S.142.

129 Im Mai 1968 kam eine von der damaligen Bundesregierung eingesetzte Pressekommission zu dem Schluß, daß die Konzentration von Publikationsorganen im Axel-Springer-Verlag, die 33 Prozent des gesamten Marktes ausmache, die vom Grundgesetz garantierte Pressefreiheit gefährde und deshalb dessen Entflechtung zu empfehlen sei.

gung die Schuld für den Mordanschlag in der Schürung von Ressentiments gegen ihre Wortführer durch die *Bild*-Zeitung und andere Organe des Springer-Verlags sahen, versuchten sie an den Ostertagen 1968 die Auslieferung aller Springer-Zeitungen durch militante Blokkadeaktionen zu verhindern.[130] Das Attentat mit der darauf folgenden »Springer-Blockade« war der Kulminationspunkt der 68er-Bewegung. Spätestens Ostern 1968 war die Kritik an den Medien zum konstitutiven Element eines Schlüsselereignisses geworden. Die Logik der Bewegung ist insofern aufs engste mit der Auseinandersetzung um die Pressefreiheit verknüpft gewesen; beide Dimensionen – die soziale und die mediale – sind tief ineinander verschränkt. Diesem Sachverhalt ist bislang in keiner Analyse der 68er-Bewegung angemessen Rechnung getragen worden.[131] Hinzu kommt, daß die symbolische Aufladung von Szenen, Personen und Situationen offenbar eine herausragendere Rolle als zunächst angenommen gespielt hat. Die Agierenden waren Teil einer medialen Fremd- wie einer informellen Selbstinszenierung. Das Bild, das etwa von Rudi Dutschke im *Spiegel* verbreitet wurde, war ebenso wie das der Kommunarden im *Stern* in einem erheblichen Maße ein Medienkonstrukt.[132] Wenn in-

---

130 Vgl. Heinz Grossmann / Oskar Negt, Die Auferstehung der Gewalt – Springerblockade und politische Reaktion in der Bundesrepublik, Frankfurt am Main 1968.

131 Auch wenn es inzwischen erste Arbeiten gibt, die das Verhältnis zwischen der 68er-Bewegung und den Massenmedien thematisieren, so kranken sie doch daran, daß sie den außerordentlich hohen Grad der Vermitteltheit verkennen und dazu tendieren, beide Dimensionen getrennt voneinander zu untersuchen und ganz konventionell nach dem Echo einer Bewegung in den Medien zu fragen. Vgl.: Bernd Sösemann, Die 68er Bewegung und die Massenmedien, in: Jürgen Wilke (Hg.), Mediengeschichte der Bundesrepublik Deutschland, Köln / Weimar / Wien 1999, S. 672–697.

132 Dieses Urteil teilt die Literaturwissenschaftlerin Inge Münz-Koenen: dies., Bilderflut und Lesewut – Die imaginären Welten der Achtundsechziger, in: Rainer Rosenberg / Inge Münz-Koenen / Petra Boden (Hg.), ebenda, S. 86.

zwischen nicht zu Unrecht so häufig von Mythen, Idolen und Ikonen die Rede ist,[133] dann stellt sich die Frage, was sie konstituiert und worin ihre Bedeutung gelegen hat.

6. Offenkundig hat die Befriedigung materieller Bedürfnisse nur eine untergeordnete Rolle bei den Akteuren gespielt. Der 68er-Bewegung ging es weder darum, Hunger zu stillen, Wohnraumnot zu bekämpfen, Arbeitslosigkeit noch andere materielle Mißstände zu beseitigen.[134] An der Spitze ihrer Agenda rangierten Emanzipation, Selbstverwirklichung und Partizipation. Ihre Ziele waren im Ge-

---

133 Vgl. etwa: Robert Frank, 1968 – ein Mythos? Fragen an die Vorstellung und die Erinnerung, in: Ingrid Gilcher-Holtey (Hg.), 1968 – Vom Ereignis zum Gegenstand der Geschichtswissenschaft, ebenda, S. 301–307.

134 Das Bewußtsein von den transmateriellen Ursachen der 68er-Revolte war bereits bei einem ihrer bedeutendsten Wortführer ausgeprägt: »Selbst in diesem System, in dem keiner mehr zu hungern hat, in dem kein physisches Elend besteht, bleibt eines bestehen: diese Gesellschaft, so wie sie organisiert ist, hat es im Laufe der Entwicklung der Menschengeschichte nicht nur fertiggebracht, daß man Messer und Gabel hat, daß man sogar Fernsehgeräte und Kühlschränke hat, sie hat auch ein hohes Kulturniveau produziert und eine wunderbar reibungslose Zivilisation – Bedürfnisse, die alle den Stand der physischen Selbsterhaltung weit überschreiten […] Jene erweiterte Bedürfnisbefriedigung war nicht verbunden mit einem Fortschritt im Bewußtsein der Freiheit, war nicht verbunden mit einer Entfaltung der Phantasie und der schöpferischen Tätigkeit der Menschennatur. Aber sie ist immer noch, auch hier, obwohl sie all diesen verdinglichten gesellschaftlichen Reichtum besitzt, ängstlich an die materielle Sicherheit und Bedürfnisbefriedigung gebunden, obwohl wir einen Stand materieller Sicherheit haben, der längst eine Entfaltung der Menschen ermöglichte, die weit darüber hinausgehen könnte. Das ist die eigentliche Knechtschaft im Kapitalismus. Das ist das Moment sozialer Unterdrückung, das wir als diejenigen, die privilegiert sind, zu studieren, auch einsehen konnten.« Hans-Jürgen Krahl, Angaben zur Person, in: ders., Konstitution und Klassenkampf – Zur historischen Dialektik von bürgerlicher Emanzipation und proletarischer Revolution, Frankfurt am Main 1971, S. 29f.

gensatz zu denen klassischer sozialer Bewegungen durch Transmaterialität bestimmt. Die Nachkriegszeit mit ihrem Wiederaufbau war vorüber, der Mangel hatte einem zunehmenden Wohlstand Platz gemacht. Zwar gab es auch weiterhin ökonomische Krisen, wie an der Rezession 1966/67 deutlich wurde, jedoch änderte dies nichts daran, daß die Steigerung des Bruttosozialprodukts im Durchschnitt weiter anhielt. In diese lang anhaltende Phase materiellen Aufschwungs platzte Mitte der sechziger Jahre allerdings ein Alarmsignal: das Schlagwort vom »Bildungsnotstand«.[135] Der an Staat und Öffentlichkeit gerichtete Vorwurf lautete, die Bildungsausgaben seien in der Bundesrepublik zu gering, um im internationalen Wettbewerb konkurrenzfähig bleiben zu können, und die Bildungschancen seien sozial so ungerecht verteilt, daß die Demokratie daran längerfristig Schaden nehmen müsse. Die Studenten nahmen den Ball auf und protestierten 1965, von der Westdeutschen Rektorenkonferenz unterstützt, mit einer »Aktion 1. Juli« bundesweit »Gegen den Bildungsnotstand«. In dieser Inkubationsphase, in der der Konflikt zwischen Studenten und Professoren noch nicht offen aufgebrochen war, ging es um Bildung, Wissen, Qualifikation, Chancengleichheit und nicht zuletzt um Steuerungskompetenz in Staat und Gesellschaft. Auch wenn diese Orientierung durch die 1967 in Gang gekommene Radikalisierungsdynamik und der mit ihr verknüpften Klassenkampfrhetorik überblendet wurde, so ist sie dennoch keineswegs verlorengegangen. Die Bewegung ging nicht nur von den Hochschulen aus, sondern wurde auch von Hochschulgruppen angeführt und von Studenten, ihren Ideen ebenso wie ihren habituellen Eigenheiten, geprägt. Insofern war sie, bevor sie Züge einer allgemeinen Jugendrevolte annahm, in der Tat eine Studentenbewegung. Wer dem Sachverhalt nicht Rechnung trägt, daß die 68er-Bewegung ihren Ursprung an den Universitäten hatte und von Studenten dominiert war, der verfehlt ihren spezifischen Charakter. Im studentischen Status sind zwei Faktoren miteinander kombiniert

---

135 Vgl. Georg Picht, Die deutsche Bildungskatastrophe, Olten / Freiburg 1964.

– die Zugehörigkeit zur Jugend, genauer zu deren Schlußkapitel, der Adoleszenzphase, und die Beteiligung an dem Prozeß höherer Bildung, einer Qualifikation mit besonderen Berufserwartungen, zum Teil an die Hoffnung geknüpft, Aufnahme in Funktionseliten zu finden.[136] Diese Statuskombination prädestiniert Studenten dazu, in der Wahrnehmung ihrer Interessen wie keine andere gesellschaftliche Gruppierung flexibel, mobil, innovativ und selbstreflexiv aufzutreten. Als junge Träger des Wissens, die sich zwar in einer Institution bewegen, an diese jedoch nicht unbedingt gebunden sind, repräsentieren sie in besonderer Weise das Informelle, das Transmaterielle. In gewisser Hinsicht stellen sie einen Vorgriff auf die Informationsgesellschaft dar. Es war alles andere als Zufall, daß der französische Soziologe Alain Touraine aus der Erfahrung des »Pariser Mai« heraus eine Theorie der postindustriellen Gesellschaft entwickelt hat, in der die Studentenbewegung als eine antitechnokratisch ausgerichtete soziale Bewegung eine Schlüsselrolle spielt.[137] Noch weitergehender in seinen transmateriellen Implikationen war jedoch das Bild, das der amerikanische Sozialwissenschaftler Ronald Inglehart in seiner 1977 veröffentlichten empirischen Studie »The Silent Revolution« geboten hat. Er gelangte darin zu dem Schluß: »Die Wertvorstellungen in den westlichen Gesellschaften haben sich signifikant verschoben; während früher materielles Wohlergehen und physische Sicherheit ganz im Vordergrund

136 Noch weitgehender ist die Interpretation von Fietze: »Mit dem Studentenstatus verbindet sich neben dem Jugendalter ein bestimmter sozialer Status sowie eine besondere institutionelle Einbindung. Im Fall der 68er Bewegung war der Studentenstatus der konkrete Schlüssel für die Verbindung zwischen einer globalisierten Politik und der Globalisierung des Generationenzusammenhangs. Über die funktionelle Ähnlichkeit der Universitäten und der verwandten sozialen Positionierung der Studenten in den jeweiligen Nationalgesellschaften konnte sich eine globale Generationselite formieren.« Beate Fietze, ebenda, S. 21.

137 Alain Touraine, Die postindustrielle Gesellschaft, Frankfurt am Main 1972.

standen, wird heute mehr Gewicht auf die Lebensqualität gelegt [...] In den westlichen Gesellschaften sind inzwischen mehr Menschen als je zuvor in außergewöhnlicher ökonomischer Sicherheit aufgewachsen. Wirtschaftliche und physische Sicherheit werden zwar auch weiterhin positiv bewertet, aber ihre Bedeutung im Verhältnis zu anderen Werten ist geringer als in der Vergangenheit.«[138] In seiner Anschlußstudie widmete Inglehart den neuen sozialen Bewegungen ein eigenes Kapitel, weil sie den von ihm diagnostizierten postmaterialistischen Wertwandel am stärksten repräsentieren. Sie haben den Impuls, der von der 68er-Bewegung ausging, aufgenommen und weitergetragen: »Die Wertprioritäten der Postmaterialisten unterscheiden sich grundsätzlich von den über Jahrzehnte hinweg gültigen Wertprioritäten der Industriegesellschaften. Die etablierten Parteien, die in den meisten westlichen Gesellschaften das politische Leben kontrollieren, entstanden zu einer Zeit, als im politischen Alltag der soziale Klassenkonflikt dominierte [...] In der Anfangsphase der industriellen Revolution war wirtschaftliches Wachstum das zentrale Problem. In den vergangenen zehn, zwanzig Jahren ist die Zahl der Postmaterialisten gewachsen, und sie interessieren sich weniger für wirtschaftliches Wachstum als für die nicht wirtschaftlichen Aspekte der Lebensqualität.«[139] Das Gewicht der von Inglehart präsentierten Ergebnisse liegt vor allem darin, daß sie auf einer empirischen Untersuchung basiert, die über zwanzig Jahre hinweg in zwölf Industrienationen westlichen Typs durchgeführt wurde. Kaum irgendwo sind die soziokulturellen Folgewirkungen der 68er-Bewegung deutlicher zutage getreten als im Rahmen seiner Studie. Postindustrielle Gesellschaft, postmaterialistische Wertvorstellungen – ohne eine Kontextualisierung der aus einer Studentenbewegung hervorgegangenen 68er-Bewegung im Rahmen eines grundlegenden soziokulturellen Wandels, der die aus dem 19. Jahr-

---

138 Ronald Inglehart, The Silent Revolution: Changing Values and Political Styles among Western Publics, Princeton 1977, S. 3.

139 Ronald Inglehart, Kultureller Umbruch – Wertwandel in der westlichen Welt, Frankfurt am Main / New York 1989, S. 463.

hundert stammende produktivistische Formation der Industriegesellschaft zu überwinden trachtet, würde deren Logik sicherlich verfehlt.

7. Kulturelle Deutungen der 68er-Bewegung sind gegenüber politischen, ökonomischen und sozialen immer mehr in den Vordergrund getreten. Über den divergenten Doppelcharakter von politischem Scheitern und soziokultureller Folgewirkung, deren Grad allerdings schwer zu fixieren ist, herrscht inzwischen weitgehend Einigkeit. Unter den Historikern, die sich an einer Weltgeschichte des vergangenen Jahrhunderts versucht haben, zählt Eric Hobsbawm gewiß zu jenen, die der kulturellen Umwälzung der Gesellschaften nach 1945 den höchsten Stellenwert eingeräumt haben. Was er in seinem Werk über »Das Zeitalter der Extreme« in einem eigenen Kapitel als »kulturelle Revolution« beschreibt,[140] ist nichts anderes als das Bündel jener Sozialbeziehungen, die im Laufe von drei Jahrzehnten dramatischen Veränderungen ausgesetzt waren und deren größte Dynamik ganz unzweifelhaft von der 68er-Bewegung in Gang gesetzt wurde. Was einst mit politischen Parolen als »Revolutionierung des Alltagslebens« propagiert wurde,[141] die Neubestimmung des Verhältnisses zwischen Intimität und Öffentlichkeit, die Durchsetzung der Sexualität als Politikum, die Relativierung und Neujustierung der Geschlechterdifferenz, das zeitigte nun unter ganz anderen Vorzeichen langfristige Folgewirkungen. Hobsbawm diagnostiziert das Ausmaß der »kulturellen Revolution« vor allem an Strukturen, die sich bislang gegenüber Verschiebungen als besonders immun erwiesen hatten, den veränderten Beziehungsmustern zwischen den Geschlechtern und den Genera-

---

140 Eric Hobsbawm, Das Zeitalter der Extreme – Weltgeschichte des 20. Jahrhunderts, ebenda, S. 402–431.

141 Als wichtigster Theoretiker dieses Ansatzes figurierte seinerzeit der französische Soziologe Henri Lefèbvre. Vgl. sein Hauptwerk: Kritik des Alltagslebens, hrsg. von Dieter Prokop, Kronberg 1977, sowie: Das Alltagsleben in der modernen Welt, Frankfurt am Main 1972, und: Die Revolution der Städte, München 1972.

tionen. In der starken Zunahme von Ehescheidungen, unehelichen Geburten, alleinerziehenden Elternteilen und dem enorm gestiegenen Anteil alleinstehender Menschen, die in vielen westlichen Großstädten die Hälfte aller Haushalte bilden, sieht er Indizien für eine Krise der klassischen Kernfamilie, die mit gravierenden Veränderungen des Sexualverhaltens, der Partnerschaft und des Kinderwunsches einhergegangen sei. Demgegenüber stehe die Etablierung einer Jugendkultur als »einer unabhängigen sozialen Kraft« für einen tiefgreifenden Wandel in den Beziehungen zwischen den Generationen. Jede neue Erwachsenengeneration werde inzwischen in der Form einer selbstbewußten Jugendkultur sozialisiert und habe diese Erfahrung verinnerlicht. Die Jugendkultur, deren Bedeutung für den Konsumwarenmarkt gigantisch angewachsen ist, sei insgesamt zu einer »Matrix der kulturellen Revolution« geworden. Die Umwälzung der Verhaltensweisen und Gewohnheiten, die Freizeitgestaltung, die Durchsetzung ästhetischer Trends, die Prägung der urbanen Atmosphäre gehe von ihr vor allem aus. »Die kulturelle Revolution des späten 20. Jahrhunderts«, faßt Hobsbawm sein Ergebnis zusammen, »könnte man also am besten als den Triumph des Individuums über die Gesellschaft betrachten. Alle Fäden, die den Menschen in der Vergangenheit in das soziale Netz eingeflochten hatten, waren durchtrennt worden.«[142] Da die traditionellen Verhaltensmuster und Konventionen gebrochen worden seien, wären häufig traumatische Verunsicherung und gegenseitige Verständnislosigkeit die Folge gewesen. Die durchaus zu verzeichnende Zunahme von Autonomie der Individuen sei mit einer zum Teil dramatisch angestiegenen Anomie der Gesellschaft bezahlt worden.

8. Die metatheoretischen Koordinaten, die in den ersten Jahrzehnten zur Interpretation der 68er-Bewegung dominierten, besitzen keine unangefochtene Gültigkeit mehr. Weder die marxistischen Ansätze, die in der 68er-Bewegung einen im Qualifikationsbereich

---

142 Eric Hobsbawm, ebenda, S. 420.

aufbrechenden Klassenantagonismus zu erkennen glaubten,[143] der letztlich nur durch die Abschaffung des Kapitalismus aufzulösen sei, noch die modernisierungstheoretischen Ansätze,[144] die in ihr einen zum Teil terroristisch entstellten Vorboten für einen evolutionären Wandel der bundesdeutschen Gesellschaft sahen, der dann durch die Reformpolitik der sozialliberalen Koalition in Gang gebracht wurde, können heute als Rahmenbedingung einer Analyse überzeugen. Mit der Postmoderne sind neue Deutungsmuster aufgekommen, die zwar mit den alten zu konkurrieren, sie jedoch auch nicht einfach abzulösen vermögen. Die Opposition zu den Denkfiguren der Moderne hat sich in vielfacher Hinsicht als eine Haltung erwiesen, die insgeheim auf ihre Transformation abzielt. Die Konvergenzen, die es zwischen der 68er-Bewegung und der Postmoderne unzweifelhaft gibt, sind alles andere als ein Garant dafür, daß die postmodernen Termini fruchtbarer als die bislang verwendeten sein müssen. Was hier nur festgestellt werden kann, ist eine phänomenologische Ähnlichkeit in einer kritisch-destruktiven Grundhaltung. Vielleicht trifft die Pluralisierung der Denkansätze auch auf die der historischen und sozialwissenschaftlichen Interpretationsansätze zu. Damit wäre jedoch die Unsicherheit gewachsen, in welchem kategorialen Rahmen eine gültige Analyse vorgenommen werden könnte.

Vielleicht ist trotz der Globalisierungsperspektive, die sich in der Betrachtung von »1968« immer stärker durchsetzt, in theoretischer Hinsicht eher Bescheidenheit angesagt, eine Bescheidenheit, die zunächst einmal in der Sicherung der empirischen Voraussetzungen liegen müßte. Dann allerdings kann am Ende die Parole in Anlehnung an eine andernorts gepflegte Formel nur lauten: Vorhang zu und alle Archive offen. Jedenfalls die meisten.

---

143 Als Überblick vgl. Wolfgang Nitsch, Die soziale Dynamik akademischer Institutionen – Trend-Report zur sozialwissenschaftlichen Hochschulforschung, Weinheim / Basel 1973.

144 Als Überblick vgl. David Roberts, Erzählungen der Modernisierung – Die Studentenbewegung und der gesellschaftliche Wandel in Deutschland, in: Rainer Rosenberg / Inge Münz-Koenen / Petra Boden (Hg.), Der Geist der Unruhe, ebenda, S. 61–82.

Literaturverzeichnis

[Ohne Autor] Bewaffneter Kampf – Texte der RAF, Auseinandersetzung und Kritik, Utrecht 1973.
[Ohne Autor] »Diskussion im BBC: Ursachen der Studentenbewegung«, in: *Berliner Extra-Dienst* vom 10. Juli 1968, 2. Jg., S. 7–10, und vom 13. Juli, S. 10–12.
[Ohne Autor] »Ein ganz normales Volk – Provokation: Martin Walsers Rede auf der Frankfurter Buchmesse erregt Widerspruch«, in: *Junge Freiheit* vom 16. Oktober 1998.
[Ohne Autor] »Wir waren nie Nationalisten«, in: *Junge Welt* vom 15. Februar 1999.

Abendroth, Wolfgang u. a., Die Linke antwortet Jürgen Habermas, Frankfurt am Main 1968.
Adorno, Theodor W., Studien zum autoritären Charakter, Frankfurt am Main 1973.
Agee, Philipp, CIA intern – Tagebuch 1956–1974, Frankfurt am Main 1981.
Agnoli, Johannes / Brückner, Peter, Transformation der Demokratie, Frankfurt am Main 1968.
Ahlberg, René, Akademische Lehrmeinungen und Studentenunruhen in der Bundesrepublik – Linker Irrationalismus in politologischen und soziologischen Theorien, Freiburg 1970.
Albera, François u. a., Jean-Luc Godard, München / Wien 1979.
Albers, Detlev, Demokratisierung der Hochschule – Argumente zur Drittelparität, Beuel 1968.
Albrecht, Clemens u. a., Die intellektuelle Gründung der Bundesrepublik – Eine Wirkungsgeschichte der Frankfurter Schule, Frankfurt / New York 1999.
Albrecht, Willy, Der Sozialistische Deutsche Studentenbund (SDS) – Vom parteikonformen Studentenverband zum Repräsentanten der Neuen Linken, Bonn 1994.
Alexander, Robin, Marsch nach rechts, in: *die tageszeitung* vom17. April 1998.
Ali, Tariq, Street Fighting Years – Autobiographie eines 68ers, Köln 1998.
Allemann, Fritz René, Bonn ist nicht Weimar, Köln 1956.

Arendt, Hannah, Sechs Essays, Heidelberg 1948.
Dies., Zur Zeit – Politische Essays, hrsg. von Marie Luise Knott, West-Berlin 1986.
Aust, Stefan, Der Baader-Meinhof-Komplex, Hamburg 1985.
Aust, Stefan, 1968 und die Medien, in: Edmund Jacoby / Georg M. Hafner (Hg.), 1968 – Bilderbuch einer Revolte, Frankfurt am Main 1993, S. 81–96.

Baier, Horst (Hg.), Studenten in Opposition – Beiträge zur Soziologie der deutschen Hochschule, Bielefeld 1968.
Baier, Lothar u. a., Die Früchte der Revolution – Über die Veränderung der politischen Kultur durch die Studentenbewegung, West-Berlin 1988.
Bald, R. [d.i. Rudi Dutschke], Denk ich an den deutschen Sozialismus und Kommunismus in der Nacht, so werd ich um den Schlaf gebracht – Hat das noch Sinn?, in: *Langer Marsch*, Nr. 3, 2. Jg., Juli 1973, S. 8.
Baring, Arnulf, Machtwechsel – Die Ära Brandt–Scheel, Stuttgart 1982.
Baumann, Michael »Bommi«, Wie alles anfing, München 1975.
Ders., »Deckname ›Anarchist‹«, in: *Der Spiegel* vom 19. Januar 1998, 52. Jg., Nr. 4, S. 116f.
Bauß, Gerhard, Die Studentenbewegung der sechziger Jahre in der Bundesrepublik und West-Berlin – Handbuch, Köln 1977.
Beck, Ulrich, Risikogesellschaft – Auf dem Weg in eine andere Moderne, Frankfurt am Main 1986.
Becker, Thomas / Neumann, Ute (Hg.), Quellenkunde zur Geschichte der Studentenproteste 1965–1970, Bonn 2000.
Bedau, Hugo Adam (Hg.), Civil Disobedience Theory and Practice, New York 1969.
Benjamin, Walter, Gesammelte Schriften, Bd. I,2, hrsg. von Rolf Tiedemann und Hermann Schweppenhäuser, Frankfurt am Main 1974.
Ders., Gesammelte Schriften, Bd. I,3, hrsg. von Rolf Tiedemann und Hermann Schweppenhäuser, Frankfurt am Main 1974.
Ders., Gesammelte Schriften, Bd. II,1, hrsg. von Rolf Tiedemann und Hermann Schweppenhäuser, Frankfurt am Main 1977.
Bentz, Ralf / Brtnik, Sabine / König, Christoph / Luckscheiter, Roman / Ott, Ulrich / Raitz, Brigitte (Hg.), Protest! Literatur um 1968, Marbach am Neckar 1968.
Bergmann, Uwe / Dutschke, Rudi / Lefèvre, Wolfgang / Rabehl, Bernd, Rebellion der Studenten oder Die neue Opposition, Reinbek 1968.
Berman, Paul, Zappa meets Havel – 1968 und die Folgen – Eine politische Reise, Hamburg 1998.

Beyme, Klaus von, Die politische Elite in der Bundesrepublik, München 1971.
Bieling, Rainer, Die Tränen der Revolution – Die 68er zwanzig Jahre danach, West-Berlin 1988.
Bigler, Rolf R., Enteignet Deutschland – Der Bankrott des Marxismus oder der Aufstand der Studenten, Wien / München / Zürich 1968.
Blanke, Bernhard, Ende und Anfang einer sozialistischen Deutschlandpolitik – das Seminar von FDJ und SDS, V. Einige Ergebnisse des Seminars, in: *neue kritik* (hrsg. vom SDS-Bundesvorstand), Nr. 40, 8. Jg., Februar 1967, S. 45–47.
Böckelmann, Frank / Nagel, Herbert (Hg.), Subversive Aktion – Der Sinn der Organisation ist ihr Scheitern, Frankfurt am Main 1976.
Boehm, Ludwig, Die Verleihung akademischer Grade an den Universitäten des 14.–16. Jahrhunderts, in: Chronik der Ludwig-Maximilian-Universität München 1958/59.
Bohnsack, Günther / Brehmer, Herbert, Auftrag Irreführung: Wie die Stasi Politik im Westen machte, Hamburg 1992.
Dies., »Treffen auf der Parkbank – Die Ex-Stasi-Offiziere Günther Bohnsack und Herbert Brehmer über ihre Tricks gegen Geheimdienste und Medien«, in: *Der Spiegel* vom 22. Juli 1991, 45. Jg., Nr. 30, S. 60.
Bohrer, Karl Heinz, Surrealismus und Terror, in: *Merkur*, 23. Jg., Heft 10, Oktober 1969, S. 921–940.
Bourdieu, Pierre / Boltanski, Luc /Saint Martin, Monique de / Maldidier, Pascale, Titel und Stelle – Über die Reproduktion sozialer Macht, Frankfurt am Main 1981.
Branch, Taylor, Parting the Waters – America in the King Years 1954–1963, New York 1988.
Brandes, Volkhard / Schön, Bernhard (Hg.), Wie der Stein ins Rollen kam – Vom Aufbruch in die Revolte der sechziger Jahre, Frankfurt am Main 1988.
Brandt, Peter / Ammon, Herbert, Die Linke und die nationale Frage – Dokumente zur deutschen Einheit seit 1945, Reinbek 1981.
Briegleb, Klaus, 1968 – Literatur in der antiautoritären Bewegung, Frankfurt am Main 1993.
Briem, Jürgen, Der SDS – Die Geschichte des bedeutendsten Studentenverbandes der BRD seit 1945, Frankfurt am Main 1976.
Brinkmann, Rolf Dieter, Keiner weiß mehr, Köln 1968.
Brückner, Peter, Die Partikularität des Weltgeistes – Ein Beitrag zur Gefährdung des Weltgeistes, in: *Schwarze Protokolle*, 7. Jg., Nr. 13, April 1976, S. 45–48.
Bude, Heinz, Das Altern einer Generation – Die Jahrgänge 1938–1948, Frankfurt am Main 1995.

Bude, Heinz / Kohli, Martin (Hg.), Radikalisierte Aufklärung – Studentenbewegung und Soziologie in Berlin 1965 bis 1970, Weinheim 1989.
Bude, Heinz / Schleissing, Stephan (Hg.), Junge Eliten – Selbständigkeit als Beruf, Stuttgart / Berlin / Köln 1997.
Bürklin, Wilhelm u.a., Eliten in Deutschland – Rekrutierung und Integration, Opladen 1997.
Büsch, Wolfgang, Die Protestbewegung unter den Studenten der Freien Universität Berlin – Analyse der Senatsverwaltung für Inneres, West-Berlin 1967.
Busche, Jürgen, Später Sieg des SDS?, in: *Frankfurter Allgemeine Zeitung* vom 28. Juni 1985.
Ders., Unsere Anführer haben uns nicht erklärt, warum wir diese Form der Bewegung wollten – Ehemalige SDS-Mitglieder diskutieren in Berlin über die APO von 1968, in: *Frankfurter Allgemeine Zeitung* vom 29. Juni 1985.

Carson, Clayborne u.a. (Hg.), The Eyes on the Prize – Civil Rights Reader: Documents, Speeches and Firsthand Accounts from the Black Freedom Struggle, 1954–1990, New York 1991.
Chaussy, Ulrich, Die drei Leben des Rudi Dutschke, Darmstadt / Neuwied 1983.
Classen, Christoph, Die sechziger Jahre als Suchbewegung – Ein Symposium in Kopenhagen über soziale Kultur und politische Ideen in beiden deutschen Staaten, in: *Potsdamer Bulletin für Zeithistorische Studien*, Nr. 13, Juli 1998, S. 42–47.
Claussen, Detlev / Dermitzel, Regine (Hg.), Universität und Widerstand – Versuch einer Politischen Universität in Frankfurt, Frankfurt am Main 1968.
Cohn-Bendit, Daniel, Der große Basar, München 1975.
Ders., Ich lebe da, wo ich verliebt bin – Rede über das eigene Land, in: *Die Zeit* vom 5. Dezember 1986, 41. Jg., Nr. 50, S. 52f.
Ders., Wir haben sie so geliebt, die Revolution, Frankfurt am Main 1987.
Ders. / Mohr, Reinhard, 1968 – Die letzte Revolution, die noch nichts vom Ozonloch wußte, West-Berlin 1988.
Cohn-Bendit, Gabriel und Daniel, Linksradikalismus – Gewaltkur gegen die Alterskrankheit des Kommunismus, Reinbek 1968.
Comte, Auguste, Rede über den Geist des Positivismus, hrsg. von Iring Fetscher, Hamburg 1956.
Condorcet (Marie Jean Antoine Nicolas de), Entwurf einer historischen Darstellung der Fortschritte des menschlichen Geistes, hrsg. von Wilhelm Alff, Frankfurt am Main 1963.
Cox, Archibald / Howe, Mark / Wiggins, J. R., Civil Rights, the Constitution and the Courts, Cambridge (Mass.) 1967.

Davis, Angela, Mein Herz wollte Freiheit – Eine Autobiographie, München / Wien 1975.
Debray, Régis, Revolution in der Revolution? Bewaffneter Kampf und politischer Kampf in Lateinamerika, München 1967.
Ders. u. a., Guerilla in Lateinamerika – 11 Aufsätze zur Focustheorie, West-Berlin 1970.
Debray, Régis / Castro, Fidel / Karol, K. S. / Mandel, Gisela, Der lange Marsch – Wege der Revolution in Lateinamerika, München 1968.
Delius, Friedrich Christian, Amerikahaus und der Tanz um die Frauen, Reinbek 1997.
Deppe, Frank (Hg.), 2. Juni 1967 und die Studentenbewegung heute, Dortmund 1977.
Dichgans, Hans, Der Gegensatz der Generationen: Die außerparlamentarische Opposition, Düsseldorf 1968.
Diederich, Reiner / Grübling, Richard (Hg.), Stark für die Freiheit – Die Bundesrepublik im Plakat, Hamburg 1989.
Dienstag, Matthis [d.i. Karl Markus Michel] u. a., Die Linke und das Geld. Ein Mosaik, in: *Kursbuch*, 10. Jg., Nr. 36, Juni 1974, S. 162–181.
Diner, Dan, Verkehrte Welten – Antiamerikanismus in Deutschland, Frankfurt am Main 1993.
Dinné, Olaf, 15 Jahre SPD in Bremen, dann grün – Ein Beitrag zur Bremischen Geschichte jüngerer Vergangenheit, Bremen 1979.
Ders. / Grünwaldt, Jochen / Kuckuk, Peter (Hg.), anno dunnemals: 68 in Bremen, Bremen 1998.
Doering-Manteuffel, Anselm, Wie westlich sind die Deutschen? Amerikanisierung und Westernisierung im 20. Jahrhundert, Göttingen 1999.
Doherr, Annamarie, Schütz: SED-West erhielt Plattform durch außerparlamentarische Opposition, in: *Frankfurter Rundschau* vom 3. Mai 1968.
Dollinger, Hans (Hg.), Revolution gegen den Staat? Die außerparlamentarische Opposition – Die neue Linke – Eine politische Anthologie, Bern / München / Wien 1968.
Döscher, Hans-Jürgen, Verschworene Gesellschaft – Das Auswärtige Amt unter Adenauer zwischen Neubeginn und Kontinuität, Berlin 1995.
Dreitzel, Hans Peter, Elitebegriff und Sozialstruktur – Eine soziologische Begriffsanalyse, Stuttgart 1962.
Dutschke, Gretchen, Wir hatten ein barbarisches, schönes Leben – Rudi Dutschke, Köln 1996.
Dutschke, Rudi, Aufrecht gehen – Eine fragmentarische Autobiographie, West-Berlin 1981.

Ders., Breschnew, das DDR-»Manifest« und die »deutsche Frage«, in: *das da / avanti*, 5. Jg., Nr. 6, Juni 1978, S. 14–15.
Ders., Die Deutschen und der Sozialismus, in: *das da*, 4. Jg., Nr. 7, Juli 1977, S. 2.
Ders., Geschichte ist machbar – Texte über das herrschende Falsche und die Radikalität des Friedens, hrsg. von Jürgen Miermeister, West-Berlin 1980.
Ders., Mein langer Marsch, Reinbek 1980.
Ders., Pro Patria Sozi? In: *Konkret*, 20. Jg., Nr. 2, November 1974, S. 30.
Ders., Thesen für die Diskussion über eine geschichtlich angemessene sozialistische Organisation, in: Neuorientierung, Neuorganisierung – Zur zweiten Organisationsdebatte in der BRD, Frankfurt am Main 1976, S. 105–107.
Ders., Versuch, Lenin auf die Füße zu stellen – Über den halbasiatischen und den westeuropäischen Weg zum Sozialismus. Lenin, Lukács und die Dritte Internationale, West-Berlin 1974.
Ders., Wer hat Angst vor der Wiedervereinigung? In: *das da / avanti*, 5. Jg., Nr. 4, April 1978, S. 22–23.
Ders., Zur nationalen Frage, in: *das da / avanti*, 5. Jg., Nr. 10, Oktober 1978, S. 21–23.
Ders. / Krahl, Hans-Jürgen, Organisationsreferat, in: *Diskus – Frankfurter Studentenzeitung*, 30. Jg., Nr. 1 / 2, Februar 1980, S. 6–9.

Ebert, Theodor, Gewaltfreier Aufstand – Alternative zum Bürgerkrieg, Freiburg 1968.
Ders. / Benedict, Hans-Jürgen (Hg.), Macht von unten – Bürgerrechtsbewegung, außerparlamentarische Opposition und Kirchenreform, Hamburg 1968.
Eder, Klaus, Geschichte als Lernprozeß? Zur Pathogenese politischer Modernität in Deutschland, Frankfurt am Main 1985.
Edinger, Lewis J., Post-Totalitarian Leadership: Elites in the German Federal Republic, in: *American Political Science Review*, LIV/1, 1960.
Eichberg, Henning, National ist revolutionär! – Was Rudi Dutschkes Thesen zur »Nationalen Frage« für die Linken bedeuten, in: *das da / avanti*, 5. Jg., Nr. 11, November 1978.
Engert, Jürgen, Nützliche Idioten gesucht – Die SED intensiviert Kontakte zur außerparlamentarischen Opposition, in: *Der Tagesspiegel* vom 10. Mai 1968.
Enzensberger, Hans Magnus, Einzelheiten, Frankfurt am Main 1962.
Ders., Erinnerungen an einen Tumult – Zu einem Tagebuch aus dem Jahre 1968, in: *Text und Kritik*, hrsg. von Heinz Ludwig Arnold, Heft 49, Hans Magnus Enzensberger. Zweite, erweiterte Auflage, März 1985.

Ders., Zur Kritik der politischen Ökologie, in: *Kursbuch*, 9. Jg., Nr. 33, Oktober 1973, S. 1–42.
Ders., Zwei Bemerkungen zum Weltuntergang, in: *Kursbuch*, 13. Jg., Nr. 52, Mai 1978, S. 1–8.
Erckenbrecht, Ulrich, Die Unweisheit des Westens, Göttingen 1998.
Eßbach, Wolfgang, Protestbewegung, Scheinrevolution, postmoderne Revolte? Nachdenken über »68« (Ms.), Vortrag an der Universität Freiburg, 19. November 1997.

Fallaci, Oriana, Nichts und Amen, Köln 1991.
Fichter, Tilman, SDS und SPD – Parteilichkeit jenseits der Partei, Opladen 1988.
Ders. / Lönnendonker, Siegward, Kleine Geschichte des SDS – Der Sozialistische Deutsche Studentenbund von 1946 bis zur Selbstauflösung, West-Berlin 1977.
Fiedler, Leslie A., Das Zeitalter der neuen Literatur – Die Wiedergeburt der Kritik, in: *Christ und Welt* vom 13. September 1968.
Ders., cross the border, close the gap, in: *Playboy*, 16. Jg., Nr. 12, Dezember 1969, S. 151, 230 und 252–258.
Fischer, Joschka, Rede vor dem Europäischen Parlament am 12. Januar 1999 in Straßburg, in: www.auswaertiges-amt.de.
Fourier, Charles, Theorie der vier Bewegungen und der allgemeinen Bestimmungen, hrsg. von Theodor W. Adorno, Frankfurt am Main 1966.
François, Etienne / Middell, Matthias / Terray, Emmanuel / Wierling, Dorothee (Hg.), 1968 – ein europäisches Jahr?, Leipzig 1997.
Fraser, Ronald (Hg.), 1968 – A Student Generation in Revolt, New York 1988.
Fricke, Karl Wilhelm, Akten-Einsicht – Rekonstruktion einer politischen Verfolgung, Berlin 1995.
Ders., Opposition und Widerstand in der DDR, Köln 1984.
Ders., Politik und Justiz in der DDR – Zur Geschichte der politischen Verfolgung 1945–1968, Köln 1979.
Ders., Warten auf Gerechtigkeit – Kommunistische Säuberungen und Rehabilitierungen, Köln 1971.
Ders., Zur Menschen- und Grundrechtssituation politischer Gefangener in der DDR, Köln 1986.
Friedeburg, Ludwig von u. a., Freie Universität und politisches Potential der Studenten – Über die Entwicklung des Berliner Modells und den Anfang der Studentenbewegung in Deutschland, Neuwied / West-Berlin 1968.
Friedeburg, Ludwig von (Hg.), Jugend in der modernen Gesellschaft, Köln 1965.

Friedmann, Friedrich Georg, Hannah Arendt – Eine deutsche Jüdin im Zeitalter des Totalitarismus, München / Zürich 1985.
Furet, François, 1789 – Vom Ereignis zum Gegenstand der Geschichtswissenschaft, Frankfurt am Main 1980.

Gassert, Philipp / Richter, Pavel A., 1968 in West Germany – A Guide to Sources and Literature of the Extra-Parlimentarian Opposition, Washington 1998.
Gilabert, César, El hábito de la utopía: análisis del imaginario sociopolítico en el movimiento estudiantil de México 1968, Mexico City 1993.
Gilcher-Holtey, Ingrid, »Die Phantasie an die Macht« – Mai 68 in Frankreich, Frankfurt am Main 1995.
Dies. (Hg.), 1968 – Vom Ereignis zum Gegenstand der Geschichtswissenschaft, Göttingen 1998.
Gitlin, Todd, The Whole World is Watching – Mass Media in the Making and Unmaking of the New Left, Berkeley / Los Angeles / London 1980.
Glaser, Hermann, Radikalität und Scheinradikalität – Zur Sozialpsychologie des jugendlichen Protests, München 1970.
Ders. / Silenius, Axel (Hg.), Protest der Jugend – Analysen, Meinungen, Retrospektive, Diskussion, Frankfurt am Main 1968.
Glotz, Peter (Hg.), Ziviler Ungehorsam im Rechtsstaat, Frankfurt am Main 1983.
Grimm, Dieter, Vergiß die Besten nicht – Das Denken in Zusammenhängen und die Bereitschaft, langfristig die Folgen zu beachten, sind Merkmale einer modernen Elite, in: *Frankfurter Allgemeine Zeitung* vom 1. Dezember 1999.
Grossmann, Heinz / Negt, Oskar, Die Auferstehung der Gewalt – Springerblokkade und politische Reaktion in der Bundesrepublik, Frankfurt am Main 1968.
Gruppe SPUR 1958–1965, Eine Dokumentation, München 1979.

Habermas, Jürgen, Die Neue Unübersichtlichkeit, Frankfurt am Main 1985.
Ders., Der Marsch durch die Institutionen hat auch die CDU erreicht – Der Frankfurter Philosoph und Soziologe Jürgen Habermas im Gespräch mit Rainer Erd über die politische Kultur in der Bundesrepublik Deutschland nach 1968, in: *Frankfurter Rundschau* vom 11. März 1988.
Ders., Die Scheinrevolution und ihre Kinder – Sechs Thesen über Taktik, Ziele und Situationsanalysen der oppositionellen Jugend, in: *Frankfurter Rundschau* vom 5. Juni 1968.
Ders., Protestbewegung und Hochschulreform, Frankfurt am Main 1969.
Ders., Zum Tode von Rudi Dutschke: Ein wahrhaftiger Sozialist, in: *Die Zeit* vom 4. Januar 1980, 35. Jg., Nr. 2, S. 7.

Ders., Strukturwandel der Öffentlichkeit – Untersuchungen zu einer Kategorie der bürgerlichen Gesellschaft, Neuwied / West-Berlin 1962.
Ders. / Friedeburg, Ludwig von / Oehler, Christoph / Weltz, Friedrich, Student und Politik – Eine soziologische Untersuchung zum politischen Bewußtsein Frankfurter Studenten, Neuwied / West-Berlin 1961.
Hack, Lothar, Am Beispiel Berkeley: Rigider Funktionalismus und Neue Unmittelbarkeit, in: *neue kritik*, 8. Jg., Nr. 41, April 1967, S. 36–52.
Hager, Jens, Die Rebellen von Berlin – Studentenpolitik an der Freien Universität – Eine Dokumentation, hrsg. von Hartmut Häussermann, Niels Kadritzke, Knut Nevermann, Köln / West-Berlin 1967.
Hall, Robert T., The Morality of Civil Disobedience, New York 1971.
Haller, Michael (Hg.), Aussteigen oder rebellieren – Jugendliche gegen Staat und Gesellschaft, Reinbek 1981.
Hartung, Klaus, Die Rückkehr des SDS – Erstes SDS-Symposium an der Freien Universität Berlin – Zwischen Erinnerung und Selbstkritik, in: *die tageszeitung* vom 29. Juni 1985.
Hayden, Tom, Reunion – A Memoir, New York 1988.
Heine, Heinrich, Sämtliche Schriften, hrsg. von Klaus Briegleb, München 1976.
Heinemann, Karl-Heinz / Jaitner, Thomas, Ein langer Marsch – 1968 und die Folgen, Köln 1993.
Heinrich-Böll-Stiftung (Hg.), Prag – Berlin – Paris – 1968. Internationale Konferenz am 21./22. Mai 1993 in Prag, Prag 1993.
Helms, Hans G., Fetisch Revolution – Marxismus und Bundesrepublik, Darmstadt / Neuwied 1973.
Herbert, Ulrich, Deutsche Eliten nach Hitler, in: *Mittelweg 36*, 8. Jg., Nr. 3, Juni / Juli 1999, S. 66–82.
Hermann, Kai, Die Revolte der Studenten, Hamburg 1967.
Ders., Opposition hüben und drüben – Das dialektische Verhältnis von APO und SED, in: *Die Zeit* vom 24. Mai 1968, 23. Jg., Nr. 21, S. 7.
Hickethier, Knut, Geschichte des deutschen Fernsehens, Stuttgart / Weimar 1998.
Hildebrandt, Dietrich, »… und die Studenten freuen sich!« – Studentenbewegung in Heidelberg 1967–1973, Heidelberg 1991.
Hobsbawm, Eric, Das Zeitalter der Extreme – Weltgeschichte des 20. Jahrhunderts, München / Wien 1995.
Hoffmann, Rainer / Mückenberger, Ulrich (Hg.), Die Wahrheit der Träume – 1968 und heute – Ein Kaleidoskop, Münster 1994.
Hofmann, Gunter, Kulturkampf gegen die Kulturrevolutionäre, in: *Die Zeit* vom 1. Januar 1993, 48. Jg., Nr. 1, S. 3.
Hofmann, Werner, Zur Soziologie der Studentenrevolte, West-Berlin 1969.

Holl, Kurt / Glunz, Claudia (Hg.), 1968 am Rhein: Satisfaction und Ruhender Verkehr, Köln 1998.
Hollstein, Walter, Der Untergrund – Zur Soziologie jugendlicher Protestbewegungen, Neuwied 1969.
Horkheimer, Max, Gesammelte Schriften, Bd. 5: »Dialektik der Aufklärung« und Schriften 1940–1950, hrsg. von Gunzelin Schmid Noerr, Frankfurt am Main 1987.
Ders., Notizen 1950 bis 1969 und Dämmerung – Notizen in Deutschland, Frankfurt am Main 1974.

Inglehart, Ronald, Kultureller Umbruch – Wertwandel in der westlichen Welt, Frankfurt am Main / New York 1995.
Ders., The Silent Revolution: Changing Values and Political Styles Among Western Publics, Princeton 1977.
Institut für Sozialforschung (Hg.), Gruppenexperiment – Ein Studienbericht, bearbeitet von Friedrich Pollock, Frankfurt am Main 1955.
Isserman, Maurice, If I Had a Hammer ... – The Death of the Old Left and the Birth of the New Left, New York 1987.

Jacobs, Paul / Landau, Paul, Die Neue Linke in den USA – Analyse und Dokumentation, München 1969.
Jacobsen, Hans-Adolf / Dollinger, Hans (Hg.), Die deutschen Studenten – Der Kampf um die Hochschulreform – Eine Bestandsaufnahme, München 1968.
Jacoby, Edmund / Hafner, Georg M. (Hg.), 1968 – Bilderbuch einer Revolte, Frankfurt am Main 1993.
Jahn, Peter, Ohne Anführungsstriche – Die Politik des SDS gegenüber der DDR zwischen Unvereinbarkeitsbeschluß und Studentenrevolte, West-Berlin 1990.
Jeziorowski, Jürgen, Studenten im Aufbruch – Motive, Methoden, Modelle, Stuttgart 1968.
Jochheim, Gernot, Die gewaltfreie Aktion – Idee und Methoden, Vorbilder und Wirkungen, Hamburg 1984.
Juchler, Ingo, Rebellische Subjektivität und Internationalismus – Der Einfluß Herbert Marcuses und der nationalen Befreiungsbewegungen in der sog. Dritten Welt auf die Studentenbewegung in der BRD, Marburg 1989.
Juchler, Ingo, Die Studentenbewegungen in den Vereinigten Staaten und der Bundesrepublik Deutschland der sechziger Jahre – Eine Untersuchung hinsichtlich ihrer Beeinflussung durch Befreiungsbewegungen und -theorien aus der Dritten Welt, Berlin 1996.

Katsiaficas, George, The Imagination of the New Left – A Global Analysis of 1968, Boston 1987.
Keller, Fritz, Wien, Mai 68 – Eine heiße Viertelstunde, Wien 1988.
King, Martin Luther, Schöpferischer Widerstand – Reden, Aufsätze, Predigten, Gütersloh 1980.
Kleemann, Susanne, Ursachen und Formen der amerikanischen Studentenopposition, Frankfurt am Main 1971.
Klönne, Arno, Vorsicht, nationale Sozialisten! – Antwort auf Rudi Dutschkes Thesen zur »Nationalen Frage«, in: *das da / avanti,* 5. Jg., Nr. 11, November 1978, S. 20–22.
Knabe, Hubertus, Die Stasi als Problem des Westens, in: *Aus Politik und Zeitgeschichte* vom 5. Dezember 1997, B 50/97, S. 3–16.
Ders., Die unterwanderte Republik – Stasi im Westen, Berlin 1999.
Ders., Die Gnade der westdeutschen Geburt – Die Stasi-Vergangenheit in der Bundesrepublik muß aufgearbeitet werden, in: *Frankfurter Allgemeine Zeitung* vom 15. Dezember 1998.
Ders., West-Arbeit des MfS – Das Zusammenspiel von »Aufklärung« und »Abwehr«, Berlin 1999.
Koch, Peter-Ferdinand, Die feindlichen Brüder – DDR contra BRD – Eine Bilanz nach 50 Jahren Bruderkrieg, Bern / München / Wien 1994.
Koenigs, Tom, Tagträume und Nachtschichten, Köln 1992.
Koetzle, Michael (Hg.), *twen* – Revision einer Legende, München 1997.
Kohn, Werner, In der Provinz, 1968, West-Berlin 1988.
Koll, Reiner, Die Bedeutung der Deutschlandpolitik für den SDS in den fünfziger Jahren, West-Berlin 1990.
Kölnischer Kunstverein (Hg.), Ausstellungskatalog: happening & fluxus – materialien, Köln 1970.
Köpf, Doris, Was aus den 68ern geworden ist, in: *Focus* vom 2. September 1996, 4. Jg., Nr. 36, S. 66–78.
Kozicki, Norbert, Aufbruch im Revier – 1968 und die Folgen, Essen 1993.
Krahl, Hans-Jürgen, Konstitution und Klassenkampf – Zur historischen Dialektik von bürgerlicher Emanzipation und proletarischer Revolution, Frankfurt am Main 1971.
Krause-Burger, Sibylle, Joschka Fischer – Der Marsch durch die Illusionen, Reinbek 2000.
Kraushaar, Wolfgang, Daniel Cohn-Bendit, in: Edmund Jacoby (Hg.), Lexikon Linker Leitfiguren, Frankfurt am Main 1988, S. 82–84.
Ders., Die Kritische Theorie in der Bundesrepublik – Zwei Studien über die

Wirkungsgeschichte der Frankfurter Schule, in: *Musik und Ästhetik*, 4. Jg., Heft 15, Juli 2000, S. 90–97.
Ders., Die Protest-Chronik 1949–1959 – Eine illustrierte Geschichte von Bewegung, Widerstand und Utopie, Bd. I–IV, Hamburg 1996.
Ders., Frankfurter Schule und Studentenbewegung – Von der Flaschenpost zum Molotowcocktail 1946–1995, Bd. I–III, Hamburg 1998.
Ders., Realpolitik als Ideologie – Von Ludwig August von Rochau bis Joschka Fischer, in: *1999 – Zeitschrift für Sozialgeschichte des 20. und 21. Jahrhunderts*, 3. Jg., Nr. 3, Juli 1988, S. 79–137.
Ders., Rudi Dutschke und die Wiedervereinigung – Zur heimlichen Dialektik von Nationalismus und Internationalismus, in: *Mittelweg 36*, 1. Jg., Nr. 2, Juni/Juli 1992, S. 12–48.
Ders., 1968 – Das Jahr, das alles verändert hat, München 1968.
Krahl, Hans-Jürgen, Konstitution und Klassenkampf – Zur historischen Dialektik von bürgerlicher Emanzipation und proletarischer Revolution, Frankfurt am Main 1971.
Krischer, Markus / Vernier, Robert, Die göttliche Quelle – Ein Hamburger Arzt und Altradikaler soll die militante linke Szene an die Stasi verraten haben, in: *Focus* vom 2. Juni 1997, 5. Jg., Nr. 23, S. 32f.
Kunzelmann, Dieter, Leisten Sie keinen Widerstand! Bilder aus meinem Leben, Berlin 1998.
Kurnitzky, Horst / Kuhn, Hansmartin (Hg.), Das Ende der Utopie – Herbert Marcuse diskutiert mit Studenten und Professoren Westberlins an der Freien Universität über die Möglichkeiten und Chancen einer politischen Opposition in den Metropolen in Zusammenhang mit den Befreiungsbewegungen in den Ländern der Dritten Welt, West-Berlin 1967.

Laker, Thomas, Ziviler Ungehorsam, Baden-Baden 1986.
Landgrebe, Christiane / Plath, Jörg (Hg.), '68 und die Folgen – Ein unvollständiges Lexikon, Berlin 1998.
Langguth, Gerd, Protestbewegung: Entwicklung – Niedergang – Renaissance – Die Neue Linke seit 1968, Köln 1983.
Larsson, Bernard, Berlin – Hauptstadt der Republik – Fotografien aus einer geteilten Stadt 1961–1968, Göttingen 1998.
Ders., Demonstrationen – Ein Berliner Modell – Fotos, Voltaire-Flugschrift 10, West-Berlin 1967.
Laswell, Harold D. / Kaplan, Abraham, Power and Society – A Framework for Political Inquiry, London 1952.
Lau, Jörg, Hans Magnus Enzensberger – Ein öffentliches Leben, Berlin 1999.

Lefèbvre, Henri, Das Alltagsleben in der modernen Welt, Frankfurt am Main 1972.
Ders., Kritik des Alltagslebens, hrsg. von Dieter Prokop, Kronberg 1977.
Ders., Die Revolution der Städte, München 1972.
Leggewie, Claus, 1968: Ein Laboratorium der nachindustriellen Gesellschaft? Zur Tradition der antiautoritären Revolte seit den sechziger Jahren, in: *Aus Politik und Zeitgeschichte* vom 13. Mai 1988, B 20/88, S. 3–15.
Leif, Thomas / Legrand, Hans-Joachim / Klein, Ansgar (Hg.), Die politische Klasse in Deutschland – Eliten auf dem Prüfstand, Bonn / Berlin 1992.
Lenin, Wladimir I., Werke, Bd. 31, April–Dezember 1920, hrsg. vom Institut für Marxismus-Leninismus beim ZK der KPdSU, Ost-Berlin 1974.
Leonhardt, Fritz, Studentenunruhen – Ursachen, Reformen – Ein Plädoyer für die Jugend, Stuttgart 1968.
Lipset, Seymour Martin / Wolin, Sheldon S. (Hg.), The Berkeley Student Revolt – Facts and Interpretations, New York 1965.
Litten, Jens, Eine verpaßte Revolution? Nachruf auf den SDS, Hamburg 1969.
Lönnendonker, Siegward (Hg.), Linksintellektueller Aufbruch zwischen »Kulturrevolution« und »kultureller Zerstörung« – Der Sozialistische Deutsche Studentenbund (SDS) in der Nachkriegsgeschichte (1946–1969) – Dokumentation eines Symposiums, Opladen / Wiesbaden 1998.
Ders. / Fichter, Tilman (Hg.), Freie Universität Berlin 1948–1973, Hochschule im Umbruch, Teil IV: 1964–1967, Die Krise, Dokumentation Nr. 15/73, West-Berlin 1975.
Lübbe, Hermann, Endstation Terror – Rückblick auf lange Märsche, Stuttgart 1978.
Luchsinger, Fred / Künzli, Arnold / Beck, Marcel, Opposition – Aufgaben und Möglichkeiten einer Opposition heute – Vortragszyklus der Studentenschaft Basel, Sommersemester 1968, Zürich 1968.
Lüdke, Martin W. (Hg.), Literatur und Studentenbewegung – Eine Zwischenbilanz, Opladen 1977.
Ludz, Peter Christian, Parteielite im Wandel – Funktionsaufbau, Sozialstruktur und Ideologie der SED-Führung – Eine empirisch-systematische Untersuchung, Köln / Opladen 1968.

Mager, Friedrich /Spinnarke, Ulrich, Was wollen die Studenten?, Frankfurt am Main 1967.
Magnum-Cinema – Ein halbes Jahrhundert Kino in Magnum-Photographien, München / Paris / London 1994.
Magnum-Photos: 1968 – Ein Jahr, das die Welt bewegt, Heidelberg 1998

Mahatma Gandhi, Wohlfahrt für alle, hrsg. von B. Kumarappa, Bellnhausen 1962.
Mahler, Horst, Annahme und Bewährung – Erwiderung auf Martin Walser: Horst Mahler über Holocaust, GULag und die RAF, in: *Junge Freiheit* vom 16. Oktober 1998.
Ders., Der Geheimagent des Weltgeistes – Das Kommende ist noch unsichtbar: Wir wissen nichts von Gerhard Schröder, in: *Süddeutsche Zeitung* vom 30. September 1998.
Ders., »Ein Netz von Aktivisten« – Interview, in: *Junge Freiheit* vom 8. Januar 1999.
Ders., »Ideologisch vermintes Gelände« – Horst Mahler verteidigt Martin Walsers Rede über die Holocaust-Diskussion und warnt vor einer Überlastung der Deutschen, in: *Focus* vom 28. Dezember 1998, 6. Jg., Nr. 53, S. 36/37.
Ders., Zweite Steinzeit, in: *Junge Freiheit* vom 17. April 1998.
Ders., »Zwischen Turmbau zu Babel und Pfingstwunder« (Watzlawik) – Ist das Ende der Defundamentalisierung der Kultur in Sicht? Gedanken zum 70. Geburtstag von Günter Rohrmoser, in: www.horst-mahler.de.
Ders. / Maschke, Günter / Oberlercher, Reinhold, Kanonische Erklärung zur Bewegung von 1968, in: *Junge Freiheit* vom 5. März 1999.
Marcuse, Herbert, Versuch über die Befreiung, Frankfurt am Main 1969.
Markovits, Andrei S., Die Zukunft als Ende der Vergangenheit, in: *die tageszeitung* vom 12. November 1998.
Marks, Stephan, Studentenseele – Erfahrungen im Zerfall der Studentenbewegung, Hamburg 1977.
Marquardt, Friedrich-Wilhelm, Studenten im Protest, Frankfurt am Main 1968.
Marx, Karl / Engels, Friedrich, Manifest der Kommunistischen Partei, in: Marx-Engels Werke, hrsg. vom Institut für Marxismus-Leninismus beim ZK der SED, Bd. 4, Ost-Berlin 1969.
Marx, Karl / Engels, Friedrich, Werke, Bd. 1, hrsg. vom Institut für Marxismus-Leninismus beim ZK der SED, Ost-Berlin 1970.
Mayer, Hans, Außenseiter, Frankfurt am Main 1975.
McLuhan, Marshall / Fiore, Quentin, Das Medium ist Massage, Frankfurt am Main / West-Berlin 1969.
Meadows, Dennis u. a., Die Grenzen des Wachstums – Bericht des Club of Rome zur Lage der Menschheit, Stuttgart 1972.
Meckel, Annemarie, Literaturaspekte der Gegenwart – Ein Symposium in Freiburg, in: *Badische Zeitung* vom 2. Juli 1968.
Mecklenburg, Jens, Handbuch deutscher Rechtsextremismus, Berlin 1996.
Meyer, Till, Staatsfeind – Erinnerungen, Hamburg 1996.

Miermeister, Jürgen, Rudi Dutschke, Reinbek 1986.
Millot, Lorraine, Allemagne: un nouveau pouvoir marqué par 68, in: *Libération* vom 2. Oktober 1998.
Mills, C. Wright, Letter to the New Left, in: *New Left Review*, Nr. 5, Sept./Okt. 1960, S. 18–23.
Ders., Power, Politics and People, hrsg. von Irving Louis Horowitz, New York 1963.
Ders., Die amerikanische Elite – Gesellschaft und Macht in den Vereinigten Staaten, Hamburg 1962.
Mohr, Reinhard, Zaungäste – Die Generation, die nach der Revolte kam, Frankfurt am Main 1992.
Morsey, Rudolf, Heinrich Lübke – Eine politische Biographie, Paderborn 1996.
Mosler, Peter, Was wir wollten, was wir wurden – Zeugnisse der Studentenrevolte, Reinbek 1977.
Müller, Michael / Kanonenberg, Andreas, Die RAF-Stasi-Connection, Hamburg 1992.
Mündemann, Tobias, Die 68er ... und was aus ihnen geworden ist, München 1988.

Negt, Oskar, Sozialistische Politik und Terrorismus, in: *Links*, 4. Jg., Nr. 35, Juli/August 1972, S. 15–17.
Neidhardt, Friedhelm (Hg.), Öffentlichkeit, öffentliche Meinung, soziale Bewegungen, Sonderheft der *Kölner Zeitschrift für Soziologie und Sozialpsychologie*, Nr. 34, 1994.
Nenning, Günther, Die Jugendrevolte – Protest oder reale Utopie? Zürich 1970.
Neumann, Franz, Behemoth – Struktur und Praxis des Nationalsozialismus 1933–1944, Frankfurt am Main 1977.
Nevermann, Knut, Der 2. Juni 1967: Studenten zwischen Notstand und Demokratie – Dokumente zu den Ereignissen anläßlich des Schah-Besuchs, hrsg. vom Verband Deutscher Studentenschaften, Köln 1967.
Nitsch, Wolfgang, Die soziale Dynamik akademischer Institutionen – Trend-Report zur sozialwissenschaftlichen Hochschulforschung, Weinheim / Basel 1973.
Norden, Albert, Ereignisse und Erlebtes, Ost-Berlin 1981.
Nuscheler, Franz, Studenten: Störenfriede oder Demokraten?, Mannheim 1968.

Oberlercher, Reinhold, Die 68er-Wortergreifung, in: *Staatsbriefe*, 4/1994, S. 28–32.

Ohrt, Roberto, Phantom Avantgarde – Eine Geschichte der Situationistischen Internationale und der modernen Kunst, Hamburg 1990.
Oppenheimer, Martin, The Sit-In Movement of 1960, New York 1989.
Ortlieb, Heinz-Dietrich, Die mißverstandene Revolte – Gesellschaftsreform, Hochschulreform und Studentenrevolte, Hamburg 1968.
Otto, Karl A., APO – Außerparlamentarische Opposition in Quellen und Dokumenten (1960–1970), Köln 1989.
Ders., Vom Ostermarsch zur APO – Geschichte der Außerparlamentarischen Bewegung in der Bundesrepublik 1960–1970, Frankfurt am Main / New York 1977.

Pevny, Wilhelm, Die vergessenen Ziele – Wollen sich die 68er davonstehlen? Wien 1988.
Picht, Georg, Die deutsche Bildungskatastrophe, Olten / Freiburg 1964.
Plogstedt, Sibylle (Red.), Der Kampf des vietnamesischen Volkes und die Globalstrategie des Imperialismus – Internationaler Vietnam-Kongreß 17./18. Februar 1968, West-Berlin 1968.
Pollock, Friedrich, Stadien des Kapitalismus, hrsg. von Helmut Dubiel, München 1975.
Prahl, Hans-Werner, Sozialgeschichte des Hochschulwesens, München 1978.
Proll, Astrid (Hg.), Hans und Grete – Die RAF 67–77, Göttingen 1998.

Rabehl, Bernd, Am Ende der Utopie – Die politische Geschichte der Freien Universität Berlin, West-Berlin 1988.
Ders., Brief an Ingo Juchler aus Campesina Grande (Brasilien) vom 27. Juni 1989.
Ders., Ein Volk ohne Kultur kann zu allem verleitet werden, in: *Junge Freiheit* vom 18. Dezember 1998.
Raddatz, Fritz J. (Hg.), Warum ich Marxist bin, München 1978.
Rammstedt, Otthein, Soziale Bewegung, Frankfurt am Main 1978.
Rawls, John, Eine Theorie der Gerechtigkeit, Frankfurt am Main 1975.
Regius, Heinrich [d.i. Max Horkheimer], Dämmerung, Zürich 1934.
Rheinischer Merkur (Hg.), Menschenraub in Berlin – Karl Wilhelm Fricke über seine Erlebnisse, Koblenz / Köln 1960.
Robert, Anne / Turgot, Jacques, Œuvres de Turgot et Documents le concernant, hrsg. von Gustav Schelle, Paris 1913.
Rohbeck, Johannes, Die Fortschrittstheorie der Aufklärung, Frankfurt am Main / New York 1987.
Röhl, Klaus Rainer, Fünf Finger sind keine Faust, Hamburg 1974.
Ders., Siegte Dutschke in Bonn?, in: *Welt am Sonntag* vom 4. Oktober 1998.

Rolke, Lothar, Protestbewegungen in der Bundesrepublik: Eine analytische Sozialgeschichte des Widerspruchs, Opladen 1987.
Rorabaugh, W. J., Berkeley at War – The 1960s, New York / Oxford 1989.
Rosenberg, Rainer / Münz-Koenen, Inge / Boden, Petra (Hg.), Der Geist der Unruhe – 1968 im Vergleich Wissenschaft – Literatur – Medien, Berlin 2000.
Rucht, Dieter (Hg.), Research on Social Movements: The State of the Art in Western Europe and the USA, Frankfurt am Main 1991.
Rüegg, Walter, Die studentische Revolte gegen die bürgerliche Gesellschaft, Erlenbach-Zürich / Stuttgart 1968.
Ruetz, Michael, »Ihr müßt diesen Typen nur ins Gesicht sehen ...«, Frankfurt am Main 1980.
Ders., Sichtbare Zeit, Frankfurt am Main 1995.
Ders., 1968 – Ein Zeitalter wird besichtigt, Frankfurt am Main 1997.

S. R. [d.i. Rudi Dutschke], Zum Verhältnis von Organisation und Emanzipationsbewegung, in: *Oberbaumblatt,* Nr. 5, 12. Juni 1967, S. 4.
Saint Simon (Claude-Henri), Ausgewählte Werke, hrsg. von Jean Dautry, Ost-Berlin 1957.
Salisbury, Harrison E., Der lange Marsch, Frankfurt am Main 1985.
Sander, Hartmut / Ulrich, Christian, Subkultur Berlin – Selbstdarstellung, Text-, Ton- und Bilddokumente – Esoterik der Kommunen, Rocker, subversive Gruppen, Darmstadt 1969.
Sander, August, Menschen des 20. Jahrhunderts – Porträtphotographien 1892–1952, hrsg. von Gunther Sander, München 1980.
Schauer, Helmut (Hg.), Prima Klima – Wider den Zeitgeist: Erste gnadenlose Debatte zur endgültigen Klärung aller unzeitgemäßen Fragen, Hamburg 1987.
Schelsky, Helmut, Die Arbeit tun die anderen – Klassenkampf und Priesterherrschaft der Intellektuellen, Opladen 1975.
Ders., Einsamkeit und Freiheit – Idee und Gestalt der deutschen Universität und ihrer Reformen, Reinbek 1963.
Schepers, Wolfgang (Hg.), '68 – Design und Alltagskultur zwischen Konsum und Konflikt, Köln 1998.
Scheuch, Erwin K. (Hg.), Die Wiedertäufer der Wohlstandsgesellschaft – Eine kritische Untersuchung der ›Neuen Linken‹ und ihrer Dogmen, Köln 1968.
Schickel, Joachim (Hg.), Guerilleros, Partisanen – Theorie und Praxis, München 1970.
Schiller, Margit, Es war ein harter Kampf – Ein Lebensbericht aus der RAF, Hamburg 2000.

Schlaffke, Winfried, Die studentische Linke – Motive, Gruppen und Ziele, Köln 1968.
Schlicht, Uwe, Der Weg in die Gewalt – 17 Jahre danach / Das Jahr 1968 und die Außerparlamentarische Opposition – Treffen ehemaliger SDS-Mitglieder, in: *Der Tagesspiegel* vom 29. Juni 1985.
Schmitt, Carl, Theorie des Partisanen – Zwischenbemerkung zum Begriff des Politischen, Berlin 1963.
Schneider, Franz (Hg.), Dienstjubiläum einer Revolte – »1968« und 25 Jahre, München 1992.
Schneider, Peter, Ansprachen: Reden – Notizen – Gedichte, West-Berlin 1970.
Schneider, Sigrid, Als der Himmel blau wurde – Bilder aus den 60er Jahren, Ruhrlandmuseum Essen, Bottrop / Essen 1998.
Schoeller, Wilfried F. (Hg.), Die neue Linke nach Adorno, München 1969.
Schoeps, Julius / Dannemann, Christopher (Hg.), Die rebellischen Studenten – Elite der Demokratie oder Vorhut eines linken Faschismus? München / Esslingen 1968.
Schönbohm, Wulf, Die Thesen der APO – Argumente gegen die radikale Linke, Mainz 1969.
Ders. / Runge, Jürgen Bernd / Radunski, Peter, Die herausgeforderte Demokratie – Deutschlands Studenten zwischen Reform und Revolution, Mainz 1968.
Schrenck-Notzing, Caspar von, Zukunftsmacher – Die neue Linke in Deutschland und ihre Herkunft, Stuttgart 1968.
Ders., Charakterwäsche – Die Politik der amerikanischen Umerziehung, München 1965.
Schröder, Gerhard, Gefährlicher Unfug – Zu »Völkischen Nationalismus sozialistisch getüncht«, in: *Süddeutsche Zeitung* vom 21. Oktober 1998.
Schulenburg, Lutz (Hg.), Das Leben ändern, die Welt verändern! 1968 – Dokumente und Berichte, Hamburg 1998.
Schwan, Alexander / Sontheimer, Kurt (Hg.), Reform als Alternative – Hochschullehrer antworten auf die Herausforderung der Studenten, Köln / Opladen 1969.
Schwerbrock, Wolfgang, Proteste der Jugend – Schüler, Studenten und ihre Presse, Düsseldorf 1968.
Schwilk, Heimo / Schacht, Ulrich (Hg.), Die selbstbewußte Nation – »Anschwellender Bocksgesang« und weitere Beiträge zu einer deutschen Debatte, Frankfurt am Main / Berlin 1994.
Seeliger, Rolf, Die außerparlamentarische Opposition, München 1968.
Seibold, Carsten (Hg.), Die 68er – Das Fest der Rebellion, München 1988.

Seiffert, Johannes Ernst, Zengakuren – Universität und Widerstand in Japan, München 1969.
Situationistische Internationale 1958–1969 – Gesammelte Ausgaben des Organs der Situationistischen Internationale, Bd. 1 und 2, bearbeitet von Hanna Mittelstädt, Hamburg 1976/77.
Snow, Edgar, Roter Stern über China, Frankfurt am Main 1970.
Sösemann, Bernd, Die 68er Bewegung und die Massenmedien, in: Jürgen Wilke (Hg.), Mediengeschichte der Bundesrepublik Deutschland, Köln / Weimar / Wien 1999, S. 672–697.
Sombart, Werner, Sozialismus und soziale Bewegung, Jena 1896.
Sonnemann, Ulrich, Institutionalismus und studentische Opposition – Thesen zur Ausbreitung des Ungehorsams in Deutschland, Frankfurt am Main 1968.
Sontheimer, Kurt, Der Überdruß an der Demokratie – Neue Linke und alte Rechte – Unterschiede und Gemeinsamkeiten, Köln 1970.
Sorel, Georges, Über die Gewalt, Frankfurt am Main 1969.
Spender, Stephen, Das Jahr der jungen Rebellen – New York/Paris/Prag/Berlin/München 1969.
Staadt, Jochen, Im Umkreis der Antiautoritären hatte die Stasi keinen Agenten – Aus den DDR-Unterlagen über Infiltrationsmaßnahmen von SED, FDJ und MfS an der Freien Universität Berlin, in: *Frankfurter Rundschau* vom 30. März 1995.
Stäcker, Dieter, Unter den Talaren Muff von 17 Jahren?, in: *Deutsches Allgemeines Sonntagsblatt* vom 7. Juli 1985.
Stammer, Otto, Politische Soziologie und Demokratieforschung – Ausgewählte Reden und Aufsätze zur Soziologie und Politik, West-Berlin 1965.
Steiner, Uwe C., »68–89« Literarische und mediale Wendungen der Wende, in: Jochen Hörisch (Hg.), Mediengenerationen, Frankfurt am Main 1997, S. 16–59.
Stephan, Cora, Der Betroffenheitskult – Eine politische Sittengeschichte, Berlin 1993.
Stevick, Daniel B., Civil Disobedience and the Christian, New York 1969.
Studio Neue Literatur (Hg.), Gegen den Tod – Stimmen deutscher Schriftsteller gegen die Atombombe, Stuttgart-Cannstatt 1964.

Taibo II, Paco Ignacio, Che – Die Biographie des Ernesto Guevara, Hamburg 1997.
Ders., 1968 – Gerufene Helden – Ein Handbuch zur Eroberung der Macht, Hamburg / Berlin 1997.
Tank, Kurt Lothar (Hg.), Proteste, Proteste, Proteste – Dokumentation, Analyse, Kritik, Witten 1968.
taz-Journal, 20 Jahre Deutscher Herbst – die RAF, der Staat und die Linke,

Analysen, Recherchen, Interviews, Debatten, Dokumente von 1977 bis 1997, Berlin 1997.
Teppe, Karl (Hg.), Westfälische Forschungen – Zeitschrift des Westfälischen Instituts für Regionalgeschichte des Landschaftsverbandes Westfalen-Lippe, 48/1998, Münster 1998.
The Rolling Stones – Songbook, dt. von Teja Schwaner, Jörg Fauser und Carl Weissner, Frankfurt am Main 1977.
Thielicke, Helmut, Kulturkritik der studentischen Rebellion, Tübingen 1969.
Thompson, Edward P., ›Exterminismus‹ als letztes Stadium der Zivilisation, in: *Befreiung – Zeitschrift für Politik und Wissenschaft*, Nr. 19/20, 1980, S. 12–43.
Thoreau, Henry David, Aesthetic Papers, hrsg. von Elizabeth Peabody, Bd. I,1, Boston 1849.
Ders., Über die Pflicht zum Ungehorsam gegenüber dem Staat, Zürich 1967.
Tolmein, Oliver, RAF. Das war für uns Befreiung – Ein Gespräch mit Irmgard Möller, Hamburg 1997.
Touraine, Alain, Die postindustrielle Gesellschaft, Frankfurt am Main 1972.
Trotzki, Leo, Die Permanente Revolution, Berlin 1930.

Venohr, Wolfgang, Die deutsche Einheit kommt bestimmt, Bergisch Gladbach 1982.
Vester, Michael, Das Dilemma von C. Wright Mills, in: *neue kritik*, Nr. 27, Dezember 1964, S. 20–23.
Ders. (Hg.), Die Frühsozialisten 1798–1848, Reinbek 1970.
Ders., Die Strategie der direkten Aktion, in: *neue kritik*, Nr. 30, Juni 1965, S. 12–20.
Viett, Inge, Nie war ich furchtloser – Autobiographie, Hamburg 1996.
Voigt, Karsten D., Der Mythos der politischen Kontinuität – Vom Frankfurter SDS zum realpolitischen Flügel der Grünen, in: Die Neue Gesellschaft / Frankfurter Hefte, 33. Jg., Juni 1986, S. 484–489.

Wallerstein, Immanuel, 1968: Revolution in the World-System, in: Theory and Society, Bd. 18/1989, S. 431–449; dt. Fassung in: Etienne François / Matthias Middell / Emmanuel Terray / Dorothee Wierling (Hg.), ebenda, S. 19–33.
Walser, Martin, Erfahrungen beim Verfassen einer Sonntagsrede – Friedenspreis des Deutschen Buchhandels 1998, Frankfurt am Main 1998.
Ders., Mythen, Milch und Mut, in: *Christ und Welt* vom 18. Oktober 1968.
Walzer, Michael, Teach-In: New Kind of Politics, in: *New America* 5, Nr. 3, 31. Mai 1965, S. 4/5.
Ders., Obligations, Cambridge (Mass.) 1970.

Warneken, Bernd Jürgen (Hg.), Massenmedium Straße – Zur Kulturgeschichte der Demonstration, Frankfurt am Main / New York 1991.

Weber, Max, Wirtschaft und Gesellschaft – Grundriß der verstehenden Soziologie, hrsg. von Johannes Winckelmann, Tübingen 1976.

Weber, Max, Wirtschaft und Gesellschaft. Grundriß der verstehenden Soziologie, 2. Halbband, hrsg. von Johannes Winckelmann, Tübingen 1976.

Welsch, Wolfgang, Unsere postmoderne Moderne, Weinheim 1997.

Wendt, Johannes, Zwischen Selbstprüfung und witzigen Anekdoten – Die SDS-Veteranen besinnen sich auf ihre Geschichte, in: *Frankfurter Rundschau* vom 16. Juli 1985.

Whelan, Richard, Die Wahrheit ist das beste Bild – Robert Capa – Photograph, Köln 1989.

Whittaker, Charles E. / Coffin Jr., William Sloane, Law, Order and Civil Disobedience, Washington, D.C. 1967.

Willms, Johannes, Der Renegat, in: *Süddeutsche Zeitung* vom 1. Oktober 1998.

Winkler, Hans-Joachim (Hg.), Das Establishment antwortet der APO – Eine Dokumentation, Opladen 1968.

Wolf, Markus, Spionagechef im geheimen Krieg – Erinnerungen, Düsseldorf / München 1997.

Wolff, Frank / Windaus, Eberhard (Hg.), Studentenbewegung 1967–69 – Protokolle und Materialien, Frankfurt am Main 1977.

Wolfschlag, Claus-M. (Hg.), Bye-bye '68 ... Renegaten der Linken, APO-Abweichler und allerlei Querdenker berichten, Graz 1998.

Zapf, Wolfgang, Wandlungen der deutschen Elite – Ein Zirkulationsmodell deutscher Führungsgruppen, 1919–1961, München 1965.

Zappa, Frank, Plastic People – Songbuch, Frankfurt am Main 1977.

Zeitblende – Fünf Jahrzehnte Magnum-Photographie, München / Paris / London 1989.

Zeitungsgruppe BILD (Hg.), Die 68er-Generation: Zwischen Cola und Corega Tabs, Hamburg 1998.

Zentralkomitee der SED (Hg.), Protokoll der Verhandlungen des VII. Parteitages der Sozialistischen Einheitspartei Deutschlands, Ost-Berlin 1967.

Zinn, Howard, Disobedience and Democracy, New York 1968.

Zoller [d.i. Peter Zollinger] (Hg.), Aktiver Streik – Dokumentation zu einem Jahr Hochschulpolitik am Beispiel der Universität Frankfurt am Main, Darmstadt o. J.

Zwerenz, Gerhard, Kopf und Bauch. Die Geschichte eines Arbeiters, der unter die Intellektuellen gefallen ist, Frankfurt am Main 1971.

Drucknachweise

Wie über 1968 schreiben?
In: Olaf Dinné / Jochen Grünwaldt / Peter Kuckuk (Hg.), anno dunnemals: 68 in Bremen, Bremen 1998, S. 391–398.

Die erste globale Rebellion
Erweiterte Fassung eines Beitrags mit dem Titel »Der Aufschrei der Jugend« in: *Der Spiegel* vom 29. März 1999, S. 172–188.

Die transatlantische Protestkultur
In: Heinz Bude / Bernd Greiner (Hg.), Westbindungen, Hamburg 1999, S. 257–284.

Der lange Marsch durch die Institutionen
In: Christiane Landgrebe / Jörg Plath (Hg.), 68 und die Folgen – Ein unvollständiges Lexikon, Berlin 1998, S. 61–64.

Rudi Dutschke und die Wiedervereinigung
In: *Mittelweg 36*, 1. Jg., Nr. 2, Juni/Juli 1992, S. 12–48.

Die 68er-Linke und das Geld
In: *Moneta* vom 4. Dezember 1998, Nr. 4, S. 8–9.

SED, Stasi und Studentenbewegung
Unter dem nichtautorisierten Titel »Unsere unterwanderten Jahre« in: *Frankfurter Allgemeine Zeitung* vom 7. April 1998.

Phantomschmerz RAF
In: *die tageszeitung* vom 18. November 1997.

Die neue Unbefangenheit. Zum Neonationalismus ehemaliger 68er
In: *Mittelweg 36*, 8. Jg., Nr. 2, April/Mai 1999, S. 61–72.

Symbolzertrümmerung. Der Angriff der Studentenbewegung auf die Insignien universitärer Macht
In: *hochschule ost – leipziger Beiträge zu hochschule & wissenschaft*, hrsg. von Peer Pasternack, 8. Jg., Nr. 3–4/1999, S. 47–57.

Finalisierung des Protests. Der Umschlag von Fortschrittsglauben in Zukunftspessimismus im Gefolge der 68er-Bewegung
Vortrag auf dem 15. Stuttgarter Symposium, Oktober 1999.

Die Anti-Elite als Avantgarde
Vortrag am Hamburger Institut für Sozialforschung, Februar 2000.

Der Zeitzeuge als Feind des Historikers? Ein Literaturüberblick zur 68er-Bewegung
Erweiterte Fassung einer Sammelbesprechung in: *Mittelweg 36*, 8. Jg., Nr. 6, Dezember 1999 / Januar 2000, S. 49–72.